A HIPOTECA JUDICIÁRIA NO PROCESSO DO TRABALHO

Teoria e Prática

BEN-HUR SILVEIRA CLAUS

Prefácio
Daniel Mitidiero

Apresentação
Luciano Athayde Chaves

A HIPOTECA JUDICIÁRIA NO PROCESSO DO TRABALHO
Teoria e Prática

Belo Horizonte

2021

© 2021 Editora Fórum Ltda.

É proibida a reprodução total ou parcial desta obra, por qualquer meio eletrônico, inclusive por processos xerográficos, sem autorização expressa do Editor.

Conselho Editorial

Adilson Abreu Dallari	Floriano de Azevedo Marques Neto
Alécia Paolucci Nogueira Bicalho	Gustavo Justino de Oliveira
Alexandre Coutinho Pagliarini	Inês Virgínia Prado Soares
André Ramos Tavares	Jorge Ulisses Jacoby Fernandes
Carlos Ayres Britto	Juarez Freitas
Carlos Mário da Silva Velloso	Luciano Ferraz
Cármen Lúcia Antunes Rocha	Lúcio Delfino
Cesar Augusto Guimarães Pereira	Marcia Carla Pereira Ribeiro
Clovis Beznos	Márcio Cammarosano
Cristiana Fortini	Marcos Ehrhardt Jr.
Dinorá Adelaide Musetti Grotti	Maria Sylvia Zanella Di Pietro
Diogo de Figueiredo Moreira Neto (*in memoriam*)	Ney José de Freitas
Egon Bockmann Moreira	Oswaldo Othon de Pontes Saraiva Filho
Emerson Gabardo	Paulo Modesto
Fabrício Motta	Romeu Felipe Bacellar Filho
Fernando Rossi	Sérgio Guerra
Flávio Henrique Unes Pereira	Walber de Moura Agra

Luís Cláudio Rodrigues Ferreira
Presidente e Editor

Coordenação editorial: Leonardo Eustáquio Siqueira Araújo
Aline Sobreira de Oliveira

Av. Afonso Pena, 2770 – 15º andar – Savassi – CEP 30130-012
Belo Horizonte – Minas Gerais – Tel.: (31) 2121.4900 / 2121.4949
www.editoraforum.com.br – editoraforum@editoraforum.com.br

Técnica. Empenho. Zelo. Esses foram alguns dos cuidados aplicados na edição desta obra. No entanto, podem ocorrer erros de impressão, digitação ou mesmo restar alguma dúvida conceitual. Caso se constate algo assim, solicitamos a gentileza de nos comunicar através do *e-mail* editorial@editoraforum.com.br para que possamos esclarecer, no que couber. A sua contribuição é muito importante para mantermos a excelência editorial. A Editora Fórum agradece a sua contribuição.

Dados Internacionais de Catalogação na Publicação (CIP) de acordo com a AACR2

C616h	Claus, Ben-Hur Silveira
	A hipoteca judiciária no processo do trabalho: teoria e prática / Ben-Hur Silveira Claus. – Belo Horizonte : Fórum, 2021.
	319 p.; 14,5x21,5cm
	ISBN: 978-65-5518-175-3
	1. Direito Processual Trabalhista. 2. Direito Processual Civil. 3. Direito do Trabalho. I. Título.
	CDD: 341.4
	CDU: 349.2

Elaborado por Daniela Lopes Duarte – CRB-6/3500

Informação bibliográfica deste livro, conforme a NBR 6023:2018 da Associação Brasileira de Normas Técnicas (ABNT):

CLAUS, Ben-Hur Silveira. *A hipoteca judiciária no processo do trabalho*: teoria e prática. Belo Horizonte: Fórum, 2021. 319 p. ISBN 978-65-5518-175-3.

*Este livro está dedicado aos Professores
Ovídio Baptista da Silva, Wagner D. Giglio e
José Fernando Ehlers de Moura.*

Fundamento da hipoteca judiciária, no direito brasileiro, é permitir-se que o vencedor da ação não vá, desde logo, às medidas constritivas cautelares ou de execução (arresto, penhora), alarmando os credores do condenado ou diminuindo-lhes, com tais medidas judiciais, o crédito. Aguarda-se melhor momento para a execução. Por outro lado, pode munir de garantia o vencedor, antes de se julgar em último grau a ação, e o arresto não impediria que o condenado contraísse outras dívidas. Ressalta, assim, a função econômica e jurídica da hipoteca judiciária.
(Pontes de Miranda)

SUMÁRIO

PREFÁCIO
Daniel Mitidiero.. 13

APRESENTAÇÃO
Luciano Athayde Chaves.. 15

CAPÍTULO I
ANTECEDENTES HISTÓRICOS... 19

CAPÍTULO II
HIPOTECA JUDICIÁRIA E DIREITO REAL............................ 25

CAPÍTULO III
O CONCEITO DE HIPOTECA JUDICIÁRIA............................ 31

CAPÍTULO IV
EFEITO ANEXO DA SENTENÇA.. 41

CAPÍTULO V
HIPOTECA JUDICIÁRIA E DISTRIBUIÇÃO EQUITATIVA DO ÔNUS
DO TEMPO DO PROCESSO.. 49

CAPÍTULO VI
HIPOTECA JUDICIÁRIA, HIPOTECA CONVENCIONAL E
HIPOTECA LEGAL... 61

CAPÍTULO VII
HIPOTECA JUDICIÁRIA E A VALORIZAÇÃO DAS DECISÕES DE
PRIMEIRO GRAU DE JURISDIÇÃO....................................... 67

CAPÍTULO VIII
HIPOTECA JUDICIÁRIA E A EQUAÇÃO EXECUÇÃO MAIS EFICAZ
VERSUS EXECUÇÃO MENOS GRAVOSA............................ 75

CAPÍTULO IX
A HIPOTECA JUDICIÁRIA E A NORMA DE SOBREDIREITO DO
ART. 765 DA CLT.. 95

CAPÍTULO X
HIPOTECA JUDICIÁRIA E O PRIVILÉGIO DO CRÉDITO
TRABALHISTA 99

CAPÍTULO XI
HIPOTECA JUDICIÁRIA E A APLICAÇÃO SUBSIDIÁRIA DO
PROCESSO COMUM AO PROCESSO DO TRABALHO 107

CAPÍTULO XII
HIPOTECA JUDICIÁRIA E A INTERPRETAÇÃO SISTEMÁTICA DO
ART. 495 DO CPC 121

CAPÍTULO XIII
A HIPOTECA JUDICIÁRIA ELEVA SEU TITULAR À CONDIÇÃO DE
CREDOR COM GARANTIA REAL: O QUE ISSO SIGNIFICA? 131

CAPÍTULO XIV
A HIPOTECA JUDICIÁRIA E O DIREITO DE PREFERÊNCIA NO CPC
DE 2015 139

CAPÍTULO XV
HIPOTECA E SEU REGISTRO NO CÓDIGO CIVIL 145

CAPÍTULO XVI
HIPOTECA JUDICIÁRIA E A SÚMULA Nº 375 DO STJ 149

CAPÍTULO XVII
DUAS DEFESAS DO INSTITUTO DA HIPOTECA JUDICIÁRIA:
ANTÔNIO ÁLVARES DA SILVA E MAURO SCHIAVI 159

CAPÍTULO XVIII
AS SETE VIRTUDES CAPITAIS DA HIPOTECA JUDICIÁRIA 171

CAPÍTULO XIX
HIPOTECA JUDICIÁRIA E SUA UTILIDADE NA PERSPECTIVA
DINÂMICA DO PROCESSO 187

CAPÍTULO XX
HIPOTECA JUDICIÁRIA E ÔNUS DA PROVA NA FRAUDE À
EXECUÇÃO 191

CAPÍTULO XXI
HIPOTECA JUDICIÁRIA E A DISPUTA COM OUTRAS
MODALIDADES DE CONSTRIÇÃO JUDICIAL 195

CAPÍTULO XXII
A HIPOTECA JUDICIÁRIA DE OFÍCIO SOBREVIVEU AO ADVENTO
DO CPC DE 2015.. 199

CAPÍTULO XXIII
A HIPOTECA JUDICIÁRIA DE OFÍCIO É IMPLEMENTADA POR
MANDADO JUDICIAL 205

CAPÍTULO XXIV
NA HIPOTECA JUDICIÁRIA, A ESCOLHA DO BEM É DO
VENCEDOR... 209

CAPÍTULO XXV
NA HIPOTECA JUDICIÁRIA, O CONTRADITÓRIO É DIFERIDO......... 213

CAPÍTULO XXVI
A IMPUGNAÇÃO DO DEVEDOR AO BEM INDICADO PELO
CREDOR... 219

CAPÍTULO XXVII
HIPOTECA JUDICIÁRIA E DISPUTA ENTRE CREDORES NA
EXECUÇÃO CONTRA DEVEDOR INSOLVENTE............................. 221

CAPÍTULO XXVIII
HIPOTECA JUDICIÁRIA E A COMPARAÇÃO DE DESEMPENHO
ENTRE VARAS DO TRABALHO QUE ADOTAM E QUE NÃO
ADOTAM ESSA TÉCNICA PROCESSUAL....................................... 225

CAPÍTULO XXIX
HIPOTECA JUDICIÁRIA E A COMPARAÇÃO DE DESEMPENHO
ENTRE ESCRITÓRIOS DE ADVOCACIA QUE ADOTAM E QUE NÃO
ADOTAM ESSA TÉCNICA PROCESSUAL....................................... 229

CAPÍTULO XXX
A JURIDICIDADE DA HIPOTECA JUDICIÁRIA SOBRE BEM JÁ
GRAVADO COM HIPOTECA CONVENCIONAL............................ 233

CAPÍTULO XXXI
HIPOTECA JUDICIÁRIA E INSTITUTOS AFINS: O ESTUDO DAS
DISTINÇÕES 235
    Hipoteca judiciária e tutela provisória de natureza cautelar 238
    Hipoteca judiciária e penhora.. 240
    Hipoteca judiciária e medidas indutivas.. 241

Hipoteca judiciária e averbação premonitória 242
Hipoteca judiciária e indisponibilidade de bens......................... 244
Hipoteca judiciária e fraude à execução... 246

CAPÍTULO XXXII
A HIPOTECA JUDICIÁRIA SOBRE OUTROS BENS 251

CAPÍTULO XXXIII
HIPOTECA JUDICIÁRIA E SEU EFEITO JURÍDICO NA FALÊNCIA 259

CAPÍTULO XXXIV
HIPOTECA JUDICIÁRIA E RESPONSABILIDADE OBJETIVA PELOS DANOS.. 263

CAPÍTULO XXXV
HIPOTECA JUDICIÁRIA E AS RESPECTIVAS DESPESAS 267

CAPÍTULO XXXVI
A JURISPRUDÊNCIA CÍVEL SOBRE HIPOTECA JUDICIÁRIA 271

CAPÍTULO XXXVII
A JURISPRUDÊNCIA TRABALHISTA SOBRE HIPOTECA JUDICIÁRIA 273

CAPÍTULO XXXVIII
JURISPRUDÊNCIA E ESTUDO DE CASO: POR QUE SE REJEITA A HIPOTECA JUDICIÁRIA 285

CAPÍTULO XXXIX
A EXTINÇÃO DA HIPOTECA JUDICIÁRIA... 297

REFERÊNCIAS.. 303

ÍNDICE ONOMÁSTICO.. 311

ÍNDICE DE MATÉRIAS.. 315

PREFÁCIO

O Ben-Hur e eu temos um antepassado em comum. Gosto de imaginar que é por conta dele que o honroso convite para prefaciar este belíssimo livro me foi formulado.

Não é preciso avançar muito neste precioso *A hipoteca judiciária no processo do trabalho – Teoria e prática* para perceber nossos laços. Além de trabalhar o tema na perspectiva histórica e de destacar suas conexões com o direito material, situando-o como parte da cultura e como peça do binômio direito e processo, meu talentoso amigo empreende uma viagem para o centro do *coração selvagem* – situa a hipoteca judiciária como manifestação da necessidade de valorização do juiz de primeiro grau, da efetividade da tutela e da adequação da tutela mediante a distribuição isonômica do tempo. Temas – como todos sabem – que remontam ao nosso antepassado. Ben-Hur faz tudo isso iluminado pela experiência de uma longa e profícua carreira na magistratura do trabalho e por bibliotecas e bibliotecas, cujas marcas podem ser vistas pelas valiosas páginas deste seu importante trabalho.

Além de contextualizá-lo em um quadro cultural e teórico de fina linhagem, Ben-Hur oferece um minucioso exame prático do tema. Nada escapou ao seu rigor analítico. Não conheço obra que tenha empreendido esforço – e logrado êxito – maior do que esta oferecida por meu amigo à comunidade acadêmica. Não sou vidente, mas arrisco a dizer que nosso querido Professor Ovídio estaria orgulhoso – muito orgulhoso – em ver suas lições ampliadas, desenvolvidas e concretizadas pelo Ben-Hur. Este é um livro que deve ser lido por todos que se preocupam com a adequada, efetiva e tempestiva tutela dos direitos.

Moinhos de Vento, verão de 2021.

Daniel Mitidiero
Pós-Doutorado pela Università degli Studi di Pavia.

APRESENTAÇÃO

Na construção da ordem jurídica brasileira, mesclam-se diversas influências. As grandes codificações, como produto da racionalidade jurídica mais elevada, estampam a tradição francesa napoleônica, que revigorou e fortaleceu o neoclassicismo cultural no Ocidente,[1] inspirando-se, no campo do Direito, nas grandes compilações romanas, e lançando as bases para o que Gustavo Zagrebelsky denominou de Estado Legislativo.[2] Para esse modelo, o direito se encontra encapsulado nos textos dos códigos e a missão do intérprete deve ser exercida dentro das fronteiras do descobrimento da vontade da autoridade legislativa, habitualmente referenciada, como prosopopeia ou personificação, pelo signo de "o legislador".[3]

A crítica hermenêutico-processual logo percebeu a necessidade de se enxergar e de se analisar, no cenário das grandes codificações, o estratégico papel do intérprete no processo de aplicação das regras positivadas. Por sob a opaca névoa dos estereótipos positivistas, dispostos na forma de uma ideologia no campo jurídico,[4] sempre esteve presente o ativo e criativo papel do intérprete e aplicador. Como assinala Mauro Cappelletti, a imprecisão da linguagem e a porosidade ou abertura dos conceitos jurídicos indeterminados tornam o direito uma arte alográfica, ou seja, que depende da ação construtiva do intérprete, ao tempo em que assenta a criação do Direito como decorrência da dinâmica de suas fontes.[5]

Nesse cenário, texto normativo e norma se constituem etapas diferentes do processo de concretização do Direito, como sustenta a abordagem estruturante de Friedrich Müller,[6] método que explicita

---

[1] SCHWARCZ, Lilia Moritz. *O sol do Brasil*. São Paulo: Companhia das Letras, 2008.
[2] ZAGREBELSKY, Gustavo. *El derecho dúctil*. 6. ed. Madri: Trotta, 2005.
[3] Para uma crítica hermenêutica quanto a essa personificação, ver XEREZ, Rafael Marcílio; CHAVES, Luciano Athayde. O Direito que "brota do chão"? Reflexões epistemológicas sobre a indução na ciência jurídica. *Revista de Estudos Constitucionais, Hermenêutica e Teoria do Direito* (RECHTD), São Leopoldo, v. 9, n. 2, p. 151-166, maio-agosto, 2017.
[4] WARAT, Luis Alberto. *O direito e sua linguagem*. Porto Alegre: Fabris, 1995.
[5] CAPPELLETTI, Mauro. *Processo, ideologias e sociedade*. Porto Alegre: Fabris, 2008.
[6] MÜLLER, Friedrich. *Teoria estruturante do direito*. 2. ed. São Paulo, Revista dos Tribunais, 2009.

a importância do problema no processo hermenêutico de construção do discurso prático-normativo, resultado que se converte na decisão reveladora da norma. A norma, assim, resulta não apenas de um processo lógico-semântico,[7] mas principalmente do acoplamento da fonte normativa ao caso concreto, gerando uma solução adequada aos valores de que a ordem jurídica está impregnada.

Assim, as regras contidas nas codificações representam uma fonte viva de trabalho para o intérprete, contemporâneo do tempo da aplicação e dos problemas que reclamam intervenção dos mecanismos de pacificação. A obra jurídica codificada não é, portanto, parte inerte de um monumento que invoca o passado, mas sim um legado às gerações futuras, a quem compete a difícil tarefa de sua contextualização, retirando de suas regras a máxima efetividade para a concretização de valores, como efetividade da tutela jurisdicional, paridade de armas no procedimento judicial e promoção de justiça.

No Direito Processual do Trabalho, essa tarefa de compreender a potencialidade de suas regras tem recebido valiosas contribuições de *Ben-Hur Silveira Claus*, que, com esta obra, oferece ao leitor mais uma etapa de sua trajetória como pesquisador dos labirintos semânticos das regras processuais.

Cuida-se de um esforço na direção de explorar os diálogos possíveis entre o Direito Processual Comum e o Processo do Trabalho. Ao tratar da aplicação da hipoteca judiciária, prevista no art. 495 do Código de Processo Civil de 2015, no campo judiciário do trabalho, o autor invoca métodos contemporâneos, como o diálogo das fontes,[8] em especial o diálogo de complementariedade, método este que, inclusive, ajudou a difundir em nosso país.[9]

Nesta nova obra, que também tenho a honra de apresentar, o autor aprofunda a pesquisa sobre um dos institutos menos conhecidos da fase de cumprimento de sentença: a hipoteca judiciária. A partir do contexto histórico de sua inserção na ordem jurídica positiva, o presente texto explora a propedêutica e as potencialidades da hipoteca judiciária, constituída por força anexa da sentença judicial, nomeadamente para a

---

[7] Sobre o construtivismo lógico-semântico e sua aplicação no campo processual, ver CHAVES, Luciano Athayde. O prova oral e o problema da verdade no direito processual: as contribuições do construtivismo lógico-semântico. *Revista de Processo*, São Paulo, v. 275, p. 67-88, 2018.
[8] MARQUES, Claudia Lima (coord.) *Diálogo das fontes*: do conflito à coordenação de normas no direito brasileiro. São Paulo: Revista dos Tribunais, 2012.
[9] COLNAGO, Lorena de Mello Rezende; CLAUS, Ben-Hur Silveira. *A teoria do diálogo das fontes no processo do trabalho*. São Paulo: LTr, 2017.

promoção da efetividade do processo, na medida em que se converte em medida assecuratória do cumprimento da obrigação contida no título.

É importante ressaltar que a hipoteca judiciária, como bem destaca o autor, não é instituto recente, dele já tratando o código processual decaído (art. 466). O problema de pesquisa que se apresenta é identificar o seu baixo uso e as condições concretas de seu manejo. Assim, o objeto da obra se mostra atual e desafiador, principalmente porque ainda são altos os níveis de congestionamento (ou seja, de baixa efetividade) da fase de cumprimento de sentença e de execução forçada em todos os tribunais brasileiros, inclusive na Justiça do Trabalho, conquanto esta apresente melhor desempenho do que os demais segmentos de Justiça nesse particular quesito.[10]

A obra ainda oferece uma fértil discussão procedimental, aspecto particularmente útil para fomentar a consideração da ampliação de seu uso pelos atores do processo. De outro lado, busca oferecer uma ampliada visão da jurisprudência sobre o tema, além de fortalecer e ampliar, com a aplicação do método do estudo de caso, o horizonte cognitivo sobre os dilemas e os problemas que envolvem o uso da hipoteca judiciária como instrumento processual à disposição para a eficácia do procedimento de cumprimento de sentença.

O livro que se entrega neste momento à sociedade aberta de intérpretes, para usar uma conhecida expressão de Peter Häberle[11], constitui-se, portanto, em uma rica fonte de estudo, com o especial mérito de renovar e estimular a produção de pesquisas no campo do Direito Processual do Trabalho, baseadas em uma complexa compreensão hermenêutica do fenômeno jurídico, que rejeita as simplificações e as reduções interpretativas.

Ao mesmo tempo, o texto reflete a manifestação da condição humana do seu autor, comprometido com a ação transformadora, no sentido que lhe emprega Hannah Arendt.[12] Sua inquietude, diante das possibilidades reais passíveis de apropriação do instituto da hipoteca judiciária para a concretização dos valores mais elevados da jurisdição, dá todo o sentido às palavras de Luiz Alberto Warat: "fazer ciência é traduzir numa linguagem rigorosa os dados do mundo".[13]

---

[10] As estatísticas do Conselho Nacional de Justiça indicam que a taxa média de congestionamento da execução na Justiça do Trabalho, no ano de 2019, foi de 72,65% (cf.: www.paineis.cnj.jus.br. Acesso em: 5 fev. 2021).

[11] HÄBERLE, Peter. *Hermenêutica constitucional*. Porto Alegre: Fabris, 1997.

[12] ARENDT, Hannah. *A condição humana*. Rio de Janeiro: Forense Universitária, 2001.

[13] WARAT, 1995, p. 37.

Natal/RN, fevereiro de 2021.

Luciano Athayde Chaves
Doutor em Direito Constitucional. Professor da Universidade Federal do Rio Grande do Norte. Juiz Titular da 2ª Vara do Trabalho de Natal. Membro do Instituto Brasileiro de Direito Processual.

CAPÍTULO I

ANTECEDENTES HISTÓRICOS

O instituto da hipoteca remonta à Grécia Antiga. Os gregos, antes dos romanos, já adotavam essa modalidade de garantia real para proteger seus negócios jurídicos. Determinados contratos eram celebrados com a garantia real da *hypothéke*: o bem dado em garantia era alienado para fazer cumprir a obrigação na hipótese de inadimplemento pelo devedor, de modo a realçar a força obrigatória dos contratos – *pacta sunt servanda*. A *hypothéke* grega recaía tanto sobre bens *imóveis* quanto sobre bens *móveis*. A coisa móvel era desde logo entregue pelo devedor, por exigência do credor, para garantia da obrigação. A coisa imóvel permanecia em poder do devedor, mas era objeto de excussão se a obrigação não fosse cumprida pelo devedor. Os romanos é que depois viriam a distinguir entre garantia real sobre bem imóvel (hipoteca) e garantia real sobre bem móvel (penhor), consagrando a denominação que chegou até nossos dias e está capitulada no Código Civil de 2002 (CC, art. 1.419[1]). O direito real consiste em conferir ao contratante garantido poder direto sobre a coisa dada em garantia pelo contratante garantidor. É conhecido como direito sobre a coisa – *jus in re*.

A hipoteca judiciária somente vai surgir na Idade Moderna, mas é inegável que sua inspiração radica na remota tradição do direito real formada ainda na Antiguidade. Mais de quatrocentos e cinquenta anos nos separam do surgimento do instituto da hipoteca judiciária no direito. A hipoteca judiciária surge no direito francês, mais precisamente na Ordenança de Moulins de 1566, conforme Maria Helena Diniz[2] recolheu da doutrina de Planiol e Ripert exposta no *Traité pratique*, sendo

---

[1] CC: "Art. 1.419. Nas dívidas garantidas por penhor, anticrese ou hipoteca, o bem dado em garantia fica sujeito, por vínculo real, ao cumprimento da obrigação".
[2] *Curso de direito civil brasileiro. Direito das coisas*. 18. ed. v. 4. São Paulo: Saraiva, 2002, p. 500.

conceituada como garantia legal destinada a assegurar a execução dos julgamentos.

Na resenha realizada por Pontes de Miranda,[3] a hipoteca judiciária aparece, para o direito luso-brasileiro, nas Ordenações Filipinas de 1603, no Livro III, Título 84, §14, assim redigido:

> §14. E pelas sentenças, de que assi fôr agravado, tendo a parte agravante pago o agravo, e appresentado perante os Desembargadores em tempo devido, não se fara execução nos bens do condenado dentro em seis mezes contínuos, contados do dia, em que fôr concedido o agravo, e desembargado de quaisquer embargos, para se poder seguir: e isto, se tanto durar o despacho da causa do agravo. Porem, tanto que a parte vencedora tiver a sentença passada pela Chancellaria, posto que per ella se não haja de fazer execução, por durarem os ditos seis mezes, o condenado, que não tiver bens de raiz, dará fiança bastante à condenação, e não a dando, será executada logo a sentença, sem mais sperarem pelo seis mezes. E o que tiver bens de raiz, que valham o conteúdo na condenação, não os poderá alhear, durante a demanda, mas logo ficarão <u>hypothecados</u> por esse mesmo feito e per esta Ordenação para pagamento da condenação.

Diploma de direito processual que antecedeu ao Código de Processo Civil brasileiro de 1939, o Regulamento nº 737/1850 era omisso acerca do instituto da hipoteca judiciária.[4] A influência exercida pelo Regulamento nº 737 nos Códigos de Processo Civil estaduais explica a idêntica omissão nesses diplomas processuais regionais. A hipoteca judiciária vai surgir no direito brasileiro com advento do CPC de 1939, cujo art. 284 prevê esse instituto nos seguintes termos:

> Art. 284. Quando, em virtude de sentença, recair sobre os bens do condenado hipoteca judiciária, a respectiva inscrição será ordenada pelo juiz, mediante mandado, na forma da lei civil.

Mais extensa foi disciplina do instituto da hipoteca judiciária no CPC português do mesmo ano de 1939:

> Art. 676. A sentença que condenar o réu no pagamento duma prestação determinada em dinheiro ou em gêneros, mesmo antes de transitar em julgado é título constitutivo de hipoteca, devendo esta ser registada para

---

[3] *Comentários ao Código de Processo Civil*. t. V. Rio de Janeiro: Forense, 1974, p. 110.
[4] SILVA, De Plácido e. *Comentários ao Código de Processo Civil*. 3. ed. 1. v. Curitiba: Guaíra, 1948, p. 554.

produzir efeitos em relação a terceiros. Se a condenação for ilíquida, poderá o autor requerer o registo da hipoteca para segurança do quantitativo provável do seu crédito, dentro do limite do valor da causa. Tendo o réu sido condenado a prestar uma coisa ou um fato, não pode requerer-se o registo da hipoteca enquanto a obrigação do executado não se converter na indenização de perdas e danos.

Nos comentários ao art. 284 do CPC brasileiro de 1939, *Carvalho Santos* reproduz a crítica que *Philadelpho Azevedo* dirigia ao preceito: "A inutilidade da hypotheca não está na preferência, mas em ser tardia, pois para sua eficácia bastava faze-la decorrer das sentenças de primeira instância (*Teses de Concurso*, p. 22)".[5] A crítica de *Philadelpho Azevedo* decorria do fato de que a hipoteca judiciária exigia, à época do CPC de 1939, o trânsito em julgado da sentença e a ulterior liquidação da decisão.

O legislador do CPC de 1973 parece ter acolhido a crítica de *Philadelpho Azevedo*, na medida em que não exigiu mais o trânsito em julgado (CPC, art. 466, *caput*) e suprimiu a exigência de liquidação da sentença (CPC, art. 466, parágrafo único, I), fazendo a hipoteca judiciária decorrer das sentenças condenatórias de primeiro grau de jurisdição, conforme revela a redação dada ao instituto no art. 466 do CPC de 1973:

> Art. 466. A sentença que condenar o réu no pagamento de uma prestação, consistente em dinheiro ou coisa, valerá como título constitutivo de hipoteca judiciária, cuja inscrição será ordenada pelo juiz na forma prescrita na Lei de Registros Públicos.
> Parágrafo único. A sentença condenatória produz a hipoteca judiciária:
> I – embora a condenação seja genérica;
> II – pendente arresto de bens do devedor;
> III – ainda quando o credor possa promover a execução provisória da sentença.

No sistema legal italiano, o legislador optou, diversamente do legislador português e do legislador brasileiro, por capitular a hipoteca judiciária no Código Civil. Essa capitulação gera alguma perplexidade, na medida em que a hipoteca judiciária, efeito anexo da sentença que é, caracteriza-se como instituto de direito processual. Entretanto, a explicação parecer estar na opção do legislador de reunir numa única codificação todas as espécies de hipoteca do sistema legal. No Código

---

[5] Santos, J. M. Carvalho. *Código de Processo Civil Interpretado*. 2. ed. v. IV. Rio de Janeiro: Livraria Editora Freitas Bastos, 1940, p. 122.

Civil italiano, a hipoteca judiciária está prevista na mesma seção em que o Código disciplina a hipoteca convencional e a hipoteca legal. Esta é a previsão do Código Civil italiano:

> Dell'ipoteca giudiziale.
> Art. 2.818. Provvedimenti da cui deriva. Ogni sentenza che porta condanna al pagamento di una somma o all'adempimento di altra obbligazione ovvero al risarcimento dei danni da liquidarsisuccessivamente é titolo per inscrevere ipoteca sui beni del debitore. Lo stesso há luogo per gli altri privvedimenti giudiziali ai qual ila leggeattribuisce tale effetto.

Até 2016, o Código Civil francês apresentava a disciplina da hipoteca judiciária de forma semelhante àquela adotada no Código Civil italiano, reunindo as diversas espécies de hipoteca em um único dispositivo legal. O art. 2.117 do Código Civil francês tinha a seguinte redação:

> Art. 2.117. L'hipothèque légale est celle qui résulte de la loi. L'hipothèque judiciaire est celle qui résulte des jugemens ou actes judiciaires. L'hipothèque conventionnelle est celle qui dépend des conventions, est de la forme extérieure des actes et des contrats.

A Lei nº 1.547/2016 alterou o Código Civil francês, modificando a disciplina da hipoteca judiciária, atualmente capitulada no artigo 2.412 do diploma legal. Eis a atual previsão legal sobre a matéria:

> Art. 2.412. L'hipothèque judiciaire résulte des jugements soit contradictoires, soit par défaut, définitifs ou provisoires, em faveur de celui qui les a obtenus.

O Código Civil brasileiro disciplina apenas a hipoteca convencional e a hipoteca legal. A disciplina da hipoteca judiciária foi capitulada pelo legislador brasileiro no Código de Processo Civil. Já a Lei nº 6.015/1973, que trata dos registros públicos, relaciona as três modalidades de hipoteca no art. 167, I, 2, ao prescrever que será realizado, no Registro de Imóveis, o registro "das hipotecas legais, judiciais e convencionais".

Com o advento do CPC de 2015, o legislador manteve o instituto e desenvolveu a disciplina normativa da hipoteca judiciária, solucionando questões doutrinárias que geravam controvérsia. Exemplo disso radica na afirmação legal de que a hipoteca judiciária confere direito de preferência ao vencedor, não se limitando a conferir apenas direito de sequela. Conforme se conclui da leitura do §4º do art. 495 do CPC, o legislador do Código de 2015 filiou-se à corrente extensiva, restando superada a controvérsia que perdurara na vigência do CPC de 1973.

Além de resolver definitivamente essa controvérsia doutrinária, a solução legislativa tem o mérito de prestigiar a decisão de primeiro grau de jurisdição, ao ampliar a eficácia da sentença. Essa opção por prestigiar a decisão de primeiro grau encontra-se alinhada com a diretriz geral do Código de reforçar a efetividade da jurisdição. Merece registro o fato de que o CPC de 2015 vai além da expressão "vencedor", adotada na doutrina anterior, para referir-se ao autor da ação condenatória mediante o emprego da locução "credor hipotecário" (CPC, art. 495, §4º[6]). A partir daí não pode mais haver dúvida quanto à natureza de direito real da tutela conferida pela hipoteca judiciária ao vencedor da demanda condenatória.

A hipoteca judiciária ficou assim disciplinada no CPC de 2015:

> Art. 495. A decisão que condenar o réu ao pagamento de prestação consistente em dinheiro e a que determinar a conversão de prestação de fazer, não-fazer ou de dar coisa em prestação pecuniária valerão como título constitutivo de hipoteca judiciária.
> §1º A decisão produz hipoteca judiciária:
> I – embora a condenação seja genérica;
> II – ainda que o credor possa promover o cumprimento provisório da sentença ou esteja pendente arresto sobre bem do devedor;
> III – mesmo que impugnada por recurso dotado de efeito suspensivo.
> §2º A hipoteca judiciária poderá ser realizada mediante apresentação de cópia da sentença perante o cartório de registro imobiliário, independentemente de ordem judicial, de declaração expressa do juiz ou de demonstração de urgência.
> §3º No prazo de até 15 (quinze) dias da data de realização da hipoteca, a parte informá-la-á ao juízo da causa, que determinará a intimação da outra parte para que tome ciência do ato.
> §4º A hipoteca judiciária, uma vez constituída, implicará, para o credor hipotecário, o direito de preferência, quanto ao pagamento, em relação a outros credores, observada a prioridade no registro.
> §5º Sobrevindo a reforma ou a invalidação da decisão que impôs o pagamento de quantia, a parte responderá, independentemente de culpa, pelos danos que a outra parte tiver sofrido em razão da constituição da garantia, devendo o valor da indenização ser liquidado e executado nos próprios autos.

---

[6] "Art. 495. §4º. A hipoteca judiciária, uma vez constituída, implicará, para o *credor hipotecário*, o direito de preferência, quanto ao pagamento, em relação a outros credores, observada a prioridade no registro."

Estabelecidos os antecedentes históricos da hipoteca judiciária, cumpre enfrentar o tema da relação da hipoteca judiciária com o direito real.

CAPÍTULO II

HIPOTECA JUDICIÁRIA E DIREITO REAL

Relembrar as características do direito real é necessário quando se pretende estudar o instituto da hipoteca judiciária. De acordo com a doutrina de Pablo Stolze Gagliano e Rodolpho Pamplona Filho, "real é o direito que traduz o poder jurídico direto de uma pessoa sobre uma coisa".[7] A ficção jurídica estabelecida no art. 1.419 do Código Civil torna concreta a inflexão mediante a qual a coisa (*res*) se submete ao poder da pessoa: "Art. 1.419. Nas dívidas garantidas por penhor, anticrese ou hipoteca, o bem dado em garantia fica sujeito, por vínculo real, ao cumprimento da obrigação". Na oração "o bem dado em garantia fica sujeito, por vínculo real, ao cumprimento da obrigação", a locução *por vínculo real* identifica a natureza jurídica de *direito real* de que participam os institutos do penhor, da anticrese e da hipoteca. A teoria jurídica identifica tais institutos pelo conceito de *direitos reais de garantia*.

Os direitos reais têm as seguintes características: tipicidade, taxatividade, publicidade, eficácia *erga omnes*, aderência e sequela. A tipicidade diz respeito à exigência de previsão legal: os direitos reais somente existem se o instituto respectivo estiver previsto na legislação (CC, art. 1.225[8]). A taxatividade decorre do fato de que o elenco dos direitos reais constitui *numerus clausus*, não podendo ser ampliados por vontade das partes. A publicidade exige, para os bens imóveis, o respectivo registro formal na escrivania imobiliária da situação do imóvel. A eficácia *erga omnes* é a oponibilidade do direito real a todas as pessoas. A aderência significa que o direito real adere à coisa,

---

[7] *Manual de Direito Civil*. São Paulo: Saraiva, 2017, p. 986.
[8] "Art. 1.215. São direitos reais: I – a propriedade; II – a superfície; III – as servidões; IV – o usufruto; V – o uso; VI – a habitação; VII – o direito do promitente comprador do imóvel; VIII – o penhor; IX – a hipoteca; X – anticrese."

acompanhando-a no futuro. A sequela é o direito de perseguir a coisa gravada, para buscá-la onde quer que se encontre, e em mãos de quem quer que esteja. Tal poder jurídico é privativo dos direitos reais. O titular de direitos pessoais não tem direito de sequela. É o caso do credor quirografário. Ele tem direito pessoal contra o devedor. Vale dizer, seu crédito não lhe assegura direito real de sequela. Contudo, conforme demonstrado no capítulo XXIII, o credor quirografário pode ser alçado à condição jurídica de credor com garantia real pela hipoteca judiciária constituída pela sentença condenatória (CPC, art. 495).

A hipoteca é modalidade de direito real (CC, art. 1.225, IX). Mais especificamente, a hipoteca qualifica-se como espécie de direito real de garantia (CC, art. 1.419). Maria Helena Diniz ensina que direito real de garantia é o direito que *vincula* determinado bem do devedor diretamente ao poder do credor, para assegurar a satisfação de seu crédito na hipótese de inadimplência pelo devedor.[9] No caso da hipoteca, essa garantia real assegura ao credor hipotecário *poder jurídico direto sobre a coisa* – o bem imóvel hipotecado. Esse poder jurídico do credor hipotecário sobre a coisa dada em garantia assegura-lhe os seguintes direitos reais: a) direito de sequela (CC, art. 1.419); b) direito de excussão (CC, art. 1.422) e c) direito de preferência (CC, art. 1.422).

Sobre o instituto de direito material da hipoteca, Orlando Gomes ensina que "hipoteca é o direito real de garantia em virtude do qual um bem imóvel, que continua em poder do devedor, assegura ao credor, precipuamente, o pagamento de uma dívida".[10]

A hipoteca é cláusula acessória da obrigação principal, para garantir o cumprimento da obrigação principal. Em regra, a hipoteca atua como cláusula acessória em contratos de obrigação de pagar quantia. Nesses contratos, a cláusula acessória de hipoteca garante a obrigação pecuniária assumida pelo devedor perante o credor. A cláusula acessória materializa o direito real de garantia que se manifesta na modalidade de hipoteca. Isso ocorre quando os contratantes elegem imóvel do devedor para servir de garantia ao contrato celebrado. Não adimplida a obrigação principal, ocorre a execução do direito real de garantia pactuado entre os contratantes como cláusula acessória destinada a prover a satisfação do credor; significa dizer: o imóvel dado em garantia do negócio jurídico é excutido – levado à hasta pública e

---

[9] *Código Civil anotado*. 8. ed. São Paulo: Saraiva, 2002, p. 878.
[10] *Direitos reais*. 21. ed. Rio de Janeiro: Forense, 2012, p. 381.

alienado judicialmente, para satisfazer o pagamento devido ao credor hipotecário.

As características mais relevantes do direito real de garantia são a eficácia *erga omnes*, a aderência e a sequela. A eficácia *erga omnes* é importante, porque, na medida em que essa eficácia se impõe a todos, ninguém pode desconhecer a eficácia do direito real constituído em favor do credor de direito real. Essa eficácia é oponível a todos, realçando a verticalidade com que o direito real opera na esfera jurídica alheia. Somente estarão a salvo dessa eficácia os credores que ostentarem crédito mais privilegiado do que o crédito tutelado por garantia real.[11] O credor hipotecário, titular de hipoteca convencional, não logra êxito na disputa com credor fiscal, por exemplo, porque o credor fiscal é detentor de privilégio legal (CTN, art. 186), com o qual se sobrepõe, na hierarquia em que se classificam os créditos, ao credor titular de direito real. No que diz respeito ao credor trabalhista, a disputa com outros credores é objeto de estudo no capítulo XIII.

A importância da *aderência* radica na *perenidade* do direito real: a coisa gravada transporta em si própria o ônus de direito real que lhe acompanhará no futuro, mesmo quando a coisa gravada tenha ela sido transferida a terceiros adquirentes. Como observa Fabrício Zamprogna Matiello, eventual transferência da propriedade da coisa gravada carregará consigo o ônus real, transmitindo ao adquirente todo o peso da garantia.[12]

A pergunta pela duração do registro da hipoteca judiciária remete o intérprete às lições sobre direito real. Mais especificamente, essa pergunta remete o intérprete a uma das características do direito real, qual seja, a aderência. Segundo essa característica do direito real, o ônus real, uma vez constituído, vincula a coisa gravada à dívida por ela garantida, vinculação que se projeta para sobreviver no futuro, até que a obrigação seja satisfeita pelo devedor. A característica da aderência do direito real está associada à estabilidade duradoura do ônus real incidente sobre a coisa dada em garantia da obrigação. O ônus real adere à coisa (aderência) e nela perdura no tempo (sequela).

O terceiro adquirente do bem gravado por garantia real não logra obter a extinção do ônus real, senão mediante a *remição* dessa garantia. Somente mediante o pagamento do valor da avaliação do bem gravado é que o terceiro adquirente livrará a propriedade do ônus real de garantia

---

[11] É o caso do credor fiscal (CTN, art. 186). É também o caso do credor trabalhista (CF, art. 100, §1º; CTN, art. 186).
[12] *Código Civil comentado*. 5. ed. São Paulo, LTr, 2013, p. 912.

(CC, art. 1.499, V). Esse pagamento é denominado de *remição*. A doutrina utiliza-se do vocábulo *resgate* para explicar o instituto da remição do bem gravado com ônus real. Por meio da remição, o devedor *resgata* o bem sobre o qual recaiu a garantia de direito real. O resgate do bem é livrá-lo do ônus real que o gravava. Maria Helena Diniz diz que a remição consiste no "resgate do bem gravado pelo próprio devedor e sua família, pelo credor sub-hipotecário e *pelo terceiro adquirente*", esclarecendo que "com a liberação do imóvel hipotecado se terá a extinção da garantia real".[13] Por fim, merece destaque o fato de que a *aderência*, enquanto característica própria ao direito real, opera como elemento relevante para inibir a fraude à execução, na medida em que a duradoura sobrevivência do ônus real alerta terceiros para o elevado risco que há na aquisição do bem de propriedade de devedor hipotecário.

A relevância da *sequela* repousa sobre a inflexão com que o direito real atua na esfera jurídica alheia: ao credor titular de garantia de direito real é dado buscar o bem gravado onde quer que esteja e com quem quer que esteja, de modo a submeter o bem gravado aos procedimentos judiciais necessários à satisfação da obrigação. Isso porque "nas dívidas garantidas por penhor, anticrese ou hipoteca, o bem dado em garantia fica sujeito, por vínculo real, ao cumprimento da obrigação" (CC, art. 1.419). Como preleciona Fabrício Zamprogna Matiello, em se tratando de hipoteca, a coisa ofertada em garantia é submetida à alienação na hipótese de inadimplência do devedor, utilizando-se o valor apurado para pagamento do credor hipotecário.[14]

O credor hipotecário tem preferência no pagamento. Essa preferência é definida pelo critério cronológico do *registro anterior* do gravame. Na dicção do art. 1.422 do Código Civil, o credor hipotecário tem preferência sobre outros credores, "observada, quanto à hipoteca, a prioridade *no registro*".[15] Conforme se extrai da lição do autor, à sequela associa-se o direito de excussão. Esse último é desdobramento daquela, conforme revela a interpretação sistemática dos arts. 1.419 e 1.422 do Código Civil.

Transportando as lições de direito civil acerca da hipoteca para o âmbito do direito processual civil, Pontes de Miranda assinala que "a

---

[13] *Código Civil anotado.* 8. ed. São Paulo: Saraiva, 2002, p. 941.
[14] *Código Civil comentado.* 5. ed. São Paulo: LTr, 2013, p. 912.
[15] O credor hipotecário, por força da previsão do parágrafo único do art. 1.422 do Código Civil, será preterido quando concorrer com credores que, em virtude de outras leis, devam ser pagos prioritariamente. É a hipótese, por exemplo, do credor trabalhista. Credores detentores de privilégio legal também terão prioridade no pagamento quando em disputa com credor hipotecário.

hipoteca judiciária é plus – cria vínculo *real*, de modo que, na execução imediata ou mediata, está o vencedor munido de direito de sequela, que não tinha. Daí resulta que os bens gravados por ela podem ser executados como se a dívida fosse coisa certa, ainda se em poder de terceiro, que os haja adquirido sem fraude à execução. Não há boa-fé em tal aquisição, porque a hipoteca judiciária opera como qualquer outra hipoteca. [...] O exequente tem o direito de prosseguir na execução da sentença contra os adquirentes dos bens do condenado".[16]

---

[16] *Comentários ao Código de Processo Civil*. t. V. Rio de Janeiro: Forense, 1974, p. 111.

O CONCEITO DE HIPOTECA JUDICIÁRIA

O conceito de hipoteca judiciária tem se revelado duradouro desde o surgimento desse instituto no direito francês,[17] no qual a hipoteca judiciária era conceituada como garantia legal destinada a assegurar a execução dos julgamentos. Nessa conceituação, dois elementos merecem destaque. O primeiro elemento diz respeito à *lei como fonte normativa* da hipoteca judiciária. É ao legislador que o sistema jurídico confere legitimidade para a deliberação sobre a adição de efeito anexo a determinadas espécies de sentenças. O segundo elemento concerne à finalidade do instituto – prover a asseguração da execução da sentença. No segundo elemento, sobressai a relevância da prestação jurisdicional enquanto emanação do Estado e a consequente necessidade de conferir à manifestação jurisdicional a autoridade inerente à solução estatal dos conflitos de interesse na vida de relação.

A hipoteca judiciária diz respeito à ordinária necessidade de expropriar o patrimônio do demandado, para a realização do comando condenatório, uma vez que o cumprimento espontâneo da obrigação constitui exceção. Esse problema do sistema de *civil law* é mais grave em nosso país: não se cumpre a sentença senão mediante execução forçada, na qual há novamente resistência. A percepção dessa necessidade ordinária de execução forçada acompanha o legislador há séculos, sobretudo nos países que integram o sistema jurídico da *civil law*, conforme se pode concluir pela remota origem do instituto da hipoteca judiciária no âmbito do direito francês e português. A resenha dos antecedentes históricos do instituto, realizada no primeiro capítulo revela que é antiga a consciência jurídica acerca da concreta necessidade de a autoridade judiciária impor o cumprimento forçado do comando da

---

[17] A hipoteca judiciária surge na Ordenança de Moulins, em 1566, na França.

sentença condenatória. Essa verdade identifica a história de diversos ordenamentos jurídicos da família da *civil law*, a nos lembrar que o cumprimento espontâneo da sentença, por exemplo no Brasil, ainda é uma constrangedora exceção.

O conceito adotado por Pontes de Miranda explicita a *natureza jurídica de direito real* da hipoteca judiciária. Para o jurista, a hipoteca judiciária é *direito real de garantia*.[18] Destina-se a ampliar a eficácia da sentença condenatória. É necessário destacar que a natureza de *direito real* da hipoteca (CC, art. 1.419) comunica-se ao instituto da hipoteca judiciária (CPC, art. 495). Essa comunicação ocorre no trânsito do fenômeno jurídico, do direito material para o direito processual, visto que à hipoteca judiciária aplicam-se os preceitos que regem o instituto de direito material da hipoteca (CC, arts. 1.419 a 1.501). Com Pontes de Miranda, podemos dizer que a compreensão do *instituto de direito processual da hipoteca judiciária* é haurida no *instituto de direito material da hipoteca*; da hipoteca convencional; mas sobretudo da hipoteca legal (CC, arts. 1.489 a 1.498).

Retornemos, porém, à afirmação da doutrina, de que a hipoteca judiciária é direito real de garantia, para avançar na compreensão desse instituto de direito processual. De fato, é direito real de garantia, mas somente o será depois de registrada a hipoteca judiciária na matrícula do imóvel do demandado (CC, art. 1.492[19]). Enquanto não ocorre tal registro, o estado de latência do direito à garantia é identificado de forma peculiar pelo festejado autor. Pontes de Miranda afirma que a hipoteca judiciária constitui direito formativo gerador do direito real do credor hipotecário. Em outras palavras, o direito de registrar a hipoteca judiciária na matrícula do imóvel do demandado é "direito *formativo* gerador do direito real de hipoteca", para reproduzir a original expressão do jurista.[20] Direito *formativo* gerador do direito real de garantia hipotecária que se produzirá para o autor somente a partir do registro do gravame da hipoteca judiciária na matrícula do imóvel do demandado.

Enquanto não há o registro da hipoteca judiciária na matrícula do imóvel do vencido, o direito real de garantia *não se forma*. O direito do vencedor é, por enquanto, *o direito à inscrição da sentença condenatória como título constitutivo da hipoteca judiciária*. E, uma vez que o direito

---

[18] *Comentários ao Código de Processo Civil*. t. V. Rio de Janeiro: Forense, 1974, p. 111.
[19] CC: "Art. 1.492. As hipotecas serão registradas no cartório do lugar do imóvel, ou no de cada um deles, se o título se referir a mais de um".
[20] *Comentários ao Código de Processo Civil*. t. V. Rio de Janeiro: Forense, 1974, p. 117.

real de garantia ainda não estará *formado*, Pontes de Miranda pondera que o vencedor, nesta fase anterior ao registro, tem apenas direito *formativo* gerador do direito real de hipoteca. Tratando dessa questão, o magistério de Marinoni, Arenhart e Mitidiero orienta-se nesse mesmo sentido: "até o efetivo registro o demandante tem apenas direito à inscrição da hipoteca – não tem direito de preferência e direito real sobre a coisa (e, pois, direito de sequela)".[21] Logo se percebe a importância da diligência da parte interessada em providenciar o registro do ônus real o quanto antes. No caso de determinação de hipoteca judiciária de ofício, a diligência em questão será do juízo.

Antes do registro, há apenas *direito pessoal* e não há direito real de garantia oponível ao terceiro adquirente do imóvel, que então ostentará a condição jurídica de terceiro adquirente de boa-fé. Após o registro, a ulterior aquisição caracterizará o adquirente como terceiro adquirente de má-fé. Nesta passagem de seus comentários ao art. 466 do CPC de 1973, Pontes de Miranda ilustra a transformação do direito à hipoteca judiciária em direito real de hipoteca da seguinte forma: "O direito do autor à inscrição da hipoteca judiciária, já é, de certo, direito de hipoteca judiciária, se chamamos hipoteca judiciária ao título para a inscrição. O credor que obteve do devedor a escritura de hipoteca e ainda não na inscreveu está na mesma situação. Tem título: falta-lhe o direito real".[22]

O direito real forma-se com o registro da hipoteca judiciária na matrícula do imóvel do vencido. A partir desse registro, o direito real de hipoteca judiciária será oponível contra futuros terceiros adquirentes do imóvel do vencido. Esses terceiros futuros adquirentes não poderão ignorar a existência do registro público do gravame de hipoteca judiciária – não poderão mais invocar a condição de terceiros adquirentes de boa-fé. Feito o registro da hipoteca judiciária na matrícula do imóvel do vencido, a partir de então a respectiva aquisição não será considerada de boa-fé, "porque a hipoteca judiciária opera como qualquer outra hipoteca", conforme preleciona Pontes de Miranda.[23] Mauro Schiavi fornece didática fórmula acerca da eficácia com que o registro do ônus real atinge o terceiro adquirente: "Com o registro da hipoteca judiciária, evita-se e se previne a fraude de execução, pois há presunção absoluta de que quem adquiriu o imóvel com a hipoteca sabia do gravame e, tacitamente, aceitou essa condição ao adquiri-lo".[24]

---

[21] *Novo Código de Processo Civil comentado*. 2. ed. São Paulo: RT, 2016, p. 585.
[22] *Comentários ao Código de Processo Civil*. t. V. Rio de Janeiro: Forense, 1974, p. 112.
[23] *Comentários ao Código de Processo Civil*. t. V. Rio de Janeiro: Forense, 1974, p. 111.
[24] *Execução no Processo do Trabalho*. 10. ed. São Paulo: LTr, 2018, p. 170.

O registro da hipoteca judiciária implica, para o proprietário vencido na sentença condenatória, restrição ao poder de dispor do bem gravado;[25] para o terceiro, implica não poder alegar a condição jurídica de adquirente de boa-fé; o que significa, para o terceiro adquirente, assumir elevado risco na aquisição do bem imóvel gravado. Para a ordem jurídica, implica a positivação do *ilícito processual* de fraude à execução, quando a alienação do imóvel for posterior ao registro do gravame de hipoteca judiciária na respectiva matrícula imobiliária (CPC, art. 792, III[26]). Na verdade, a ineficácia da alienação decorre da vertical inflexão do direito real do credor hipotecário na esfera jurídica do executado e do terceiro adquirente.

Não se trata propriamente de fraude à execução, nada obstante essa tipificação legal tenha sido positivada no inciso III do art. 792 do CPC. Basta lembrar que a insolvência do executado é requisito para a ineficácia da alienação na modalidade clássica da fraude à execução; não é requisito, todavia, para a ineficácia da alienação no caso de alienação de bem gravado com prévia hipoteca judiciária. Como se disse anteriormente, a causa da ineficácia da alienação não está na insolvência provocada pela alienação do bem gravado na situação patrimonial do executado; a causa da ineficácia está no *direito real de sequela* que assiste ao credor hipotecário quanto ao bem gravado pela hipoteca que foi alienado pelo executado em favor do terceiro adquirente (CC, art. 1.419 c/c CPC, art. 495). É dizer, no caso de credor hipotecário, a ineficácia da alienação não é gerada propriamente pela ocorrência do fenômeno clássico da fraude à execução; não se perquire sobre a insolvência do executado em razão da alienação do bem hipotecado. E não se precisa perquirir.

Ainda que restem bens suficientes no patrimônio do executado para responder pela execução hipotecária, essa circunstância não é oponível contra o credor hipotecário, já que esse último tem direito à excussão do bem gravado (CC, art. 1.422[27]). Significa dizer que o credor titular de hipoteca judiciária poderá fazer penhorar e alienar o bem

---

[25] Nas Ordenações Filipinas, de 1603, a hipoteca judiciária estava prevista em dispositivo no qual se afirmava que o condenado não poderia alienar seus bens de raiz durante a tramitação da demanda (Livro III, Título 84, §14).

[26] CPC: "Art. 792. A alienação ou a oneração de bem é considerada fraude à execução: III – quando tiver sido averbada, no registro do bem, hipoteca judiciária ou outro ato de constrição judicial originário do processo onde foi arguida a fraude;".

[27] CC: "Art. 1.422. O credor hipotecário e o pignoratício têm o direito de excutir a coisa hipoteca ou empenhada, e preferir, no pagamento, a outros credores, observada, quanto à hipoteca, a prioridade no registro".

gravado, ainda que outros bens existam no patrimônio do executado alienante. Por conseguinte, o credor hipotecário pode rejeitar eventual pretensão manifestada pelo executado no sentido de substituir o bem que será levado à hasta pública. O fundamento jurídico para a rejeição dessa pretensão do executado repousa do direito de excussão que assiste ao titular da hipoteca judiciária e que consiste no direito real de fazer penhorar e alienar o bem gravado com tal ônus real.

Pode-se afirmar que a hipoteca judiciária é *direito* do vencedor da demanda condenatória. Um direito estabelecido em lei, na modalidade de efeito anexo da sentença condenatória. *É o legislador que outorga esse direito* ao vencedor da demanda condenatória; o que significa dizer que *não se trata de direito outorgado pelo juiz*. No direito brasileiro, a sentença condenatória, cuja execução ainda não teve início, ostenta *eficácia executiva mediata*, produzindo hipoteca judiciária sobre os bens do vencido, conforme se extrai da lição de Pontes de Miranda.[28] Essa eficácia persiste ainda quando o recurso da sentença tenha efeito suspensivo (CPC, art. 495, §1º, III). Mesmo no processo civil brasileiro, portanto, o efeito anexo da sentença condenatória é produzido *de imediato pela publicação da sentença* e não pode ser paralisado pela via do recurso de apelação.

Na elaboração do conceito do instituto, podemos afirmar que a hipoteca judiciária é a hipoteca que a lei atribui à sentença condenatória enquanto seu *efeito anexado pelo legislador ordinário* e, no dizer de Washington de Barros Monteiro, consiste no direito real conferido ao exequente sobre os bens do executado, em garantia da execução do julgado.[29] É interessante observar que Washington de Barros Monteiro refere-se ao vencedor da demanda como "exequente". A denominação deve ser compreendida na perspectiva dinâmica, na qual o processo costuma se desenvolver; o vencedor da demanda tornar-se-á exequente. Pontes de Miranda utiliza a denominação de "vencedor" da demanda,[30] mais consentânea com a fase de conhecimento, em que surge o fenômeno da hipoteca judiciária. E, por coerência, refere-se ao sujeito passivo da hipoteca judiciária como vencido; ou como condenado; ou como demandado.

---

[28] *Comentários ao Código de Processo Civil*. t. V. Rio de Janeiro: Forense, 1974, p. 114: "Aliás, no direito brasileiro, a sentença cuja exequibilidade ainda não começou pode, sobrevindo confirmação, ou alteração que não lhe tire a carga condenatória, ter, pelo menos, eficácia executiva mediata, gerando hipoteca judiciária".

[29] *Curso de direito civil*: direito das coisas. 31. ed. São Paulo: Saraiva, 1994, p. 416.

[30] *Comentários ao Código de Processo Civil*. t. V. Rio de Janeiro: Forense, 1974, p. 111.

A finalidade do instituto acaba por se confundir com o seu conceito, na medida em que se trata de *instituto de direito processual* destinado a instrumentalizar a futura execução, conforme se recolhe da lição de Marinoni, Arenhart e Mitidiero. Os autores ensinam que a hipoteca judiciária serve como *técnica jurídica processual voltada à garantia da tutela pecuniária*.[31]

A hipoteca judiciária consiste numa "hipoteca geral que a lei empresta a todo o julgamento que condena um demandado a cumprir sua obrigação".[32] Essa última lição é de Maria Helena Diniz e está baseada na doutrina de Planiol e Ripert, confirmando a origem francesa do instituto, também indicada por Washington de Barros Monteiro. Esse autor distingue a hipoteca judiciária da hipoteca convencional. Para o jurista, enquanto a hipoteca convencional tem fonte normativa no contrato, a hipoteca judiciária tem natureza "jurisdicional". O fundamento da distinção feita por Washington de Barros Monteiro, todavia, pode ser criticado, na medida em que a hipoteca judiciária é efeito decorrente da lei e não do pronunciamento jurisdicional. O raciocínio vale para o efeito anexo das sentenças em geral.

Diz-se que o efeito anexo é *externo* à sentença condenatória, porque nela não se contém. Essa afirmação requer uma explicação. De fato, o efeito anexo de hipoteca judiciária não está contido na condenação e nela não se encontra provimento a respeito da matéria. A fonte formal do efeito anexo é a lei, emanação estatal *externa ao fenômeno jurisdicional*. O efeito de hipoteca judiciária foi anexado pelo legislador à sentença condenatória. *Efeito anexado à sentença*, para reproduzir a locução empregada por Pontes de Miranda.[33] O emprego do verbo no particípio – efeito *anexado* pelo legislador – aporta didática, conquanto possa faltar ao estilo. A doutrina de Cleber Lúcio de Almeida é elucidativa a respeito dessa questão. O jurista destaca que a hipoteca judiciária é efeito atribuído pela lei à sentença condenatória, efeito "... que se produzirá independentemente de pedido da parte ou da vontade do juiz".[34] Pontes de Miranda também registra tal entendimento, salientando que o efeito anexo de hipoteca judiciária não está compreendido nem no pedido, nem na sentença.[35]

---

[31] *Novo Código de Processo Civil comentado.* 2. ed. São Paulo: RT, 2016, p. 585.
[32] *Curso de direito civil brasileiro.* v. 4. 10. ed. São Paulo: Saraiva, 1995, p. 387
[33] *Comentários ao Código de Processo Civil.* t. V. Rio de Janeiro: Forense, 1974, p. 71.
[34] *Direito Processual do Trabalho.* 7. ed. Salvador: Juspodivm, 2019, p. 652.
[35] *Comentários ao Código de Processo Civil.* t. V. Rio de Janeiro: Forense, 1974, p. 70. A síntese do jurista faz-se perfeita: "A hipoteca judiciária não está compreendida no *petitum*, nem no *decisum*".

No particular, é interessante notar que também a disciplina normativa adotada no CPC de 2015 para o instituto evidencia que a hipoteca judiciária não é fenômeno propriamente jurisdicional. O Código de Processo Civil de 2015 assimilou essa lição doutrinária e positivou dispensar "declaração expressa do juiz" para que se reconheça ser a sentença condenatória título constitutivo de hipoteca judiciária. É o que está positivado literalmente no §2º do art. 495 do CPC.[36] Tratando-se de efeito anexo da sentença, a respectiva fonte normativa é, em regra, a lei, conforme a lição de Pontes de Miranda. De modo que sequer era necessária a explicitação adotada pelo legislador.

Tal explicitação, entretanto, tem a virtude de superar qualquer dúvida acerca da fonte geradora do efeito anexo, na mesma postura didática que transparece inúmeras vezes no Código de Processo Civil de 2015. Em relação ao Código Buzaid, o CPC de 2015 revela melhor técnica jurídica e resolve diversas controvérsias que desaguavam nos tribunais. Questões que outrora encontravam-se resolvidas apenas no âmbito da teoria jurídica tornaram-se direito positivo no vigente Código de Processo Civil, com o que se evitam questionamentos capazes de embaraçar o manejo dos institutos jurídicos. É o caso da minudente disciplina adotada pelo legislador para a regência legal do instituto da hipoteca judiciária no CPC de 2015.

Note-se que mesmo quando, na sentença, a sua parte dispositiva determina o registro de hipoteca judiciária – seja no exame desse pedido formulado pelo autor, seja porque a hipoteca judiciária foi adotada enquanto ato de ofício do juízo –, o respectivo comando judicial não integra a condenação relativa à *res deducta*, ostentando efeito *externo* (hipoteca judiciária) ao efeito *principal* da sentença condenatória (condenação). Porque o *efeito anexo da sentença é sempre externo ao efeito principal da sentença*, caracterizando-se como eficácia decorrente de emanação estatal legislativa, ao passo que o *efeito principal* da sentença pressupõe emanação estatal jurisdicional, na qual é resolvida a relação jurídica de direito material controvertida. A propósito da matéria, não se pode olvidar a lição de Ovídio Baptista da Silva, para quem, diversamente do que ocorre com o efeito reflexo, que é repercussão originada de uma *eficácia interna à sentença*, "o efeito anexo é-lhe absolutamente *externo*, no sentido de não estar incluso no *petitum*".[37]

---

[36] "Art. 495. §2º. A hipoteca judiciária poderá ser realizada mediante apresentação de cópia da sentença perante o cartório de registro imobiliário, independentemente de ordem judicial, de *declaração expressa do juiz* ou de demonstração de urgência."
[37] *Sentença e coisa julgada*. 2. ed. Porto Alegre: Sergio Antonio Fabris Editor, 1988, p. 113.

No estudo do conceito de hipoteca judiciária, vem a propósito a produtiva consideração de José Rogério Cruz e Tucci, no sentido de que a hipoteca judiciária está fundada "na presunção de que a sentença condenatória assegura *uma posição de vantagem* à parte que venceu a demanda".[38] Essa presunção é obra do legislador; reforça a eficácia da sentença condenatória e tem por objetivo garantir a futura execução dessa condenação, ao mesmo tempo em que inibe fraudes patrimoniais, na medida em que serve de advertência ao terceiro adquirente diligente.

Antes afirmamos que a hipoteca judiciária é um *direito* do vencedor da demanda condenatória. Pontes de Miranda sintetizou assim esse direito: "o direito à hipoteca judiciária é o direito de sequela".[39] Essa afirmação de Pontes de Miranda foi feita à época em que estava em vigor o CPC de 1973. Como é sabido, Pontes de Miranda filiava-se à corrente de juristas que adotava interpretação restritiva quanto ao instituto da hipoteca judiciária, corrente segundo a qual a hipoteca judiciária conferia direito de sequela, mas não assegurava direito de preferência. Pontes de Miranda não deixa de ter razão, se considerarmos que o direito de sequela é o principal direito que assiste ao credor titular de hipoteca judiciária.

Com a superveniência do CPC de 2015, porém, a hipoteca judiciária passou a agregar também o direito de preferência, por força da expressa previsão legal do §4º do art. 495 do referido Código.[40] Assim, restou superada – também pela via legislativa – a controvérsia teórica que dividia a doutrina entre aqueles que atribuíam à hipoteca judiciária apenas o direito de sequela e aqueles que afirmavam que o instituto conferia ao vencedor também o direito de preferência, quando da disputa de credores pelo pagamento. Enquanto Pontes de Miranda entendia que a hipoteca judiciária conferia ao vencedor apenas direito de sequela,[41] Carlos Zangrando afirmava que essa medida legal conferia também direito de preferência ao vencedor da demanda condenatória.[42]

É de se notar que a locução legal *hipoteca judiciária constituída*, presente no §2º do art. 495 do CPC, tem o significado de *hipoteca judiciária registrada*. A conclusão decorre da referência, constante da parte final

---

[38] MARINONI, Luiz Guilherme; ARENHART, Sérgio Cruz; MITIDIERO, Daniel (coord.). *Comentários ao Código de Processo Civil*. v. VIII. São Paulo: RT, 2016, p. 152.
[39] *Comentários ao Código de Processo Civil*. t. V. Rio de Janeiro: Forense, 1974, p. 110.
[40] CPC: "Art. 495. §4º. A hipoteca judiciária, uma vez constituída, implicará, para o credor hipotecário, o direito de preferência, quanto ao pagamento, em relação a outros credores, observada a prioridade no registro".
[41] *Comentários ao Código de Processo Civil*. t. V. Rio de Janeiro: Forense, 1974, p. 112.
[42] *Processo do Trabalho*: processo de conhecimento. v. 2. São Paulo: LTr, 2009, p. 1.240.

do preceito, ao *registro* da hipoteca judiciária como critério cronológico definidor da prioridade no pagamento, quando houver disputa entre credores. Portanto, quando o legislador estabeleceu que a hipoteca judiciária *constituída* assegura direito de preferência ao pagamento quando houver disputa entre credores sobre o mesmo bem, na verdade estabeleceu que a preferência no pagamento é definida pelo critério cronológico do *registro anterior*, assim devendo ser compreendida a locução *hipoteca judiciária constituída*, prevista no art. 495, §2º, do CPC.

No estudo do conceito deste instituto de direito processual, cumpre registrar que a hipoteca judiciária constitui verdadeira "modalidade de constrição sobre o patrimônio do potencial devedor",[43] para reproduzir a formulação adotada por José Rogério Cruz e Tucci. Na condição de modalidade de constrição patrimonial, a hipoteca judiciária, uma vez registrada, estabelece restrição ao poder de disponibilidade do vencido em relação ao bem gravado. Já para o terceiro, a constrição hipotecária tem o efeito jurídico de privar-lhe da alegação de boa-fé na aquisição.

Na autorizada lição de Nelson Nery Junior e Rosa Maria de Andrade Nery, a hipoteca judiciária é efeito secundário e imediato da sentença que visa resguardar o interessado de eventual e futura fraude. Além disso, objetiva garantir o vencedor da demanda,[44] fazendo-o mediante a vinculação do imóvel gravado à dívida a ser executada se não houver o cumprimento espontâneo da sentença. É semelhante a doutrina de Cleber Lúcio de Almeida. Afirma o jurista: a hipoteca judiciária é efeito anexo da sentença condenatória, que lhe é atribuído pela própria lei, isto é, que se produzirá independentemente de pedido da parte ou da vontade do juiz.[45]

Para Pontes de Miranda, à hipoteca judiciária cabe uma função econômica e jurídica. Diz o jurista que o fundamento da hipoteca judiciária é permitir-se que o vencedor não recorra de imediato às medidas constritivas de execução. Adota antes a hipoteca judiciária e assim se pode, assegurada a futura satisfação do julgado, relegar a execução respectiva para o futuro.[46]

A lição de Arlindo Cavalaro Neto faz-se útil ao estudo do conceito do instituto da hipoteca judiciária, na medida em que o autor esclarece que não se pode confundir hipoteca judiciária com tutela provisória, equívoco algo frequente. Nesse particular, o jurista destaca: "Afasta-se

---

[43] *Comentários ao Código de Processo Civil.* v. VIII, 2016, p. 154.
[44] *Comentários ao Código de Processo Civil.* São Paulo: RT, 2015, p. 1170.
[45] *Direito Processual do Trabalho.* 7. ed. Salvador: Juspodivm, 2019, p. 652.
[46] *Comentários ao Código de Processo Civil.* t. V. Rio de Janeiro: Forense, 1974, p. 112.

de plano a natureza de antecipação de tutela, pois com o registro da hipoteca judiciária não se está antecipando o bem da vida afirmado pelo autor na petição inicial. Procura-se, apenas, garantir a execução da sentença condenatória com o ônus real que recairá sobre parcela do patrimônio do devedor. Também não se trata de medida cautelar, pois despiciendo verificar a concorrência dos requisitos imprescindíveis para a concessão da cautela, a saber: *fumus boni iuris* e *periculum in mora*. Note-se que não há nenhuma exigência legal nesse sentido".[47]

No âmbito do processo civil brasileiro contemporâneo, merece destaque a contribuição de Misael Montenegro Filho para a fixação do conceito de hipoteca judiciária. O jurista destaca que "a hipoteca judiciária se qualifica como efeito secundário da sentença, com o objetivo de assegurar o cabal adimplemento da obrigação disposta no pronunciamento, evitando transferências patrimoniais por parte do vencido, que possam prejudicar a fase de cumprimento da sentença".[48]

A jurisprudência assentou o entendimento de que a hipoteca judiciária é modalidade de hipoteca legal, na medida em que se encontra prevista em lei e, na condição jurídica de efeito anexo da sentença condenatória, independe de declaração judicial para sua constituição: "... a hipoteca judiciária é espécie de hipoteca legal..." (TJSP, 2ª CDPriv, Embargos de Declaração nº 4894734/1-01, rel. Des. Neves Amorim, j. 11.09.2007).

Estudado o conceito de hipoteca judiciária, faz-se necessário abordar o tema do efeito anexo da sentença, para tentar compreender melhor o funcionamento desse instituto de direito processual.

---

[47] A sentença trabalhista como título constitutivo de hipoteca judiciária. *In*: SANTOS, José Aparecido dos (coord.). *Execução trabalhista*. 2. ed. São Paulo: LTr, 2010, p. 490.
[48] *Código de Processo Civil Comentado e Interpretado*. 3. ed. São Paulo: Atlas, 2013, p. 494.

CAPÍTULO IV

EFEITO ANEXO DA SENTENÇA

No estudo da sentença, a teoria jurídica identifica três espécies de efeitos: a sentença pode ter eficácia direta, eficácia reflexa e eficácia anexa.[49] A hipoteca judiciária é *efeito anexo* da sentença condenatória, enquadrando-se na denominada *eficácia anexa* da sentença. Estudar os efeitos da sentença auxilia na compreensão do instituto da hipoteca judiciária.

A eficácia *direta* da sentença é aquela que atinge a relação jurídica deduzida em juízo de modo principal. Pode-se exemplificar, dizendo que a eficácia *direta* é aquela que resulta do acolhimento da pretensão condenatória ao pagamento dos danos sofridos pelo trabalhador em acidente do trabalho. Também é denominada de eficácia *principal* da sentença. Liebman identifica a eficácia *direta* da sentença pela locução *efeito natural* da sentença.

A eficácia *reflexa* da sentença é aquela que atinge *relação jurídica conexa* à relação jurídica principal. Como exemplo, costuma-se mencionar que o desfalque do patrimônio do devedor condenado à prestação pecuniária é efeito *reflexo* da sentença que soluciona a *relação jurídica principal*, porque essa condenação – na medida em que desfalca o patrimônio do devedor – atinge indiretamente seus demais credores. Esses terceiros são atingidos – de forma reflexa – pela sentença condenatória do devedor, o qual pode se tornar insolvente em razão do desfalque patrimonial gerado pela execução da sentença condenatória em questão. Note-se que esses terceiros são atingidos *de forma indireta* – diz-se de forma reflexa – pela sentença condenatória proferida. Tal desfalque

---

[49] MARINONI, Luiz Guilherme; ARENHART, Sérgio Cruz; MITIDIERO, Daniel. *Novo Código de Processo Civil comentado*. 2. ed. São Paulo: RT, 2016, p. 584.

patrimonial do devedor pode acarretar prejuízo à satisfação do crédito desses terceiros.

Retomado o exemplo anterior, os demais credores do empregador condenado a indenizar os danos sofridos pelo trabalhador em acidente do trabalho podem ficar sem receber seus créditos, se a condenação do empregador for de tal monta que o torne insolvente. É de se observar que tais credores não têm como evitar que tal efeito ocorra. Há um vínculo de *prejudicialidade-dependência* entre a relação jurídica principal que torna o empregador devedor da indenização dos danos decorrentes do acidente do trabalho e a relação jurídica de crédito existente entre o empregador e seus demais credores.

A eficácia anexa da sentença é eficácia jurídica que decorre de previsão legal. A lei prevê que determinada espécie de sentença terá uma eficácia adicional, que lhe é expressamente atribuída pelo direito positivo. O efeito anexo visa ampliar a eficácia do pronunciamento judicial. Decorre da existência mesma da sentença, razão pela qual a teoria jurídica utiliza-se de didática expressão para explicar o fenômeno: o efeito anexo é efeito "do fato da sentença".[50] A didática expressão é de Pontes de Miranda. O exemplo mais comum de efeito anexo da sentença é a produção de hipoteca judiciária. O efeito anexo também é conhecido como eficácia secundária da sentença.

Alguns exemplos serão úteis à compreensão do modo como o efeito anexo da sentença opera no âmbito das relações jurídicas. Os exemplos a seguir foram extraídos da obra de Pontes de Miranda, *Comentários ao Código de Processo Civil*. Tomo V. Rio de Janeiro: Forense, 1974. p. 67, escrita na vigência do CPC de 1973: a) os frutos dotais que correspondem ao ano corrente são divididos entre os dois cônjuges, ou entre um e os herdeiros do outro, proporcionalmente à duração do casamento, no decurso do mesmo ano; e daí em diante pertencem ao cônjuge (efeito anexo à sentença de separação); b) a comunhão de bens dissolve-se com a sentença de separação; c) a cessação da tutela, ou do pátrio poder da mãe, se o filho vence a ação de filiação; d) a dissolução da sociedade pelo fato de ter sido decretada a falência; e) a reparação do dano segundo o art. 588, I, que é efeito anexo à sentença que atingiu o que provisoriamente se executou; f) a obliteração *ex tunc* da execução provisória, se foi decretada invalidade ou reformada a sentença provisoriamente executada (art. 588, III); g) a hipoteca judiciária.

---

[50] *Comentários ao Código de Processo Civil*. t. V. Rio de Janeiro: Forense, 1974, p. 66.

Do fato de haver sentença, decorre o efeito anexo previsto em lei. Vale dizer, o fato do advento da sentença produz – por si só – o efeito anexo previsto pelo legislador para determinada espécie de sentença. Conforme a precitada lição de Pontes de Miranda, o efeito anexo é efeito "do fato da sentença". Se há sentença de separação do casal, a comunhão patrimonial está automaticamente desfeita, sem que haja necessidade de a sentença declarar o desfazimento da comunhão patrimonial. Isso porque o desfazimento da comunhão patrimonial é efeito que o legislador anexou à sentença de separação do casal. Se há sentença condenatória, há automático efeito anexo de hipoteca judiciária.

No caso da hipoteca judiciária, a espécie de sentença eleita pelo legislador é a sentença condenatória, conforme estabelecido no art. 466 do CPC de 1973; preceito que veio a ser ampliado no correspondente art. 495 do CPC de 2015, para passar a abranger também a sentença que determinar a conversão da obrigação em prestação pecuniária (art. 495, *caput*). Até mesmo a decisão interlocutória condenatória produz o efeito anexo de hipoteca judiciária, já que o legislador de 2015 ampliou o espectro da hipoteca judiciária; da *espécie* sentença, para o *gênero* decisão. De modo que a decisão que determina, em sede de tutela provisória, o pagamento de parcelas rescisórias produz hipoteca judiciária e pode ser levada a registro na matrícula do bem imóvel do demandado. A mesma eficácia de efeito anexo de hipoteca judiciária tem a decisão que realiza o julgamento antecipado parcial do mérito (CPC, art. 356), condenando o demandado ao pagamento de parcelas rescisórias incontroversas. O que significa dizer que também a decisão de julgamento parcial do mérito pode ser registrada como título constitutivo de hipoteca judiciária, para fazer estabelecer desde já constrição do patrimônio do demandado.

É o conteúdo condenatório da *decisão* que a torna passível do registro hipotecário de que trata o art. 495 do CPC. Tanto no caso de tutela provisória quanto no caso de julgamento antecipado parcial do mérito, o efeito anexo de hipoteca judiciária se produz independentemente do trânsito em julgado dessas decisões, conforme decorre da interpretação sistemática do art. 495 do CPC, sobretudo conforme decorre da previsão do inciso III do §1º do art. 495 do CPC, preceito segundo o qual a decisão produz hipoteca judiciária mesmo quando o respectivo recurso seja dotado de efeito suspensivo.

Andou bem o legislador na redação do *caput* do art. 495 do CPC, na medida em que o acréscimo introduzido confere à sentença que determinar a conversão da obrigação em prestação em dinheiro o mesmo efeito anexo conferido à sentença originariamente condenatória. Tratando-se de sentenças cuja execução é análoga, não se justificava negar à primeira o efeito anexo conferido a esta última. A hipoteca judiciária é efeito anexo vinculado à existência de condenação; nas palavras de Pontes de Miranda: a hipoteca judiciária diz respeito à eficácia condenatória da sentença.[51]

Embora o efeito anexo à sentença possa ter sido previamente criado mediante ajuste contratual que depois veio a se tornar litigioso, em regra, o efeito anexo à sentença opera por força de previsão legal (*ope legis*) e, como tal, depende da respectiva lei, o que faz lembrar a observação de Pontes de Miranda, no sentido de que "o legislador tem ampla liberdade de anexação – respeitadas as regras jurídicas constitucionais".[52]

Entusiasta do instituto, Mauro Schiavi incorre na inadvertência de identificar o efeito anexo de hipoteca judiciária como "efeito natural"[53] da sentença condenatória. Trata-se de mera imprecisão técnica. A doutrina limita a três (3) os efeitos da sentença – a sentença pode ter eficácia direta, eficácia reflexa e eficácia anexa.[54] A *eficácia direta* da sentença é conhecida como a *eficácia principal* da sentença, que é a eficácia produzida pela resolução jurisdicional da relação jurídica de direito material deduzida. A locução "efeito natural" da sentença remete à *eficácia principal* da sentença, porquanto é assim que Liebman denomina a *eficácia direta* produzida pela resolução jurisdicional da relação jurídica de direito material deduzida, conforme se recolhe da doutrina de Ovídio Baptista da Silva.[55]

Sendo efeito *externo* à relação jurídica de direito material deduzida em juízo, o efeito anexo *não constitui modalidade de efeito principal da sentença*, pelo que não se deve incorrer na imprecisão técnica de identificar a hipoteca judiciária como "efeito natural" da sentença condenatória. A distinção está em que o *efeito principal* da sentença é *interno* à relação jurídica de direito material deduzida, ao passo que o efeito anexo é *externo* à *res deducta* e opera *ope legis*. Dito de forma mais didática: o efeito anexo, porque opera *ope legis*, é externo à *res deducta*.

No mesmo sentido, alinha-se o magistério de José Rogério Cruz e Tucci, que, entretanto, opta por linguagem algo diversa e distingue a eficácia *própria* da sentença (eficácia principal da sentença)

---

[51] *Comentários ao Código de Processo Civil*. t. V. Rio de Janeiro: Forense, 1974, p. 69.
[52] *Comentários ao Código de Processo Civil*. t. V. Rio de Janeiro: Forense, 1974, p. 68-69.
[53] *Execução no processo do trabalho*. 10. ed. São Paulo, 2018, p. 167.
[54] MARINONI, Luiz Guilherme; ARENHART, Sérgio Cruz; MITIDIERO, Daniel. *Novo Código de Processo Civil comentado*. 2. ed. São Paulo: RT, 2016, p. 584.
[55] *Sentença e coisa julgada*. 2. ed. Porto Alegre: Sergio Antonio Fabris Editor, 1988, p. 110.

do efeito *secundário* de hipoteca judiciária. Assenta o jurista: ainda que caracterizada pela natural instabilidade, a sentença impugnada, quando provisoriamente executada deve produzir efeitos apenas entre as partes, primeiras destinatárias do ato decisório, *mas, pode também repercutir na esfera de direito de um terceiro*. Não há confundir, em tal situação, a *eficácia própria da decisão* com os *efeitos (secundários) de atos materiais daquela decorrentes, como, por exemplo, a constituição da hipoteca judiciária* (art. 495).[56]

Tratando-se a hipoteca judiciária de efeito anexo estabelecido *ope legis*, a vontade do autor é irrelevante para que se produza tal eficácia, pelo que se torna desnecessário indagar se houve manifestação de vontade da parte autora, na petição inicial, pela incidência do efeito anexo. Avulta, aqui, o caráter cogente da norma de ordem pública do art. 495 do CPC. É por isso que a doutrina de Marinoni, Arenhart e Mitidiero afirma que "a constituição de hipoteca judiciária independe de pedido da parte".[57] Tampouco pode a parte contrária obstar o efeito anexo, porquanto tal significaria furtar-se à incidência da lei, o que não é admitido pelo ordenamento jurídico brasileiro (LINDB, art. 3º[58]).

Da mesma forma que as partes, o juiz também está *vinculado* ao efeito anexo previsto no direito positivo para determinada espécie de sentença. Aliás, a teoria jurídica já afirmava, na vigência do CPC de 1973, que o efeito anexo independe de declaração judicial expressa. No novo CPC, o legislador optou por explicitar essa característica da hipoteca judiciária, mais uma vez adotando redação didática na disciplina do instituto. O que era característica implícita na redação do art. 466 do CPC de 1973 conforme sustentava a teoria jurídica, no CPC de 2015 vai se tornar característica explícita na disciplina legal do instituto. Assim, o art. 495 do CPC vai destacar ser o efeito anexo de hipoteca judiciária emanação legislativa que dispensa a correspondente declaração na sentença – a hipoteca judiciária poderá ser realizada "independentemente de ordem judicial, de declaração expressa do juiz" (CPC, art. 495, §2º).

Sobre a subordinação das partes ao efeito anexo da sentença, Pontes de Miranda anota que não se indaga sobre a vontade do autor ou do réu. O efeito anexo opera *ope legis*. Havendo sentença condenatória, surge para o autor o direito à hipoteca judiciária. Essa lição de José

---

[56] MARINONI, Luiz Guilherme (dir.); ARENHART, Sérgio Cruz; MITIDIERO, Daniel (coord.). *Comentários ao Código de Processo Civil*. v. VIII. Artigos 485 ao 538. São Paulo: RT, 2017, p. 181.
[57] *Novo Código de Processo Civil comentado*. 2. ed. São Paulo: RT, 2016, p. 584.
[58] Lei de introdução às normas do direito brasileiro: "Art. 3º. Ninguém se escusa de cumprir a lei, alegando que não a conhece".

Rogério Cruz e Tucci[59] pode ser mais bem compreendida quando se atenta para a opção de se empregar, na doutrina, o advérbio de modo "imediatamente" para caracterizar esse efeito anexo da sentença condenatória. Marçal Justen Filho, Eduardo Talamini e Egon Bockmann Moreira dizem que o advento da sentença condenatória constitui *imediatamente* a hipoteca judiciária.[60] O adjetivo "imediata" é também empregado por Theotonio Negrão *et al.*, quando esses tratam desse efeito anexo da sentença condenatória. Por força de previsão legal expressa, o efeito de hipoteca judiciária "é consequência imediata da decisão".[61] Em síntese perfeita, Moacyr Amaral Santos resume o instituto: "Do só fato de haver sentença de efeito condenatório resulta, por força de lei, hipoteca judiciária sobre os imóveis do condenado, e, assim, o poder do autor de fazer inscrevê-la mediante simples mandado do juiz".[62]

Em lição clássica, Pontes de Miranda distingue *efeitos anexos* de *efeitos reflexos* da seguinte forma: "No fundo, a diferença entre os efeitos anexos e os reflexos – que chamaríamos conexos, se a palavra 'conexão' não tivesse sentido mais técnico e menos comum – está em que a lei, quanto àqueles, intencionalmente os cria, ocorrendo certas circunstâncias relativas aos bens da vida, e, quanto a esses, é a vida que os cria, devido à entremistura das incidências das leis. A nexidade é comum àqueles e a esses: ali, propositada; aqui, ocasional".[63]

A teoria jurídica apresenta-se controvertida no estudo do tema, havendo quem sustente que os *efeitos reflexos* e os *efeitos anexos* da sentença integram uma mesma categoria jurídica, a dos *efeitos secundários* da sentença. É o caso de Giovanni Fabbrini.[64]

A partir da lição de Pontes, Ovídio Baptista da Silva esclarece, com a habitual erudição, como se pode distinguir o efeito reflexo da sentença: "A peculiaridade essencial dessa repercussão da sentença na esfera jurídica de terceiros decorre, não de uma previsão legal, mas de *circunstâncias acidentais* que colocam determinados sujeitos, chamados, pela doutrina, *terceiros juridicamente interessados*, numa relação de dependência jurídica relativamente à relação que fora objeto da sentença

---

[59] MARINONI, Luiz Guilherme; ARENHART, Sérgio Cruz; MITIDIERO, Daniel (coord.). *Comentários ao Código de Processo Civil*. v. VIII. São Paulo: RT, 2016, p. 153.
[60] Sobre a hipoteca judiciária. *Revista de Processo*, 1997. v. 85, p. 121.
[61] *Código de Processo Civil e legislação processual em vigor*. 46. ed. São Paulo: Saraiva, 2014, p. 559
[62] *Comentários ao Código de Processo Civil*. v. IV. Rio de Janeiro: Forense, 1988, p. 426.
[63] *Comentários ao Código de Processo Civil*. t. V. Rio de Janeiro: Forense, 1974, p. 72.
[64] *Contributo ala dottrina dell'intervento adesivo*. 1964, p. 139.

inter alios".⁶⁵ Noutra passagem, mais adiante, o jurista explicita ainda mais sua lição sobre o tema: "a peculiaridade que individualiza o efeito reflexo é dar ele ensejo às diversas modalidades de intervenção na causa, por parte de terceiros *juridicamente interessados*, em razão de vínculos de *conexão* ou *acessoriedade* da relação de que os terceiros participem e a relação jurídica que seja tema do *decisum*".⁶⁶

Ovídio Baptista da Silva recorre a relações locatícias conexas para exemplificar manifestação de efeito reflexo da sentença. Diz o jurista que o êxito obtido pelo locador na ação de despejo movida contra o inquilino por falta de pagamento atingirá a relação de sublocação regular mantida entre o inquilino e o subinquilino: o subinquilino "sofrerá os efeitos do despejo (efeito executivo), na medida em que, caindo a locação, cairá automaticamente a sublocação".⁶⁷ Assim, o efeito reflexo ocorre nas situações em que há colidência entre relações jurídicas conexas. No exemplo trazido pelo jurista, a locação é a relação jurídica principal; a sublocação, a relação jurídica dependente (conexa à relação jurídica principal). Entre essas relações jurídicas há um vínculo de *prejudicialidade-dependência*, para reproduzir a expressão empregada por Ovídio Baptista da Silva.⁶⁸

Depois de assentar que o efeito anexo decorre, geralmente, da lei, Ovídio Baptista da Silva faz importante distinção entre *efeito anexo* e *efeito reflexo* da sentença. Diz o jurista que, ao contrário do *efeito reflexo*, que a lei não prevê, e só ocorre nos casos de colidência entre relações jurídicas conexas, o *efeito anexo* é previamente determinado pela lei, e, como tal, ocorre necessariamente pela simples verificação da sentença. Ao contrário da eficácia reflexa, o efeito anexo é invulnerável quer pelas partes, quer por terceiros. Na medida em que os terceiros sujeitos ao efeito reflexo, por serem titulares da relação jurídica dependente, não ficam sujeitos a tais efeitos se não forem chamados à causa, ou nelas não intervierem como terceiros, podendo, de tal sorte, rediscutirem o que lhes possa causar prejuízo, todos os atingidos pelos efeitos anexos, sejam parte ou terceiros, terão de suportá-los, na medida em que essa eficácia seja simples eficácia anexa da sentença e não interfira, também ela, com uma relação jurídica conexa.⁶⁹

---

⁶⁵ *Sentença e coisa julgada*. 2. ed. Porto Alegre: Sergio Antonio Fabris Editor, 1988, p. 110.
⁶⁶ *Sentença e coisa julgada*. 2. ed. Porto Alegre: Sergio Antonio Fabris Editor, 1988, p. 112.
⁶⁷ *Sentença e coisa julgada*. 2. ed. Porto Alegre: Sergio Antonio Fabris Editor, 1988, p. 110-111.
⁶⁸ *Sentença e coisa julgada*. 2. ed. Porto Alegre: Sergio Antonio Fabris Editor, 1988, p. 110.
⁶⁹ *Sentença e coisa julgada*. 2. ed. Porto Alegre: Sergio Antonio Fabris Editor, 1988, p. 113.

Diversamente, ainda, do que ocorre com o efeito reflexo, que é repercussão que nasce de uma eficácia interna à demanda, o efeito anexo é-lhe absolutamente externo, no sentido de não estar incluso no pedido.

Como é à sentença condenatória a lei atribui efeito anexo de hipoteca judiciária, a ausência de preceito condenatório, na sentença, terá como consequência a inexistência de hipoteca judiciária, como ocorre no caso de ação declaratória. Pela mesma razão, as sentenças proferidas nos procedimentos de jurisdição voluntária não produzem hipoteca judiciária.

CAPÍTULO V

HIPOTECA JUDICIÁRIA E DISTRIBUIÇÃO EQUITATIVA DO ÔNUS DO TEMPO DO PROCESSO

A jurisdição tardia é incapaz de responder ao desafio da realização tempestiva do direito. Esse desafio histórico acompanha a jurisdição desde seu nascimento, como afirmei em obra dedicada ao tema da *teoria da causa madura*.[70] Naquela oportunidade, a pesquisa empreendida para desenvolver o estudo do denominado *salto de um grau de jurisdição* me levara à consideração de que, numa época em que a noção de tempo se acelera sob o influxo da tecnologia cada vez mais veloz, um dos principais desafios da jurisdição era – e continua sendo – enfrentar os males da demora do tempo do processo. Eu fora conduzido ao tema pela necessidade profissional de tentar compreender, na condição de juiz do trabalho, a técnica jurídica do salto de um grau de jurisdição prevista do art. 1.013 do CPC de 2015.[71] Refiro-me aos *males do tempo do processo* para os quais a doutrina de Júlio César Bebber nos alerta. O jurista enfatiza a necessidade de uma *ofensiva na luta contra os males do tempo*.[72] Essa impressiva locução me acompanharia durante a escritura daquele livro.

---

[70] *O novo CPC, a teoria da causa madura e sua aplicação ao processo do trabalho – questões polêmicas.* São Paulo: LTr, 2017. p 15.

[71] A técnica jurídica do salto de um grau de jurisdição foi introduzida no CPC de 1973 por meio da minirreforma implementada pela Lei nº 10.352/2001, que deu nova redação ao art. 515 do CPC de 1973. Por meio da referida lei, o legislador acrescentou um §3º ao art. 515 do CPC, com a seguinte redação: "§3º. Nos casos de extinção do processo sem julgamento do mérito (art. 267), o tribunal pode julgar desde logo a lide, se a causa versar questões exclusivamente de direito e estiver em condições de imediato julgamento".

[72] *Recursos no processo do trabalho.* 4. ed. São Paulo: LTr, 2014, p. 205.

A razoável duração do processo somente viria se tornar garantia constitucional expressa do cidadão brasileiro com o advento da Emenda Constitucional nº 45, de dezembro de 2004 (CF, art. 5º, LXXVIII). A lei ordinária, entretanto, já há muito assimilara a necessidade de fazer realizar a celeridade do processo judicial. No âmbito do Direito Processual do Trabalho, a natureza alimentar do crédito trabalhista fez o legislador ordinário positivar, no art. 765 da CLT, o dever funcional do juiz de velar pela rápida solução da causa.[73] Esse preceito estrutural da CLT, porém, nem sempre é compreendido na sua completa significação. Isso porque, regra geral, o preceito do art. 765 da CLT tem sido compreendido como se o seu comando normativo estivesse limitado a conferir ao magistrado apenas os poderes instrutórios necessários à condução do processo na fase de conhecimento, quando a locução "os juízos do trabalho velarão pelo andamento rápido das causas" e a faculdade de "determinar qualquer diligência necessária" devem ser compreendidas como destinadas também à fase de execução, aí incluída a própria satisfação do direito reconhecido.

Conforme sustentamos em artigo publicado na *Revista LTr* no ano de 2016,[74] mais do que preceito estrutural da CLT, o art. 765 da CLT é *norma de sobredireito* que irradia eficácia para todo o subsistema jurídico processual laboral, incumbindo o magistrado de promover as iniciativas necessárias à satisfação do julgado. Nesse preceito legal encontra-se implícito desde 1943 o direito à efetividade da jurisdição que o CPC viria a explicitar em 2015, no seu art. 4º: "As partes têm o direito de obter em prazo razoável a solução integral do mérito, incluída a atividade satisfativa". A explicitação se faz espelho do preceito do art. 5º, LXXVIII, da Constituição Federal e agrega a virtude de deixar expresso o compromisso da jurisdição com o cumprimento do julgado na locução "incluída a atividade satisfativa".

A duração razoável do processo tem, na distribuição do ônus do tempo do processo entre as partes litigantes, um desdobramento fundamental, na medida em que a repartição desse ônus pode potencializar aquela garantia constitucional, conforme seja o modo pelo qual se faça a distribuição do tempo processual entre as partes. Mas pode também debilitar a garantia constitucional da duração razoável do

---

[73] CLT: "Art. 765. Os juízos e Tribunais do Trabalho terão ampla liberdade na direção do processo e velarão pelo andamento rápido das causas, podendo determinar qualquer diligência necessária ao esclarecimento delas".

[74] "O incidente de desconsideração da personalidade jurídica previsto no CPC de 2015 e o Direito Processual do Trabalho". *Revista LTr*, São Paulo. volume 80. nº 01, jan. 2016, p. 81.

processo, o que ocorre atualmente diante da desvalorização da decisão de primeiro grau de jurisdição e do consequente preterimento – no tempo do processo – do interesse do autor que tem razão. Atualmente, a distribuição do tempo do processo favorece o réu que não tem razão, em detrimento do autor que tem razão.

Pois bem. Chiovenda tornaria clássica a afirmação de que a duração do processo não deve prejudicar o autor que tem razão. Contudo, é certo que o processo prejudica o autor que tem razão, beneficiando ao réu na mesma medida. Se o réu não tem razão, mas mantém o bem buscado pelo autor que tem razão, o tempo necessário à definição da causa beneficia o réu que não tem razão, na medida em que o sistema de direito lhe permite manter, durante o período de tempo de tramitação da causa, em sua esfera patrimonial, o bem que é devido ao autor que tem razão. Conforme salientam Luiz Guilherme Marinoni e Sérgio Cruz Arenhart, ao benefício do réu corresponde o prejuízo do autor.[75]

Se o tempo do processo prejudica o autor que tem razão, tal prejuízo é maior quando o autor que tem razão é a parte mais fraca da relação processual. A célebre afirmação de Carnelutti é ainda mais verdadeira no âmbito do processo do trabalho. O jurista afirmava, no âmbito do processo civil, que a duração do processo agrava progressivamente o peso do tempo sobre as costas da parte mais fraca.[76] Se assim ocorre na seara do processo civil, na seara do processo do trabalho o ônus do tempo do processo pesa ainda mais sobre as costas do autor, devido à assimetria da relação de trabalho e da evidente dificuldade que o trabalhador tem para enfrentar a demora do processo.

O problema é que o tempo do processo sempre fora visto como um elemento indiferente ao direito processual. Essa é razão por que a doutrina não problematizava o tema do tempo do processo. Essa reflexão de Marinoni e Arenhart ajuda a compreender a dificuldade que havia na teoria jurídica processual de assumir o tempo do processo como um ônus. Isso porque se imaginava que o tempo do processo fosse um elemento neutro do direito processual. A dificuldade de assumir o tempo do processo como um ônus explica a falta da tematização, na doutrina, do problema da distribuição desse ônus entre as partes do processo,[77] que continua sendo o maior desafio da teoria processual contemporânea.

---

[75] *Curso de Processo Civil. Execução.* v. 3. 6. ed. São Paulo: RT, 2014, p. 353
[76] *Diritto e processo.* Napoli: Morano, 1958, p. 357.
[77] *Curso de Processo Civil. Execução.* v. 3. 6. ed. São Paulo: RT, 2014, p. 354.

Um dos juristas mais identificados com a efetividade da execução, Antônio Álvares da Silva dedicou sua obra ao enfrentamento do tema do tempo do processo na jurisdição trabalhista. A sua visão crítica sempre foi estímulo à reflexão de seus pares e discípulos: "o tempo do processo é ônus apenas de uma parte. O direito do autor em ter do Estado a prestação jurídica é de natureza profana. Sagrado é apenas o direito de defesa".[78]

Não deveria gerar perplexidade a afirmação de que o réu que não tem razão beneficia-se *economicamente*, com o decorrer do tempo do processo, à custa do autor que tem razão, consoante destacam Marinoni e Arenhart.[79] Esse fato também foi destacado em obra na qual Antônio Álvares da Silva enfrentou o problema da efetividade da execução: "O tempo e a protelação se transformaram em negócio escuso e passaram a constituir um bem economicamente desfrutável".[80]

A consequência não poderia ser outra que não a generalização de conduta protelatória do réu, para permanecer gozando do benefício econômico que lhe proporciona a demora do processo. Aí radica a origem da disseminação dos fenômenos do abuso do direito de defesa e do abuso do direito de recorrer, conforme denunciam Marinoni e Arenhart.[81] Assim é que a conduta processual do réu será de resistência e não de colaboração.[82] Na expressiva afirmação de Antônio Álvares da Silva, "tudo se emperra no curso do tempo, pois uma das partes dele se utiliza como vantagem econômica que lhe traz benefícios, pela protelação da ação".[83]

José Rogério Cruz e Tucci destaca que a demora do processo constitui o principal motivo da crise da Justiça, para quem a excessiva dilação temporal das controvérsias viola radicalmente o direito constitucional à tutela jurisdicional,[84] com efeitos deletérios para as relações sociais.

Como denunciam Marinoni e Arenhart, o recurso consiste numa das formas preferidas pelo interessado em procrastinar o processo, já

---

[78] *Execução Provisória Trabalhista depois da Reforma do CPC*. São Paulo: LTr, 2007, p. 40
[79] *Curso de Processo Civil. Execução*. v. 3. 6. ed. São Paulo: RT, 2014, p. 354.
[80] *Execução Provisória Trabalhista depois da Reforma do CPC*. São Paulo: LTr, 2007, p. 43.
[81] *Curso de Processo Civil. Execução*. v. 3. 6. ed. São Paulo: RT, 2014, p. 354-355.
[82] O Código de Processo Civil de 2015 pretendeu corrigir esta situação no art. 6º: "Art. 6º. Todos os sujeitos do processo devem cooperar entre si para que se obtenha, em tempo razoável, decisão de mérito justa e efetiva".
[83] *Execução Provisória Trabalhista depois da Reforma do CPC*. São Paulo: LTr, 2007, p. 43.
[84] Garantia da prestação jurisdicional sem dilações indevidas como corolário do devido processo legal. *Revista de Processo*, v. 66, São Paulo, RT, abr./jun. 1992, p. 73.

que a interposição de recurso permite, após o término do procedimento em primeiro grau, que o réu mantenha o bem litigioso em sua esfera jurídica por mais um bom período de tempo,[85] em detrimento do interesse do autor, nada obstante a sentença tenha reconhecido razão ao autor.

O recurso surge como uma propícia justificativa para o réu, que teve sentença contrária, seguir se beneficiando do processo em prejuízo do autor, que obteve sentença favorável, mas que segue suportando ônus do tempo do processo. Mauro Cappelletti, à época da reforma do processo civil italiano na década de 1970, já denunciava que, cada vez que se agrega um novo grau de jurisdição, se faz um bom serviço à parte que não tem razão e se presta um mau serviço à parte que tem razão.[86]

Proferida a sentença condenatória, milita em favor do autor uma *posição de vantagem*. Dizer que a sentença constitui a primeira síntese do processo não deixa de ser uma verdade, mas que reduz a complexidade da investigação dialética que se realiza para chegar ao julgamento da causa. A sentença é o ponto de culminância de um processo metodológico de investigação da controvérsia jurídica, do qual participam todos os sujeitos do processo. A prova das alegações é assegurada. O produto é uma solução conformada pelo caso concreto e pelo direito aplicável.

À sentença não se chega senão depois de percorrer trabalhoso itinerário, assim resumido por José Rogério Cruz e Tucci: "Os fundamentos ou motivos dos atos decisórios em geral pressupõem um labor intelectual, de conteúdo crítico, lógico e metalógico (intuitivo), que engloba um conjunto de reflexões de fato e de direito do qual o juiz extrai o julgamento".[87]

---

[85] *Curso de Processo Civil. Execução.* v. 3. 6. ed. São Paulo: RT, 2014, p. 354-355.
[86] Dictamen iconoclastico sobre la reforma del processo civil italiano. *Dimensioni della giustizia nella società contemporanee.* Bologna: Il Mulino, 1994, p. 279. O jurista propunha eliminar o recurso de apelação para a matéria de fato. O recurso estaria limitado à matéria jurídica. A matéria de fato estaria resolvida definitivamente pela sentença. Ao segundo grau de jurisdição caberia apenas corrigir erros de direito – erros de procedimento (cerceamento de defesa, por exemplo) e erros de enquadramento jurídico da causa. Proposta semelhante constava do projeto de lei que instituiria o procedimento sumaríssimo no processo do trabalho brasileiro. A proposta foi vetada pelo Chefe do Executivo. O Congresso não derrubou o veto. Com isso, perdeu-se a oportunidade de acelerar o procedimento sumaríssimo, o que provocou consistente crítica de Estêvão Mallet (*Procedimento sumaríssimo trabalhista.* São Paulo: LTr, 2002, p. 98). Essa mesma crítica reapareceria nas reflexões de Marcos Neves Fava sobre a falta de efetividade da jurisdição (*Execução trabalhista efetiva.* São Paulo: LTr, 2009, p. 165).
[87] *Comentários ao Código de Processo Civil.* v. VIII. São Paulo: RT, 2016. MARINONI, Luiz Guilherme (dir.); ARENHART, Sérgio Cruz; MITIDIERO, Daniel (coord.), p. 198.

A fundamentação é requisito essencial da sentença (CF, art. 93, IX;[88] CPC, art. 489, II;[89] CLT, art. 832, *caput*[90]). Como afirmei alhures, a sentença legitima-se pela sua fundamentação: é na fundamentação que a sentença se demonstrará razoável.[91] Se a solução adotada na sentença não se mostrar legítima, a sentença será reformada pelo recurso. Fruto do complexo processo dialógico do qual resulta, a sentença inclusive presume-se justa, no dizer de Estêvão Mallet.[92] Essa presunção consiste em desdobramento da concepção sistemática do ordenamento jurídico. Na medida em que o juiz conhece o direito e tem o dever de aplicar a lei, é natural supor que assim ele proceda na sua atividade julgadora.

A legitimidade da sentença tem em Karl Engisch um de seus defensores mais autorizados. O jurista alemão assevera que juízes atuam "para procurar o que é de direito, o que é conveniente e o que é a medida justa no caso concreto, por modo a empenhar a sua responsabilidade e a sua 'melhor ciência e consciência'".[93] Engisch sustenta a legitimidade da discricionariedade judicial na busca da solução do caso concreto, esclarecendo que a discricionariedade é inerente ao ato do julgamento judicial.

No direito processual civil brasileiro, o magistério de Ovídio Baptista da Silva tornou-se paradigmático sobre esse tema: somente poderá *decidir* quem puder *optar* entre duas ou mais alternativas igualmente válidas e legítimas. Como dissera Carnelutti, para que o juiz decida é necessário, antes, *decidir-se*. Isso, dizia ele, faz com que a decisão seja posta além do juízo, enquanto 'eleição de quem antes julgara'. Como a exclusiva missão de nossos juízes é descobrir a 'vontade da lei', fica subentendido que eles não têm a mais mínima possibilidade *discricionária* de opção entre duas ou mais alternativas que o sistema reconheça como legítimas. Logo, nossos juízes apenas julgam, sem poder decisório. O ponto culminante da crise paradigmática encontra-se aqui. Sem compreensão que supere o dogmatismo, não haverá solução. E isso supõe *discricionariedade*.[94] Portanto, a sentença é um ato legítimo e

---

[88] CF: "Art. 93. IX – todos os julgamentos dos órgãos do Poder Judiciário serão públicos, e *fundamentadas* todas as decisões, sob pena de nulidade (...)".

[89] CPC: "Art. 489. São elementos essenciais da sentença: II – *os fundamentos*, em que o juiz analisará as questões de fato e de direito;".

[90] CLT: "Art. 832. Da decisão deverão constar o nome das partes, o resumo do pedido e da defesa, a apreciação das provas, os *fundamentos da decisão* e a respectiva conclusão".

[91] *A função revisora dos tribunais: por uma nova racionalidade recursal*. São Paulo: LTr, 2016, p. 149.

[92] *Ensaio sobre a interpretação das decisões judiciais*. São Paulo: LTr, 2009, p. 57.

[93] *Introdução ao pensamento jurídico*. 10. ed. Lisboa: Fundação Calouste Gulbenkian 2008, p. 252.

[94] *Processo e ideologia: o paradigma racionalista*. Rio de Janeiro: Forense, 2004, p. 114.

justo, conforme o ensinamento de Marinoni e Arenhart; essa presunção somente cede mediante prova em contrário.[95]

A posição de vantagem em que a sentença condenatória coloca o autor é apontada por José Rogério de Cruz e Tucci como a justificativa do instituto da hipoteca judiciária. Para o autor, trata-se de uma presunção. Ainda que tenha havido interposição de recurso, a sentença condenatória faz presumir uma posição de vantagem em favor do vencedor da demanda condenatória.[96]

A posição de vantagem do autor da ação deve obter reconhecimento concreto da Jurisdição, no que respeita ao ônus do tempo do processo e sua repartição entre os litigantes. Quando é proferida a sentença e declarada a existência do direito, não há mais por que pesar sobre o autor o ônus do tempo do processo. Diante do reconhecimento da posição de vantagem do autor pela sentença favorável por ele obtida, já não há mais razão para recair sobre o autor o tempo do recurso, por exemplo. O recurso do vencido destina-se a tentar demonstrar o desacerto da sentença de procedência. Nessa etapa do processo, em que a jurisdição apreciou a controvérsia e a resolveu em favor do autor da demanda, "é o réu, e não o autor, que deve suportar o tempo do recurso interposto contra a sentença de procedência", de acordo com o ensinamento de Marinoni e Arenhart.[97]

No âmbito da doutrina justrabalhista, Marcos Neves Fava soma sua voz àqueles que pugnam pela equitativa distribuição do ônus do tempo do processo entre os litigantes. Conforme destaca o jurista, o tempo deve ser distribuído no feito, entre as duas partes litigantes, sem sobrecarregar apenas a detentora do direito ameaçado ou violado, como se tem visto na prática quotidiana do foro.[98]

Diante da evidência de que o tempo do processo prejudica sempre o autor que tem razão, não há outra alternativa senão a concreta adoção de técnicas jurídicas aptas a implementar uma distribuição equitativa do ônus do tempo do processo entre as partes, conforme sustentam Marinoni e Arenhart.[99] Para os autores, há duas técnicas principais capazes de promover a distribuição equânime do ônus do tempo do

---

[95] *Curso de Processo Civil. Execução.* v. 3. 6. ed. São Paulo: RT, 2014, p. 355.
[96] MARINONI, Luiz Guilherme (dir.); ARENHART, Sérgio Cruz; MITIDIERO, Daniel (coord.). *Comentários ao Código de Processo Civil.* v. VIII. São Paulo: RT, 2016., p. 152.
[97] *Curso de Processo Civil. Execução.* v. 3. 6. ed. São Paulo: RT, 2014, p. 355.
[98] *Execução trabalhista efetiva.* São Paulo: LTr, 2009, p. 51.
[99] *Curso de Processo Civil. Execução.* v. 3. 6. ed. São Paulo: RT, 2014, p. 355.

processo entre os litigantes – a tutela provisória e a execução provisória da sentença. A essas duas técnicas jurídicas principais, acrescentamos a hipoteca judiciária.[100] Embora se possa considerar a hipoteca judiciária uma técnica jurídica secundária quando comparada à tutela provisória e à execução provisória da sentença, é certo que ela pode cumprir papel importante para a efetividade da jurisdição, na medida em que não se exige do autor da ação a demonstração dos requisitos necessários à tutela provisória cautelar de arresto, por exemplo. Na jurisdição trabalhista, em que as sentenças são majoritariamente condenatórias, a hipoteca judiciária pode ser adotada de forma generalizada, tal qual preconiza Antônio Álvares da Silva tanto na notável obra jurídica *Execução Provisória Trabalhista depois da Reforma do CPC*[101] quanto no acórdão histórico analisado no capítulo XXXVI deste livro. A hipoteca judiciária tampouco gera o procedimento trabalhoso que a execução provisória impõe aos sujeitos da relação processual.

Ao invés da multiplicidade de atos procedimentais inerentes à execução provisória, a hipoteca judiciária é procedimento de simples implementação. Pontes de Miranda ressalta, nesse particular, "a função econômica e jurídica da hipoteca judiciária", depois de asseverar que o fundamento da hipoteca judiciária, no direito brasileiro, é permitir que o vencedor da ação não vá, desde logo, às medidas constritivas cautelares ou de execução (arresto, penhora), alarmando os credores do condenado ou diminuindo-lhes, com tais medidas judiciais, o crédito. Aguarda-se melhor momento para a execução.[102] Enquanto se aguarda pela futura execução, a hipoteca judiciária tem a virtude de munir o vencedor de garantia real.

A resistência existente à execução provisória não é consentânea com o atual estado de falta de efetividade da jurisdição trabalhista.[103] A reflexão é de Wolney de Macedo Cordeiro, para quem a execução provisória é admitida de maneira muito tímida, quando, na verdade, essa técnica jurídica pode ser administrada para promover a distribuição

---

[100] Há outras técnicas jurídicas que potencializam a efetividade da jurisdição: a) a averbação premonitória da execução (CPC, art. 828); b) a alienação antecipada de bens (CPC, art. 852); c) o protesto extrajudicial da sentença (CPC, art. 517); d) a indisponibilidade de bens (CTN, art. 185-A).

[101] *Execução Provisória Trabalhista depois da Reforma do CPC*. São Paulo: LTr, 2007, p. 104.

[102] *Comentários ao Código de Processo Civil*. t. V. Rio de Janeiro: Forense, 1974, p. 112.

[103] *Execução no processo do trabalho*. 4. ed. Salvador: Juspodivm, 2017, p. 102-103. Wolney de Macedo Cordeiro tem insistido na utilidade da execução provisória – inclusive de ofício – para a efetividade da jurisdição.

do ônus do tempo do processo entre as partes. Ovídio Baptista da Silva já destacara que é anacrônica a restrição do direito processual civil brasileiro à execução provisória, observando que a prática é corriqueira no direito francês e no direito italiano, este último fonte inspiradora do legislador brasileiro no âmbito processual civil.[104] Essa fonte inspiradora do legislador brasileiro foi, entretanto, interditada no que se refere à execução provisória por meio da generalização do duplo efeito para o recurso de apelação (CPC/1973, art. 520);[105] na Itália, a regra é o efeito apenas devolutivo da apelação, facultando-se a execução provisória na generalidade dos casos. A mesma crítica de Ovídio Baptista da Silva está presente na doutrina elaborada por Marinoni e Arenhart ainda na vigência do CPC de 1973.[106] O problema persiste no CPC de 2015 (art. 1.012).[107]

De acordo com a previsão do inciso II do §1º do art. 495 do CPC,[108] é certo que execução provisória pode ser adotada concomitante com a hipoteca judiciária. Diante da resistência à execução provisória da sentença, entretanto, a hipoteca judiciária surge no horizonte como alternativa procedimental mais simplificada, à espera do despertar de advogados e magistrados, tanto como técnica jurídica apta a promover equânime distribuição do ônus do tempo do processo entre as partes quanto para prevenir fraude à execução.

---

[104] *Curso de processo civil*. v. 2. 4. ed. São Paulo: RT, 2000, p. 51-52.

[105] CPC/1973: "Art. 520. A apelação será recebida do seu efeito devolutivo e suspensivo. Será, no entanto, recebida só no efeito devolutivo, quando interposta da sentença que: I – homologar a divisão ou a demarcação; II – condenar à prestação de alimentos; III – revogado; IV – decidir o processo cautelar; V – rejeitar liminarmente os embargos à execução ou julgá-los improcedentes; VI – julgar procedente o pedido de arbitragem; VII – confirmar a antecipação dos efeitos da tutela".

[106] *Curso de Processo Civil*: execução. 6. ed. São Paulo: RT, 2014, p. 356: "Se a execução imediata da sentença fosse regra – mas, infelizmente, não é, no direito brasileiro –, seriam desestimulados os recursos meramente protelatórios, que não só atentam, diante dos diversos casos particulares, contra o direito fundamental à duração razoável do processo, como também prejudicam a própria administração da justiça, uma vez que um tribunal abarrotado de recursos com fins espúrios evidentemente impede os juízes de se desincumbirem de suas tarefas com maior qualidade e presteza".

[107] CPC/2015: "Art. 1.102. A apelação terá efeito suspensivo. §1º. Além de outras hipóteses previstas em lei, começa a produzir efeitos imediatamente após a sua publicação a sentença que: I – homologa a divisão ou a demarcação; II – condenar a pagar alimentos; III – extingue sem resolução do mérito ou julga improcedentes os embargos do executado; IV – julga procedente o pedido de instituição de arbitragem; V – confirma, concede ou revoga tutela provisória; VI – decreta a interdição".

[108] CPC: "Art. 495. §1º. A decisão produz hipoteca judiciária: II – ainda que o credor possa promover o cumprimento provisório da sentença ou esteja pendente arresto sobre bem do devedor;".

A situação evoca a advertência de Carlos Zangrando: "não compreendemos a razão pela qual a garantia da hipoteca judiciária não é utilizada, na prática, tanto no Processo do Trabalho quanto no Processo Civil. Talvez a resposta esteja no seu desconhecimento; ou talvez na vã concepção de que se possa alegar 'fraude à execução', se o réu se desfizer dos seus bens após demandado (CPC, art. 593, II). Infelizmente, a prática nos ensinou que, quando o processo chega a um estágio em que é necessário ao credor tentar anular a venda dos bens do devedor, tudo indica que a situação já se deteriorou a tal ponto que os riscos de frustração na execução aumentaram exponencialmente".[109]

Na medida em que a hipoteca judiciária implica o lícito ingresso do vencedor da demanda condenatória na esfera patrimonial do vencido, não há dúvida de que a hipoteca judiciária também contribui para promover a distribuição igualitária do ônus do tempo do processo entre os sujeitos da relação processual, na medida em que, com a constrição judicial materializada no gravame da hipoteca judiciária na matrícula de imóvel do vencido, esse último "já começa a ser importunado pela sentença", no pragmático dizer de Mauro Schiavi.[110] O jurista destaca que a hipoteca judiciária antecipa o efeito da penhora, que somente seria alcançado alguns anos depois. Na reflexão do jurista, fica nítido, portanto, o potencial que a hipoteca judiciária apresenta para combater os males do tempo do processo.

A hipoteca judiciária foi destacada por Arlindo Cavalaro Neto como técnica jurídica apta a contribuir para a equitativa distribuição do ônus do tempo do processo entre as partes. Observo que o autor é juiz do trabalho e escreve nessa condição profissional. Em artigo pioneiro, o jurista pondera: "É necessário distribuir equitativamente o ônus na demora do processo, e o registro da sentença como hipoteca judiciária também alcança esse desiderato, pois parcela do patrimônio do vencido será objeto de ônus real, assim que publicada a sentença condenatória, até que haja o pagamento do credor".[111]

É certo que o ônus real constituído pela hipoteca judiciária depende do respectivo registro na matrícula do imóvel do vencido, não bastando a publicação da sentença. Na resumida formulação do jurista, certamente essa circunstância não foi desconhecida, tratando-se, na verdade, de adoção de técnica de linguagem de locução sintética, na

---

[109] *Processo do Trabalho: processo de conhecimento.* v. 2, São Paulo: LTr, 2009, p. 1240.
[110] *Execução no processo do trabalho.* 10. ed. São Paulo, 2018, p. 166.
[111] A sentença trabalhista como título constitutivo de hipoteca judiciária. *In:* SANTOS, José Aparecido dos (coord.). *Execução trabalhista.* 2. ed. São Paulo: LTr, 2010, p. 495.

qual a necessidade do registro do gravame encontra-se pressuposta e, como é de se presumir, repousa implícita na elipse a que o autor recorre para manter-se assertivo na reflexão central – a hipoteca judiciária milita em favor da distribuição isonômica do ônus do tempo do processo entre as partes litigantes.

A conclusão deste capítulo exige destacar que a hipoteca judiciária pode desempenhar papel ativo à distribuição isonômica do ônus do tempo do processo. É assim porque o gravame hipotecário registrado na matrícula do imóvel do vencido faz vincular o bem à futura execução por força do direito de excussão adquirido pelo titular da hipoteca judiciária (CC, art. 1.422), dispensando o credor hipotecário da morosa pesquisa patrimonial dos bens do vencido. Portanto, a hipoteca judiciária agiliza a execução em favor do exequente; opera, também, para contribuir à distribuição equitativa do ônus do tempo do processo, na medida em que, modalidade de constrição patrimonial que é, a hipoteca judiciária registrada dá publicidade ao mercado de que o vencido é devedor, o que causa restrições cadastrais ao devedor que busca capital de giro no mercado bancário, estimulando-o à satisfação da obrigação; e à conciliação. Esse efeito só será produzido alguns anos depois pela penhora, caso não seja adotada a hipoteca judiciária. A própria conveniência da interposição de recurso ordinário da sentença poderá entrar em cogitação, quando o exercício da atividade econômica do vencido lhe exigir a liberação da matrícula imobiliária gravada pela hipoteca judiciária.

CAPÍTULO VI

HIPOTECA JUDICIÁRIA, HIPOTECA CONVENCIONAL E HIPOTECA LEGAL

A hipoteca judiciária é instituto de *direito processual*. Nada obstante a sua natureza processual, a compreensão da hipoteca judiciária exige o estudo do instituto de *direito material* da hipoteca. Ambos os institutos têm muitos pontos de contato, conforme indica a própria denominação.

A hipoteca é direito real de garantia. Há três modalidades de hipoteca no sistema de direito brasileiro: hipoteca convencional, hipoteca legal e hipoteca judiciária. Uma breve síntese desses institutos será útil à compreensão da técnica processual da hipoteca judiciária.

A hipoteca convencional está prevista no art. 1.419 do Código Civil, é instituto de direito material, caracteriza-se como direito real de garantia e costuma ser instrumentalizada como cláusula acessória de contrato de obrigação pecuniária. Como é sabido, o ônus real é relação jurídica acessória (hipoteca) à obrigação principal (obrigação pecuniária). Exemplo típico é a hipoteca da propriedade rural em favor do banco que financia o plantio do proprietário rural que explora a atividade da agricultura.

A hipoteca convencional é aquela que se origina de contrato entre os interessados. A vontade dos sujeitos converge para o negócio jurídico, cuja obrigação é objeto de garantia real. Vale dizer, o negócio jurídico é resguardado pela convenção de uma garantia para a hipótese do inadimplemento da obrigação contratada. Todas as obrigações de natureza econômica podem ser objeto de garantia real. Também se utiliza a expressão ônus real, porque a garantia onera a coisa gravada. Poder-se-ia imaginar que apenas as obrigações de dar seriam suscetíveis de garantia hipotecária. Entretanto, obrigações econômicas de fazer ou de não fazer também podem ser garantidas por hipoteca, conforme ensina Maria Helena Diniz.[112] A hipoteca convencional é de natureza contratual. A garantia, porém, é de direito real. Diz-se que é garantia de direito real porque a garantia recai sobre a coisa (*res*). Se recai sobre coisa imóvel, é denominada de hipoteca. Se recai sobre coisa móvel, é denominada de penhor. Na primeira situação, diz-se que a coisa imóvel foi *hipotecada* em garantia do negócio jurídico. Na segunda situação, diz-se que a coisa móvel foi *empenhada* em garantia do negócio jurídico.

É frequente o estabelecimento de hipoteca das terras do produtor rural que contrai empréstimo bancário para financiar o plantio da próxima safra. O produtor rural dá suas terras (*res*) em garantia do empréstimo bancário recebido. Diz-se então que o banco concedeu o empréstimo bancário mediante garantia hipotecária. Havendo o inadimplemento da obrigação de pagar o empréstimo, o produtor rural sofrerá a respectiva execução hipotecária, o que equivale a dizer que as terras dadas em garantia serão excutidas para a satisfação da obrigação – as terras serão alienadas judicialmente na ação de execução hipotecária e o produto será destinado ao pagamento do credor hipotecário. O saldo é devolvido ao produtor rural.

Note-se que o estabelecimento da garantia hipotecária visa proteger o crédito do banco, de modo que não será necessária, para o credor hipotecário, a busca de outros bens do produtor rural para penhorar; o bem hipotecado é garantia bastante de que o banco receberá seu crédito, caso a obrigação não seja adimplida pelo produtor rural. Em outras palavras, o banco concede o empréstimo mediante a garantia do direito à excussão das terras assegurado pela hipoteca (CC, art. 1.422). Os eventuais credores quirografários do produtor teriam que procurar outros bens para a penhora, na medida em que as terras do produtor rural seriam excutidas para pagar – preferencialmente – o credor hipotecário. O mesmo raciocínio vale na situação em que o empréstimo bancário é concedido mediante *garantia pignoratícia*. Nessa situação, é comum o produtor rural oferecer colheitadeiras em penhor. Se a garantia pignoratícia oferecida pelo produtor rural é aceita pelo banco, as colheitadeiras são *empenhadas* em garantia do empréstimo bancário.

Já a hipoteca legal está prevista no art. 1.489 do Código Civil, é instituto de direito material e caracteriza-se como garantia real à tutela de credores que se encontram em situação de vulnerabilidade,

---

[112] *Código Civil anotado*. 8. ed. São Paulo: Saraiva, 2002, p. 935.

como ocorre com a vítima que sofre dano em razão de delito (CC, art. 1.489, III). A hipoteca legal emana da lei, visa garantir determinadas obrigações e fundamenta-se na ética de resguardar o direito de pessoas fragilizadas em determinados contextos jurídicos especiais.

Para Maria Helena Diniz, a hipoteca legal é aquela que a lei confere a credores que devem ter uma proteção especial,[113] como ocorre com a vítima de crime, a quem a lei confere hipoteca legal sobre os imóveis do delinquente para a reparação dos danos decorrentes do crime (CC, art. 1.489, III). Trata-se de uma espécie particular de hipoteca, cujas estritas hipóteses de incidência estão reunidas em um único dispositivo legal, o que justifica a transcrição integral do art. 1.489 do Código Civil:

> Art. 1.489. A lei confere hipoteca:
> I – às pessoas de direito público interno (art. 41) sobre os imóveis pertencentes aos encarregados da cobrança, guarda ou administração dos respectivos fundos e rendas;
> II – aos filhos, sobre os imóveis do pai ou da mãe que passar a outras núpcias, antes de fazer o inventário do casal anterior;
> III – ao ofendido, o aos seus herdeiros, sobre os imóveis do delinquente, para satisfação do dano causado pelo delito e pagamento das despesas judiciais;
> IV – ao co-herdeiro, para garantia do seu quinhão ou torna da partilha, sobre o imóvel adjudicado ao herdeiro reponente;
> V – ao credor sobre o imóvel arrematado, para garantia do pagamento do restante do preço da arrematação."

Conforme esclarece Fabrício Zamprogna Matiello, enquanto a hipoteca convencional tem fonte formal na conjugação da vontade das partes contratantes, a hipoteca legal tem sua fonte formal na legislação e, portanto, não depende de acordo de vontades.[114] A hipoteca legal permanece em estado latente até que se verifique o preenchimento do suporte fático previsto no art. 1.489 do Código Civil. Verificado o preenchimento do suporte fático, surge para o interessado o direito de fazer registrar a hipoteca legal na matrícula dos bens imóveis do responsável. A hipoteca legal que recai sobre os imóveis do delinquente tem a finalidade de satisfazer o crédito devido à vítima em razão da responsabilidade atribuída ao autor do crime pelos danos causados ao ofendido.

---

[113] *Código Civil anotado*. 8. ed. São Paulo: Saraiva, 2002, p. 932.
[114] *Código Civil comentado*. 5. ed. São Paulo: LTr, 2013, p. 964.

Conforme a doutrina de Pontes de Miranda, a hipoteca legal não se confunde com a hipoteca judiciária. A hipoteca judiciária somente pode ser inscrita após a sentença.[115] Já a hipoteca legal pode ser inscrita antes da sentença; pode ser inscrita após o cometimento do crime, no âmbito da relação jurídica processual estabelecida no juízo criminal ou no juízo cível.[116]

A hipoteca judiciária está prevista no art. 495 do CPC, é instituto de direito processual e caracteriza-se como garantia real destinada à tutela da futura execução. Trata-se de efeito anexado pelo legislador à sentença condenatória, com o objetivo de prover reforço à autoridade da jurisdição nessa espécie de demanda.

O registro da hipoteca judiciária implica, para o proprietário vencido na sentença condenatória, restrição ao poder de dispor do bem gravado; para o terceiro, implica não poder invocar a condição jurídica de adquirente de boa-fé; o que significa, para o terceiro adquirente, assumir elevado risco na aquisição do bem imóvel gravado. Para a ordem jurídica, implica a positivação do *ilícito processual* de fraude à execução, quando a alienação do imóvel for posterior ao registro do gravame de hipoteca judiciária na respectiva matrícula imobiliária (CPC, art. 792, III[117]).

Na verdade, a ineficácia da alienação decorre da vertical inflexão do direito real do credor hipotecário na esfera jurídica do executado e do terceiro adquirente. Não se trata propriamente de fraude à execução, nada obstante essa tipificação legal tenha sido positivada no inciso III do art. 792 do CPC. Basta lembrar que a insolvência do executado é requisito para a ineficácia da alienação na fraude à execução; não é requisito, todavia, para a ineficácia da alienação no caso de alienação de bem gravado com prévia hipoteca judiciária. Como se disse anteriormente, a causa da ineficácia da alienação não está na insolvência provocada pela alienação do bem gravado na situação patrimonial do executado; a causa da ineficácia está no *direito real de sequela* que assiste ao credor hipotecário quanto ao bem gravado pela hipoteca que foi alienado pelo executado em favor do terceiro adquirente (CC, art. 1.419 c/c CPC, art. 495).

---

[115] Na dicção atual, do art. 495 do CPC, após a "decisão" condenatória. O legislador optou por estender a hipoteca judiciária às decisões interlocutórias de cunho condenatório, o que constitui importante reforço ao instituto da tutela provisória.

[116] *Comentários ao Código de Processo Civil*. t. V. Rio de Janeiro: Forense, 1974, p. 120.

[117] CPC: "Art. 792. A alienação ou a oneração de bem é considerada fraude à execução: III – quando tiver sido averbada, no registro do bem, hipoteca judiciária ou outro ato de constrição judicial originário do processo onde foi arguida a fraude;".

É dizer que, no caso de credor hipotecário, a ineficácia da alienação não é gerada propriamente pela fraude à execução; não se perquire sobre a insolvência do executado em razão da alienação do bem hipotecado. E não se precisa perquirir. Ainda que restem bens suficientes no patrimônio do executado para responder pela execução hipotecária, essa circunstância não é oponível contra o credor hipotecário, já que esse último tem direito real de excussão do bem gravado (CC, art. 1.422[118]). Significa dizer que o credor titular de hipoteca judiciária poderá fazer penhorar e alienar o bem gravado na forma do art. 495 do CPC, ainda que outros bens existam no patrimônio do executado alienante. Por conseguinte, o credor hipotecário pode rejeitar eventual pretensão manifestada pelo executado no sentido de substituir o bem que será levado à hasta pública. O fundamento jurídico para a rejeição dessa pretensão do executado repousa no direito de excussão que assiste ao titular da hipoteca judiciária e que consiste no direito real de fazer penhorar e alienar o bem gravado com tal ônus real.

Pode-se afirmar que a hipoteca judiciária é *direito* do vencedor da demanda condenatória. Um direito estabelecido em lei, na modalidade de efeito anexo da sentença condenatória. *É o legislador que outorga esse direito* ao vencedor da demanda condenatória; o que significa dizer que *não se trata de direito outorgado pelo juiz*. No direito brasileiro, a sentença condenatória, cuja execução ainda não teve início, ostenta eficácia executiva mediata, produzindo imediata hipoteca judiciária sobre os bens do vencido, conforme se extrai da lição de Pontes de Miranda.[119] Essa eficácia persiste ainda quando o recurso da sentença tenha efeito suspensivo (CPC, art. 495, §1º, III). Mesmo no processo civil brasileiro, portanto, o efeito anexo da sentença condenatória é produzido *de imediato pela publicação da sentença* e não pode ser paralisado pela via do recurso de apelação.

Por fim, é interessante destacar que a hipoteca judiciária é medida legal que, originariamente, tutela o interesse jurídico do credor quirografário e está capitulada em diploma de direito processual comum (CPC, art. 495), no qual é regra geral o duplo efeito do recurso de apelação – devolutivo e suspensivo (CPC, art. 1.012). Assim, a hipótese

---

[118] CC: "Art. 1.422. O credor hipotecário e o pignoratício têm o direito de excutir a coisa hipoteca ou empenhada, e preferir, no pagamento, a outros credores, observada, quanto à hipoteca, a prioridade no registro".

[119] *Comentários ao Código de Processo Civil*. t. V. Rio de Janeiro: Forense, 1974, p. 114: "Aliás, no direito brasileiro, a sentença cuja exequibilidade ainda não começou pode, sobrevindo confirmação, ou alteração que não lhe tire a carga condenatória, ter, pelo menos, eficácia executiva mediata, gerando hipoteca judiciária".

ordinária é a de que, no processo civil, a sentença condenatória seja objeto de recurso de apelação dotado de efeito suspensivo. A existência de apelação com efeito suspensivo não evita que a sentença condenatória produza hipoteca judiciária de imediato. Se, com a interposição de recurso de apelação dotado de efeito suspensivo, o vencido logra impedir o vencedor de promover a execução provisória (CPC, art. 1.012, §2º), o recurso do vencido não logra impedir seja sua propriedade imobiliária gravada por hipoteca judiciária, pois, conforme afirmam Nelson Nery Junior e Rosa Maria de Andrade Nery, o CPC de 2015 não estabeleceu a pendência de recurso sem efeito suspensivo como condição para a hipoteca judiciária. Pelo contrário, estabeleceu tal consequência jurídica também no caso de o recurso ter efeito suspensivo.[120] Portanto, no processo civil, a regência legal do recurso de apelação estimula o credor atento a promover o registro da hipoteca judiciária, já que não se lhe faculta recorrer à técnica processual da execução provisória do julgado. Para alcançar efeito semelhante àquele que a penhora produzirá vários anos depois, o credor atento pode lançar mão do instituto da hipoteca judiciária tão logo publicada a sentença condenatória, com o que logrará obter constrição do patrimônio do vencido para assegurar a futura execução; o magistrado atento pode alcançar tal efeito mediante a adoção da técnica jurídica da hipoteca judiciária ordenada de ofício.

---

[120] *Comentários ao Código de Processo Civil*. São Paulo: RT, 2015, p. 1.170.

CAPÍTULO VII

HIPOTECA JUDICIÁRIA E A VALORIZAÇÃO DAS DECISÕES DE PRIMEIRO GRAU DE JURISDIÇÃO

No estudo do tema da valorização das decisões de primeiro grau de jurisdição no sistema de direito brasileiro, o operador jurídico acabará por ser guiado pela natural intuição de inventariar as técnicas jurídicas, existentes no direito positivo, capazes de reforçar a autoridade das decisões judiciais. Nessa pesquisa, o operador jurídico terá sua atenção despertada para o instituto da hipoteca judiciária. É natural que assim seja, porque à hipoteca judiciária, diversamente do que ocorre com outras técnicas jurídicas voltadas à efetividade da jurisdição, o vencedor da demanda condenatória terá um acesso facilitado, dada a natureza jurídica que singulariza esse instituto de direito processual.

A afirmação de que o vencedor da demanda condenatória terá um acesso facilitado à técnica da hipoteca judiciária, dada a natureza jurídica que singulariza esse instituto de direito processual, requer uma explicação. Diversamente do que ocorre em relação a outras técnicas jurídicas voltadas à efetividade da jurisdição, que têm cabimento quando atendidos requisitos legais mais numerosos e de mais difícil implementação, à hipoteca judiciária basta a *ocorrência* de decisão condenatória enquanto *fato jurídico* (CPC, art. 495), sem exigência de qualquer outro requisito legal. A lição de Moacyr Amaral dos Santos é precisa a respeito dessa questão: "Do só fato de haver sentença de efeito condenatório resulta, por força de lei, hipoteca judiciária sobre os imóveis do condenado".[121]

---

[121] *Comentários ao Código de Processo Civil*. v. IV. Rio de Janeiro: Forense, 1988, p. 426.

Pois bem, a demanda condenatória é a regra geral no concerto das demandas judiciais. Isso significar dizer que a hipoteca judiciária pode ser implementada na generalidade dos casos, diversamente do que ocorre com outras técnicas jurídicas dirigidas à efetividade da jurisdição. É didático registrar que a possibilidade de implementação da hipoteca judiciária na generalidade dos casos é uma verdade tanto para o processo civil (CPC, art. 495) quanto para o processo do trabalho, na medida em que as demandas de natureza condenatória preponderam tanto na Jurisdição Comum quanto na Jurisdição Trabalhista. No que diz respeito à aplicação da hipoteca judiciária ao Direito Processual do Trabalho, essa aplicação subsidiária tem fundamento no art. 769 da CLT e no art. 15 do CPC, conforme procurei demonstrar no capítulo XI. A doutrina e a jurisprudência do Tribunal Superior do Trabalho afirmam a juridicidade da aplicação subsidiária da hipoteca judiciária ao processo do trabalho, consoante estudado no capítulo XXXVII.

Afirmei anteriormente que o vencedor da demanda condenatória terá um acesso facilitado à técnica da hipoteca judiciária, dada a natureza jurídica que singulariza esse instituto de direito processual. Contudo, não explicitei qual é essa natureza jurídica. Pois bem, a hipoteca judiciária tem natureza jurídica de *efeito anexo* das decisões de natureza condenatória no sistema de direito processual brasileiro. Essa questão foi estudada no capítulo IV de forma especificada, mas está presente ao longo de todo o livro, dada à relevância que repousa na adequada compreensão da natureza jurídica desse instituto. O legislador *anexou* esse efeito jurídico à decisão condenatória (CPC, art. 495). Na didática fórmula empregada por Pontes de Miranda, trata-se, a hipoteca judiciária, de efeito *anexado* pelo legislador à sentença condenatória.[122]

Poderia o legislador, no exercício de sua discricionária deliberação, ter adicionado outro requisito legal para que o efeito de hipoteca judiciária fosse produzido pela decisão condenatória, pois, conforme ensina Pontes de Miranda, o legislador *tem ampla liberdade de anexação*, encontrando-se limitado tão somente pelas balizas fornecidas pelas normas constitucionais.[123] O legislador, contudo, assim não procedeu. Como é comum ocorrer no que diz respeito ao instituto do efeito anexo, o legislador não adicionou qualquer outro requisito legal para a produção da eficácia de hipoteca judiciária (CPC, art. 495, *caput* e §1º), com o que tornou bastante o só fato de a decisão ser de natureza condenatória.

---

[122] *Comentários ao Código de Processo Civil*. t. V. Rio de Janeiro: Forense, 1974, p. 71: "Efeito anexado à sentença". *Anexado* pelo Parlamento.
[123] *Comentários ao Código de Processo Civil*. t. V. Rio de Janeiro: Forense, 1974, p. 68-69.

Enquanto a técnica da execução provisória pressupõe, no processo civil, que o recurso interposto contra a sentença seja dotado *apenas* de efeito devolutivo, o que constitui exceção no processo civil (CPC, art. 1.012), a técnica da hipoteca judiciária pode ser implementada de imediato mesmo quando o recurso de apelação seja dotado de efeito suspensivo (CPC, art. 495, §1º, III). Como legislador nega a execução provisória ao credor quando o recurso interposto da sentença é dotado de efeito suspensivo (CPC, art. 1.012), o credor pode recorrer, no processo civil, à constrição patrimonial viabilizada pela hipoteca judiciária, já que quanto à implementação desse gravame hipotecário é irrelevante tenha o recurso de apelação efeito suspensivo (CPC, art. 495, §1º, III).

Algo semelhante ocorre no que diz respeito à tutela provisória de urgência, quando de sua comparação com a técnica jurídica da hipoteca judiciária. Para ter acesso à técnica jurídica da tutela provisória de apresamento de bens, a parte interessada na medida cautelar terá que demonstrar a presença dos requisitos legais do art. 300 do CPC, vale dizer, a parte interessada terá que evidenciar a presença dos requisitos cautelares da *probabilidade do direito* e do *perigo de dano*. Como é sabido, a demonstração da presença de tais requisitos cautelares é ônus processual da parte interessada, ônus processual esse de difícil desencargo. O titular de decisão condenatória, no entanto, está dispensado do cumprimento de requisitos cautelares para lograr obter a imediata constrição judicial do patrimônio do devedor que o instituto da hipoteca judiciária possibilita a partir do advento da sentença condenatória.[124]

A comparação da hipoteca judiciária com as técnicas da tutela provisória de urgência e da execução provisória cumpre a finalidade de evidenciar que a hipoteca judiciária é técnica jurídica de fácil acesso, além de ser de implementação rápida e simplificada, bastando a iniciativa do juízo, na medida em que a juridicidade da realização do registro da hipoteca judiciária de ofício encontra-se pacificada tanto na doutrina quanto jurisprudência do Tribunal Superior do Trabalho. Quando não realizada de ofício pelo juízo, a hipoteca judiciária poderá ser implementada pela iniciativa da parte titular da decisão condenatória,

---

[124] Mais precisamente, a partir da *decisão* condenatória (CPC, art. 495). O CPC de 1973 referia-se à *sentença condenatória* (espécie). O legislador de 2015 ampliou a hipoteca judiciária, ao estabelecer que o efeito anexo correspondente é produzido pela *decisão condenatória* (gênero). Vale dizer, a decisão condenatória proferida em sede de tutela provisória enseja hipoteca judiciária. Também enseja hipoteca judiciária o provimento condenatório objeto de julgamento antecipado parcial do mérito. A articulação dessas três técnicas jurídicas – tutela provisória, julgamento antecipado parcial do mérito e hipoteca judiciária – pode alavancar uma atuação profissional mais eficaz tanto para a advocacia quanto para a magistratura.

já que, nos termos do art. 495, §2º, do CPC, *a hipoteca judiciária poderá ser realizada mediante apresentação de cópia da sentença perante o cartório de registro imobiliário*. Embora o legislador não tenha feito tal exigência, a providência da autenticação da cópia da sentença é diligência que aportará maior segurança jurídica na relação do profissional da advocacia com o Registrador.

O tema da valorização das decisões dos magistrados da primeira instância acompanha o esforço de formulação teórica da doutrina processual desde há muito, sobretudo nos países que adotam o sistema de *civil law*. Esse esforço de formulação teórica está desde sempre vinculado ao desafio de prover efetividade à atividade jurisdicional.

Devemos ao grande processualista italiano Mauro Cappelletti uma das páginas mais importantes sobre a valorização das decisões de primeiro grau de jurisdição. O jurista, durante a reforma do processo civil italiano, ocorrida na década de 1970, já identificava que o principal defeito dos sistemas jurídicos da *civil law* "es la profunda desvalorización del juicio de primer grado, con la conexa glorificación, si así puede decirse, de los juicios de gravamen".[125]

Quase quarenta anos depois da manifestação de Mauro Cappelletti, Marcos Neves Fava voltaria a tratar do tema, situando-o no campo do Direito Processual do Trabalho, mediante o registro de que "um procedimento que se pretenda preponderantemente oral, com vistas a qualificar a apreensão da prova pelo juízo prolator, deveria restringir a recorribilidade, no que toca aos fatos da demanda. Ao contrário, persiste no sistema processual – tanto trabalhista quanto civil comum – a ampla recorribilidade das decisões, mesmo que exclusivamente de fato, em detrimento inegável à celeridade da tramitação dos feitos e causando insidioso desmerecimento às decisões de primeiro grau, num constante incentivo à interposição de recursos".[126]

A valorização das decisões de primeiro grau de jurisdição pressupõe, de um lado, conforme sustentaram Mauro Cappelletti e Marcos Neves Fava, restringir a recorribilidade excessiva e, de outro lado, tem como pedra de toque a concreta possibilidade de se promover o cumprimento provisório da sentença; pelo menos, alguns de seus efeitos. Essa última passagem nos remete à hipoteca judiciária instituída no direito processual comum brasileiro, enquanto efeito anexo capaz de provocar desde logo a constrição do patrimônio do vencido, ainda

---

[125] *Proceso, ideologías e sociedad*. Buenos Aires: Ediciones Jurídicas Europa-América, 1973, p. 278.
[126] *Execução trabalhista efetiva*. São Paulo: LTr, 2009, p. 165.

que o recurso interposto seja dotado de efeito suspensivo (CPC, art. 495, §1º, III).

Antes da defesa da generalização da execução provisória da sentença, faz-se necessário desenvolver o tema da recorribilidade excessiva, mediante o inventário das diversas propostas de solução fornecidas pelos juristas que se dedicaram a esse estudo.

Mauro Cappelletti, por ocasião da reforma do CPC italiano na década de 1970, propôs limitar o recurso de apelação à matéria de direito, de modo que a matéria de fato ficasse circunscrita à decisão de primeiro grau. Depois de afirmar que a cada vez que se acrescenta um novo grau de jurisdição, não só se faz um bom serviço à parte que não tem razão, senão que se faz também um mau serviço à parte que tem razão, a proposta do jurista foi assim apresentada: "Bastante mejor es tratar de tener, como en los sistemas anglosajones y en tantos otros, un cuidadi juicio de primer grado, final en lo que concierne a las cuestiones de hecho, y abierto solamente a una impugnación por errores de derecho, sustancial y procesal, antes que a un verdadero y próprio re-examen del mérito de la causa".[127]

Em obra coordenada por Guilherme Guimarães Feliciano, magistrados do Tribunal do Trabalho da 15ª Região apresentaram, no ano de 2010, proposta de reforma do processo do trabalho brasileiro, na qual viriam a sustentar posição semelhante àquela que inspirara Mauro Cappelletti quatro décadas antes. Na ocasião, os referidos juízes da 15ª Região sustentaram que "o recurso ordinário seja cabível no que se refere a questões de direito, ou seja, não atingindo as matérias fáticas".[128]

A confirmação da *sentença razoável* deve ser a diretriz geral da função revisora dos tribunais no julgamento dos recursos de natureza ordinária, sobretudo quando estiver em questão matéria de fato. Foi essa a posição que sustentei em obra coletiva por mim coordenada, na qual o tema da recorribilidade excessiva foi problematizado por diversos juristas.[129] Sempre que a decisão for razoável, cabe ao órgão revisor valorizá-la. Com isso, evitará desperdício de atividade jurisdicional e imprimirá celeridade. Essa última assertiva é de Júlio César Bebber,[130] articulista da obra antes referida. Entre os juristas que figuram nessa

---

[127] *Proceso, ideologías e sociedad.* Buenos Aires: Ediciones Jurídicas Europa-América, 1973, p. 279-280.

[128] *Fênix: por um novo processo do trabalho.* São Paulo: LTr, 2010, p. 88.

[129] *A função revisora dos tribunais: por uma nova racionalidade recursal.* São Paulo: LTr, 2016, p. 41.

[130] A função revisora dos tribunais na perspectiva da imediatidade. *In:* CLAUS, Ben-Hur Silveira (coord.). *A função revisora dos tribunais:* por uma nova racionalidade recursal. São Paulo: LTr, 2016, p. 50.

obra, está também Manoel Antonio Teixeira Filho, para quem "os tribunais deveriam, sempre que possível, empenhar-se em prestigiar (ou valorizar) as sentenças, quando estas fossem razoáveis", já que, "quanto mais se reformam as sentenças que se revelam razoáveis, tanto mais se desprestigia e se coloca em dúvida a legitimidade do juízo de primeiro grau".[131]

Sobre a legitimidade da jurisdição de primeiro grau de jurisdição, Ovídio Baptista da Silva deixou uma lição que, apoiada nos ensinamentos de Mauro Cappelletti, viria a se tornar clássica no processo civil brasileiro e que se encontra na obra magna do processualista: "No ponto mais elevado da escala, encontra-se uma magistratura altamente legitimada, contra a qual o sistema político abre mão dos recursos. À medida que descemos na escala hierárquica, reduz-se a legitimidade dos magistrados e avolumam-se os recursos, até atingirmos a jurisdição de primeiro grau, que o sistema literalmente destruiu, sufocando-a com uma infernal cadeira recursal que lhe retira a própria ilusão, de que ela poderia alimentar-se, de dispor de algum poder decisório".[132]

Em proposta criativa, João Alfredo Borges Antunes de Miranda, desembargador no Tribunal Regional do Trabalho da 4ª Região, no ano de 2016, fez defesa original da decisão de primeiro grau de jurisdição. O magistrado propôs que a sentença constitua o primeiro voto no colegiado recursal. De acordo com a proposta, formulada *de lege ferenda*, a Turma Julgadora do recurso atuaria com apenas dois desembargadores – um relator e um revisor. Considerando que a sentença constituiria o primeiro voto, o relator proferiria o segundo voto. O primeiro voto já estaria pré-constituído; seria a sentença, que passaria a compor formalmente a votação relativa ao julgamento do recurso no órgão colegiado recursal. Como a sentença constituiria o primeiro voto no órgão colegiado, o julgamento do recurso interposto começaria com o escore de um a zero em favor da solução adotada pela decisão de primeiro grau. Caso o relator acompanhasse a sentença (primeiro voto), a solução dada em primeiro grau prevaleceria. Nessa hipótese, o revisor poderia acompanhar o relator ou votar vencido. A proposta foi objeto de artigo intitulado "A função revisora dos tribunais: a questão

---

[131] A função revisora dos tribunais. *In:* CLAUS, Ben-Hur Silveira (coord.). *A função revisora dos tribunais*: por uma nova racionalidade recursal. São Paulo: LTr, 2016, p. 16-17.
[132] *Processo e ideologia*: o paradigma racionalista. Rio de Janeiro: Forense, 2004, p. 239-240.

da valorização das decisões de primeiro grau – uma proposta de lege ferenda: a sentença como primeiro voto no Colegiado".[133]

Solução semelhante foi proposta por Manoel Antonio Teixeira Filho. O processualista sustentou a ideia de valorização da sentença de primeiro grau, propondo que a reforma da sentença ficasse condicionada à votação unânime da Turma Julgadora em favor dessa reforma. Manoel Antonio Teixeira Filho explicou assim a sua proposta, também formulada *de lege ferenda*: "Considerando que, em regra, três juízes votam na Turma, se o voto de um deles fosse coincidente com o conteúdo da sentença significaria que esta teria sido razoável, não havendo razão relevante, por esse motivo, para prover-se o recurso".[134]

Sobre a concreta possibilidade de promover a execução provisória no processo civil na pendência de recurso da sentença, Marinoni e Arenhart, ainda na vigência do CPC de 1973, sublinhavam que *uma alteração no Código de Processo Civil, transformando a execução imediata da sentença em regra, é imprescindível para a distribuição isonômica do ônus do tempo entre os litigantes.*[135]

No âmbito do processo do trabalho, Antônio Álvares da Silva sustentava, à época do CPC revogado, a conveniência da realização da execução provisória da sentença, de ofício, na pendência do recurso ordinário do empregador, como forma de assegurar celeridade e efetividade processual.[136] Faço, aqui, uma observação particular ao leitor que se dedica ao estudo da efetividade processual no Direito brasileiro. Esse estudo não pode prescindir desta obra de Álvares da Silva: *Execução provisória trabalhista depois da Reforma do CPC*. Essa obra de Antônio Álvares da Silva faz lembrar o parecer iconoclástico de Mauro Cappelletti, publicado por ocasião da reforma do processo civil italiano na década de 1970.

Conforme observei no início deste capítulo, o operador jurídico terá sua atenção despertada para o instituto da hipoteca judiciária quando se deparar com a tarefa de localizar, no ordenamento processual civil, técnicas capazes de emprestar maior efetividade à sentença. Isso porque à hipoteca judiciária, diversamente do que ocorre com outras técnicas

---

[133] A função revisora dos tribunais: a questão da valorização das decisões de primeiro grau – uma proposta de lege ferenda: a sentença como primeiro voto no Colegiado. In: CLAUS, Ben-Hur Silveira (coord.). *A função revisora dos tribunais: por uma nova racionalidade recursal*. São Paulo: LTr, 2016, p. 95-103.

[134] A função revisora dos tribunais. In: CLAUS, Ben-Hur Silveira (coord.). *A função revisora dos tribunais: por uma nova racionalidade recursal*. São Paulo: LTr, 2016, p. 17.

[135] *Curso de Processo Civil – Execução*. v. 3. 6. ed. São Paulo: RT, 2014, p. 356.

[136] *Execução provisória trabalhista depois da Reforma do CPC*. São Paulo: LTr, 2007, p. 76.

jurídicas voltadas à efetividade da jurisdição, o vencedor da demanda condenatória terá um acesso facilitado, dada a natureza jurídica que singulariza esse instituto de direito processual, enquanto efeito anexo dessa modalidade de demanda judicial. Dessa opinião compartilha Mauro Schiavi. O jurista, depois de diagnosticar o problema da falta de eficácia das decisões judiciais no sistema de direito processual brasileiro, observa que, *nesse cenário desfavorável em que vive o primeiro grau de jurisdição, destaca-se, favoravelmente, o instituto da hipoteca judiciária, que visa a prestigiar a autoridade das decisões de primeiro grau de jurisdição e potencializar o adimplemento do crédito trabalhista.*[137]

---

[137] *Execução no processo do trabalho.* 10. ed. São Paulo: LTr, 2018, p. 164.

CAPÍTULO VIII

HIPOTECA JUDICIÁRIA E A EQUAÇÃO EXECUÇÃO MAIS EFICAZ *VERSUS* EXECUÇÃO MENOS GRAVOSA

Nada obstante seja determinada ainda na fase de conhecimento do processo,[138] a hipoteca judiciária, por suas consequências, remete o intérprete ao tema da relação que há entre execução mais eficaz e execução menos gravosa, na medida em que essa técnica legal é identificada como modalidade de *constrição* patrimonial do vencido; constrição destinada à satisfação da condenação, em futura execução.

À doutrina de Pontes de Miranda, soma-se o magistério de Antônio Álvares da Silva. Para o primeiro, a hipoteca judiciária integra a eficácia da denominada *execução mediata* da sentença.[139] Para o segundo, o instituto tem a virtude de garantir a execução pela vinculação de um bem imóvel ao débito correspondente, por força do direito real de sequela proporcionado pela hipoteca judiciária, evitando a dissipação dos bens do vencido no curso do processo.[140]

Em que pese devamos distinguir a hipoteca judiciária da penhora e do arresto, o gravame, que nessas três hipóteses incide no patrimônio do devedor, não deixa dúvida quanto ao fato de que a hipoteca judiciária também é ato de constrição patrimonial. O magistério de José Rogério Cruz e Tucci confirma essa conclusão. Para o jurista, a hipoteca judiciária

---

[138] Tão logo publicada a sentença, a hipoteca judiciária já pode ser implementada (CPC, art. 495, *caput*), independentemente da interposição de recurso da sentença condenatória (CPC, art. 495, §1º, III).

[139] *Comentários ao Código de Processo Civil*. t. V. Rio de Janeiro: Forense, 1974, p. 115: "Qualquer decisão judicial a que a lei atribua eficácia condenatória imediata ou mediata, ainda que não sejam em ação de condenação e só se refira a custas, é inscritível".

[140] Acórdão no RO nº TRT/00834-2006-099-02-00-5-RO, 4ª Turma, Rel. Desembargador Antônio Álvares da Silva, j. 02/06/2007.

constitui "modalidade de constrição sobre o patrimônio do potencial devedor".[141] Mais incisiva ainda é a doutrina de Leo Rosemberg, para quem a hipoteca judiciária *já é ato de execução*, conforme destaca Pontes de Miranda.[142]

A pertinência de investigar a relação que há entre hipoteca judiciária e a equação execução mais eficaz *versus* execução menos onerosa também pode ser haurida da circunstância de que o legislador do CPC de 2015 passa a denominar o vencedor da demanda condenatória de *credor hipotecário*,[143] locução cujo emprego acaba por desvelar a relação em que se vinculam hipoteca judiciária e futura execução.

Em artigo publicado na *Revista Síntese* no ano de 2014, procurei enfrentar o tema da execução mais eficaz e da execução menos gravosa, na perspectiva da efetividade da execução trabalhista.[144] Na ocasião, eu ponderava que uma das mais nocivas influências do direito processual civil no direito processual do trabalho decorre da aplicação da regra exceptiva da execução menos gravosa no âmbito da execução trabalhista.

A invocação dessa regra tem servido para justificar diversas restrições que costumam ser opostas ao cumprimento das decisões judiciais; como se as decisões judiciais pudessem ter o seu cumprimento adiado por sucessivos argumentos vinculados ao invocado direito a uma execução menos onerosa para o devedor. Um estudo consequente sobre o déficit de efetividade na execução não pode ser realizado senão mediante o reconhecimento das deformações que a aplicação dessa regra acarretou à cultura jurídica da execução da sentença, em especial no processo civil, mas também no processo do trabalho.

Essa questão estava presente nas cogitações de *Wagner D. Giglio* quando, em 2003, o autor identificava as causas da falta de efetividade da execução trabalhista. Depois de referir que *Luigi de Litala* já alertava, no início da década de 1940, que o processo de execução era feito mais para a tutela do devedor do que do credor, o processualista paulista constata que a regra da execução menos onerosa é uma herança do processo civil que compromete a eficácia do processo do trabalho:

---

[141] MARINONI, Luiz Guilherme (dir.); ARENHART, Sérgio Cruz; MITIDIERO, Daniel (coord.). *Comentários ao Código de Processo Civil*. v. VIII. São Paulo: RT, 2016, p. 154.

[142] *Comentários ao Código de Processo Civil*. t. V. Rio de Janeiro: Forense, 1974, p. 119.

[143] CPC: "Art. 495. §4º. A hipoteca judiciária, uma vez constituída, implicará, *para o credor hipotecário*, o direito de preferência, quanto ao pagamento, em relação a outros credores, observada a prioridade no registro".

[144] "A execução trabalhista não se submete à regra exceptiva da execução menos gravosa – A efetividade da jurisdição como horizonte hermenêutico". *In: Revista Síntese*, São Paulo, n. 306, dez de 2014, p. 9-24.

"protege-se o devedor, que comprovadamente não tem direito (tanto assim que foi condenado), em detrimento de quem, reconhecidamente, está amparado por ele".[145]

Na afirmação de que a execução trabalhista não se submete à regra da menor gravosidade prevista no art. 620 do CPC de 1973[146] (CPC de 2015, art. 805[147]) está pressuposta uma doutrina comprometida com a efetividade da execução trabalhista, sob inspiração da garantia constitucional da jurisdição efetiva (CF, art. 5º, XXXV) e da garantia constitucional da duração razoável do processo do trabalho (CF, art. 5º, LXXVIII), ambas qualificadas pelo conteúdo ético que o princípio da proteção irradia para o direito material do trabalho numa sociedade marcada por severa desigualdade social.

Não se trata de uma postulação teórica original. Mesmo antes do advento do CPC de 2015, diversos doutrinadores sustentavam devesse ser mitigada a regra exceptiva da execução menos onerosa na execução trabalhista. Já outros juristas defendiam a ideia mesma da inaplicabilidade do art. 620 do CPC de 1973 no Processo do Trabalho. Essa última corrente doutrinária está representada, por exemplo, na obra de *José Augusto Rodrigues Pinto*.[148] Ao lado do erudito jurista baiano, estão outros juristas de expressão: *Antônio Álvares da Silva, Sérgio Pinto Martins, Carlos Henrique Bezerra Leite, Cláudio Armando Couce de Menezes e José Carlos Külzer*, entre outros. Conforme se recolhe da lição clássica de *Wagner D. Giglio* acerca da efetividade da execução, "uma reforma ideal do processo trabalhista abandonaria o dogma da igualdade das partes e adotaria, na execução, o princípio da execução mais eficaz, em substituição ao da execução menos onerosa".[149]

A execução humanizou-se quando deixou de ser corporal e passou a ser patrimonial. A legislação viria a consagrar a exigência da nova consciência jurídica que se formara sob a inspiração do cristianismo: já não era mais possível admitir a crueldade da execução corporal do executado, que permitia ao credor escravizar o executado, repartir seu

---

[145] Efetividade da execução trabalhista. *Revista Síntese Trabalhista*, Porto Alegre, n. 172, p. 146, out. 2003.
[146] CPC de 1973: "Art. 620. Quando por vários meios o credor puder promover a execução, o juiz mandará que se faça pelo modo menos gravoso para o devedor".
[147] CPC de 2015: "Art. 805. Quando por vários meios o exequente puder promover a execução, o juiz mandará que se faça pelo modo menos gravoso para o executado".
[148] *Execução trabalhista*. 11. ed. São Paulo: LTr, 2006, p. 213.
[149] Efetividade da execução trabalhista. *Revista Síntese Trabalhista*, Porto Alegre, n. 172, p. 146, out. 2003, p. 146.

corpo e até exigir a morte do devedor. A *Lex Poetelia*[150] é um símbolo dessa viragem hermenêutica humanizadora da legislação executiva. Contudo, é inegável que a eficácia da execução diminuiu com o advento de seu novo perfil, de natureza patrimonial. Isso porque o êxito da execução passou a depender da existência de patrimônio do executado. Porém, não só da existência de patrimônio, mas também do registro desse patrimônio em nome do executado e da própria localização dos respectivos bens. Se era difícil a ocultação da pessoa do executado à época da execução corporal, bem mais fácil tornar-se-ia a ocultação de patrimônio com o advento da execução patrimonial, dando ensejo a simulações e fraudes, que ainda hoje caracterizam a execução, sobretudo nos países de sistema jurídico de *civil law*. Aliás, quando se trata de efetividade da jurisdição, é inevitável dirigir o olhar à experiência dos países do sistema jurídico de *commom law* no que respeita à eficácia superior lá alcançada no cumprimento das decisões judiciais.[151]

É fácil perceber que determinada perda de eficácia seria inevitável com o advento da execução de natureza patrimonial. As execuções mais eficazes sempre foram aquelas que autorizam a prisão civil do executado, como é o caso clássico da execução de obrigação de prestar alimentos devidos em face do direito de família. A cultura que se criou na sociedade é a de que não se pode dever tais alimentos. É por isso que o executado dá um jeito de pagar: para evitar a persuasiva sanção da prisão civil.

É a natureza corporal da sanção que confere eficácia à execução de alimentos. Nesses casos, a iminência da prisão civil do obrigado opera como fator de eficaz persuasão. O mesmo ocorria no caso de depositário infiel até o advento da Súmula Vinculante nº 25 do STF.[152] A referida súmula fragilizou a autoridade jurisdicional na relação com o depositário que desrespeita o encargo de direito público que, para permanecer na posse do bem penhorado, assume perante o Poder

---

[150] Antes da *Lex Poetelia* (século V), a Lei das XII Tábuas autorizava o credor a escravizar e até matar o devedor.

[151] "Convém salientar a extraordinária e temível eficácia das decisões da justiça inglesa que não podem ser ridicularizadas, não havendo nenhuma exceção a esse princípio. Os tribunais recorrem para a execução das suas decisões a verdadeiras *ordens* que, se não são respeitadas, são passíveis de sanções muito severas (*contempt of Court*), *podendo chegar até a prisão*". (Roland Séroussi. *Introdução ao Direito inglês e norte-americano*. São Paulo: Landy, 2006, p. 24, grifo nosso).

[152] Súmula Vinculante nº 25 do STF: "É ILÍCITA A PRISÃO CIVIL DE DEPOSITÁRIO INFIEL, QUALQUER QUE SEJA A MODALIDADE DO DEPÓSITO".

Judiciário ao ser nomeado depositário.[153] Se faltava argumento para remover de imediato o bem penhorado ao depósito do leiloeiro judicial, a Súmula Vinculante nº 25 do STF tornou induvidosa a necessidade da remoção do bem penhorado, sob pena de placitar-se a conduta ilícita do depositário infiel que depois não apresenta o bem penhorado quando instado pelo juízo a fazê-lo, em manifesto desrespeito ao Tribunal.

A crueldade com a qual o credor podia tratar o devedor não encontra qualquer possibilidade de repristinação diante da consagração dos direitos fundamentais. Contudo, uma reflexão consequente acerca da baixa efetividade da execução passa pelo reconhecimento de que o potencial de coerção na execução aumenta quando se combina a execução de natureza patrimonial, com aquela de natureza pessoal, em determinadas situações, caracterizadas quando o crédito goza de privilégio jurídico especial (CTN, art. 186), como é o caso da pensão alimentícia do direito de família e como parece deva ser também o caso do crédito trabalhista, cuja natureza alimentícia é reconhecida na Constituição Federal de forma expressa (CF, art. 100, §1º).[154]

A regra exceptiva da execução menos gravosa encontra-se sob interrogação no próprio processo civil, tamanhos são os prejuízos que causa à efetividade da execução civil. Nesse particular, a eloquente crítica que *Cândido Rangel Dinamarco* dirige às distorções que a aplicação do art. 620 do CPC de 1973 provocou na execução civil faz lembrar a afirmação do magistrado trabalhista *Marcos Neves Fava*, no sentido

---

[153] Entre os enunciados propositivos da Jornada Nacional sobre Execução na Justiça do Trabalho realizada pela Associação Nacional dos Magistrados do Trabalho – Anamatra, em novembro de 2010, em Cuiabá – MT está a proposta de revisão parcial da Súmula Vinculante nº 25 do STF, nos seguintes termos: "PRISÃO POR 'CONTEMPT OF COURT' NO PROCESSO DO TRABALHO. PRISÃO DO DEPOSITÁRIO JUDICIAL INFIEL ECONOMICAMENTE CAPAZ. POSSIBILIDADE JURÍDICA. NECESSIDADE DE REVISÃO PARCIAL DA SÚMULA VINCULANTE Nº 25 DO SUPREMO TRIBUNAL FEDERAL (STF). A prisão civil do depositário judicial economicamente capaz, por estar autorizada pela norma do art. 5º, LXVI, parte final, da Constituição Federal, não se resume à mera 'prisão civil por dívidas'. Tem natureza bifronte, consubstanciando também medida de defesa da autoridade pública e da dignidade do Poder Judiciário, à maneira do 'contempt of court', o que não está vedado pelo Pacto de San José da Costa Rica".

[154] BRASIL. Constituição (1988): "Art. 100. Os pagamentos devidos pelas Fazendas Públicas Federal, Estaduais, Distrital e Municipais, em virtude de sentença judiciária, far-se-ão exclusivamente na ordem cronológica de apresentação dos precatórios e à conta dos créditos respectivos, proibida a designação de casos ou de pessoas nas dotações orçamentárias e nos créditos adicionais abertos para este fim.
§1º. Os débitos de natureza alimentícia compreendem aqueles decorrentes de salários, vencimentos, proventos, pensões e suas complementações, benefícios previdenciários e indenizações por morte ou por invalidez, fundadas em responsabilidade civil, em virtude de sentença judicial transitada em julgado, e serão pagos com preferência sobre todos os demais débitos, exceto aqueles referidos no §2º deste artigo".

de que o art. 620 do CPC de 1973 não pode ser lido como uma carta aberta de alforria do devedor.[155] Não pode, mas foi lido assim na prática judiciária, especialmente no processo civil, mas muitas vezes também no processo do trabalho.[156]

O ilustre processualista civil, escrevendo após mais de trinta anos de vigência do CPC Buzaid, reconhece os prejuízos que a distorcida aplicação da norma do art. 620 do CPC de 1973 causou à efetividade da execução civil, postulando a revisão da forma abusiva com que se tem invocado, compreendido e aplicado a regra exceptiva da execução menos gravosa no processo civil: "as generosidades em face do executado não devem mascarar um descaso em relação ao dever de oferecer tutela jurisdicional a quem tiver um direito insatisfeito, sob pena de afrouxamento do sistema executivo. É preciso distinguir entre o *devedor infeliz e de boa-fé*, que vai ao desastre patrimonial em razão de involuntárias circunstâncias da vida ou dos negócios (Rubens Requião), e o caloteiro *chicanista*, que se vale das formas do processo executivo e da benevolência dos juízes como instrumento a serviço de suas falcatruas. Infelizmente, essas práticas são cada vez mais frequentes nos dias de hoje, quando raramente se vê uma execução civil chegar ao fim, com a satisfação do credor".[157]

Dinamarco é enfático quanto à necessidade de alterar a cultura de descumprimento das decisões judiciais no processo civil, propondo que se utilize o método mais eficaz para realizar a execução. Isso sob pena de inviabilizar-se o próprio sistema judiciário e de frustrar o compromisso constitucional de acesso à jurisdição efetiva – porquanto jurisdição efetiva pressupõe execução efetiva.[158] Adverte o jurista: "Quando não houver meios mais amenos para o executado, capazes de conduzir à satisfação do credor, que se apliquem os mais severos."[159] Depois de sublinhar que a regra do art. 620 não pode ser manipulada como um escudo a serviço dos maus pagadores nem como um modo de renunciar o Estado-juiz a cumprir seu dever de oferecer tutelas jurisdicionais

---

[155] *Execução trabalhista efetiva*. São Paulo: LTr, 2009, p. 156.
[156] Daniel Amorim Assumpção Neves pondera: "(...) o processo não passa de mera enganação" quando o princípio da menor onerosidade não é interpretado à luz do princípio da efetividade da tutela executiva (*Novo CPC comentado artigo por artigo*. Salvador: Juspodivm, 2016, p. 1276).
[157] *Instituições de direito processual civil*. 3. ed. São Paulo: Malheiros, 2009, v. 4, p. 63.
[158] O CPC de 2015 cuidou de explicitar que a satisfação do credor integra o direito fundamental da parte à prestação jurisdicional. É o que se recolhe da previsão do art. 4º do novo CPC: "Art. 4º. As partem têm o direito de obter em prazo razoável a solução integral do mérito, incluída a atividade satisfativa".
[159] *Instituições de direito processual civil*. 3. ed. São Paulo: Malheiros, 2009, v. 4, p. 63.

adequadas e integrais sempre que possível, o processualista retoma sua prédica: "A triste realidade da execução burocrática e condescendente, que ao longo dos tempos se apresenta como um verdadeiro paraíso dos maus pagadores, impõe que o disposto no art. 620 do Código de Processo Civil seja interpretado à luz da garantia do acesso à justiça, sob pena de fadar o sistema à ineficiência e por em risco a efetividade dessa solene promessa constitucional (CF, art. 5º, inciso XXXV)".[160]

Por outro lado, é preciso compreender que a ineficácia da execução é herdeira da congênita baixa eficácia a que o sistema jurídico nacional relegara a sentença condenatória. A pesquisa de *Paulo Henrique Conti* tem a virtude de trazer luz a essa questão, permitindo identificar um antecedente histórico fundamental para a compreensão desse problema central do sistema jurídico brasileiro: "A resistência do devedor tornou-se regra, e não exceção! Na prática forense, a presunção que prevalece não é a de que a sentença deve ser cumprida pronta e imediatamente após proferida, em toda sua extensão, mas sim de que as obrigações nela contidas devem ser satisfeitas apenas após sua 'lapidação' pelas vias de resistência do devedor, incidentais à execução ou endoexecutivas, típicas ou atípicas".[161]

O autor identifica no CPC de 1973 uma das fontes do enfraquecimento da autoridade da sentença. É que o CPC de 1973, a pretexto de conferir tratamento uniforme às execuções – tanto àquelas fundadas em sentença quanto àquelas fundadas em títulos extrajudiciais –, acabou retirando eficácia da sentença condenatória, rebaixando o grau de certeza do título executivo judicial ao nível inferior de certeza reconhecido aos títulos extrajudiciais. Esse quadro de desprestígio à sentença condenatória no processo civil é confirmado pela decisiva circunstância de que a regra no processo civil brasileiro é conferir efeito suspensivo ao recurso de apelação (CPC de 1973, art. 520, *caput*, primeira parte), regra mantida no CPC de 2015 (art. 1.012). Nesse contexto, o dever de colaboração das partes na execução tem sido uma quimera, sobretudo no que diz respeito ao executado, que costuma resistir por todos os meios ao cumprimento da decisão judicial, conforme se recolhe da criteriosa avaliação crítica realizada por Marcos Neves Fava. No plano da principiologia, mais comum do que os deveres de cooperação do executado, faz-se presente a evocação do art. 620 do

---

[160] DINAMARCO, *op. cit.*, p. 63.
[161] CONTI, Paulo Henrique. A nova sentença condenatória: uma abordagem ideológica. *In*: SANTOS, José Aparecido dos (coord.). *Execução Trabalhista – Amatra X*. 2. ed. São Paulo: LTr, p. 77.

Código de Processo Civil, que dá ao devedor o *direito* de ter contra si a execução *menos gravosa*. Ora, o advérbio de comparação – *menos* – tem por pressuposto a existência de dois modos igualmente suficientes e eficazes para a realização concreta do título executivo.[162]

As distorções que a aplicação do art. 620 do CPC de 1973 causaram ao direito processual do trabalho foram objeto da reflexão científica de um dos juristas que mais se tem notabilizado pela preocupação com a efetividade da jurisdição trabalhista. *Antônio Álvares da Silva* pondera(va) que "o art. 620 do CPC não pode ser uma porta aberta à fraude e à ineficácia do comando sentencial. A lei fala que, na hipótese de existência de 'vários modos' pelos quais o credor possa executar a sentença, o juiz escolherá o menos gravoso. Mas é necessário que existam esses 'vários modos' e que eles não importem na diminuição de nenhuma medida prevista em lei para a entrega da prestação jurisdicional. Por exemplo, se a penhora tem uma ordem preferencial, e o credor deseja a penhora em dinheiro cuja existência ficou comprovada, não se há de romper com a preferência legal, porque o executado alega prejuízo pessoal, comercial ou de qualquer espécie".[163]

O jurista sintetiza com precisão a relação de subordinação axiológica que a regra exceptiva da execução menos gravosa deve à regra geral da execução mais eficaz, na seguinte passagem: "Ao aplicar a regra do art. 620, há que se considerar o que dispõe a regra do art. 612, de que 'a execução se realiza no interesse do credor.' Este é que é o verdadeiro norte da execução e vale como orientação geral dos atos que nela se devam praticar. Quem ganhou deve executar com êxito".[164]

Ao lado de *Antônio Álvares da Silva*, alinha-se a doutrina de *Francisco Antonio de Oliveira*. Para o jurista paulista, a reflexão que se impõe é pensar sobre os efeitos deletérios que o art. 620 do CPC de 1973 produziu no âmbito do processo civil: "O processo civil extrapolou em cuidados, exigindo que a execução seja feita da forma menos gravosa, quando a execução puder ser feita por vários meios (art. 620, CPC), princípio que vem sendo deturpado por interpretações incoerentes, desmerecendo o credor".[165]

Quando se examina o tema da execução menos gravosa para o executado no âmbito do processo civil, a primeira questão que se impõe examinar diz respeito à hierarquia dos princípios reitores da execução.

---

[162] *Execução trabalhista efetiva*. São Paulo: LTr, 2009, p. 15.
[163] *Execução provisória trabalhista depois da Reforma do CPC*. São Paulo: LTr, 2007, p. 65.
[164] *Execução provisória trabalhista depois da Reforma do CPC*. São Paulo: LTr, 2007, p. 66.
[165] *Execução na Justiça do Trabalho*. 6. ed. São Paulo: Revista dos Tribunais, 2007, p. 40.

É preciso resgatar a consideração básica de que o princípio da execução mais eficaz prevalece sobre a regra da execução menos gravosa. Essa consideração decorre tanto de fundamento lógico quanto de fundamento axiológico. O fundamento lógico radica na circunstância de que a execução forçada se impõe como sucedâneo do não cumprimento espontâneo da sentença: a execução forçada somente se faz necessária porque o executado não cumpre a obrigação espontaneamente; citado para pagar, o executado omite-se. O fundamento axiológico radica no fato de que o equilíbrio da ordem jurídica somente se restaura com a reparação do direito violado mediante o cumprimento da obrigação estabelecida na sentença; cumprimento coercitivo, regra geral. O dever de cooperação do executado está previsto no art. 6º do CPC. A experiência forense, porém, desafia os magistrados a retirar o dever de cooperação do ambiente brumoso das quimeras, para reinstalá-lo no ambiente da realidade palpável.

Nesse particular, vem à memória a clássica observação feita por *Alfredo Buzaid* na Exposição de Motivos do Código de Processo Civil de 1973. Sob a inspiração das lições de *Enrico Tullio Liebman*, o processualista assentou: "Na execução, ao contrário, há desigualdade entre o exequente e o executado. O exequente tem posição de preeminência; o executado, estado de sujeição. Graças a essa situação de primado que a lei atribui ao exequente, realizam-se atos de execução forçada contra o devedor, que não pode impedi-los, nem se subtrair a seus efeitos. A execução se presta, contudo, a manobras protelatórias, que arrastam os processos por anos, sem que o Poder Judiciário possa adimplir a prestação jurisdicional".[166]

A superioridade hierárquica do princípio da execução mais eficaz sobre a regra exceptiva da execução menos gravosa, além de decorrer de fundamento lógico e axiológico, encontra confirmação na dimensão tópico-sistemática do ordenamento jurídico, porquanto as fontes normativas desses preceitos estão localizadas em dispositivos legais hierarquizados em uma determinada estrutura normativo-sistemática, típica das codificações. Nessa estrutura normativo-sistemática, a regra geral *precede* à exceção. A regra geral vem antes e traz a premissa básica; depois, vem a hipótese de exceção. Examinemos esse aspecto tópico-sistemático.

Enquanto o princípio da execução mais eficaz está contido no preceito do art. 797 do CPC de 2015, que fixa a diretriz básica de que

---

[166] Exposição de Motivos do Código de Processo Civil de 1973, item 18.

realiza-se a execução no interesse do exequente, a regra exceptiva da execução menos onerosa está prevista no art. 805 do CPC de 2015. Ambos os preceitos estão localizados no capítulo que trata das *disposições gerais* sobre a execução. Porém, o art. 797 *precede* ao art. 805. Essa precedência tópica expressa a preeminência que o sistema normativo outorga ao credor na fase de cumprimento da sentença, ao estabelecer a diretriz básica de que "realiza-se a execução no interesse do exequente" (CPC, art. 797). Além disso, o art. 797 *abre* o respectivo capítulo do CPC de 2015, fixando a *regra geral* da execução: a execução é feita no interesse do credor.[167] Já o art. 805 do CPC *encerra* o capítulo, estabelecendo uma *exceção* àquela regra geral: a execução será feita pelo modo menos gravoso para o devedor, *quando* por vários meios o credor puder promover a execução de modo igualmente eficaz. Daí a conclusão de que parece mais correto identificar a execução menos gravosa como regra exceptiva, o que implica recusar-lhe a condição de princípio, com a qual a execução menos gravosa é identificada tantas vezes na doutrina.

A natureza excepcional da regra do art. 805 do CPC torna-se ainda mais evidente quando se atenta à diretriz hermenêutica de que o preceito exceptivo deve ser compreendido à luz da regra geral. Em segundo lugar, o emprego do advérbio de tempo *quando* – "*Quando* por vários meios o credor puder promover a execução..." – indica que a regra de exceção terá incidência somente em determinada situação específica (e sempre no caso concreto), o que exige exame casuístico para se aferir a configuração da hipótese exceptiva. Faz-se necessário que seja possível, no caso concreto, realizar a execução *por vários modos igualmente eficazes*. E isso constitui exceção na prática, pois geralmente a execução não pode ser realizada por vários modos, com a mesma eficácia.

Mas também é necessário que a execução seja *igualmente eficaz pelos diversos modos viáveis* para a sua realização, a fim de que tenha incidência o preceito excepcional do art. 805 do CPC. E isso também constitui exceção na prática; é que a adoção de um determinado modo de execução costuma tornar a execução mais eficaz, conforme revela a observação da *experiência ordinária* de que trata o art. 375 do CPC. A doutrina de Marinoni, Arenhart e Mitidiero traz luz à questão, equacionando corretamente o problema em estudo: "Observe-se que a aplicação do art. 805, CPC, pressupõe a existência de várias técnicas processuais igualmente idôneas para a realização do direito do exequente.

---

[167] É intuitivo que a regra geral de que a execução se realiza no interesse do exequente deve ganhar maior densidade em se tratando de execução de título executivo judicial.

Obviamente, o juiz não pode preferir técnica processual inidônea, ou menos idônea que outra também disponível, para a realização do direito, a pretexto de aplicar o art. 805. A execução realiza-se no interesse do exequente, que tem direito à tutela jurisdicional adequada e efetiva (arts. 5º, XXXV, CF, e 797, CPC)".[168]

O preceito do art. 797 do CPC induz a que o juiz já opte pelo meio mais eficaz para realizar a execução, pois somente assim a execução será realmente promovida no interesse do exequente. Essa interpretação do art. 797 do CPC conforme à Constituição se impõe tanto em face da garantia fundamental da efetividade da jurisdição (CF, art. 5º, XXXV) quanto em face da garantia fundamental da razoável duração do processo (CF, art. 5º, LXXVIII). No âmbito do processo do trabalho, a referida interpretação tem alento hermenêutico na norma que atribui ao juiz a incumbência de velar pela rápida solução da causa (CLT, art. 765[169]). Portanto, somente em situações excepcionais caracterizar-se-á o suporte fático do art. 805 do CPC, porquanto a regra é já se adotar o modo mais eficaz para realizar a execução no âmbito da jurisdição trabalhista, o que implica descartar os modos menos eficazes de realizar a execução.

A possibilidade de incidência da regra excepcional do art. 805 do CPC tem por pressuposto já haver sido garantida a prévia observância do comando normativo que estabelece deva ser respeitada, no cumprimento da decisão judicial, a regra geral da execução mais eficaz. Não se trata, portanto, de uma norma para neutralizar a regra geral da execução mais eficaz: a exceção confirma a regra, não podendo sobrepujá-la. Não há contradição entre as normas dos arts. 797 e 805 do CPC. Isso porque, conforme pondera *Manoel Antonio Teixeira Filho*, "a preeminência axiológica é do art. 797; ao redigir o art. 805, o legislador não teve a intenção de neutralizar o art. 797, senão que impor uma espécie de regra de temperamento em sua aplicação prática. Destarte, sem que a execução deixe de processar-se no interesse do credor, em algumas situações ela deverá ser realizada pelo modo menos gravoso ao devedor".[170]

Trata-se de uma regra exceptiva que permite, desde que já esteja assegurada a realização da execução do modo mais eficaz (CPC, art. 797),

---

[168] *Novo Código de Processo Civil comentado*. 2. ed. São Paulo: RT, 2016, p. 877.
[169] CLT: "Art. 765. Os juízos e Tribunais do Trabalho terão ampla liberdade na direção do processo e *velarão pelo andamento rápido das causas*, podendo determinar qualquer diligência necessária ao esclarecimento delas".
[170] *Comentários ao novo Código de Processo Civil sob a perspectiva do Processo do Trabalho*. 2. ed. São Paulo: LTr, 2016, p. 892.

que a execução seja feita por modo menos gravoso para o executado em determinado caso concreto; caso concreto no qual tal modo de proceder seja realmente viável. De acordo com a doutrina de *Francisco Antonio de Oliveira*, é necessário compreender que a execução trabalhista deve ser realizada no interesse do credor e não no interesse do devedor. O jurista paulista explica: "Menos gravoso não significa que, se houver duas possibilidades de cumprimento da obrigação que satisfaçam da mesma forma o credor, escolher-se-á aquela mais benéfica ao devedor. Se existirem duas formas de cumprimento, mas uma delas prejudica o credor, escolher-se-á aquela que beneficia o credor".[171]

Se houver vários modos de promover a execução *e todos forem eficazes na mesma medida*, então – *e somente então* – a execução deve ser realizada pelo modo menos gravoso para o executado. Contudo, se a execução for mais eficaz quando realizada pelo modo mais gravoso para o executado, tem aplicação a regra geral do art. 797 do CPC: adota-se a execução desse modo, não por ser o modo mais gravoso, mas por ser o modo mais eficaz no caso concreto. É assim que se assegura a observância da lei (CPC, art. 797). Da mesma forma, adota-se o modo menos gravoso quando for ele o modo mais eficaz para a execução, não por ser o modo menos gravoso, mas por ser o modo mais eficaz no caso concreto.

Ao comentar a modalidade de penhora prevista no art. 867 do CPC, Marinoni, Arenhart e Mitidiero fornecem lição precisa acerca da axiológica relação hierárquica na qual o sistema de direito brasileiro conforma a equação em que estão articuladas execução mais eficaz e execução menos gravosa. Em perfeito exercício hermenêutico, realizado no trabalho jurídico da interpretação sistemática do ordenamento jurídico na execução no processo civil (CF, art. 5º, XXXV; CPC, arts. 797 e 805), os referidos juristas demonstram que a regra legal da execução mais eficaz para o credor prepondera, sobredetermina e subordina a regra da execução menos gravosa para o devedor. Poucas vezes, essa importante questão jurídica foi tão bem resolvida no âmbito da teoria do processo civil brasileiro.

A lapidar formulação teórica justifica a transcrição completa da passagem doutrinária em apreço. Marinoni, Arenhart e Mitidiero obtemperam: "A penhora de frutos e rendimentos de bem móvel ou imóvel pode ser empregada para obtenção da tutela do direito do exequente sempre que representar o meio menos gravoso ao

---

[171] *Execução na Justiça do Trabalho*. 6. ed. São Paulo: Revista dos Tribunais, 2007, p. 93.

executado (arts. 805 e 867, CPC). Obviamente, esse tipo de penhora só terá preferência como técnica processual executória se não houver outro meio mais idôneo – *ainda que mais gravoso ao executado* – para a realização do direito do exequente. Consoante já se decidiu, 'o princípio da economicidade não pode superar o princípio da maior utilidade da execução para o credor, propiciando que a execução se realize por meios ineficientes à solução do crédito exequendo' (STJ, 1ª Turma, REsp 419.151/SP, rel. Min Luiz Fux, j. 05.11.2002, DJ 10.03.2003, p. 97). Isso porque tem o exequente direito fundamental à tutela jurisdicional adequada e efetiva (art. 5º, XXXV, CF). A execução realiza-se no interesse do exequente (art. 797, CPC)".[172]

Não se poderia encerrar este capítulo sem fazer o registro de que o legislador do CPC de 2015 resgatou o melhor conceito de execução mais eficaz, de forma pragmática, como convém à efetividade da execução. Ao introduzir o parágrafo único no art. 805 do CPC, o legislador de 2015 equacionou de forma acertada a axiológica relação hierárquica existente entre execução mais eficaz e execução menos onerosa. A ausência de tal preceito no CPC de 1973 gerou as distorções denunciadas por *Cândido Rangel Dinamarco*, distorções que poderão ser superadas diante da pragmática regra do parágrafo único do art. 805 do CPC, assim redigido: "Ao executado que alegar ser a medida executiva mais gravosa incumbe indicar outros meios mais eficazes e menos onerosos, sob pena de manutenção dos atos executivos já determinados".[173]

A norma do parágrafo único do art. 805 do CPC constitui *específica expressão*, na execução, *do dever de colaboração* previsto no art. 6º do CPC. O parágrafo único do art. 805 do Código de Processo Civil atribui ao executado o *encargo processual* de indicar, quando alegar que a execução se realiza por meio mais gravoso, um meio mais eficaz para realizar a execução do que o meio adotado pelo juízo.[174] Não basta que o executado indique um meio menos oneroso para a realização da execução. Ao executado incumbe indicar um meio que seja menos oneroso e, *ao mesmo*

---

[172] *Novo Código de Processo Civil comentado.* 2. ed. São Paulo: RT, 2016, p. 926.
[173] Para *Cristiano Imhof* e *Bertha Stecker Rezende*, "Este inédito parágrafo único determina de forma expressa que é ônus e incumbência do executado que alegar ser a medida executiva mais gravosa, indicar outros meios mais eficazes e menos onerosos, sob pena de manutenção dos atos executivos já determinados" (*Comentários às alterações do novo CPC.* São Paulo: RT, 2015, p. 836).
[174] Marinoni, Arenhart e Mitidiero, Daniel afirmam que a alegação pode ser rejeitada se o executado não se desincumbir do encargo processual de indicar outros meios tão eficazes quanto o meio executivo adotado pelo juízo: "Não havendo essa demonstração, o juiz pode rejeitar de plano a alegação" (*Novo Código de Processo Civil comentado.* 2. ed. São Paulo: RT, 2016, p. 877).

tempo, mais eficaz do que aquele adotado pelo juízo da execução.[175] Na vigência do CPC de 1973, certa incompreensão acerca da relação hierárquica existente entre execução mais eficaz e execução menos onerosa acarretava a distorção de interpretar-se que ao executado incumbia indicar *apenas* um meio menos oneroso para realizar-se a execução, ainda que tal meio implicasse uma execução menos eficaz. Na prática, essa interpretação acarretava uma inversão de valores na fase de execução de sentença: a regra exceptiva anulava a regra geral.

Ao invés de prevalecer a regra geral da execução mais eficaz, acabava prevalecendo a regra exceptiva da execução menos gravosa para o devedor, o que gerava a inversão de valores denunciada tanto por Cândido Rangel Dinamarco no processo civil quanto por *Francisco Antonio de Oliveira* no processo do trabalho. O preceito do parágrafo único do CPC de 2015 tem o claro propósito de corrigir tal distorção. Ao atribuir ao executado o *ônus processual* de indicar meio executivo mais eficaz *e* menos oneroso, o legislador visou esvaziar as conhecidas alegações infundadas de que a execução se realiza de modo mais gravoso. O *ônus dessa demonstração* restou explicitamente atribuído ao executado que alegar a ocorrência de execução mais onerosa: "Se o executado não se desincumbir desse encargo processual, a consequência será a manutenção dos atos executivos já determinados pelo juiz", conforme preleciona *Manoel Antonio Teixeira Filho* na interpretação do preceito em estudo.[176] Como é de fácil intuição perceber, será muito difícil para o executado lograr se desincumbir do *encargo processual* de indicar

---

[175] *Leonardo de Faria Beraldo* critica a redação do preceito. Pondera que o legislador deveria ter utilizado o vocábulo "tão" eficazes ou invés do vocábulo "mais" eficazes, ao atribuir ao executado o encargo processual de "indicar outros meios mais eficazes" quando alegar que a execução realiza-se de modo mais gravoso para o executado (*Comentários às inovações do Código de Processo Civil*. Belo Horizonte: Del Rey, 2015, p. 309). Parece, entretanto, que o legislador objetivou estreitar a possibilidade de invocação do argumento da execução menos onerosa em face da histórica experiência de ineficácia da execução judicial, experiência essa construída sob alegações artificiosas de execução mais gravosa. Parece mais consentânea a consideração doutrinária de *Guilherme Rizzo Amaral*: "O atual CPC dá uma guinada importante ao afirmar a prevalência da efetividade da execução sobre o princípio da menor onerosidade. Reflexo disso é a total superação da referida Súmula [417 do STJ], com a instituição da prioridade da penhora em dinheiro (art. 835, I e §1º), da qual não pode abdicar em favor da penhora sobre outro bem, e também o parágrafo único do art. 805, segundo o qual passa a ser ônus do executado, ao ventilar a aplicação do princípio da menor onerosidade, demonstrar existirem outros meios *mais eficazes* e menos onerosos para a satisfação do crédito do exequente" (*Comentários às alterações do novo CPC*. São Paulo: RT, 2015, p. 836).

[176] *Comentários ao novo Código de Processo Civil sob a perspectiva do Processo do Trabalho*. 2. ed. São Paulo: LTr, 2016, p. 893.

um modo mais eficaz para realizar-se a execução do que o modo de execução determinado pelo juízo. A baixa eficácia da execução atenta contra a garantia constitucional da jurisdição efetiva (CF, art. 5º, XXXV). Daí a doutrina ter evoluído para postular uma nova interpretação para a regra exceptiva da execução menos gravosa. Isso porque a aplicação do art. 620 do CPC de 1973 dificultava o êxito das execuções, quadro que colocava sob questionamento a própria eficiência do Poder Judiciário.[177]

No *processo civil*, a execução tem o executado em *situação de inferioridade econômica* em relação ao exequente, ao passo que no *processo do trabalho* é o exequente a parte que se encontra em *situação de hipossuficiência econômica* em relação ao executado. A situação inverte-se. A hermenêutica impõe ao juiz atender aos fins sociais na aplicação da lei (LINDB, art. 5º). A parte hipossuficiente não tem condições econômicas para resistir à demora processual. Vai se tornando cada vez mais vulnerável a acordos prejudiciais.

Sendo o executado a parte hipossuficiente *no processo civil*, compreende-se que a regra exceptiva da menor onerosidade possa lhe socorrer eventualmente. Porém, mesmo no processo civil esse socorro somente se faz viável depois de assegurado que a execução está sendo realizada no interesse do credor (CPC, art. 797). Vale dizer, esse socorro está *condicionado* a que já tenha sido antes assegurada a observância da regra geral da execução mais eficaz. Nesse particular, a execução civil será realizada da forma menos gravosa somente depois de garantida a maior eficácia para sua efetivação em concreto. Em outras palavras, mesmo no processo civil, a execução deve ser realizada pelo modo mais eficaz, independentemente de ser o modo mais ou menos gravoso.

Não é a maior ou a menor gravosidade que define o modo pelo qual a execução civil realizar-se-á. A execução civil realizar-se-á pelo modo mais eficaz. Essa é a interpretação que se impunha à leitura do art. 620 do CPC de 1973, sobretudo após as minirreformas legislativas realizadas no processo civil. Isso porque as minirreformas legislativas reforçaram o compromisso do sistema processual civil com a efetividade da execução, o que realçava a ideia de que o preceito exceptivo do art. 620 do CPC de 1973 subordinava-se à regra geral do art. 612 do CPC de 1973. A execução civil realiza-se no interesse do credor. Esse princípio preside a execução. De modo que, para a consecução da execução, o

---

[177] BRASIL. Constituição (1988): "Art. 37. A administração pública direta e indireta de qualquer dos Poderes da União, dos Estados, do Distrito Federal e dos Municípios obedecerá aos princípios da legalidade, impessoalidade, moralidade, publicidade e eficiência".

magistrado orientar-se-á pela maior eficácia do procedimento executivo. Essa interpretação, que se impõe na execução civil, é ainda mais imperiosa na execução trabalhista e parece melhor conformada à ideia de ciência pós-moderna de que nos fala Boaventura de Sousa Santos.[178] Carlos Eduardo Oliveira Dias e Ana Paula Alvarenga Martins perceberam os concretos efeitos deletérios que a aplicação do art. 620 do CPC de 1973 no processo do trabalho causou à efetividade da execução trabalhista, conforme revela esta realista observação dos referidos autores: "o objetivo principal da execução é a satisfação do crédito, não podendo ser invocado o art. 620 do CPC como forma de suprimir a verdadeira efetividade do processo, transformando a execução, que seria um direito do credor, em um verdadeiro suplício".[179]

O executado tem o dever jurídico de pagar; mas na prática parece deter um direito natural a furtar-se à obrigação, tamanha é a resistência que opõe, muitas vezes sob a vazia alegação de que a execução deve ser realizada de forma menos gravosa. *Francisco Antonio de Oliveira*, sempre atento às consequências práticas da aplicação da legislação, observava que, na vigência do art. 620 do CPC 1973, "em vez de honrar a obrigação, a empresa procrastina a execução com o uso de inúmeros expedientes processuais e aplica o dinheiro em seu capital de giro, cujo rendimento servirá para saldar a execução de forma vantajosa. Isso quando não vence o exequente pela demora e acaba por fazer um acordo vantajoso, com o pagamento de valor irrisório, depois de ganhar a ação e esperar vários anos".[180]

Se alguns juristas se limitam a mitigar a aplicação da regra exceptiva da execução menos gravosa no processo do trabalho, outros juristas são categóricos em sustentar a inaplicabilidade dessa regra na execução trabalhista. Enquanto *Francisco Meton Marques de Lima* pondera que a execução "deve ser econômica, da forma menos gravosa para o executado, desde que satisfaça, de maneira mais efetiva possível, o direito

---

[178] *Introdução a uma ciência pós-moderna*. 2. ed. Porto: Afrontamento, 1990, p. 170: "A concepção pragmática da ciência e, portanto, da verdade do conhecimento científico parte da prática científica enquanto processo intersubjetivo que tem eficácia específica de se justificar teórica e sociologicamente pelas consequências que produz na comunidade científica e na sociedade em geral. Por isso, existe uma pertença mútua estrutural entre a verdade epistemológica e a verdade sociológica da ciência e as duas não podem ser obtidas, ou sequer pensadas, em separado. Porque só são aferíveis pela sua eficácia produtiva, são indiretas e prospectivas. Só a concepção pragmática da ciência permite romper com a circularidade da teoria".

[179] *Os abusos do devedor na execução trabalhista*: estudos de processo de execução. São Paulo: LTr, 2001, p. 182.

[180] *Execução na Justiça do Trabalho*. 6. ed. São Paulo: Revista dos Tribunais, 2007, p. 133.

do exequente",[181] *Carlos Henrique Bezerra Leite* faz um resgate autêntico da autonomia do direito processual do trabalho e propõe "inverter a regra do art. 620 do CPC [de 1973] para construir uma nova base própria e específica ao particularismo do processo laboral: a execução deve ser processada de maneira menos gravosa ao credor".[182]

A posição de *Cláudio Armando Couce de Menezes* é semelhante àquela defendida por *Carlos Henrique Bezerra Leite*. Depois de fundamentar seu posicionamento na condição de inferioridade econômica do trabalhador, *Couce de Menezes* sustenta que "não cabe perquirir se a execução pode ser feita de forma menos onerosa ao empregador executado. Mas, sim, como fazê-lo de maneira a torná-la mais rápida, célere e efetiva, evitando manobras do devedor destinadas a impedir ou protelar a satisfação do crédito obreiro".[183]

Para *José Augusto Rodrigues Pinto* a aplicação da regra da execução menos gravosa ao processo do trabalho não passa pelo crivo do art. 769 da CLT. Entende o erudito jurista baiano que não se faz presente no caso o requisito da compatibilidade do art. 620 do CPC de 1973 com os princípios do Direito Processual do Trabalho.

A consistência da fundamentação justifica a reprodução integral do argumento. Pondera o jurista: "Reflita-se imediatamente sobre o pressuposto da *compatibilidade*, fixado no art. 769 da CLT para autorizar a aplicação supletiva da norma de processo comum ao sistema processual trabalhista. O art. 620 do CPC é, evidentemente, *tutelar do interesse do devedor*, exposto à violência da constrição. A tutela é bastante compreensível dentro de um sistema processual que navega em águas de interesse processuais caracteristicamente privados, porque oriundos de relação de direito material subordinada à ideia da *igualdade jurídica e da autonomia da vontade*. O sistema processual trabalhista flutua num universo dominado pela prevalência da *tutela do hipossuficiente econômico*, que se apresenta como *credor da execução trabalhista*. Em face da evidente *oposição de pressupostos*, sustentamos que, *em princípio, o art. 620 do CPC não pode suprir a omissão legal trabalhista*, por ser incompatível com a filosofia tutelar do economicamente fraco, que lhe dá caráter. Sua aplicação coloca em confronto a proteção do interesse econômico do devedor (a empresa) e o direito alimentar do credor (o empregado), a

---

[181] *Manual sintético de processo e execução do trabalho.* São Paulo: LTr, 2004, p. 142.
[182] *Curso de direito processual do trabalho.* 8. ed. São Paulo: LTr, 2010, p. 977.
[183] *Teoria geral do processo e a execução trabalhista.* São Paulo: LTr, 2003, p. 171.

cujo respeito não pode haver hesitação de posicionamento do juiz do trabalho ao lado do empregado".[184]

A incompatibilidade do art. 620 do CPC de 1973 com o direito processual do trabalho também é afirmada por *José Carlos Külzer*. Para o autor, o princípio da proteção deve ser aplicado também na fase de execução, "não podendo assim ser transposta para o Processo do Trabalho, pura e simplesmente, a recomendação do art. 620 do Código de Processo Civil de que a execução se processe pelo modo menos gravoso ao devedor, sem ser considerado que tal regra tem como pressuposto a igualdade das partes na fase de conhecimento, o que não acontece, no entanto, no Direito do Trabalho".[185]

O aperfeiçoamento do processo do trabalho postulado por *Wagner D. Giglio* tem em *Sérgio Pinto Martins* um de seus mais lúcidos defensores: "Na execução trabalhista deveria ser abandonado o princípio da execução menos onerosa para o devedor (art. 620 do CPC), para a mais eficiente e rápida, mas sempre prestigiando o contraditório e a ampla defesa".[186]

A orientação indicada pelo jurista paulista recebeu um importante reforço com o advento do novo CPC, cujo art. 805, parágrafo único, atribui ao executado o ônus de indicar meio mais eficaz para realizar a execução, quando alegar a gravosidade do meio de execução adotado pelo juízo. Como observa *Cassio Scarpinella Bueno*, o objetivo do preceito é evitar requerimentos inidôneos do executado que reclama de execução gravosa,[187] exigindo do executado o cumprimento do dever de colaboração no requerimento em que postule execução menos gravosa.

O estudo realizado até aqui já nos permite contextualizar a hipoteca judiciária no âmbito da relação entre execução mais eficaz *versus* execução menos gravosa. Conforme ensina a doutrina pesquisada no capítulo XXIV, cabe ao vencedor escolher o bem sobre o qual recairá a hipoteca judiciária constituída pela decisão condenatória. Caberá ao juízo fazer tal escolha quando se tratar de hipoteca judiciária determinada de ofício. A importância de investigar a relação que há entre hipoteca judiciária e a equação execução mais eficaz *versus* execução menos onerosa pode ser percebida quando surge a questão da eleição – tanto

---

[184] *Execução trabalhista*. 11. ed. São Paulo: LTr, 2006, p. 213.
[185] *A contribuição dos princípios para a efetividade do processo de execução na Justiça do Trabalho no Brasil*. São Paulo: LTr, 2008, p. 39-40.
[186] Novos rumos do processo do trabalho. *Justiça do Trabalho*, Porto Alegre, n. 325, p. 74, jan. 2011.
[187] *Projetos de Novo Código de Processo Civil Comparados e Anotados*. São Paulo: Saraiva, 2014, p. 384.

pelo vencedor quanto pelo juízo – do bem a ser objeto da constrição hipotecária judiciária. Se houver apenas um bem imóvel no patrimônio do vencido, esse problema não se apresenta. Havendo, porém, mais de um imóvel, o problema surge, desafiando tanto o operador da advocacia quanto o aplicador da lei.

Poder-se-ia imaginar que a hipoteca judiciária devesse recair sobre o imóvel de menor valor, dentre aqueles existentes no patrimônio do vencido. Essa solução seria acertada se à hipoteca judiciária tivesse aplicação a regra da execução menos gravosa. Ocorre que à hipoteca judiciária aplica-se, por analogia, o princípio da execução mais eficaz (CPC, art. 797, aplicado por analogia). Isso porque, conforme se examinou anteriormente, a hipoteca judiciária é ato de constrição patrimonial voltado a garantir o êxito da futura execução. Se o objetivo da hipoteca judiciária é garantir a futura execução, é intuitiva a conclusão de que a constrição respectiva há de recair sobre bem de melhor apelo comercial para a alienação judicial que se projeta. Se a hipoteca judiciária autoriza o credor a gravar bem que será, ao depois, levado à hasta pública, é natural que a escolha do bem seja orientada à frutuosidade da execução. Essa é alcançada pela eleição do bem imóvel que se apresente com o melhor apelo comercial para atrair licitantes, de modo que, não satisfeita a execução espontaneamente, uma única hasta pública seja suficiente para fazer cumprir a obrigação judicialmente reconhecida. Além de coerente com o princípio da execução mais eficaz, a eleição do bem de melhor apelo comercial pode contribuir à conciliação e à duração razoável do processo.

Entretanto, será necessário administrar o princípio da proporcionalidade em cada caso concreto, mediante o exame do acervo de bens imóveis livres e desembaraçados, de modo a equilibrar os interesses em disputa, conforme estudado nos capítulos XXV e XXVI.

Assim como o princípio da proporcionalidade constitui recomendação para que se evite o excesso de penhora, idêntica recomendação balizará a implementação do instituto da hipoteca judiciária. A conclusão decorre do fato de que à hipoteca judiciária aplicam-se, por analogia, as normas que regem a penhora, conforme orienta a doutrina de Marinoni, Arenhart e Mitidiero.[188] Entretanto, é interessante notar que não se pode falar em *excesso de penhora* quando houver *apenas um imóvel livre e desembaraçado* no patrimônio do vencido.[189] Ainda que o

---

[188] *Novo Código de Processo Civil comentado*. 2. ed. São Paulo, 2016, p. 585.
[189] Se houver bem livre e desembaraçado no patrimônio do executado, não se deverá cogitar de fazer a constrição recair sobre bem já onerado por gravame anterior, por força da regência

valor da dívida seja bastante inferior ao valor do imóvel, nessa hipótese não se poderá cogitar de excesso de penhora. O excesso de penhora pressupõe a existência de mais de um bem no patrimônio do executado. É a *possibilidade de escolha* do bem que vai caracterizar eventualmente o excesso de penhora. Havendo apenas um bem, a penhora haverá de recair – *necessariamente* – sobre esse bem. Nessa situação, não se pode falar – *logicamente* – de excesso de penhora.

Vale o mesmo raciocínio para a hipoteca judiciária. Se apenas um imóvel estiver livre e desembaraçado no patrimônio do vencido, a alegação de excesso de hipoteca judiciária deve ser descartada *necessariamente* – por imposição *lógica*. A indagação acerca da ocorrência de *excesso de hipoteca judiciária* poderá surgir quando houver possibilidade de eleição do bem e a eleição do bem recair sobre imóvel de valor superior à dívida a ser garantida mediante a respectiva constrição hipotecária. Nessa hipótese, a solução será casuística, exigindo a análise conjunta do acervo de bens livres e desembaraçados do vencido, respectivas avaliações, localização, existência de benfeitorias e outros elementos específicos do caso concreto.

Pontes de Miranda, no exame do tema, sustentou que pode ocorrer situação na qual se faça necessário gravar mais de um bem do vencido com hipoteca judiciária, o que pode acontecer na situação em que o bem não tem valor suficiente. Diz o jurista que essa situação poderá justificar a denominada hipoteca judiciária cumulativa: "Quando o bem que se há de gravar não basta, ou não há conveniência em que se grave determinado bem cujo valor, sozinho, garantiria o crédito, é caso de constituir-se hipoteca judiciária cumulativa".[190]

---

legal da matéria, cujo art. 797 do CPC determina seja adotada a execução pelo modo mais eficaz. Trata-se de se fazer a execução ocorrer pelo meio mais *idôneo*.

[190] *Comentários ao Código de Processo Civil*. t. V. Rio de Janeiro: Forense, 1974, p. 120.

CAPÍTULO IX

A HIPOTECA JUDICIÁRIA E A NORMA DE SOBREDIREITO DO ART. 765 DA CLT

Fonte material do Direito do Trabalho, a natureza alimentar do crédito trabalhista fez o legislador positivar, no art. 765 da CLT,[191] o dever do juiz de velar pela rápida solução da causa. Esse preceito estrutural da CLT, porém, nem sempre é compreendido na sua completa significação. Isso porque o preceito do art. 765 da CLT tem sido compreendido como se o seu comando normativo estivesse limitado a conferir ao magistrado poderes instrutórios necessários à condução do processo na *fase de conhecimento*, quando a locução "os juízos do trabalho velarão pelo andamento rápido das causas" e a faculdade de "determinar qualquer diligência necessária" devem ser compreendidas como destinadas também à *fase de execução*, aí incluída a própria satisfação do direito reconhecido.

Verdadeira norma de sobredireito,[192] o art. 765 da CLT irradia eficácia para todo o subsistema processual laboral, incumbindo o magistrado – a par das providências necessárias à instrução da causa – das iniciativas necessárias à satisfação do julgado. Sustentamos essa posição também na obra dedicada à teoria da causa madura.[193] O alento hermenêutico que essa interpretação recebeu quando o art. 186

---

[191] CLT: "Art. 765. Os juízos e Tribunais do Trabalho terão ampla liberdade na direção do processo e velarão pelo andamento rápido das causas, podendo determinar qualquer diligência necessária ao esclarecimento delas".

[192] A proposta de se compreender o art. 765 da CLT como norma de sobredireito foi defendido por nós no artigo "O incidente de desconsideração da personalidade jurídica prevista no CPC de 2015 e o Direito Processual do Trabalho", publicado na *Revista LTr*, São Paulo, v. 80, n. 01, jan de 2016, p. 81.

[193] *O novo CPC, a teoria da causa madura e sua aplicação ao processo do trabalho: questões polêmicas*. São Paulo: LTr, 2017, p. 15.

do Código Tributário Nacional[194] alocou o crédito trabalhista no ápice da ordem de classificação dos créditos no sistema jurídico nacional, ganhou novo impulso quando a Constituição Federal de 1988 elevou os direitos trabalhistas à hierarquia de garantias fundamentais (CF, art. 7º), capitulando-os no Título II da Constituição, título que elenca os direitos e garantias fundamentais do cidadão.

Quando se pensa nas técnicas jurídicas capazes de fazer realizar o objetivo legal da rápida solução das causas (CLT, art. 765), o intérprete é remetido tanto para o *interior* do subsistema processual justrabalhista quanto para os diplomas legais que lhe são *exteriores*, mas que com ele guardam a compatibilidade exigida pelo art. 769 da CLT para a correspondente aplicação subsidiária.[195] Essa compatibilidade opera como *porta de acesso* das normas de direito processual comum ao direito processual do trabalho. É o caso da técnica jurídica da hipoteca judiciária, que vem do processo civil (CPC, art. 495) e ingressa no processo do trabalho (Instrução Normativa nº 39/2006 do Tribunal Superior do Trabalho, art. 17). A juridicidade desse *transporte* já estava reconhecida pelo art. 769 da CLT desde 1943 e foi reforçada no art. 15 do CPC de 2015,[196] sobretudo quando se compreende a produtiva dimensão que o conceito de *aplicação supletiva* pode aportar à efetividade do subsistema processual trabalhista, conforme sustentamos em artigo publicado na *Revista do Tribunal Regional do Trabalho da 3ª Região* no ano de 2016.[197]

Quando o jurista se depara com a necessidade de estudar a aplicação da hipoteca judiciária a seu ramo jurisdicional de atuação, possivelmente ele está diante do desafio de localizar, no direito positivo, instrumentos processuais capazes de potencializar a efetividade de sua atuação no cotidiano forense. A hipoteca judiciária surge assim

---

[194] O Código Tributário Nacional foi aprovado pela Lei n. 5.172, no ano de 1966.

[195] CLT: "Art. 769. Nos casos omissos, o direito processual comum será fonte subsidiária do direito processual do trabalho, exceto naquilo em que for incompatível com as normas deste Título".

[196] CPC: "Art. 15. Na ausência de normas que regulem processos eleitorais, trabalhistas ou administrativos, as disposições deste Código lhes serão aplicadas supletiva e subsidiariamente".

[197] Execução trabalhista efetiva: a aplicabilidade do CPC de 2015 ao cumprimento da sentença. In: *Revista do Tribunal Regional do Trabalho da 3ª Região* – Minas Gerais, n. 93, janeiro a junho de 2016, p. 225. Na ocasião, ponderávamos: "No âmbito da doutrina processual trabalhista, a compatibilidade da aplicação de diversos preceitos do novo CPC à execução trabalhista por quantia certa é percebida por um número crescente de juristas. São juristas que, com os olhos postos na autonomia científica do Direito Processual do Trabalho, pesquisam o conteúdo mais produtivo a atribuir ao conceito de *aplicação supletiva* previsto no art. 15 do CPC. No campo da tutela executiva, como preleciona Wolney de Macedo Cordeiro, a aplicação supletiva do direito processual comum pode render excelentes frutos" (p. 225).

no horizonte do operador jurídico: ele está em busca de mecanismos para prover sua prática profissional de maior eficácia quando esse instituto o interpela. Nessa pesquisa, a hipoteca judiciária surge ao lado de técnicas jurídicas como tutela provisória, execução provisória, averbação premonitória, indisponibilidade de bens e outras. A diferença é que à hipoteca judiciária o vencedor da demanda condenatória tem acesso mesmo quando não estejam presentes os requisitos legais da tutela provisória de natureza cautelar (de apresamento de bens, para a futura execução: arresto, sequestro etc.).

De outro lado, quando comparada ao cumprimento provisório da sentença, outrora denominado de execução provisória no CPC de 1973, a hipoteca judiciária revela-se mais simples sob o ponto de vista procedimental e, como observa Pontes de Miranda, evita que a parte recorra a uma execução provisória do julgado talvez prematura. Ensina o jurista: "Fundamento da hipoteca judiciária, no direito brasileiro, é permitir-se que o vencedor da ação não vá, desde logo, às medidas constritivas cautelares ou de execução (arresto, penhora), alarmando os credores do condenado ou diminuindo-lhes, com tais medidas judiciais, o crédito. Aguarda-se melhor momento para a execução".[198]

No que respeita à averbação premonitória, trata-se de técnica jurídica que tem aplicação somente quando o processo já se encontra na fase de execução (CPC, art. 828, *caput*). Da mesma forma ocorre em relação à técnica jurídica da indisponibilidade de bens: seu cabimento aguarda pela fase de execução (CTN, art. 185-A). Já a hipoteca judiciária tem cabimento na fase de conhecimento, podendo ser implementada de imediato tão logo publicada a sentença condenatória (CPC, art. 495). Na prática, a hipoteca judiciária *antecipa* a constrição patrimonial em alguns anos: a eficácia jurídica que a penhora proporcionará vários anos depois é antecipada quando se implementa a técnica da hipoteca judiciária. A finalidade da hipoteca judiciária é precisamente produzir essa *antecipação* na constrição. Bem por isso, a hipoteca judiciária não deve ser postergada à fase de execução.

Em julgado paradigmático, a desembargadora Thereza Cristina Gosdal abordou essa questão com pertinácia, esclarecendo que a hipoteca judiciária, para ser eficaz, deve ser realizada na fase de conhecimento e não na fase de execução: "Para se garantir a efetividade da sentença na fase de execução, a constituição da hipoteca judiciária deve ser efetivada na fase de conhecimento e não na própria fase de

---

[198] *Comentários ao Código de Processo Civil*. t. V. Rio de Janeiro, 1974, p. 112.

execução, sob pena de dissipação dos bens e frustração da satisfação do crédito reconhecido no título judicial" (TRT-PR11857-2014-008-09-00-ACO-10304-2017-3ª Turma, Relatora: Thereza Cristina Gosdal, Publicado no DEJT em 24-03-2017).

CAPÍTULO X

HIPOTECA JUDICIÁRIA E O PRIVILÉGIO DO CRÉDITO TRABALHISTA

O privilégio do crédito trabalhista tem por fundamento próximo a natureza alimentar dos créditos decorrentes do trabalho,[199] enquanto o fundamento remoto radica na dignidade humana da pessoa do trabalhador cuja prestação laboral se transforma em riqueza apropriada pelo tomador de serviços inadimplente.

Mesmo na jurisdição fiscal, encarregada de fazer valer o privilégio legal assegurado ao crédito fiscal pelo art. 186 do CTN, o crédito trabalhista tem sido historicamente reconhecido como privilegiado em face do crédito fiscal, em razão da sua qualidade de crédito *necessarium vitae* (STJ. 1ª Turma. REsp nº 442.325. Relator Min. Luiz Fux. *DJU* 25.11.2002. p. 207).

A ponderação de se tratar de um crédito necessário à subsistência do ser humano que vive do próprio trabalho integra o arcabouço axiológico sob o qual a consciência jurídica tem conformado a estrutura hierárquica normativa em que são classificadas as diversas espécies de créditos ao longo da tradição jurídica brasileira. Com efeito, o predicado de crédito *necessarium vitae* tem sido, na verdade, a principal fonte material da opção da consciência jurídica nacional de privilegiar o crédito trabalhista na concorrência com os demais créditos previstos no sistema legal brasileiro, ratificando nessa histórica opção da teoria jurídica brasileira a primazia da dignidade da pessoa humana enquanto

---

[199] CF: "Art. 100. ...
§1º Os débitos de natureza alimentícia compreendem aqueles decorrentes de salários, vencimentos, proventos, pensões e suas complementações, benefícios previdenciários, e indenizações por morte e invalidez, fundadas em responsabilidade civil, em virtude de sentença judicial transitada em julgado, e serão pagos com preferência sobre todos os demais débitos, exceto sobre aqueles referidos no §2º deste artigo".

valor superior que viria a ser eleito pela Constituição como fundamento da República.[200] Nada obstante o reconhecimento doutrinário de que a relevância do crédito tributário funda-se na *supremacia do interesse público* que lhe é imanente,[201] ainda assim a consciência jurídica nacional tem posicionado o crédito trabalhista num patamar superior àquele conferido ao crédito fiscal, sugerindo concretamente possa a supremacia do interesse público vir a ser superada em determinada situação especial, na qual a ordem jurídica identifique interesse ainda mais relevante a tutelar – no caso do privilégio do crédito trabalhista, o *interesse fundamental social* a tutelar é satisfação prioritária dos créditos decorrentes da prestação do trabalho humano. Desse interesse fundamental social, deriva a formulação conceitual que conduziria a teoria jurídica a conceber a expressão *superprivilégio* para expressar a primazia conferida pelo sistema jurídico nacional ao crédito trabalhista.

Essa tradição histórica de a ordem jurídica nacional conferir primazia ao crédito trabalhista sofreu revés significativo com o advento da Lei de Falências e Recuperação Judicial nº 11.101/2005. Entre outros preceitos representativos dessa nova orientação, o art. 83, I, da Lei nº 11.101/2005 limitou o privilégio do crédito trabalhista ao valor de 150 (cento e cinquenta) salários mínimos na falência, classificando como quirografário o crédito trabalhista excedente desse montante. A possibilidade de limitação do privilégio do crédito trabalhista a determinado montante foi reservada ao legislador ordinário pela Lei Complementar nº 118, também de 09.02.2005, que introduziu parágrafo único no art. 186 do CTN para conferir a prerrogativa que o legislador comum exerceria nessa mesma data mediante a edição da Lei nº 11.101/2005. Daí a eficácia que a medida legal da hipoteca judiciária pode conferir à exequibilidade do crédito trabalhista na hipótese de superveniência de falência da empresa, conforme a arguta lição de *Élisson Miessa*,[202] objeto de estudo no capítulo XXXIII.

---

[200] CF: "Art. 1º. A República Federativa do Brasil, formada pela união indissolúvel dos Estados e Municípios e Distrito Federal, constitui-se em Estado Democrático de Direito e tem como fundamentos:

...

III – a dignidade da pessoa humana".

[201] Cf. Hugo de Brito Machado. *Comentários ao Código Tributário Nacional*. 2. ed. v. III, São Paulo: Atlas, 2009, p. 660.

[202] Hipoteca judiciária e protesto da decisão judicial no novo CPC e seus impactos no Processo do Trabalho. In: *O novo Código de Processo Civil e seus reflexos no Processo do Trabalho*. MIESSA, Élisson (org.). Salvador: Juspodivm, 2015, p. 475-6: No entanto, conforme se verifica pelo art. 83, inciso I, da Lei nº 11.101/05, a preferência apenas é observada no limite de 150

Na legislação anterior, não havia limitação do privilégio do crédito trabalhista a determinado valor (Decreto-Lei nº 7.661/45). A alteração em questão foi recebida com reservas por expressiva parte da doutrina, tendo *Francisco Antonio de Oliveira* registrado ser essa restrição, imposta ao privilégio do crédito trabalhista pela nova Lei de Falências, desejo de setores empresariais e do próprio governo sob a alegação infundada de excesso de vantagens trabalhistas.[203] Depois de identificar afronta da nova Lei de Falências e Recuperação Judicial aos princípios constitucionais da dignidade da pessoa humana, da valorização do trabalho e da submissão da propriedade à sua função social, *Mauricio Godinho Delgado*[204] assevera com sua reconhecida autoridade teórica:

> A Lei n. 11.101, de 2005, *ignorando a filosofia e a determinação constitucionais*, confere enfática prevalência aos interesses essencialmente econômicos, em detrimento dos interesses sociais. Arrogantemente, *tenta inverter a ordem jurídica do País*. [...] A nova Lei de Falências, entretanto, com vigência a partir de 9.6.05, abrangendo, essencialmente, processos novos (art. 201, combinado com art. 192, Lei n. 11.101/05), *manifesta direção normativa claramente antitética à tradicional do Direito brasileiro*, no que tange à hierarquia de direitos e créditos cotejados no concurso falimentar.

Em sentido contrário, *André de Melo Ribeiro* posiciona-se a favor da orientação adotada pela Lei nº 11.101/2005, destacando que a Convenção nº 95 da Organização Internacional do Trabalho autoriza a lei nacional a limitar o privilégio do crédito trabalhista a determinado valor. A nova Lei de Falências e Recuperação Judicial "consolida no ordenamento jurídico brasileiro – no entender do autor[205] – a orientação axiológica pela manutenção e recuperação das unidades produtivas viáveis, enquanto núcleo de um feixe de interesses sociais." Essa orientação o autor reputa amparada nos valores eleitos pelo legislador constitucional

---

salários-mínimos. Dessa forma, o valor restante poderá ser analisado em consonância com o inciso II de referido dispositivo que determina que, logo após os créditos trabalhistas até o limite de 150 salários-mínimos, possuem preferência os créditos com garantia real até o limite do valor do bem gravado. Com efeito, na falência, a hipoteca judiciária produzirá duas preferências ao credor trabalhista. Uma em decorrência [da natureza jurídica alimentar] de seu crédito, limitada ao montante descrito na lei. E outra em razão da hipoteca judiciária, limitada ao valor do bem hipotecado".

[203] *Execução na Justiça do Trabalho*. 6. ed. São Paulo: RT, 2008, p. 257.
[204] *Curso de Direito do Trabalho*. 10. ed. São Paulo: LTr, 2011, p. 793-5; sem itálico no original.
[205] "O novo eixo axiológico de interpretação do fenômeno da empresa e a modulação necessária entre o direito do trabalho e o direito concursal após a Lei n. 11.101/2005". *In:* GARCIA, Gustavo Filipe Barbosa; ALVARENGA, Rúbia Zanotelli de (org.). *Direito do Trabalho e Direito Empresarial sob o enfoque dos direitos fundamentais*. São Paulo: LTr, 2015, p. 166.

relacionados à valorização do trabalho e da livre iniciativa, bem como na função social da propriedade e na busca do pleno emprego. Para o jurista, o legislador definiu a recuperação da atividade econômica como o objetivo precípuo:

> Tal objetivo busca preservar a empresa – enquanto atividade econômica – por reconhecê-la como núcleo de um feixe de interesses sociais, mais amplo do que aquele composto pelos interesses patrimoniais individuais dos credores (resguardado o limite do crédito privilegiado dos credores trabalhistas), da Fazenda ou do empresário.

Na fundada crítica do tributarista *João Damasceno Borges de Miranda* à nova diretriz adotada pela Lei de Falências e Recuperação Judicial (Lei nº 11.101/2005), de privilegiar, na falência, os créditos dotados de garantia real em detrimento do crédito fiscal, o autor conclui que "jamais se poderia deferir privilégio aos credores financeiros com garantia real, pois os mesmos estão alocados no ramo do Direito Privado e devem ser tratados com as regras próprias". A consistência da fundamentação adotada pelo autor para chegar à referida conclusão justifica – note-se que se trata de jurista do campo do direito tributário – a reprodução do argumento cuja extração sistemática implícita é revelada pela ponderação do privilégio do crédito trabalhista:[206]

> Pacífico o entendimento quanto à prevalência do crédito trabalhista por se tratar de crédito social com natureza alimentar e ser, reconhecidamente, a contraprestação pelo esforço físico posto em função da riqueza de outrem. D'outra banda, o crédito tributário diz respeito ao interesse público e coletivo, de interesse geral da sociedade, e, sendo assim, conforme a previsão principiológica constitucional, este tem prevalência sobre os interesses privados.

O argumento do jurista faz evocar o acórdão do STJ anteriormente referido, porquanto à natureza alimentar do crédito trabalhista destacada por *João Damasceno Borges de Miranda* corresponde a identificação pretoriana – estamos a examinar jurisprudência cível – do crédito trabalhista na qualidade de crédito *necessarium vitae* (STJ. 1ª Turma. Recurso Especial nº 442.325. Relator Min. Luiz Fux. DJU 25.11.2002, p. 207). Além disso, o argumento do tributarista tem o mérito de colocar em destaque relevante componente hermenêutico de feição socioeconômica,

---

[206] *Comentários ao Código Tributário Nacional*. PEIXOTO, Marcelo Magalhães; LACOMBE, Rodrigo Santos Masset (coord.). São Paulo: Magalhães Peixoto Editora Ltda., 2005, p. 1319.

ao sublinhar a circunstância de que o crédito trabalhista é consequência da exploração econômica do trabalho humano e do inadimplemento da devida contraprestação ao trabalhador – *a contraprestação pelo esforço físico posto em função da riqueza de outrem*, na feliz síntese do tributarista. Com efeito, o crédito trabalhista tem natureza jusfundamental (CF, art. 7º) e constitui-se como expressão objetiva de inadimplemento à contraprestação devida ao trabalhador pelo tomador dos serviços, trabalho esse cuja prestação incorpora-se ao patrimônio do tomador de serviços na condição de riqueza apropriada na relação de trabalho. É o fato objetivo de que essa apropriação se faz inexorável na relação de produção capitalista que conduz a consciência jurídica a sobrevalorizar o crédito trabalhista na disputa com outras espécies de créditos, reconhecendo-lhe posição de superprivilégio legal, indispensável à concretização do valor da dignidade da pessoa humana que vive do trabalho.

Pois bem. A aplicação da hipoteca judiciária no processo do trabalho valoriza o privilégio do crédito trabalhista, na medida em que serve à promoção do êxito da futura execução. Direito real de garantia, a hipoteca judiciária faz *vincular* o bem gravado à execução da sentença, de modo que ao credor hipotecário é conferido o denominado *direito de excussão* em relação àquele bem onerado pela constrição de que trata o art. 495 do Código de Processo Civil. Em outras palavras: o bem sobre o qual recaiu a hipoteca judiciária será excutido para a satisfação do credor, ainda quando tenha sido alienado para terceiro. Para tanto, basta que o *registro* da hipoteca judiciária na matrícula do imóvel do vencido seja *anterior* à alienação do bem onerado com o gravame hipotecário. Se assim for, a alienação do bem estará atingida pela ineficácia cominada no §1º do art. 792 do CPC, cuja interpretação sistemática já terá reportado o intérprete à dicção do inciso III do art. 792 do CPC. Como o leitor perceberá, a ordem jurídica reage ao ilícito processual da fraude à execução privando o negócio jurídico de eficácia perante o credor prejudicado pela alienação fraudulenta. Em outras palavras, é como se o negócio jurídico não tivesse ocorrido, no que diz respeito ao exequente: o exequente pode desconhecer a alienação fraudulenta e obter a penhora do bem gravado por prévia hipoteca judiciária.

Como ensina Élisson Miessa,[207] ao privilégio *legal* do crédito trabalhista (CF, art. 100, §1º; CTN, art. 186; CLT, art. 449, §1º), a hipoteca judiciária faz agregar, na falência, um segundo privilégio – *de direito real* – no que diz respeito ao crédito trabalhista excedente do limite de 150 salários mínimos (Lei nº 11.101/2005, art. 83, II; CPC, art. 495): se o credor trabalhista for detentor de hipoteca judiciária, o crédito excedente de 150 salários mínimos será classificado como *crédito com garantia real*, enquadrando-se na hipótese do inciso II do art. 83 da Lei nº 11.101/2005; ou seja, não será classificado como crédito quirografário, não se enquadrando mais na hipótese da alínea "c" do inciso VI do art. 83 da Lei de Falências

Esse segundo privilégio – *de direito real* – ocorre também *na situação de solvência do devedor*. Essa conclusão é imperiosa diante do primado da legalidade (CPC, art. 495, §4º). Explico. Havendo disputa sobre o mesmo bem, o credor trabalhista titular de hipoteca judiciária tem direito de preferência no pagamento em relação ao credor trabalhista não titular de hipoteca judiciária, por força da expressa previsão legal do art. 495, §4º, do CPC.[208] No particular, cumpre recordar o magistério de Mauro Schiavi sobre essa específica questão: "O credor hipotecário terá preferência sobre os demais credores do bem imóvel e poderá exigir a execução da hipoteca caso o valor da dívida não seja pago".[209] Noutra passagem, o jurista ratificará essa lição: "Conforme o §4º do art. 495 do CPC, a hipoteca judiciária, uma vez constituída, *implicará, para o credor hipotecário, o direito de preferência, quanto ao pagamento, em relação a outros credores*, observada a prioridade no registro".[210]

Conforme a doutrina de direito civil, o direito de preferência do credor titular de direito real resulta da própria natureza de direito real da garantia hipotecária. Todavia, no parágrafo único do art. 1.422 do Código Civil,[211] o legislador fez expressa a exceção que decorre da

---

[207] Hipoteca judiciária e protesto da decisão judicial no novo CPC e seus impactos no Processo do Trabalho. In: MIESSA, Élisson (org.). *O novo Código de Processo Civil e seus reflexos no Processo do Trabalho*. Salvador: Juspodivm, 2015, p. 475-6.

[208] CPC: "Art. 495. §4º. A hipoteca judiciária, uma vez constituída, implicará, para o credor hipotecário, o direito de preferência, quanto ao pagamento, em relação a outros credores, observada a prioridade no registro".

[209] *Execução no Processo do Trabalho*. 10. ed. São Paulo: LTr, 2018, p. 164.

[210] *Execução no Processo do Trabalho*. 10. ed. São Paulo: LTr, 2018, p. 166.

[211] CC: "Art. 1.422. O credor hipotecário e o pignoratício têm direito de excutir a coisa hipoteca ou empenhada, e preferir, no pagamento, a outros credores, observada, quanto à hipoteca, a prioridade no registro. Parágrafo único. Excetuam da regra estabelecida neste artigo as dívidas que, em virtude de outras leis, devam ser pagar precipuamente a quaisquer outros créditos".

concorrência de créditos dotados de privilégio. Se é correto afirmar que o crédito garantido por hipoteca tem preferência sobre créditos quirografários, também é certo que há créditos que têm preferência sobre o crédito hipotecário. Tais créditos preferenciais são conhecidos como créditos privilegiados. São assim compreendidos porque a lei atribui a determinados créditos a hierarquia de créditos com privilégio diante dos demais. O privilégio do crédito depende de previsão legal. A fonte normativa do crédito privilegiado é a lei de direito material. Comentando o art. 958 do Código Civil, Maria Helena Diniz esclarece que tanto o privilégio geral (CC, art. 965) quanto o privilégio especial (CC, art. 964) dos créditos decorrem de lei.[212] São exemplos de créditos privilegiados: a) o crédito trabalhista (CF/88, art. 100, §1º; CTN, art. 186); b) o crédito fiscal (CTN, art. 186); c) os créditos arrolados nos arts. 964 e 965 do Código Civil.

Conforme preleciona Fabrício Zamprogna Matiello, a regra do direito de preferência é relativa, porquanto o legislador reservou para si próprio a possibilidade de alterar a ordem de preferência no recebimento do produto apurado na excussão da coisa hipotecada. A alteração na ordem de preferência é realizada mediante a edição de leis. "É o que acontece, por exemplo, com os créditos trabalhistas e fiscais (arts. 184, 185, 186 e 187 do Código Tributário Nacional), protegidos por legislação especial editada com vistas ao resguardo do trabalhador e do fisco".[213]

---

[212] *Código Civil anotado*. 8. ed. São Paulo: Saraiva, 2002, p. 566.
[213] *Código Civil Comentado*. 5. ed. São Paulo: LTr, 2013, p. 915.

CAPÍTULO XI

HIPOTECA JUDICIÁRIA E A APLICAÇÃO SUBSIDIÁRIA DO PROCESSO COMUM AO PROCESSO DO TRABALHO

Nada obstante a jurisprudência do Tribunal Superior do Trabalho esteja pacificada quanto à aplicabilidade do instituto da hipoteca judiciária ao Direito Processual do Trabalho, há alguma controvérsia na doutrina acerca dessa aplicação subsidiária; e há julgados regionais que negam a incidência subsidiária da hipoteca judiciária no processo do trabalho, sob o fundamento de que esse ramo do direito processual tem regramento próprio para prover a garantia da execução. O presente capítulo está dedicado a estudar o tema da aplicação subsidiária do processo comum ao processo do trabalho, tema no qual se insere o transporte da hipoteca judiciária, do processo civil, para o processo do trabalho.

O sistema jurídico brasileiro compreende os subsistemas jurídicos derivados dos distintos ramos do direito material: o subsistema jurídico civil, o subsistema jurídico penal, o subsistema jurídico tributário, o subsistema jurídico do consumidor, o subsistema jurídico trabalhista etc. Cada subsistema jurídico conforma o respectivo procedimento com peculiaridades próprias ao direito material correspondente. Isso ocorre porque há uma relação ontológica entre o direito material e o respectivo direito processual. Essa relação ontológica fica mais evidente quando é percebida a natureza instrumental do direito processual: o processo é instrumento à realização do direito material. Diz-se que há uma relação ontológica entre o direito material e o respectivo direito processual porque as normas de procedimento guardam uma originária relação com o direito substancial correspondente, na medida em que as normas de procedimento têm por finalidade a aplicação das normas do direito substancial respectivo.

Depois de assinalar que o procedimento não é pura forma, Mauro Cappelletti registra que sobre o procedimento recai o imenso desafio de nossa época, cabendo-lhe articular rapidez, eficiência, justiça, liberdade individual e igualdade; uma das mais eloquentes formulações acerca da relação ontológica em que se entrelaçam procedimento e direito material (*Proceso, ideologías e sociedad*, 1974. p. 5).

Na teoria jurídica, essa genética relação entre direito substancial e procedimento é compreendida como expressão do fenômeno do pertencimento que se estabelece desde sempre entre objeto (direito material) e método (procedimento). Daí a consideração epistemológica de que direito substancial e procedimento são categorias conceituais que operam numa espécie de círculo hermenêutico: as respostas procedimentais nos remetem ao direito material a ser concretizado. Em outras palavras: somos reconduzidos ao direito material quando nos dirigimos às questões procedimentais. A circularidade entre pergunta e resposta vem à teoria jurídica enquanto legado da filosofia hermenêutica de Gadamer: o direito processual somente se deixa compreender no retorno ao direito material em que reconhece sua própria identidade; numa metáfora, o direito processual mira-se na superfície do lago do direito material em busca de sua identidade.

No estudo acerca da relação ontológica que se estabelece entre direito substancial e procedimento, a teoria jurídica percorreu um rico itinerário hermenêutico cujo inventário não tem espaço neste livro. Entretanto, parece indispensável lembrar, com Mauro Cappelletti, a peculiaridade desse fenômeno. Para o jurista italiano, a natureza instrumental do processo o reconduz ao direito substancial a que serve:

> Al igual de todo instrumento, también ese derecho y esa técnica deben en verdad adecuarse, adaptarse, conformarse lo más estrechamente posible a la naturaleza particular de su objeto y de su fin, o sea a la naturaleza particular del derecho sustancial y a la finalidad de tutelar los institutos de esse derecho. (*Processo, ideologías e sociedad*, 1974, p. 5-6)

No direito processual civil brasileiro, uma das lições mais didáticas acerca da relação entre direito substancial e procedimento é haurida na doutrina de Ada Pellegrini Grinover. A relação originária existente entre direito material e procedimento é identificada pela jurista na instrumentalidade do processo que, conquanto autônomo, está conexo à pretensão de direito material e tem como escopo a atuação da norma objetiva e a viabilização da tutela do direito violado. Daí a conclusão de Ada Pellegrini Grinover (1993, p. 87), no sentido de que "O processo, o procedimento e seus princípios tomam feição distinta, conforme o direito material que se visa a proteger".

No âmbito do subsistema jurídico trabalhista, a natureza especial desse ramo do direito exerce uma influência ainda maior na conformação do vínculo originário que se estabelece entre direito material e procedimento. Depois de afirmar que o Direito Processual do Trabalho pretende ser um direito de renovação, Mozart Victor Russomano (1997, p. 21-22) sublinha o fato de que o procedimento trabalhista "é herança recebida do Direito do Trabalho, ao qual o Direito Processual do Trabalho corresponde, como consequência histórica". Para o jurista, o caráter tutelar do direito material se projeta sobre o procedimento. Para recuperar a expressão consagrada por Héctor-Hugo Barbagelata (2009, p. 39), é dizer: *o particularismo* do direito material do trabalho se comunica ao procedimento laboral. Na feliz síntese formulada por Wagner D. Giglio (2005, p. 83-4) acerca do estudo do tema, somos conduzidos à consideração superior de que "o caráter tutelar do Direito Material do Trabalho se transmite e vigora também no Direito Processual do Trabalho". Para Wagner D. Giglio (2005, p. 83-6), a autonomia do direito processual do trabalho decorre do fato de que esse ramo jurídico possui princípios próprios. O jurista destaca quatro princípios próprios ao direito processual do trabalho: princípio protecionista; princípio da jurisdição normativa; princípio da despersonalização do empregador; princípio da simplificação procedimental.

Uma das características de qualquer sistema de conhecimento – a lição é de Carlos Eduardo Oliveira Dias (2015, p. 15) – é a sua capacidade de produzir seus próprios princípios. É isso o que distingue determinado sistema "e permite que se possa identificar nesse sistema alguns dos principais atributos tendentes ao reconhecimento de sua autonomia científica. A histórica capacidade com que o Direito Processual do Trabalho tem produzido seus próprios princípios permite afirmar – com Wagner D. Giglio (2005, p. 79) – que o subsistema jurídico trabalhista é dotado dessa autonomia científica de que fala o jurista.

Embora a pesquisa do tema não estivesse completa sem a referência à posição de Valentin Carrion, para quem o processo do trabalho é simples desdobramento do processo civil, na teoria justrabalhista brasileira prevalece a concepção de que o processo do trabalho é dotado de autonomia científica em relação ao processo civil, isso porque se apresenta conformado por princípios próprios e constitui subsistema jurídico procedimental especial, como tal reconhecido pela ciência jurídica nacional. Na pesquisa realizada por Carlos Henrique Bezerra Leite (2010, p. 89), alinham-se nessa última corrente de pensamento Amauri Mascaro Nascimento, Sergio Pinto Martins, Mozart Victor Russomano, Humberto Theodoro Júnior, José Augusto Rodrigues Pinto, Wagner D. Giglio e Coqueijo Costa.

Com efeito, a existência de princípios próprios e a condição de subsistema procedimental especial reconhecido como tal pela teoria jurídica brasileira conferem ao direito processual do trabalho a fisionomia própria sem a qual já não se poderia compreender a jurisdição trabalhista brasileira. É neste contexto que ganha densidade hermenêutica a observação de Américo Plá Rodriguez (1996, p. 16), de que a articulação entre os princípios próprios a cada ramo do Direito conforma a especialidade de cada subsistema jurídico. Isso porque os princípios harmonizam as normas, evitando que o subsistema se converta numa série de elementos desarticulados. Assim é que se mostra precisa a conclusão do jurista quando observa que "a vinculação entre os diversos princípios contribui mais eficazmente para a sistematização do conjunto e para delinear a individualidade peculiar a cada ramo do direito." É o que ocorre também no âmbito do subsistema jurídico trabalhista brasileiro.

O subsistema jurídico trabalhista brasileiro faz revelar, com notável intensidade, a relação ontológica desde sempre estabelecida entre o direito material do trabalho e o direito processual do trabalho: à urgência do crédito trabalhista alimentar há de corresponder um procedimento simplificado, célere e efetivo. Simplificado para ser célere. Simplificado para ser efetivo. As palavras de Manoel Carlos Toledo Filho (2015, p. 330) sintetizam o projeto procedimental em formação na década de 1930: "o processo do trabalho foi desde sempre pensado para ser simples, desburocratizado e maximamente expedito".

Um procedimento complexo e moroso não atenderia à exigência de rápida realização do direito material do trabalho. O nascente Direito Processual do Trabalho enfrentará esse desafio, no final da década de 1930, mediante a edição de normas procedimentais originais e simplificadas, porquanto as normas do então vigente CPC de 1939 caracterizavam-se pelo formalismo e individualismo e, portanto, não poderiam responder ao desafio que então se apresentava, conforme revela a pesquisa de Manoel Carlos de Toledo Filho. Para demonstrar o vínculo genético da novel ciência processual trabalhista com o cânone da simplicidade das formas, o jurista recolhe da doutrina do processualista Carlos Ramos Oliveira a seguinte passagem histórica, registrada em 1938:

Nada de complicações processuais que possam retardar e dificultar a marcha e a solução dos casos que lhe são afetos. Nada de prazos dilatados. Nada de provas tardias. Nada de formalismos inúteis e prejudiciais. Nada disso. A jurisdição do trabalho deve ser simples e célere (OLIVEIRA, 1938, p. 65, *apud* MIESSA, 2015, p. 330).

Manifestada muito tempo depois, a preocupação do processualista Júlio César Bebber (1997, p. 132) diante dos riscos que a burocratização do procedimento pode causar ao processo parece nos remeter à época do surgimento do subsistema jurídico trabalhista e aos desafios de simplificação das fórmulas procedimentais então colocados para a ciência processual laboral nascente. Depois de lembrar que os formalismos e a burocracia são vícios que entravam o funcionamento do processo, o jurista observa que tais vícios "são capazes de abranger e de se instalar com efeitos nefastos, pelo que se exige que a administração da justiça seja estruturada de modo a aproximar os serviços das populações de forma simples, a fim de assegurar a celeridade, a economia e a eficiência das decisões".

Como já assinalado, no contexto histórico do surgimento do subsistema jurídico laboral brasileiro, disposições procedimentais originais e simplificadas são, então, concebidas para promover a consecução dos objetivos fundamentais do Direito do Trabalho, o que não seria possível se a aplicação do direito material do trabalho dependesse das normas procedimentais do então vigente CPC de 1939. É nesse contexto que ganha especial significado a locução *melhoria procedimental* empregada por Luciano Athayde Chaves na resenha histórica dos primórdios do Direito Processual do Trabalho. A *melhoria procedimental* de que depende a realização do direito material nascente pressupõe normas procedimentais diversas das formalistas normas procedimentais do direito processual comum vigente à época. A feliz síntese do jurista justifica a transcrição:

> Naquele momento, o processo comum era mais formalista e profundamente individualista. Esta era a ideologia que orientou a sua construção. Em razão disso, não seria possível à recém-criada Justiça do Trabalho valer-se de um processo comum que não atendia às características sociais do Direito do Trabalho. Por isso, as normas processuais trabalhistas foram instituídas como uma melhoria procedimental em face do procedimento comum, que poderia – como ainda pode – ser aplicado, mas somente em função da melhoria da prestação jurisdicional especializada. (CHAVES, 2009, p. 41-42)

Quando do surgimento da CLT em 1943, sua parte processual teve mais inspiração no Decreto-Lei nº 1.237/1939 do que no CPC de 1939, conforme a pesquisa realizada por Bruno Gomes Borges Fonseca (2015, p. 370). O jurista destaca esse antecedente normativo para "demonstrar que o compromisso histórico do processo do trabalho sempre foi diferente do processo comum".

É nesse contexto histórico que ganha sentido a afirmação teórica de que os arts. 769 e 889 da CLT foram concebidos como normas de contenção; normas de contenção ao ingresso indevido de normas de processo comum incompatíveis com os princípios do direito processual do trabalho; normas de contenção à influência de preceitos do processo comum que acarretem formalismo procedimental; normas de contenção a institutos que impliquem burocracia procedimental.

No estudo da heterointegração do subsistema jurídico laboral prevista nos arts. 769 e 889 da CLT, a teoria jurídica assentou o entendimento de que a aplicação subsidiária do processo comum no processo do trabalho é realizada sob o critério da compatibilidade previsto nesses preceitos consolidados. Vale dizer, a compatibilidade prevista nos arts. 769 e 889 da CLT opera como critério científico fundamental para "calibrar a abertura ou o fechamento para o processo comum", na inspirada formulação teórica adotada por Homero Batista Mateus da Silva (2015, p. 33) no estudo do Direito Processual do Trabalho brasileiro.

A especialidade do subsistema jurídico trabalhista sobredetermina essa compatibilidade, conferindo-lhe dúplice dimensão: compatibilidade axiológica e compatibilidade teleológica. Essa dúplice dimensão da compatibilidade é identificada por Manoel Carlos Toledo Filho (2015, p. 330) sob a denominação de compatibilidade sistêmica. Vale dizer, a compatibilidade é aferida tanto sob o crivo dos valores do direito processual do trabalho quanto sob o crivo da finalidade do subsistema procedimental trabalhista, de modo a que o subsistema esteja capacitado à realização do direito social para o qual foi concebido. O critério científico da compatibilidade visa à própria preservação do subsistema processual trabalhista, na acertada observação de Paulo Sérgio Jakutis (2015, p. 439). Com efeito, o diálogo normativo entre subsistemas jurídicos pressupõe "buscar alternativas que não desfigurem o modelo originário, pois isso o desnaturaria enquanto paradigma independente", conforme preleciona Carlos Eduardo Oliveira Dias (2015, p. 18) ao abordar o tema do diálogo das fontes formais de direito no âmbito da aplicação subsidiária do processo comum ao processo do trabalho.

A norma de direito processual comum, além de ser compatível com as regras do processo do trabalho, deve ser compatível com os princípios que norteiam o Direito Processual do Trabalho, conforme preleciona Mauro Schiavi (2015, p. 57-58). Os princípios do direito processual do trabalho restariam descaracterizados, caso se concluísse pela aplicação automática do processo comum ao processo do trabalho, razão pela qual a observância do critério da compatibilidade se impõe quando se examina o problema da aplicabilidade subsidiária do processo comum ao subsistema jurídico trabalhista. Daí a pertinência da observação de Carlos Eduardo Oliveira Dias (2015, p. 17) sobre o tema: "o que mais tem relevância, nesse processo intelectivo, é o pressuposto da compatibilidade, ou seja, o fato da norma a ser utilizada se ajustar aos fundamentos do direito processual do trabalho". Ausente o pressuposto da compatibilidade, já não se pode pretender prosseguir no processo de heterointegração: falta a ponte que comunicaria os subsistemas processuais. A compatibilidade é essa ponte que permite que determinados dispositivos do processo comum ingressem no subsistema processual laboral. Uma ponte estreita, já se percebe. Uma ponte cuja edificação estará sempre entregue à soberana consideração do Direito Processual do Trabalho enquanto ramo autônomo da processualística.

Depois de afirmar que a ideia de compatibilidade é muito cara ao processo do trabalho, Bruno Gomes Borges da Fonseca (2015, p. 369) assevera que tal compatibilidade "ocorrerá apenas na hipótese de o texto do processo comum afinar-se com o princípio da proteção". Assim, somente será possível a aplicação subsidiária quando a norma de processo comum guardar plena compatibilidade com os fundamentos do processo do trabalho. Caso isso não ocorra, de acordo com Carlos Eduardo Oliveira Dias (2015, p. 19), "sacrifica-se o processo integrativo mas não se pode afetar o núcleo principiológico do processo do trabalho". Isso porque as regras de processo comum somente podem ser aplicadas subsidiariamente se forem compatíveis com as singularidades do processo do trabalho. Se a regra do CPC for incompatível com a principiologia e singularidades do processo do trabalho, pondera Mauro Schiavi (2015, p. 56), ela não será aplicada.

No estudo do tema da heterointegração do subsistema processual trabalhista, Guilherme Guimarães Ludwig afirma que a aplicação subsidiária do processo comum ao processo do trabalho tem por fundamento a realização do princípio da eficiência, conferindo conteúdo específico à compatibilidade prevista nos arts. 769 e 889 da CLT. Ao discorrer sobre o princípio da eficiência no âmbito da heterointegração do subsistema procedimental trabalhista, o jurista ressalta que o princípio da eficiência opera tanto como fator de abertura quanto como fator de fechamento do subsistema procedimental trabalhista, ponderando:

Quando analisado sob a perspectiva do processo do trabalho, o princípio da eficiência, enquanto autêntico vetor de interpretação da norma processual, deve também funcionar como um filtro que restrinja a adoção das regras do novo Código de Processo Civil e do correspondente modelo colaborativo, em caráter subsidiário ou supletivo, na medida em que elas não guardem compatibilidade com as diretrizes fundamentais do ramo processual laboral, em que se prestigia o valor celeridade em favor do credor trabalhista. (LUDWIG, 2015, p. 108).

Fixadas algumas balizas teóricas acerca da heterointegração do subsistema processual trabalhista, cumpre agora enfrentar a questão da subsistência do critério da compatibilidade diante do advento do CPC de 2015.

Diante do fato de o art. 15 do CPC não fazer referência ao critério científico da compatibilidade, surge a questão de saber se esse requisito previsto nos arts. 769 e 889 da CLT teria subsistido ao advento do novo CPC para efeito de aplicação subsidiária do processo comum ao processo do trabalho. No âmbito da teoria do processo civil, a resposta de Nelson Nery Junior (2015, p. 232) é positiva. Depois de afirmar que o novo CPC aplica-se subsidiariamente ao processo trabalhista na falta de regramento específico, o jurista pondera que, "de qualquer modo, a aplicação subsidiária do CPC deve guardar compatibilidade com o processo em que se pretenda aplicá-lo", acrescentando que a aplicação supletiva também deve levar em conta esse princípio.

A resposta da teoria jurídica trabalhista também é positiva, porquanto prevaleceu o entendimento de que o art. 15 do CPC de 2015 não revogou os arts. 769 e 889 da CLT, preceitos nos quais está prevista a compatibilidade como critério científico necessário à aplicação subsidiária do processo comum. Essa é a conclusão que tem prevalecido entre os teóricos do Direito Processual do Trabalho com base nos seguintes fundamentos: a) não houve revogação expressa do art. 769 da CLT pelo novo CPC (LINDB, art. 2º, §1º); b) o art. 769 da CLT é norma especial, que, por isso, prevalece sobre a norma geral do art. 15 do NCPC; c) o art. 769 da CLT é mais amplo do que o art. 15 do NCPC, não tendo o art. 15 do NCPC regulado inteiramente a matéria do art. 769 da CLT (LINDB, art. 2º, §§1º e 2º), de modo que ambos os preceitos harmonizam-se; d) o subsistema procedimental trabalhista é reconhecido no sistema jurídico brasileiro como subsistema procedimental especial informado pelas normas de contenção dos arts. 769 e 889 da CLT.

Para Wânia Guimarães Rabêllo de Almeida (2015, p. 457), não houve revogação total ou parcial do art. 769 da CLT, porquanto o preceito celetista é muito mais amplo do que o art. 15 do novo CPC, entendimento que tem a companhia de inúmeros juristas, entre os quais estão Manoel Carlos Toledo Filho (2015, p. 332), Carlos Eduardo Oliveira Dias (2015, p. 15), Mauro Schiavi (2015, p. 56), Guilherme Guimarães Feliciano (2015, p. 126), Homero Batista Mateus da Silva (2015, p. 33) e Danilo Gonçalves Gaspar (2015, p. 386). Assim é que, para Wânia Guimarães Rabêllo de Almeida (2015, p. 457), "o CPC somente será fonte supletiva ou subsidiária do direito processual do trabalho naquilo que for compatível com suas normas, por força do art. 769 da CLT".

Nada obstante o art. 15 do novo CPC estabeleça a possibilidade de aplicação subsidiária e supletiva do Código de Processo Civil de 2015 ao processo do trabalho na ausência de normas processuais trabalhistas, tal aplicação só ocorre quando está presente o pressuposto da compatibilidade previsto nos arts. 769 e 889 da CLT. O exame da presença do pressuposto da compatibilidade é realizado sob a óptica do Direito Processual do Trabalho, e não sob a óptica do Direito Processual Comum. Isso porque a previsão legal dos arts. 769 e 889 da CLT estabelece que tal exigência de compatibilidade é dirigida à consideração do juiz do trabalho, mas também porque se trata de uma contingência hermenêutica imposta à preservação da autonomia científica do Direito Processual do Trabalho enquanto subsistema procedimental especial. Tem razão *Jorge Luiz Souto Maior* quando pondera, com perspicácia, que

> [...] os fundamentos do novo CPC baseiam-se em uma visão de mundo que considera necessário conter a atuação de juízes sociais. Mas a racionalidade do processo do trabalho, obviamente, é outra, tanto que as regras de proteção do processo do trabalho são direcionadas ao juiz, a quem cumpre definir, portanto, como o procedimento deve se desenvolver, gostem disso, ou não, os elaboradores do novo CPC. Aliás, é indisfarçável o desejo dos elaboradores do NCPC de suprimir, por via transversa, práticas processuais trabalhistas. (SOUTO MAIOR, 2015, p. 38)

Para Danilo Gonçalves Gaspar (2015, p. 386), é certo que "que não se elimina a necessidade de compatibilização da norma com o processo do trabalho, tal qual previsto na CLT", entendimento que é acompanhado por Ricardo José Macedo de Britto Pereira (2015, p. 568). Para esse jurista, a aplicação subsidiária prevista no art. 15 do CPC de 2015 deve ocorrer "sem afetar a exigência de compatibilidade como determina o art. 769 da CLT".

A subsistência do critério científico da compatibilidade decorre da não revogação do art. 769 da CLT, mas também acaba por se impor enquanto exigência hermenêutica necessária à salvaguarda do subsistema processual trabalhista enquanto ramo procedimental especial dotado de autonomia científica. Daí por que tem razão Carlos Eduardo Oliveira Dias (2015, p. 18) quando pondera que seria até desnecessário que o legislador processual comum ressalvasse a necessidade de que, na aplicação subsidiária do novo CPC, fosse observada a compatibilidade com o outro ramo do direito processual, "pois se isso não existisse, estaria inviabilizada a própria existência autônoma desse segmento". De fato, pudesse ser eliminado o critério científico da compatibilidade na aplicação subsidiária do processo comum, haveria o risco de desconstrução estrutural do direito processual do trabalho, tal qual adverte Carlos Eduardo Oliveira Dias com pertinácia (2015, p. 20-21): "não se pode adotar uma solução normativa exógena que, independentemente de ser fundada em omissão da CLT, não guarde compatibilidade com o processo laboral e possa vir a ser fator de sua desconstrução sistêmica".

A posição de Iuri Pereira Pinheiro (2015, p. 496) alinha-se aos entendimentos antes referidos. Para o jurista, não se pode esquecer que o direito processual do trabalho constitui ramo dotado de autonomia científica, no qual a colmatação de lacunas exige a compatibilidade ideológica proclamada nos arts. 769 e 889 da CLT. Daí a conclusão do jurista no sentido de que, "a despeito da previsão simplista do novo CPC, a sua aplicação subsidiária ao processo do trabalho irá se operar apenas diante de sintonia principiológica, sob pena de mácula à autonomia do ramo processual especializado". A especialidade do subsistema processual trabalhista exige que se lhe confira um tratamento metodológico diferenciado, que preserve a sua própria fisionomia, de modo que a heterointegração seja realizada com a observância dos princípios do direito material que lhe são inerentes e que afetam diretamente a prática jurisdicional trabalhista, conforme o magistério de Carlos Eduardo Oliveira Dias (2015, p. 18).

Também para Mauro Schiavi (2015, p. 56), a exigência de compatibilidade se impõe à aplicação do CPC de 2015 ao processo do trabalho. Para o jurista, da conjugação do art. 15 do novo CPC com os arts. 769 e 889 da CLT resulta que o novo CPC aplica-se ao processo do trabalho da seguinte forma: "supletiva e subsidiariamente, nas omissões da legislação processual trabalhista, desde que compatível com os princípios e singularidades do processo trabalhista".

Nada obstante considere que o art. 15 do novo CPC configura-se como norma de sobredireito, Élisson Miessa (2015, p. 28) pondera que não ocorreu revogação dos arts. 769 e 889 da CLT. O jurista observa que "a inserção de normas comuns em um microssistema jurídico sempre impõe a compatibilidade com o sistema em que a norma será inserida, sob pena de se desagregar a base do procedimento específico", para concluir que "os arts. 769 e 889 da CLT sobrevivem à chegada do art. 15 do NCPC". Mesmo para Edilton Meireles (2015, p. 46), jurista que considera que o art. 769 da CLT foi revogado pelo art. 15 do novo CPC, o critério da compatibilidade permanece sendo indispensável à aplicação subsidiária da norma de processo comum ao processo do trabalho, conclusão que adota por ser a legislação trabalhista norma especial em relação ao CPC. O jurista considera que "a regra supletiva ou subsidiária deve guardar coesão e compatibilidade com o complexo normativo ou a regra que se pretender integrar ou complementar", para concluir que, "se a norma do novo CPC se revela incompatível com o processo do trabalho (em seus princípios e regras), lógico que não se poderá invocar seus dispositivos de modo a serem aplicados de forma supletiva ou subsidiária".

    A posição de Edilton Meireles acerca do tema da autonomia do direito processual do trabalho faz evocar a precitada doutrina de Valentin Carrion. Ambos os juristas parecem convergir quanto ao entendimento de que o direito processual do trabalho não seria dotado de autonomia científica em relação ao direito processual civil. A concepção de Valentin Carrion (2013, p. 679) sobre o tema opera sob o pressuposto teórico de que "o direito processual do trabalho não possui princípio próprio algum, pois todos os que o norteiam são do processo civil (oralidade, celeridade etc.); apenas deu (ou pretendeu dar) a alguns deles maior ênfase e relevo". O direito processual do trabalho, para Valentin Carrion, não surge do direito material laboral e, por isso, não poderia aspirar à autonomia em relação ao direito processual civil, do qual seria mera subespécie.

    Nada obstante Valentin Carrion negue a autonomia do direito processual do trabalho em relação ao processo civil, o jurista conclui, nos comentários do art. 769 da CLT, que a aplicação subsidiária de normas do processo comum ao subsistema jurídico trabalhista submete-se ao requisito da compatibilidade. Vale dizer, a compatibilidade subsiste enquanto requisito científico indispensável à heterointegração, ainda quando não se reconheça autonomia científica ao processo do trabalho em relação ao processo civil.

    Na formulação teórica concebida por Valentin Carrion, a heterointegração de normas de processo comum ao processo do trabalho somente será viável

[...] desde que: a) não esteja aqui regulado de outro modo ('casos omissos', 'subsidiariamente'); b) não ofendam os princípios do processo laboral ('incompatível'); c) se adapte aos mesmos princípios e às peculiaridades deste procedimento; d) não haja impossibilidade material de aplicação (institutos estanhos à relação deduzida no juízo trabalhista); a aplicação de institutos não previstos não deve ser motivo para maior eternização das demandas e tem de adaptá-las às peculiaridades próprias. (CARRION, 2013. p. 678-9)

Diante das indagações teóricas que têm sido suscitadas quanto à aplicação do novo CPC ao Processo do Trabalho, parece oportuno transcrever a específica lição de Valentin Carrion (2013, p. 679) sobre o método científico a ser adotado pelo juslaboralista no estudo acerca da aplicação de novos dispositivos do processo comum ao processo laboral. Preleciona o jurista: "Perante novos dispositivos do processo comum, o intérprete necessita fazer uma primeira indagação: se, não havendo incompatibilidade, permitir-se-ão a celeridade e a simplificação, que sempre foram almejadas. Nada de novos recursos, novas formalidades inúteis e atravancadoras".

A concepção de tutela constitucional do processo de que nos falam Tereza Aparecida Asta Gemignani e Daniel Gemignani (2015, p. 269) valoriza a compatibilidade como critério capaz de preservar a especialidade do subsistema jurídico trabalhista. Para os juristas, "essa concepção de tutela constitucional do processo, que sustenta a espinha dorsal do modelo adotado pelo processo trabalhista, nos termos do artigo 769 da CLT, vai impedir, por incompatibilidade, a aplicação das disposições contidas no novo CPC quando enveredam pela diretriz privatística".

Portanto, o critério científico da compatibilidade subsiste ao advento do novo CPC, permanecendo indispensável ao processo hermenêutico que a aplicação do processo comum ao processo do trabalho impõe ao Direito Processual do Trabalho e à Jurisdição Trabalhista. Os magistrados trabalhistas são os condutores desse processo hermenêutico.

A exemplo da jurisprudência do TST, a doutrina justrabalhista encontra-se pacificada acerca da juridicidade da aplicabilidade da hipoteca judiciária ao processo do trabalho, apresentando-se isolada a posição contrária sustentada por Fábio Luiz Pereira Silva. Em artigo publicado em 2011 na *Revista LTr*, o jurista sustentou deva ser alterado o entendimento predominante acerca da matéria, postulando, como necessária, a revisão dessa aplicabilidade.[214] A posição de Mauro Schiavi sintetiza a orientação predominante na teoria do processo do trabalho acerca do tema: *na doutrina processual trabalhista, praticamente, não há divergência quanto à compatibilidade do instituto da hipoteca judiciária com o processo do trabalho, nos termos do art. 769 da CLT.*[215] Idêntico entendimento teórico é encontrado na doutrina de Manoel Antonio Teixeira Filho,[216] Cleber Lúcio de Almeida[217] e Luciano Athayde Chaves.[218]

Aprovada em data de 15.03.2016, a Instrução Normativa nº 39 do Tribunal Superior do Trabalho estabeleceu diretrizes acerca da aplicação do CPC de 2015 ao Direito Processual do Trabalho. Quanto ao instituto em estudo, a Instrução Normativa fixou o entendimento de que a hipoteca judiciária é aplicável ao subsistema processual trabalhista. A previsão normativa tem a seguinte redação: "Art. 17. Sem prejuízo da inclusão do devedor no Banco Nacional de Devedores Trabalhistas (CLT, art. 642-A), aplicam-se à execução trabalhista as normas dos arts. 495, 517 e 782, §§3º, 4º e 5º do CPC, que tratam respectivamente da hipoteca judiciária, do protesto da decisão judicial e da inclusão do nome do executado em cadastros de inadimplentes".

---

[214] "Necessária revisão da aplicabilidade da hipoteca judiciária no processo judiciário do trabalho". *In: Revista LTr*, v. 75, n. 8, p. 959-962. ago-2011.

[215] *Execução no processo do trabalho.* 10. ed. São Paulo: LTr, 2018, p. 168.

[216] *Comentários ao Código de Processo Civil sob a perspectiva do processo do trabalho.* 3. ed. São Paulo: LTr, 2019, p. 761: "Esse é, sem dúvida, um dos mais expressivos efeitos secundários da sentença condenatória e sua compatibilidade com o processo do trabalho parece-nos incontestável".

[217] *Direito Processual do Trabalho.* 7. ed. Salvador: Juspodivm, 2019, p. 653: Depois de registrar que o Direito Processual do Trabalho tem como princípios fundamentais a facilitação da satisfação do direito reconhecido na sentença e a máxima eficácia das decisões judiciais, o autor afirma que o art. 495 do CPC é compatível com o processo do trabalho, o que foi, inclusive, reconhecido pelo TST no art. 17 da Instrução Normativa nº 39/2016.

[218] Ferramentas eletrônicas na execução trabalhista. *In:* CHAVES, Luciano Athayde (org.). *Curso de processo do trabalho.* São Paulo: LTr, 2009, p. 970: "A hipoteca judiciária não encontra previsão expressa no Direito Processual do Trabalho, mas sua aplicação aqui é possível por força da cláusula geral de supletividade (art. 769), já se constitui medida de inteira pertinência teleológica com a tutela adjetiva trabalhista; portanto, não apresenta, dessa forma, qualquer atrito ou incompatibilidade".

CAPÍTULO XII

HIPOTECA JUDICIÁRIA E A INTERPRETAÇÃO SISTEMÁTICA DO ART. 495 DO CPC

O presente capítulo dedica-se ao estudo da interpretação sistemática do instituto da hipoteca judiciária, a partir da dicção legal adotada pelo legislador no art. 495 do CPC de 2015 e mediante o cotejo com a disciplina que o instituto apresentava no CPC de 1973. O primeiro registro a ser feito tem perfil tópico-sistemático e que dá conta de que a hipoteca judiciária é instituto capitulado na parte dedicada pelo Código à disciplina da sentença. Mais precisamente, a hipoteca judiciária está prevista no art. 495 do CPC, estando inserida no capítulo XIII do Título I do Livro I do Código, situada no CPC de 2015, a exemplo do que já ocorria no CPC de 1973.

A hipoteca judiciária ficou assim disciplinada no CPC de 2015:

Art. 495. A decisão que condenar o réu ao pagamento de prestação consistente em dinheiro e a que determinar a conversão de prestação de fazer, não-fazer ou de dar coisa em prestação pecuniária valerão como título constitutivo de hipoteca judiciária.
§1º A decisão produz hipoteca judiciária:
I – embora a condenação seja genérica;
II – ainda que o credor possa promover o cumprimento provisório da sentença ou esteja pendente arresto sobre bem do devedor;
III – mesmo que impugnada por recurso dotado de efeito suspensivo.
§2º A hipoteca judiciária poderá ser realizada mediante apresentação de cópia da sentença perante o cartório de registro imobiliário, independentemente de ordem judicial, de declaração expressa do juiz ou de demonstração de urgência.
§3º No prazo de até 15 (quinze) dias da data de realização da hipoteca, a parte informá-la-á ao juízo da causa, que determinará a intimação da outra parte para que tome ciência do ato.

§4º A hipoteca judiciária, uma vez constituída, implicará, para o credor hipotecário, o direito de preferência, quanto ao pagamento, em relação a outros credores, observada a prioridade no registro.

§5º Sobrevindo a reforma ou a invalidação da decisão que impôs o pagamento de quantia, a parte responderá, independentemente de culpa, pelos danos que a outra parte tiver sofrido em razão da constituição da garantia, devendo o valor da indenização ser liquidado e executado nos próprios autos.

Assim como fazia o *caput* do art. 466 do CPC de 1973, o *caput* do art. 495 CPC do CPC assenta ser a sentença condenatória título constitutivo de hipoteca judiciária. No entanto, o *caput* do art. 495 do CPC de 2015 *ampliou* a abrangência da hipoteca judiciária. Se no CPC de 1973 a hipoteca judiciária foi definida como efeito anexo da *sentença* condenatória no *caput* art. 466, no CPC de 2015 tal efeito anexo foi atribuído às *decisões* condenatórias no *caput* do art. 495. Atendendo à acertada reivindicação da doutrina, o legislador outorgou efeito de hipoteca judiciária ao *gênero* decisão condenatória, ampliando a abrangência da hipoteca judiciária, que, no CPC revogado, encontrava-se restrita à *espécie* sentença condenatória (art. 466). O legislador de 2015 substituiu o vocábulo *sentença* (espécie) pelo vocábulo *decisão* (gênero). A alteração sobrevaloriza a hipoteca judiciária enquanto técnica jurídica voltada à efetividade da jurisdição, na medida em que permite a constrição do patrimônio do demandado agora também em razão de *decisões condenatórias* proferidas tanto em sede de *tutela provisória* quanto em sede de *julgamento antecipado parcial do mérito*.

A segunda alteração radica no fato de que o legislador de 2015, também atendendo às ponderações da doutrina, esclareceu que também produz hipoteca judiciária a decisão que determinar a conversão de prestação de fazer, não fazer ou de dar coisa em prestação pecuniária. Andou bem o legislador, na medida em que tal decisão também se caracterizará como condenatória, em decorrência de determinação de conversão da obrigação de fazer, não fazer ou de dar coisa em pecúnia. Não havia razão para negar a essas decisões efeito de hipoteca judiciária. O legislador fez a correção que era reivindicada na doutrina.

O *caput* do art. 466 do Código revogado estabelecia que a inscrição da hipoteca judiciária "será ordenada pelo juiz na forma da Lei dos Registros Públicos". Embora a locução em destaque não tenha sido reproduzida no Código vigente, prevaleceu, na interpretação do art. 495 do CPC de 2015, a doutrina que se formara na vigência do CPC Buzaid, no sentido de que a hipoteca judiciária pode ser ordenada pelo juiz, independentemente de pedido formulado pela parte autora. Nesse sentido, a título de ilustração, pode-se citar, no âmbito do processo civil, a doutrina de Marinoni, Arenhart e Mitidiero: "A eficácia anexa é aquela que advém da lei, sem necessidade de pedido".[219] No âmbito do processo do trabalho, a ilustração é encontrada, por exemplo, na doutrina de Manoel Antonio Teixeira Filho: "Entendemos que essa inscrição independe de requerimento do interessado, podendo ser promovida pelo juiz, *ex officio*. Assim opinamos, em face da redação imperativa do art. 495 do CPC, segundo a qual a sentença condenatória valerá como título constitutivo dessa espécie de hipoteca. Não condiciona, esse texto legal, a inscrição da hipoteca à iniciativa do autor ou interessado".[220]

A posição desses autores é representativa do entendimento predominante na teoria jurídica processual acerca da juridicidade da determinação da hipoteca judiciária de ofício. Na jurisprudência do Tribunal Superior do Trabalho, também restou assentada, após o advento do Código de 2015, a juridicidade da determinação de hipoteca judiciária de ofício: "2. HIPOTECA JUDICIÁRIA. APLICABILIDADE NO PROCESSO DO TRABALHO. É cabível a declaração, de ofício, da hipoteca judiciária prevista no art. 466 do CPC/1973 (art. 495 do CPC/2015), de aplicação subsidiária ao processo do trabalho pela sistemática do art. 769 da CLT, para garantia da execução. (...) Assim, o TRT, ao lançar mão do instituto da hipoteca judiciária, visou à garantia dos créditos devidos ao Autor, sem com isso ofender de forma direta o direito da Reclamada ao devido processo legal, em especial considerando o necessário resguardo às verbas trabalhistas. Recurso de revista não conhecido nos temas. (...)" (RR-508-16.2017.5.21.0009, 3ª Turma, Rel. Min. Mauricio Godinho Delgado, DEJT 18/10/2019).[221]

A previsão do §1º do art. 495 do CPC de 2015 estava contemplada no parágrafo único do art. 466 do CPC de 1973. Ambos os dispositivos são abertos pela afirmação de que a decisão condenatória *produz hipoteca judiciária*. A partir daí é que se registram pequenas distinções, de natureza secundária, as quais passam a ser analisadas. O primeiro registro a ser feito é o de que o CPC de 2015 dedicou mais dispositivos legais para disciplinar o instituto, na comparação com o preceito do CPC de 1973.

---

[219] *Novo Código de Processo Civil comentado*. 2. ed. São Paulo: RT, 2016, p. 584.
[220] *Comentários ao Código de Processo Civil sob a perspectiva do Processo do Trabalho*. 3. ed. São Paulo: LTr, 2019, p. 762.
[221] Note-se que aqui a iniciativa da hipoteca judiciária partiu do Tribunal Regional, tal qual o fazia o desembargador Antônio Álvares da Silva no âmbito de sua Turma no Tribunal Regional do Trabalho da 3ª Região – Minas Gerais. O pioneirismo de Álvares da Silva é objeto de resenha no capítulo XXXVII.

O inciso I do §1º do art. 495 do CPC de 2015 é *reprodução literal* do inciso I do parágrafo único do art. 466 do CPC de 1973: a decisão condenatória "produz hipoteca judiciária: I – embora a condenação seja genérica". Por condenação genérica, entende-se a condenação na qual a obrigação respectiva foi apenas estimada no valor atribuído à condenação e, por isso, depende de liquidação de sentença para a futura execução. Daniel Amorim Assumpção Neves utiliza-se da expressão "obrigação ilíquida".[222] Fosse o valor líquido devido requisito à hipoteca judiciária, o respectivo efeito anexo restaria eliminado na maioria dos casos. É dizer, a liquidação da sentença não é requisito à hipoteca judiciária, conforme estabelece o inciso I do §1º do art. 495 do CPC. Com tal definição do perfil normativo da hipoteca judiciária, o legislador deixou patente que o efeito anexo respectivo é imediato, não demandando a quantificação da condenação. Isso significa dizer que a sentença ilíquida dá acesso à hipoteca judiciária de imediato, não exigindo precisar o valor líquido da condenação. A liquidação da sentença será realizada posteriormente, quando for realmente necessária a exata apuração do *quantum debeatur*.

A lição de Moacyr Amaral Santos logra resolver a questão de forma pragmática. O autor indica seja adotado o valor arbitrado à condenação como critério para a quantificação necessária à implementação da hipoteca judiciária. Moacyr Amaral Santos ensina: "mesmo no caso de condenação genérica, portanto, ilíquida, a sentença produz hipoteca judiciária (art. 466, parágrafo único, nº I), valendo o valor da causa para os efeitos da inscrição".[223] Em resumo, basta uma *quantificação aproximada* da condenação, uma simples estimação, para que se possa fazer implementar a hipoteca judiciária. A Pontes de Miranda não escapou a importância de dar ao vencedor acesso imediato à hipoteca judiciária tão logo publicada a sentença. O jurista percebeu que a liquidação prévia do julgado seria obstáculo indesejável à imediata produção do efeito anexo previsto no art. 466 do CPC de 1973. Pontes de Miranda sublinhava: "Todavia, vale e é eficaz a inscrição de hipoteca judiciária que não aluda ao quanto líquido devido. Esse ponto é de grande importância prática. A condenação pode ser genérica (art. 466, parágrafo único, I)".[224]

O inciso II do §1º do art. 495 do CPC de 2015 reúne num só dispositivo o que estava separado nos incisos II e III do art. 466 do CPC de 1973. O inciso II do §1º do CPC vigente estabelece que a decisão

---

[222] *Novo Código de Processo Civil comentado*. Salvador: Juspodivm, 2016, p. 824.
[223] *Comentários ao Código de Processo Civil*. v. IV. Rio de Janeiro: Forense, 1988, p. 427.
[224] *Comentários ao Código de Processo Civil*. t. V. Rio de Janeiro: Forense, 1974, p. 119.

condenatória "produz hipoteca judiciária: II – ainda que o credor possa promover o cumprimento provisório da sentença ou esteja pendente arresto sobre bem do devedor". O CPC de 2015 apenas substitui a denominação empregada no CPC de 1973 – *execução provisória da sentença* – para atualizá-la para *cumprimento provisório da sentença*. O conteúdo, entretanto, não se altera em nada, subsistindo a didática fórmula por meio da qual o legislador de 1973 explicitara que a hipoteca judiciária pode ser licitamente sobreposta ao arresto, e mesmo quando o credor já esteja promovendo a execução provisória da sentença. São técnicas jurídicas que, a teor do §1º do art. 495 do CPC, podem ser sobrepostas, licitamente, sem que tal acumulação caracterize *bis in idem*, de modo que não se cogita de violação ao devido processo legal, sendo a jurisprudência do TST pacífica acerca dessas questões.

O inciso III do §1º do CPC de 2015 *inova* em relação à redação adotada pelo legislador de 1973, introduzindo um dispositivo cujo conteúdo já se encontrava assentado na doutrina e na jurisprudência, mas que o legislador de 2015 houve por bem positivar nesse inciso III, com a finalidade de realçar uma das características do efeito anexo, qual seja, a de que o *efeito anexo não é suspenso pela interposição do recurso da decisão condenatória*. Em outras palavras, a parte vencida não logra suspender o efeito da hipoteca judiciária mediante a interposição de recurso contra a decisão condenatória. Essa característica da hipoteca judiciária remonta às origens do instituto nas Ordenações Filipinas, de 1603. Já naquela oportunidade se percebera que o recurso não deveria suspender o efeito da hipoteca judiciária, sob pena de o instituto ter esvaziada sua finalidade de *antecipar* a constrição patrimonial capaz de garantir a futura execução.

O *efeito principal* da sentença radica na resolução judicial da relação jurídica de direito material definida na decisão. Conforme estudado no capítulo XXII, o recurso de apelação cível dotado de efeito suspensivo suspende, no processo civil, o *efeito principal* da sentença, mas não suspende o *efeito anexo* da sentença. Vale dizer, no processo civil, a apelação dotada de efeito suspensivo impede a execução provisória do julgado, mas não impede a hipoteca judiciária. Como o *efeito principal* da sentença é paralisado, no processo civil, pela interposição de recurso dotado de efeito suspensivo, o legislador de 2015 foi didático ao positivar que o recurso de apelação não suspende o *efeito anexo* da sentença, explicitando que a decisão condenatória "produz hipoteca judiciária: III – mesmo que impugnada por recurso dotado de efeito suspensivo".

Nem mesmo quando o recurso for dotado de duplo efeito, poderá a parte vencida, no processo civil, obstar a constituição de hipoteca judiciária enquanto imediato efeito anexo da decisão condenatória. No processo do trabalho, o efeito do recurso ordinário é apenas suspensivo (CLT, art. 899, *caput*). Essa circunstância acaba por tornar ainda mais evidente que, no processo do trabalho, o efeito anexo de hipoteca judiciária se produz pelo só fato do advento da sentença condenatória, ainda que oposto recurso ordinário da decisão respectiva, encontrando-se isolada, na doutrina, a posição de Eduardo Gabriel Saad. O jurista pondera: "*Venia permissa,* parece-nos que o art. 466 do CPC há de provocar a hipoteca em foco quando a sentença tiver passado em julgado. Antes disso, a hipoteca judiciária é capaz de provocar sérios danos à vida da empresa e, no caso de reforma da sentença na instância superior, a União corre o risco de ressarci-los".[225] A ponderação, contudo, não logrou sensibilizar nem os teóricos nem os aplicadores da lei. E parece que não poderia mesmo sensibilizar os juristas, diante dos termos da própria lei, segundo os quais a decisão condenatória "produz a hipoteca judiciária" (CPC/1973, art. 466; CPC/2015, art. 495), não se podendo adotar a doutrina citada sem violar o preceito legal do inciso III do §1º do art. 495 do CPC.

De acordo com o preceito legal em questão, a decisão condenatória *produz hipoteca judiciária mesmo que impugnada por recurso dotado de efeito suspensivo.* Ou seja, o efeito anexo de hipoteca judiciária atua à revelia da circunstância de ter havido recurso da sentença condenatória. Uma das melhores sínteses sobre a questão é encontrada na doutrina de Nelson Nery Junior e Rosa Maria de Andrade Nery. Os juristas, nos comentários ao art. 495 do CPC, afirmam que, em relação à hipoteca judiciária, não importa a existência ou não de recurso para considerá-la eficaz.[226]

A partir do §2º do art. 495 do CPC, o legislador de 2015 inovou na redação de todos os parágrafos do dispositivo legal, os quais não têm preceitos correspondentes no CPC de 1973. Examinaremos cada inovação de forma separada.

O §2º do art. 495 estabelece que "A hipoteca judiciária poderá ser realizada mediante apresentação de cópia da sentença perante o cartório de registro imobiliário, independentemente de ordem judicial, de declaração expressa do juiz ou de demonstração de urgência". A primeira observação é a de que o legislador *facultou à parte a iniciativa de promover o registro da hipoteca judiciária* na matrícula do imóvel do vencido. Para tanto, estabeleceu que o registro da hipoteca judiciária

---

[225] *Curso de Direito Processual do Trabalho.* 5. ed. São Paulo: LTr, 2007, p. 622-23.
[226] *Comentários ao Código de Processo Civil.* São Paulo: RT, 2015, p. 1.170.

pode ser realizado mediante a *simples* apresentação de cópia da sentença na escrivania imobiliária da situação do imóvel a ser gravado pela hipoteca judiciária. Nelson Nery Junior e Rosa Maria de Andrade Nery identificaram, nessa passagem do preceito, uma fórmula para desburocratizar a implementação da hipoteca judiciária.[227] Essa faculdade da parte, porém, não impede seja a hipoteca judiciária adotada de ofício pelo juízo, conforme a pacífica jurisprudência do Tribunal Superior do Trabalho.

O segundo aspecto relevante reside no fato de que o legislador esclarece que a hipoteca judiciária pode ser realizada independentemente de ordem judicial; e independentemente de declaração expressa do juiz. A previsão legal em questão apresenta-se em harmonia com a natureza jurídica do instituto da hipoteca judiciária, auxiliando os operadores jurídicos a compreender a particular característica desse efeito anexo, que, sendo exterior ao efeito principal da sentença e tendo sido outorgado pelo legislador ordinário, é produzido pelo mero fato do advento da sentença condenatória, "independentemente de ordem judicial, de declaração expressa do juiz" (CPC, art. 495, §2º).

O terceiro elemento digno de destaque está na explicitação de que à hipoteca judiciária não se pode exigir esteja presente o requisito cautelar do *perigo de dano* (CPC, art. 300). Esse requisito cautelar não pode ser exigido para se reconhecer o direito do vencedor à hipoteca judiciária. No preceito legal em estudo, o requisito cautelar do *perigo de dano* aparece sintetizado na expressão *urgência*. Esse terceiro elemento é identificado na locução legal de que *a hipoteca judiciária pode ser realizada independentemente de demonstração de urgência*.

Se para a concessão de *tutela provisória cautelar de apresamento de bens* é necessária a presença dos requisitos cautelares previstos no art. 300 do CPC, quais sejam, a probabilidade do direito e o perigo de dano, para a constituição de hipoteca judiciária tais requisitos não são exigíveis da parte que teve a seu favor sentença condenatória. É isso que o legislador de 2015 explicitou na parte final do §2º do art. 495 do CPC. A explicitação tem dois méritos; um mérito teórico e um mérito pragmático. O *mérito teórico* está no fato de que o legislador, com a explicitação adotada, fez *distinguir* dois institutos jurídicos que costumam ser baralhados na doutrina, por vezes; tutela provisória e hipoteca judiciária são *institutos distintos*, têm *requisitos legais distintos*. Em outras palavras, o legislador ministrou, na locução final do preceito

---
[227] *Comentários ao Código de Processo Civil*. São Paulo: RT, 2015, p. 1.170.

em estudo, elemento conceitual capaz de auxiliar os operadores jurídicos à indispensável compreensão desses dois institutos jurídicos e à compreensão da respectiva *distinção conceitual*.

O *mérito pragmático* radica na imediata *eliminação de uma dúvida* frequente do operador jurídico ainda não familiarizado com os elementos conceituais do instituto da hipoteca judiciária. Como a constituição da hipoteca judiciária implica a imediata constrição do patrimônio do vencido, essa lícita intervenção na esfera jurídica do devedor há de gerar a prudência da dúvida no operador jurídico criterioso, que há de se questionar se a técnica jurídica da hipoteca judiciária pode ser adotada na ausência de demonstração de perigo de dano. A analogia da hipoteca judiciária com a tutela provisória é algo frequente. Embora a teoria distinga esses institutos com perfeição, na prática é comum que a compreensão se faça com o limite da aproximação que os elementos teóricos disponíveis permitem ao intérprete e ao aplicador da lei. Mais do que isso, por vezes, a própria teoria jurídica recorre aos institutos da penhora e do arresto para colmatar as lacunas que surgem quando está em questão a implementação de determinados aspectos da hipoteca judiciária. Marinoni, Arenhart e Mitidiero sustentam, por exemplo, que se pode aplicar à hipoteca judiciária a disciplina da penhora no que respeita à substituição de bens.[228]

Ao estabelecer que a hipoteca judiciária pode ser realizada *independentemente de urgência*, o legislador de 2015 disse, com outras palavras, que a hipoteca judiciária pode ser constituída *mesmo na ausência de situação de perigo de dano*, o que significa afirmar que não se exige do titular da sentença condenatória, para ter direito à constituição de hipoteca judiciária, demonstração da presença dos requisitos cautelares previstos no art. 300 do CPC, os quais, contudo, são necessários à concessão da tutela provisória de apresamento de bens. Assim, o *mérito pragmático* do legislador foi o da imediata eliminação da dúvida que pudesse vir a se instalar no espírito do intérprete prudente e do aplicador cauteloso – o direito à hipoteca judiciária independente de situação de urgência; o direito à hipoteca judiciária independe de perigo de dano.

O §3º do art. 495 do CPC é outra novidade na disciplina da hipoteca judiciária. O legislador de 2015 introduziu o dever de a parte informar a constituição da hipoteca judiciária ao juízo da causa, o qual, por sua vez, dará ciência da realização desse gravame hipotecário à parte vencida. O preceito legal em estudo tem a seguinte redação: "§3º.

---

[228] *Novo Código de Processo Civil comentado*. 2. ed. São Paulo: RT, 2016, p. 585.

No prazo de até 15 (quinze) dias da data de realização da hipoteca, a parte informá-la-á ao juízo da causa, que determinará a intimação da outra parte para que tome ciência do ato".

Com a ciência do ato de constituição da hipoteca judiciária, informada ao vencido pelo juízo, surge para o vencido a oportunidade para, em querendo, questionar o bem escolhido para a constituição da hipoteca judiciária, hipótese em que o vencido deverá indicar, de imediato e na mesma oportunidade da impugnação, bem idôneo para a substituição postulada, sob pena de não ter conhecida sua impugnação, por força do dever de colaboração a que a ordem jurídica submete o devedor (CPC, arts. 6º e 805, parágrafo único, do CPC).[229] A escolha do bem a ser hipotecado cabe ao vencedor.[230] O contraditório, conforme sugere o preceito legal em apreço, não é prévio; o contraditório é diferido e tem oportunidade após a ciência da constrição informada pelo juízo ao vencido.[231] O juízo resolverá eventual impugnação do vencido, fazendo-o de acordo com as especificidades do caso concreto, algumas identificadas no capítulo XXVI.

Também constitui novidade a previsão do §4º do art. 495 do CPC. Nesse preceito legal, o legislador de 2015 estabeleceu que a hipoteca judiciária *gera direito de preferência ao seu titular*, com o que resta superada a disputa doutrinária que havia acerca da matéria, aspecto que foi desenvolvido no estudo realizado no capítulo XII. Esse direito de preferência obedece ao *critério cronológico do registro anterior da constrição*. Estabelece o preceito legal em apreço: "§4º. A hipoteca judiciária, uma vez constituída, implicará, para o credor hipotecário, o direito de preferência, quanto ao pagamento, em relação a outros credores, observada a prioridade no registro".

A prioridade no registro da constrição prevalece como critério definidor do direito de preferência, independentemente das espécies de constrição patrimonial em disputa. Vale dizer, as diversas modalidades de constrição concorrem com a hipoteca judiciária em condição de igualdade, independentemente da fase do processo em que foram realizadas. A título de ilustração, é possível afirmar que a penhora posterior não prevalecerá sobre a hipoteca judiciária registrada anteriormente àquela penhora. Nada obstante a penhora tenha sido adotada na fase de execução do processo respectivo, a hipoteca judiciária *registrada anteriormente* àquela penhora prevalecerá, embora determinada na

---

[229] A matéria foi objeto de estudo no capítulo VIII.
[230] Confira os respectivos fundamentos doutrinários no capítulo XXIV.
[231] A questão foi estudada no capítulo XXV.

fase de conhecimento do processo respectivo. A redação do §4º do art. 495 do CPC não autoriza interpretação para estabelecer distinção de tratamento entre as modalidades de constrição que atingem o mesmo bem, para efeito da definição do direito de prelação entre os credores disputantes. A matéria foi estudada no capítulo XXI.

A última inovação está capitulada no §5º do art. 495 do CPC, dispositivo que atribui responsabilidade objetiva à parte pelos prejuízos que a constituição da hipoteca judiciária cause à parte contrária, na hipótese de reforma da decisão. O preceito legal tem a seguinte redação: "Sobrevindo a reforma ou a invalidação da decisão que impôs o pagamento de quantia, a parte responderá, independentemente de culpa, pelos danos que a outra parte tiver sofrido em razão da constituição da garantia, devendo o valor da indenização ser liquidado e executado nos próprios autos". A locução *independentemente de culpa* remete o intérprete à responsabilidade objetiva. A responsabilidade objetiva é aquela que independe de culpa do sujeito que deu causa ao prejuízo.

O legislador do CPC de 2015 adota a responsabilidade objetiva também na tutela provisória de urgência (CPC, art. 302) e no cumprimento provisório da sentença (CPC, art. 520, I). Quanto à responsabilidade na averbação premonitória (CPC, art. 828, §5º), a doutrina tende a considerar que se trata de responsabilidade subjetiva diante do emprego da locução *averbação manifestamente indevida* pelo legislador. A responsabilidade objetiva da parte beneficiária da hipoteca judiciária, cuja sentença vem a ser reformada posteriormente, é objeto de estudo no capítulo XXXIV. O importante, aqui, é destacar que a responsabilidade não é presumida pelo fato de ter ocorrido a constituição de hipoteca judiciária. A hipoteca judiciária é medida legal que gera constrangimento jurídico do devedor no mercado. Esse constrangimento não é indenizável. A responsabilidade pressupõe a efetiva ocorrência de prejuízo, a efetiva ocorrência de dano. A ocorrência de prejuízo indenizável é fato constitutivo ao direito à indenização. Por conseguinte, a demonstração da ocorrência de dano é ônus da prova de incumbência da parte que postula a indenização, a teor do art. 373, I, do CPC, e do art. 818, I, da CLT.

CAPÍTULO XIII

A HIPOTECA JUDICIÁRIA ELEVA SEU TITULAR À CONDIÇÃO DE *CREDOR COM GARANTIA REAL*: O QUE ISSO SIGNIFICA?

O *credor quirografário* torna-se *credor hipotecário* quando é registrada a hipoteca judiciária constituída pela sentença condenatória por ele obtida. Esse registro, na matrícula do imóvel do vencido, eleva o *credor quirografário* à condição de *credor com garantia real*. Ocorre exatamente o mesmo com o credor trabalhista e com os demais credores que obtêm registro de hipoteca judiciária. Quando o credor trabalhista registra a hipoteca judiciária, ele se torna *credor trabalhista hipotecário*; credor trabalhista *com garantia real*. E isso é um diferencial em relação ao credor trabalhista comum, assim compreendido o credor trabalhista que não tem hipoteca judiciária registrada em seu favor.

Convém desenvolver a questão objeto do parágrafo anterior, ampliando a respectiva abrangência. Com o registro da hipoteca judiciária, o credor quirografário torna-se credor hipotecário *de direito processual (de direito processual* porque não se trata de hipoteca *de direito material)*. Essa última prevalece sobre aquela, *se o titular da hipoteca judiciária não for detentor de crédito dotado de privilégio legal*. A hipoteca de direito material prevalece sobre a hipoteca judiciária, porque à garantia real hipotecária prevista no art. 1.419 do Código Civil submete-se a hipoteca judiciária do credor quirografário (CPC, art. 495), já que essa última ostenta a natureza jurídica de garantia real de natureza jurídica *processual*. A hipoteca do art. 1.419 do Código Civil caracteriza-se como garantia real de natureza jurídica *substancial*.

Se a disputa ocorre *no âmbito do processo civil*, o credor quirografário detentor de hipoteca judiciária não terá preferência na disputa com credor cujo crédito esteja garantido pela hipoteca convencional do art. 1.419 do

Código Civil. O direito processual subordina-se ao direito material. A garantia hipotecária substancial prepondera sobre a garantia hipotecária processual, o que significa dizer que o titular da garantia hipotecária de direito material receberá primeiro; o credor quirografário titular de hipoteca judiciária receberá depois, se houver saldo.

Se o registro da hipoteca judiciária não é realizado, o vencedor não se torna credor hipotecário, permanecendo no patamar jurídico em que se encontrava antes da sentença condenatória. Se era credor quirografário, assim permanecerá enquanto não promover o registro da hipoteca judiciária na matrícula do imóvel do vencido. Por conseguinte, o vencedor não poderá invocar a existência de direito real de garantia enquanto não for registrado o gravame hipotecário. Daí a assertiva de Pontes de Miranda: "Toda a eficácia real depende da inscrição".[232] O jurista utiliza-se do vocábulo *inscrição* como sinônimo de registro. A Lei de Registros Públicos emprega o vocábulo *registro*.[233] Uma vez registrada a hipoteca judiciária na escrivania da situação do imóvel do vencido, o credor quirografário ascende à condição de credor hipotecário e passa a desfrutar do respectivo direito real – o que lhe assegura exercer os seguintes direitos reais: o direito de sequela (CC, art. 1.419), o direito de excussão do bem onerado (CC, art. 1.422) e o direito de preferência (CC, art. 1.422).

Mas retornemos à afirmação inicial de que o *credor quirografário* se torna *credor hipotecário* quando é registrada a hipoteca judiciária constituída pela sentença condenatória. Essa mudança de patamar creditício confere ao credor o direito subjetivo de fazer penhorar o bem que fora gravado com a hipoteca judiciária. Na verdade, o direito é mais abrangente: trata-se do direito de fazer *penhorar* e *alienar* o bem em hasta pública. É nisso que consiste o *direito de sequela* e o *direito de excussão* que o direito real confere ao credor hipotecário (CC, arts. 1.419 e 1.422). Aqui, evidencia-se a frutuosidade do efeito anexo instituído pelo legislador no art. 495 do CPC, e logo se percebe a importância que há, para o operador jurídico da advocacia, no estudo, no conhecimento e no manejo desse importantíssimo instrumento jurídico processual. O mesmo vale para o magistrado comprometido com a efetividade de suas decisões. Para tanto, o magistrado conta com segurança que lhe proporciona a pacífica jurisprudência do Tribunal Superior do Trabalho. A jurisprudência do TST afirma a juridicidade da determinação de

---

[232] *Comentários ao Código de Processo Civil.* t. V. Rio de Janeiro: Forense, 1974, p. 112.
[233] Lei nº 6.015/1973 – Lei de Registros Públicos: "Art. 168. Na designação genérica de registro, consideram-se englobadas a inscrição e a transcrição a que se referem as leis civis".

hipoteca judiciária de ofício. Esse entendimento do TST conta com o aval da doutrina trabalhista predominante, conforme exposto no capítulo XXII, no qual estão reproduzidas as lições de Manoel Antonio Teixeira Filho e de Cleber Lúcio de Almeida, lições essas representativas da doutrina majoritária, favorável à juridicidade da determinação da hipoteca judiciária de ofício pelo juiz.

O poder de fazer penhorar o bem gravado por hipoteca judiciária revela a importância que há, para o autor da demanda condenatória, na *prévia pesquisa do patrimônio imobiliário do vencido*, de modo que o gravame recaia em imóvel de melhor apelo comercial para a alienação em hasta pública. A diligência do advogado do credor será fundamental no particular. A hipoteca judiciária será tanto mais eficaz quanto melhor seja a eleição do bem imóvel a ser gravado com o ônus real de que trata o art. 495 do CPC. A hipoteca judiciária "visa garantir efetividade à execução futura" (TRT/SP – 00019415020105020067 – RO – Ac. 4ª T. – 2001220541437 – rel. Ricardo Artur Costa e Trigueiros – DOE 25.5.2012). Daí a necessidade de profissionalizar o manejo do instituto, mediante a incorporação da prática profissional da prévia pesquisa do patrimônio imobiliário do vencido, de modo que a eleição[234] do imóvel a ser gravado confira à futura execução o melhor rendimento.[235]

O imóvel escolhido, após a pesquisa do patrimônio do vencido, deve ser indicado na petição inicial, no requerimento de registro da hipoteca judiciária, de modo a qualificar a atuação profissional do advogado e de modo a extrair mais eficácia da atividade jurisdicional. A diligência de fazer juntar a matrícula do imóvel visado facilitará ao juízo a implementação da hipoteca judiciária. A adequada eleição do imóvel a ser gravado com hipoteca judiciária, além de contribuir para o êxito da futura execução, pode contribuir para estimular à própria conciliação da causa. Isso costuma ocorrer quando o vencido busca capital de giro no mercado bancário, mercado no qual não se aceita a dação de imóvel em garantia quando esse já esteja gravado por hipoteca judiciária.

Se o credor titular de hipoteca judiciária pode fazer penhorar o imóvel que ficou *vinculado* à execução após o registro do gravame hipotecário autorizado pelo legislador no art. 495 do CPC, por força do

---

[234] No capítulo XXIV, enfrento a questão relativa ao direito do vencedor da demanda de escolher o bem sobre o qual recairá a hipoteca judiciária.

[235] No capítulo XXIX, coloco em evidência a diferença de performance obtida por escritório de advocacia que se utiliza da técnica da hipoteca judiciária, na comparação com escritório que não o faz.

direito real de excussão que assiste ao credor hipotecário em geral (CC, art. 1.422), logo se percebe que será útil que essa vinculação recaia sobre bem livre, desembaraçado e bom apelo comercial. A prévia eleição de imóvel livre e desembaraçado evitará incidentes de disputa com outros credores, agilizando a execução. É sabido que a disputa do bem com outros credores sempre acaba por embaraçar o desfecho da execução, causando retardamento. Basta lembrar que os embargos de terceiro dos demais credores têm efeito suspensivo da execução (CPC, art. 678), acarretando delongas, as quais, porém, não poderão ser evitadas na hipótese de haver um único imóvel em disputa pelos credores.

No caso de credor trabalhista titular de hipoteca judiciária registrada, esse último terá preferência no pagamento em relação àqueles credores trabalhistas não detentores de hipoteca judiciária. Esses últimos receberão depois de satisfeito o credor trabalhista titular de hipoteca judiciária, salvo na hipótese de insuficiência patrimonial, quando a solução mais equânime passará a ser o rateio. A solução do rateio foi objeto de estudo no capítulo XXXIII.

Havendo suficiência patrimonial para o executado responder por todas as execuções trabalhistas, prevalecerá o direito de preferência na forma positivada no §4º do art. 495 do CPC, pois, conforme preleciona Mauro Schiavi, ao interpretar o preceito legal em questão, "o credor hipotecário terá preferência sobre os demais credores do bem imóvel e poderá exigir a execução da hipoteca caso o valor da dívida não seja pago".[236] O que significa dizer: os demais credores trabalhistas serão preteridos em favor do *credor trabalhista hipotecário*. Esse receberá por primeiro. Àqueles restará disputar o saldo. O mesmo raciocínio tem aplicação quando o registro da constrição dos demais credores trabalhistas é posterior ao registro da hipoteca judiciária. Isso porque a prioridade no pagamento, quando diversos credores disputam o mesmo bem do executado, é definida pelo *critério cronológico do registro anterior da constrição* (CPC, art. 495, §4º). O direito de prelação assiste ao credor titular da constrição registrada por primeiro.

Qualquer que seja a modalidade da constrição de titularidade dos demais credores trabalhistas, o registro *anterior* da hipoteca judiciária implicará a preferência do respectivo credor trabalhista e a consequente preterição dos demais credores titulares de constrição posterior. Assim é que prevalece a hipoteca judiciária sobre as demais constrições *posteriormente registradas*, independentemente da modalidade dessas

---

[236] *Execução no processo do trabalho*. 10. ed. São Paulo, 2018, p. 164.

constrições – seja penhora, seja arresto, seja sequestro, seja averbação premonitória, seja indisponibilidade de bens, seja outro tipo de gravame. Para resolver a disputa acerca do direito de preferência entre os credores trabalhistas que têm constrição sobre o mesmo bem do executado, bastará ao magistrado consultar a matrícula do imóvel e aplicar o critério cronológico do registro anterior da constrição (CPC, art. 495, §4º). Esse critério definirá a ordem em que serão realizados os sucessivos pagamentos devidos aos credores disputantes. A matrícula atualizada do imóvel permitirá ao juiz estabelecer, com toda a segurança, a ordem sucessiva dos pagamentos devidos aos credores que têm constrição sobre o mesmo bem do executado.

Daniel Amorim Assumpção Neves explica que, qualquer que seja a modalidade de constrição que concorre com a hipoteca judiciária, o critério cronológico do *registro* anterior define o direito de preferência entre os credores que disputam o mesmo imóvel, conformando a ordem de pagamento a partir da primeira constrição registrada na matrícula do imóvel, até chegar ao pagamento do titular da última constrição registrada naquela matrícula.

Em outras palavras: primeiro, receberá o credor titular da constrição com *registro mais antigo*; por último receberá o credor titular da constrição com *registro mais recente*. Os credores titulares das constrições registradas no período intermediário receberão o pagamento na ordem cronológica do registro da respectiva constrição.

O direito de preferência é uma das expressões do *direito real* que assiste ao credor hipotecário (CC, art. 1.442). Como tal, a sua configuração pressupõe tenha sido realizado o *registro* do gravame da hipoteca convencional na matrícula do bem dado em garantia do negócio jurídico. Como o registro da hipoteca é necessário à configuração do direito real respectivo, o titular da hipoteca convencional *celebrada anteriormente* será preterido em favor do titular da hipoteca convencional *registrada anteriormente*. Não basta *celebrar* a hipoteca convencional. Para invocar, com êxito, o direito real correspondente – o direito de preferência inclusive – é necessário *registrar* a hipoteca convencional na matrícula do imóvel dado em garantia. Assim é porque o direito de preferência somente se faz direito adquirido com o registro da hipoteca convencional. Enquanto o credor hipotecário não diligencia no registro da hipoteca convencional, não pode invocar o direito de preferência previsto no art. 1.442 do Código Civil. A conclusão decorre da dicção desse preceito legal: é *a prioridade no registro* que confere o direito de preferência ao credor hipotecário. O mesmo raciocínio vale para a hipoteca judiciária: o credor trabalhista que não tiver registrado hipoteca judiciária será preterido em favor do credor trabalhista que tiver adotado aquela diligência.

Note-se que, diferentemente do que ocorre na conformação da ordem de pagamento quando em disputa credores titulares de *penhoras* que recaíram sobre o mesmo bem (CPC, art. 797), no caso de *hipoteca judiciária*, o art. 495, §4º, do CPC estabelece que o critério definidor do direito de preferência é a data do *registro* da constrição – e não a data em que realizado *o ato de constrição*.

A data da realização do ato[237] de *penhora* define a ordem em que o pagamento ocorrerá quando houver disputa entre credores que, situados na mesma classe de crédito, tiverem *penhorado* o mesmo bem do devedor. Essa definição decorre da previsão legal de que, "ressalvado o caso de insolvência do devedor em que tem lugar o concurso universal, realiza-se a execução no interesse do exequente que adquire, pela penhora, o direito de preferência sobre os bens penhorados" (CPC, art. 797).

Na data da publicação da sentença, nasce o direito à hipoteca judiciária; significa dizer: nasce o *direito à inscrição* da hipoteca judiciária na matrícula do bem do vencido. Todavia, a data *publicação* da sentença condenatória não é o critério cronológico que define o direito de preferência do credor titular de hipoteca judiciária. O que significa dizer que não basta obter a sentença condenatória. Essa é título constitutivo de hipoteca judiciária (CPC, art. 495), mas sua publicação não configura o direito real de garantia. Somente com o registro da hipoteca judiciária é que se forma o direito real em favor do autor da demanda condenatória. É a data do *registro* do gravame na matrícula do imóvel do vencido que define o direito de preferência do credor hipotecário (CPC, art. 495, §4º).

Logo se percebe a importância da conduta diligente que recai sobre o profissional da advocacia que patrocina a demanda condenatória. A demora no registro da hipoteca judiciária prejudicará o interesse do credor hipotecário, na hipótese de ocorrência de disputa do mesmo bem por diversos credores, na medida em que o direito de preferência será escalonado pelo critério cronológico do registro anterior. O raciocínio aplica-se também quando a hipoteca judiciária é implementada pelo juízo de ofício.

Assim, se o ato de penhora é anterior ao registro da hipoteca judiciária na matrícula do imóvel, mas o registro dessa penhora na

---

[237] A data do ato de penhora é a data em que é lavrado o auto de penhora pelo Oficial de Justiça, ainda que a respectiva juntada dos autos do processo ocorra depois. Quando a penhora ocorre por termo nos autos do processo, a data da penhora é a data do termo de penhora lavrado nos autos do processo pelo Diretor de Secretaria.

matrícula do imóvel é posterior, o direito de preferência resolve-se em favor do credor titular da hipoteca judiciária. Esse último receberá por primeiro; o credor titular da penhora receberá depois. Assim ocorre quando a situação patrimonial do devedor for de solvência, vale dizer, quando seus bens forem suficientes à satisfação de suas dívidas. Na hipótese de insolvência, a solução será diversa, conforme exposto no próximo capítulo.

CAPÍTULO XIV

A HIPOTECA JUDICIÁRIA E O DIREITO DE PREFERÊNCIA NO CPC DE 2015

Com o advento do CPC de 2015, o legislador desenvolveu mais a disciplina normativa da hipoteca judiciária, solucionando questões doutrinárias que geravam controvérsia à época do CPC de 1973. Exemplo disso radica na afirmação legal de que a hipoteca judiciária confere direito de preferência ao vencedor da demanda condenatória, não se limitando a conferir apenas direito de sequela. Conforme se conclui da leitura do §4º do art. 495 do CPC, o legislador do Código de 2015 filiou-se à corrente extensiva, restando superada a controvérsia que perdurara na vigência do CPC de 1973: "Art. 495. §4º. A hipoteca judiciária, uma vez constituída, implicará, para o credor hipotecário, o direito de preferência, quanto ao pagamento, em relação a outros credores, observada a prioridade no registro".

Além de resolver definitivamente essa controvérsia doutrinária, a solução legislativa tem o mérito de prestigiar a decisão de primeiro grau de jurisdição, ao ampliar a eficácia da sentença condenatória. Essa opção de prestígio à decisão de primeiro grau encontra-se alinhada à diretriz geral do atual Código de Processo Civil, de reforçar a efetividade da jurisdição. Merece registro o fato de que o CPC de 2015 vai além da expressão "vencedor", adotada na doutrina anterior, para referir-se ao autor da ação condenatória mediante o emprego da locução "credor hipotecário" (CPC, art. 495, §4º), explicitando a relação em que, na dinâmica do processo, se articulam hipoteca judiciária e futura execução.

O direito de sequela é direito real e consiste no *direito de perseguir* o bem gravado com o ônus real da hipoteca judiciária – ainda quando o bem já esteja em poder de terceiro. O direito de sequela dá ao credor hipotecário o direito de buscar o bem onde quer que este se encontre; e com quem quer que este se encontre. Significa dizer que ao credor hipotecário é lícito fazer penhorar o bem gravado com hipoteca judiciária, mesmo que esse bem tenha sido depois alienado pelo devedor a terceiro. O direito de sequela persiste na hipótese de esse terceiro ter alienado novamente o bem imóvel gravado por hipoteca judiciária, por força do atributo jurídico da *aderência*, inerente ao direito real. O ônus real *adere* ao bem e o acompanha no futuro, independentemente do número de alienações sucessivas havidas, bastando, para tanto, que à época da primeira alienação já houvesse prévio registro da hipoteca judiciária. Porque tem eficácia *erga omnes*, o direito real alcança a todos – o que inclui o executado-alienante, o terceiro adquirente do bem e também os credores do executado-alienante; por força da *aderência* do direito real à coisa gravada, os novos terceiros que venham a adquirir o bem gravado com o ônus real da hipoteca judiciária também serão alcançados pela ineficácia da alienação do bem (CPC, art. 792, §1º). O vocábulo alcançados tem o significado de que todos serão atingidos, no sentido de que serão prejudicados, pelo fenômeno jurídico da ineficácia da alienação do bem perante o credor titular de garantia hipotecária. Em outras palavras, o credor titular de garantia hipotecária pode "desconsiderar" própria ocorrência da alienação do bem pelo devedor ao terceiro e fazer penhorar o bem hipotecado.

O direito de preferência consiste no direito de prioridade no pagamento, quando vários credores disputam o pagamento assegurado pelo mesmo bem do devedor: o *elemento cronológico da anterioridade do registro da constrição* define essa prioridade no pagamento. O direito de preferência também é identificado, na doutrina, pela expressão *direito de prelação*. Por força da incidência desse direito de preferência, a ordem dos pagamentos será estruturada, numa sequência, a partir do primeiro registro de constrição, seguindo-se os demais pagamentos na ordem cronológica em que foram registradas as constrições que se seguiram à primeira. É o que está previsto no §4º do art. 495 do CPC: "§4º. A hipoteca judiciária, uma vez constituída, implicará, para o credor hipotecário, o direito de preferência, quanto ao pagamento, em relação a outros credores, observada a prioridade no registro". Assim, o titular da hipoteca judiciária registrada em primeiro lugar receberá o seu crédito anteriormente ao credor detentor do segundo registro de hipoteca judiciária.

A respeito da prioridade no pagamento, o *critério cronológico da anterioridade do registro da hipoteca* opera da mesma forma que opera o *critério cronológico da anterioridade da penhora*, quando vários credores têm penhora sobre o mesmo bem (CPC, art. 797[238]). Merece registro, no particular, a observação da doutrina de Marinoni, Arenhart e Mitidiero, de que a semelhança entre os institutos da penhora e da hipoteca judiciária autoriza "a aplicação analógica das regras sobre penhora, notadamente no que tange à preferência e à substituição de bens",[239] de modo que à hipoteca judiciária aplica-se também o critério cronológico da anterioridade do registro de cada uma das constrições quando se tratar de resolver a questão da preferência para o pagamento, em havendo pluralidade de credores com constrição sobre o mesmo bem.

Se a afirmação de que o titular da hipoteca judiciária registrada em primeiro lugar receberá o seu crédito anteriormente ao credor detentor do segundo registro de hipoteca judiciária decorre da literalidade do preceito legal em questão (CPC, art. 495, §4º), não é tão pacífica a questão relativa à prevalência do critério cronológico do registro anterior quando se tratar de disputa entre hipoteca judiciária e gravames decorrentes de *constrição de outra natureza jurídica*, como, por exemplo, a penhora.

A crítica de Nelson Nery Junior e de Rosa Maria de Andrade Nery ao preceito em estudo questiona a outorga do direito de preferência assegurado no art. 495, §4º, do CPC, na situação em que o titular da hipoteca judiciária disputa o pagamento com outros credores do devedor que têm constrição – especificamente executiva – sobre o mesmo bem. Ponderam os autores: "questionamos se tal dispositivo não acabaria por gerar insegurança jurídica para os demais credores, que seriam posicionados em situação inferior à de um crédito que ainda está em discussão judicial".[240] No questionamento formulado pelos juristas, está implícita a ideia de uma *distinção* entre o credor titular de hipoteca judiciária e "os demais credores".

Como o preceito do §4º do art. 495 do CPC se utiliza da *genérica* locução "outros credores" quando define o direito de preferência do titular de hipoteca judiciária anteriormente registrada – "*o direito de preferência, quanto ao pagamento, em relação a* outros credores, *observada a prioridade no registro*" –, a interpretação mais consentânea parece ser aquela que *não distingue* entre as diversas espécies de credor *nem distingue* determinada modalidade jurídica de constrição. Adotar *distinção* entre diferentes espécies de credores ou entre diferentes modalidades

---

[238] CPC: "Art. 797. Ressalvado o caso de insolvência do devedor, em que tem lugar o concurso universal, realiza-se a execução no interesse no *exequente, que adquire, pela penhora, o direito de preferência* sobre os bens penhorados".

[239] *Novo Código de Processo Civil comentado*. 2. ed. São Paulo: RT, 2016, p. 585.

[240] *Comentários ao Código de Processo Civil*. São Paulo: RT, 2015, p. 1171.

de constrição, quando o preceito legal emprega a *abrangente* locução *outros credores*, implica optar por interpretação que contraria a regra hermenêutica segundo a qual o intérprete não deve distinguir onde o legislador não distinguiu. Vem a propósito recorrer à baliza hermenêutica traçada por Karl Engisch: a interpretação se deve manter sempre de qualquer modo nos limites do "sentido literal" e, portanto, que pode quando muito "forçar" esses limites, mas nunca ultrapassá-los.[241] Se é inviável distinguir entre os credores que disputam a prioridade no pagamento, nessa disputa os credores participam *em igualdade de condições*, disputa que se resolverá pela observância do objetivo critério cronológico do registro anterior de cada constrição que recaiu sobre o mesmo bem do devedor, independentemente das espécies de constrições em disputa.

Nos comentários ao §4º do art. 495 do CPC, Daniel Amorim Assumpção Neves *não faz distinção entre as diversas espécies de constrição*, adotando interpretação segundo a qual as demais modalidades de constrição disputam o pagamento com a hipoteca judiciária *em igualdade de condições*, de modo que o critério da preferência é, apenas, a *anterioridade* do registro de cada constrição no Cartório de Imóveis: "passa a hipoteca judiciária a ser computada com a penhora e o arresto para determinação de direito de preferência processual".[242] Assim, o critério cronológico do registro anterior definirá a prioridade no pagamento, independentemente da espécie de constrição de que sejam titulares os credores disputantes.[243]

A afirmação anterior, porém, não prevalecerá quando o *credor quirografário* estiver em disputa com credor beneficiário de privilégio legal previsto no *direito material*. Nesse caso, a hipoteca judiciária *anterior* do credor quirografário não prevalecerá sobre o crédito privilegiado. Observe-se que a hipoteca judiciária é *medida processual – garantia hipotecária de direito processual* (CPC, art. 495). Tal qual ocorre em relação à penhora anterior, a hipoteca judiciária se subordinará ao crédito dotado de privilégio legal *de direito material*. Tome-se o exemplo do credor fiscal. O *credor quirografário* titular de hipoteca judiciária *anterior* será preterido em favor do credor fiscal, porquanto esse último é detentor de crédito privilegiado, por força de norma *de direito material* (CTN, art. 186).

---

[241] *Introdução ao pensamento jurídico*. 10. ed. Lisboa: Fundação Calouste Gulbenkian, 2008, p. 195.
[242] *Novo Código de Processo Civil Comentado*. Salvador: Juspodivm, 2016, p. 825.
[243] Reforça a interpretação proposta o fato de que a disputa dos credores *também ocorre em igualdade de condições* quando no concurso estão credores detentores de direito real de garantia, conforme se extrai da interpretação do art. 1.422 do Código Civil.

Essa distinção foi precisamente destacada nos comentários de Daniel Amorim Assumpção Neves ao §4º do art. 495 do CPC. O autor confronta os institutos da *hipoteca convencional* (instituto de direito material) e da *hipoteca judiciária* (instituto de direito processual), figurando um conflito de interesses próprio à jurisdição civil: "Naturalmente, sendo apenas uma medida processual, diferente, portanto, da hipoteca como garantia real do direito material, a preferência apontada pelo dispositivo legal cede a qualquer regra de direito material".[244] Pontes de Miranda já alertava, na vigência do CPC de 1973, para a necessidade de se interpretar a hipoteca judiciária, instituto de *direito processual*, sob a inspiração do *direito substancial*. Dizia então o jurista: "Temos de interpretar o art. 466 como subordinado ao direito material".[245]

No processo do trabalho, a situação se passa de modo semelhante ao exemplo do credor fiscal, acima citado. O privilégio legal assegurado ao crédito trabalhista pelo art. 186 do Código Tributário Nacional terá como consequência fazer o crédito trabalhista superar o crédito quirografário tutelado por hipoteca judiciária *anterior*. Nesse particular, merece destaque a didática locução empregada por Daniel Amorim Assumpção Neves para extremar qualquer dúvida quanto ao fato de que a hipoteca judiciária – enquanto garantia *de direito processual* – cede ao crédito privilegiado por norma *de direito material*, quando há conflito quanto à preferência no pagamento. O autor utiliza-se da locução *direito de preferência processual*: "passa a hipoteca judiciária a ser computada com a penhora e o arresto para determinação de direito de preferência processual".[246]

A interessante questão que surge quando a disputa envolve *credores trabalhistas* e um deles detém hipoteca judiciária sobre bem em disputa é examinada no capítulo XXXIII. Por ora, basta registrar aqui que o referido credor trabalhista terá prioridade no pagamento em razão de sua condição de credor hipotecário, em detrimento dos demais credores trabalhistas.[247] Tal prioridade é consequência jurídica do *direito de preferência* que, em razão do registro da hipoteca judiciária, lhe assiste na condição de credor detentor de direito real de garantia,

---

[244] *Novo Código de Processo Civil Comentado*. Salvador: Juspodivm, 2016, p. 824-825.
[245] *Comentários ao Código de Processo Civil*. t. V. Rio de Janeiro, 1974, p. 113.
[246] *Novo Código de Processo Civil Comentado*. Salvador: Juspodivm, 2016, p. 825.
[247] Nesse raciocínio, está pressuposta a condição de solvência do executado. Na hipótese de insolvência do executado, a solução será o rateio do pagamento entre os credores trabalhistas, conforme demonstrado no capítulo XXXIII, denominado *Hipoteca judiciária e seu efeito jurídico na falência*.

conforme se extrai da interpretação sistemática do ordenamento jurídico brasileiro (CC, art. 1.422[248] c/c CPC, art. 495[249]).

---

[248] CC: "Art. 1.422. O credor hipotecário e o pignoratício têm o direito de excutir a coisa hipotecada ou empenhada, e preferir, no pagamento, a outros credores, observada, quanto à hipoteca, a prioridade no registro".

[249] CPC: "Art. 495. A decisão que condenar o réu ao pagamento de prestação consistente em dinheiro e a que determinar a conversão da prestação de fazer, de não fazer ou de dar coisa em prestação pecuniária valerão como título constitutivo de hipoteca judiciária".

CAPÍTULO XV

HIPOTECA E SEU REGISTRO NO CÓDIGO CIVIL

De acordo com o artigo 1.492 do Código Civil, as hipotecas serão registradas no cartório do lugar do imóvel, ou no de cada um deles, se o título se referir a mais de um. Tratando-se de modalidade de direito real, registrar a hipoteca será a primeira diligência do interessado. Enquanto não registrada a hipoteca, o credor terá apenas *direito pessoal* contra o devedor. Será então apenas um direito que valerá *inter partes*. É com o registro da hipoteca que nasce o direito real, a partir de então oponível *erga omnes*; oponível a todos. É a partir do registro que a hipoteca, enquanto direito real de garantia, torna-se oponível contra terceiros, atingindo tanto aos credores quirografários de devedor quanto aos terceiros adquirentes, conforme o magistério de Maria Helena Diniz.[250] A autora inclui, entre os atingidos pelo registro da hipoteca, o credor que não tenha registrado o seu título.

Como é de intuitiva conclusão, o registro da hipoteca judiciária deverá ser feito no Cartório do Registro de Imóveis do lugar do imóvel. A teoria jurídica identifica os interessados no registro da hipoteca: o credor, seus herdeiros e cessionários; o devedor ou seus herdeiros; outros credores do devedor; o fiador do devedor; os credores do credor hipotecário; e os representantes legais do credor ou de devedor. No caso da hipoteca judiciária, o interessado é o vencedor da demanda condenatória, que se enquadra na condição de credor, na primeira classe de interessados.

O art. 167, item 2, da Lei de Registros Públicos (Lei nº 6.015/1973), numa especificação do art. 1.492 do Código Civil, estabelece que as

---

[250] *Código Civil anotado*. 8. ed. São Paulo: Saraiva, 2002, p. 934.

hipotecas serão inscritas no registro de imóveis, sejam elas hipotecas legais, hipotecas judiciais ou hipotecas convencionais. Tal registro é necessário para que a hipoteca – qualquer que seja sua modalidade – produza efeitos perante terceiros. Isso significa dizer que a exigência de registro se estende à hipoteca judiciária. Conforme ensina Pontes de Miranda, "toda a eficácia real depende da inscrição".[251] Sem o registro da hipoteca judiciária, o direito do credor mantém sua categoria original, *de direito pessoal; direito entre as partes*. À categoria *de direito real*, exige-se que o credor promova o registro da hipoteca na matrícula do imóvel que será objeto do ônus real. Enquanto não promove o registro da hipoteca, o credor não pode invocar o direito de sequela para o qual a garantia de direito real da hipoteca nasce vocacionada. Tal ensinamento é encontrado na doutrina de Marinoni, Arenhart e Mitidiero. Dizem os juristas: "Até o efetivo registro o demandante tem apenas direito à inscrição da hipoteca – não tem direito de preferência e direito real sobre a coisa (e, pois, direito de sequela)".[252]

Pontes de Miranda adverte que o credor, que obteve a escritura de hipoteca, mas ainda não a registrou, "tem título: falta-lhe o direito real".[253] O título é representado pela escritura de hipoteca já obtida pelo credor. Mas somente o registro desse título no Cartório de Imóveis faz nascer o direito real de sequela oponível *erga omnes*. Esse ensinamento de direito material aplica-se à hipoteca judiciária: a sentença condenatória é título constitutivo de hipoteca judiciária, mas produz efeito apenas entre as partes enquanto a sentença não é levada a registro na matrícula do vencido. Registrada, a hipoteca judiciária alcançará a todos: ao executado, aos terceiros adquirentes, aos credores quirografários do devedor e aos demais. Assim como ocorre em relação à hipoteca convencional, também na hipoteca judiciária a diligência do operador jurídico será fundamental para que, realizado o registro do gravame hipotecário, toda a eficácia jurídica do direito real correspondente seja produzida, desde logo, em favor do interesse do titular da garantia real hipotecária.

Conforme ensinam Nelson Nery Junior e Rosa Maria de Andrade Nery, para ter eficácia contra terceiros, a hipoteca deve ser inscrita na matrícula do imóvel do vencido. Uma vez registrada a hipoteca, os autores esclarecem que se considera *em fraude de execução toda e qualquer transação que lhe seja posterior (LRP 167 I 2)*.[254]

---

[251] *Comentários ao Código de Processo Civil*. t. V. Rio de Janeiro: Forense, 1974, p. 112.
[252] *Novo Código de Processo Civil comentado*. 2. ed. São Paulo: RT, 2016, p. 585.
[253] *Comentários ao Código de Processo Civil*. t. V. Rio de Janeiro: Forense, 1974, p. 112.
[254] *Comentários ao Código de Processo Civil*. São Paulo: RT, 2015, p. 1170.

A hipoteca dos bens imóveis relacionados no art. 1.473 do Código Civil é registrada no Cartório do Registro de Imóveis da situação do bem. Essa regra tem duas exceções: a) a hipoteca dos navios é registrada no Tribunal Marítimo; b) a hipoteca das aeronaves é registrada no Registro Aeronáutico Brasileiro.

Mais de uma hipoteca pode recair sobre determinado bem. Um imóvel que foi objeto de hipoteca convencional pode vir a ser objeto de hipoteca judiciária. Pontes de Miranda observa que a *hipoteca judiciária pode já vir após outra ou outras hipotecas; toma ela o seu grau. Pode ser seguida de outras hipotecas e, a respeito dessas hipotecas que sobrevieram, tem ela a prioridade.*[255]

A pergunta pela duração do registro da hipoteca judiciária remete o intérprete às lições de direito real. Mais especificamente, essa pergunta remete o intérprete a uma das características do direito real, qual seja, a aderência. Segundo essa característica do direito real, o ônus real, uma vez constituído, vincula a coisa gravada à dívida por ela garantida, vinculação que se projeta para sobreviver no futuro, até que a obrigação seja satisfeita pelo devedor. A característica da aderência do direito real está associada à estabilidade duradoura do ônus real incidente sobre a coisa dada em garantia da obrigação. O ônus real adere à coisa (aderência) e nela perdura no tempo (sequela).

De acordo com o magistério de Maria Helena Diniz, "enquanto a hipoteca convencional tem duração máxima de vinte anos, a hipoteca legal perdurará indefinidamente, tendo em vista que seu registro valerá enquanto a obrigação garantida perdurar".[256] À hipoteca judiciária deverá ser aplicada a disciplina prevista para a hipoteca legal, na medida em que a origem legal do efeito anexo faz aproximar a hipoteca judiciária da hipoteca legal, conforme é destacado na doutrina de Pontes de Miranda. Ao comentar o art. 466 do CPC de 1973, o autor pondera que a hipoteca judiciária é instituto que "muito se parece com o das hipotecas legais, a cujas regras jurídicas nos reportamos".[257] A hipoteca judiciária é uma espécie de hipoteca legal e, como tal, deve ser compreendida e aplicada, à luz dos preceitos que regem a hipoteca legal (CC, arts. 1.489 a 1.491). Vale dizer, a perempção do ônus hipotecário que incide na hipoteca convencional (CC. art. 1.498, parte final) não atinge a hipoteca legal; consequentemente, não atinge a hipoteca judiciária. A hipoteca

---

[255] *Comentários ao Código de Processo Civil*. t. V. Rio de Janeiro: Forense, 1974, p. 120.
[256] *Código Civil Anotado*. 8. ed. São Paulo: Saraiva, 2002, p. 940.
[257] *Comentários ao Código de Processo Civil*. t. V. Rio de Janeiro: Forense, 1974, p. 112.

judiciária, no entanto, extinguir-se-á nas hipóteses previstas no art. 1.499 do Código Civil, cuja aplicação analógica se faz evidente.

Também se recolhe da doutrina de Maria Helena Diniz o ensinamento de que quaisquer alterações que se façam na hipoteca deverão ser averbadas no registro anteriormente feito, que conservará seu primitivo número.[258] A conservação do número primitivo da matrícula é que permitirá sindicar a cadeia dominial do imóvel e definir, por exemplo, a preferência dos credores quando estiver em disputa um mesmo imóvel.

---

[258] *Código Civil Anotado*. 8. ed. São Paulo: Saraiva, 2002, p. 940.

CAPÍTULO XVI

HIPOTECA JUDICIÁRIA E A SÚMULA Nº 375 DO STJ

Nada obstante o credor trabalhista seja protegido pela ordem jurídica mediante a outorga de privilégio legal a seu crédito (CTN, art. 186),[259] salvo na rara ocorrência de obtenção de tutela provisória cautelar de arresto na fase de conhecimento do processo, o credor trabalhista encontrar-se-á na contingência de submeter-se à tormentosa busca de bens para penhorar na fase de execução, caso não tenha sido adotada a técnica jurídica da hipoteca judiciária para vincular determinado bem imóvel do vencido ao cumprimento da sentença. Vale dizer, na ausência de registro de hipoteca judiciária, o credor trabalhista encontrar-se-á na contingência que assola o credor quirografário, em que pese o privilégio legal conferido a seu crédito – terá que se submeter à tormentosa busca de bens no patrimônio do devedor.

Esse problema é agravado pela orientação da Súmula nº 375 do Superior Tribunal de Justiça,[260] que, ao assentar que "o reconhecimento da fraude à execução depende do registro da penhora do bem alienado ou da prova da má-fé do terceiro adquirente", acaba por estimular o devedor a desfazer-se de seus bens no curso do processo, e antes de ser realizado o registro da penhora na matrícula do imóvel do vencido. Diante da orientação da Súmula nº 375 do STJ, a alienação ocorrida nesse período – antes de realizado o registro da hipoteca judiciária – é considerada eficaz e o adquirente é presumido terceiro adquirente de

---

[259] A jurisprudência do Superior Tribunal de Justiça identifica o crédito trabalhista como crédito *necessarium vitae* (STJ. 1ª Turma. REsp nº 442.325. Relator Min. Luiz Fux. DJU 25.11.2002, p. 207).

[260] Súmula nº 375 do STJ: "O reconhecimento da fraude à execução depende do registro da penhora do bem alienado ou da prova da má-fé do terceiro adquirente". A Súmula nº 375 do STJ foi editada em 30.03.2009.

boa-fé. O que significa dizer que a atitude do executado de antecipar a alienação de seu patrimônio será presumida lícita pela ordem jurídica. E isso predispõe o executado a alienar *deliberadamente* seu patrimônio – numa espécie de fraude à execução tolerada pela ordem jurídica, que se justifica pela defesa do interesse do terceiro adquirente de boa-fé e da estabilidade da cadeia das transmissões patrimoniais.

Em artigo publicado na *Revista LTr* no ano de 2014, afirmei a importância da hipoteca judiciária como instrumento legal de combate à fraude à execução.[261] Na ocasião, ponderei que a hipoteca judiciária não tem sido utilizada por magistrados e advogados, em que pese sua utilidade tanto para a efetividade da execução quanto para inibir a fraude à execução. O advento da Súmula nº 375 do Superior Tribunal de Justiça – STJ, entretanto, veio resgatar a atualidade deste instituto esquecido pela prática judiciária.[262] A afirmação de que o advento da Súmula nº 375 do STJ veio resgatar a atualidade do instituto da hipoteca judiciária reclama explicação.

A Súmula nº 375 do STJ assenta o entendimento de que "o reconhecimento da fraude à execução depende do registro da penhora do bem alienado ou da prova de má-fé do terceiro adquirente".[263] A leitura do verbete revela que a Súmula nº 375 do STJ visa proteger o terceiro que adquiriu de boa-fé o bem do executado. Há uma clara opção pela segurança jurídica do negócio celebrado entre o executado e o terceiro adquirente de boa-fé. À preeminência outorgada ao terceiro adquirente pela Súmula nº 375 do STJ corresponde a preterição do interesse do exequente. Em síntese: a tutela do interesse do terceiro de boa-fé é feita em detrimento do interesse do credor e, também, em prejuízo à autoridade jurisdicional. Porque a Súmula não se satisfaz com o fato de a demanda já se encontrar ajuizada contra o devedor; é necessário que a penhora já tenha sido registrada, para que se reconheça

---

[261] Hipoteca judiciária: a (re)descoberta do instituto diante da Súmula nº 375 do STJ – Execução efetiva e atualidade da hipoteca judiciária. *Revista LTr*, São Paulo, Ano 87, n. 2, p. 197-208, fev. 2014.

[262] PONTES DE MIRANDA. *Comentários ao Código de Processo Civil*. t. V. Rio de Janeiro: Forense, 1974, p. 112: "Fundamento da hipoteca judiciária, no direito brasileiro, é permitir-se que o vencedor da ação não vá, desde logo, às medidas constritivas cautelares ou de execução (arresto, penhora), alarmando os credores do condenado ou diminuindo-lhes, com tais medidas judiciais, o crédito. Aguarda-se melhor momento para a execução. Por outro lado, pode munir de garantia o vencedor, antes de se julgar em último grau a ação, e o arresto não impediria que o condenado contraísse outras dívidas. Ressalta, assim, a função econômica e jurídica da hipoteca judiciária".

[263] Súmula nº 375 do STJ: "O reconhecimento da fraude à execução depende do registro da penhora do bem alienado ou da prova da má-fé do terceiro adquirente". A Súmula nº 375 do STJ foi editada em 30.3.2009.

que a alienação do bem pelo devedor ao terceiro caracteriza fraude à execução e, portanto, fica marcada pela ineficácia com que a ordem jurídica esteriliza o negócio fraudulento.

Editada em 30.03.2009, a Súmula nº 375 do STJ teve inspiração no art. 240 da Lei dos Registros Públicos (LRP) e no art. 659, §4º, do Código de Processo Civil de 1973. O art. 240 da Lei Registros Públicos estabelece: "Art. 240. O registro da penhora faz prova quanto à fraude de qualquer transação posterior." Já o §4º do art. 659 do Código de Processo Civil de 1973 atribuía ao credor o ônus de registrar a penhora no cartório de registro de imóveis. Isso para que se estabeleça presunção absoluta de conhecimento por terceiros da existência da penhora. A redação do §4º do art. 659 do CPC foi dada pela Lei nº 11.382, de 06.12.2006: "§4º. A penhora de bens imóveis realizar-se-á mediante auto ou termo de penhora, cabendo ao exequente, sem prejuízo da imediata intimação do executado (art. 652, §4º), providenciar, para presunção absoluta de conhecimento por terceiros, a respectiva averbação no ofício imobiliário, mediante a apresentação de certidão de inteiro teor do ato, independentemente de mandado judicial". No CPC de 2015, a mesma orientação foi mantida, no art. 844: "Art. 844. Para presunção absoluta de conhecimento por terceiros, cabe ao exequente providenciar a averbação do arresto ou da penhora no registro competente, mediante a apresentação de cópia do auto ou do termo, independentemente mandado judicial".

Como é de intuitiva percepção, é muito difícil para o credor prejudicado provar que o terceiro adquirente agiu de má-fé ao adquirir o bem do executado. De acordo com inteligência da súmula, o ônus da prova que cabe ao credor prejudicado é o encargo processual de provar que o terceiro adquirente *tinha prévio conhecimento da existência da ação movida contra o executado-alienante* à época da aquisição do bem. A má-fé do terceiro adquirente caracteriza-se pela prova de que ele tinha ciência da existência de demanda contra o executado por ocasião da aquisição do bem. Esse ônus de prova é atribuído ao credor.

A comprovação do prévio conhecimento da existência da ação caracteriza a má-fé do terceiro adquirente. Não havendo tal comprovação, a diretriz da súmula é a de não reconhecer fraude à execução, preservando-se, então, a eficácia jurídica do negócio realizado entre o executado e o terceiro adquirente de boa-fé – em detrimento do interesse do credor prejudicado pela alienação do imóvel do executado; e em detrimento da autoridade jurisdicional.

Contudo, se, por ocasião da sentença, o juiz tomar a iniciativa de determinar o registro da hipoteca judiciária na matrícula dos imóveis da empresa reclamada, a existência desse gravame será considerada de conhecimento geral, pois o cartório de registro de imóveis é um registro público, que pode ser consultado por todas as pessoas. A iniciativa do juiz de determinar o registro da hipoteca judiciária era providência expressamente prevista no art. 466 do CPC de 1973,[264] a ser realizada de ofício. A juridicidade dessa iniciativa judicial também prevaleceu após o advento do CPC de 2015, tanto na doutrina quanto na jurisprudência, conforme revela a pesquisa realizada no capítulo XXII. O procurador do autor pode provocar o pronunciamento judicial pela hipoteca judiciária, postulando-a na petição inicial. Conforme indicado no capítulo XXIX, a pesquisa prévia do patrimônio do demandado permitirá ao autor indicar o bem sobre o qual deseja fazer incidir a hipoteca judiciária. A providência de requerer o registro de hipoteca judiciária será necessária, já que ainda são raros os juízes que determinam a hipoteca judiciária de ofício.

Caso o juízo não se manifeste sobre esse pedido na sentença, poderão ser utilizados embargos declaratórios destinados a suprir a omissão. O recurso ordinário será necessário, caso os embargos declaratórios não supram a omissão (CPC, art. 1.013, §3º, III). A sentença que se apresentar omissa no exame desse pedido incorrerá no defeito processual identificado na doutrina como sentença *citra petita*. Também conhecida como sentença *infra petita*, a sentença *citra petita* assim se caracteriza quando um pedido não é examinado. A nulidade processual da sentença *citra petita* é uma decorrência do desatendimento ao princípio da congruência. Previsto nos arts. 141 e 492 do CPC de 2015, esse princípio jurídico exige que a sentença guarde congruência (simetria) com os pedidos formulados pelas partes. Essa congruência exterioriza o cumprimento do dever de prestação jurisdicional completa, prestação jurisdicional na qual todos os pedidos deduzidos pelas partes são conhecidos (cognição) e apreciados (deliberação). Quando na sentença há omissão no exame de um pedido, a nulidade processual correspondente será suprida pelo Tribunal por ocasião do julgamento do recurso mediante a apreciação do referido pedido (CPC, art. 1.013, §3º, III). Nesta hipótese, cabe ao Tribunal suprir a nulidade processual da sentença, completando o julgamento, de modo a superar a incompletude da sentença por meio da apreciação do pedido. Não é caso, portanto, de devolução dos autos do processo ao órgão julgador de origem. A

---

[264] CPC: "Art. 466. A sentença que condenar o réu no pagamento de uma prestação, consistente em dinheiro ou coisa, valerá como título constitutivo de hipoteca judiciária, cuja inscrição será ordenada pelo juiz na forma prescrita na Lei de Registros Públicos".

incumbência de suprir a nulidade processual em questão foi cometida ao Tribunal pelo legislador no art. 1.013, §3º, III, do CPC, preceito no qual está consagrada a denominada teoria da causa madura, conforme procurei demonstrar em obra publicada em 2017.[265] Feito o registro da hipoteca judiciária, o terceiro adquirente já não mais poderá alegar a condição jurídica de adquirente de boa-fé, pois tinha acesso à informação[266] da existência de ação judicial contra o alienante (o futuro executado), situação em que o terceiro adquirente passa a ser considerado adquirente de má-fé.[267] Em outras palavras, o registro da hipoteca judiciária esvazia a alegação de ter o terceiro adquirido o imóvel de boa-fé e atua para fazer caracterizar fraude à execução no negócio celebrado entre a empresa reclamada e o terceiro adquirente. Aliás, o CPC de 2015 assentou caracterizar fraude à execução a alienação de imóvel gravado por prévia hipoteca judiciária, positivando essa consequência jurídica no preceito do inciso III do art. 792.[268] E, caracterizada a fraude à execução, a ordem jurídica considera ineficaz essa alienação (CPC, art. 792, §1º[269]). O que significa dizer que o bem pode ser penhorado pelo credor (CPC, art. 790, V[270]).

Conforme lecionam Luiz Guilherme Marinoni, Sérgio Cruz Arenhart e Daniel Mitidiero, *a fraude à execução não se confunde com a alienação de bem constrito judicialmente.*[271] A assertiva aplica-se à hipoteca judiciária. A afirmação anterior significa que a existência de prévia constrição judicial sobre o bem dispensa o credor da demonstração dos requisitos legais necessários ao reconhecimento da fraude à execução – entre eles, está insolvência do devedor-alienante. Na alienação de bem sobre o qual já incidira prévia constrição judicial, a ineficácia da alienação decorre do fato de que o negócio atenta contra a autoridade do Poder Judiciário. Não é necessário averiguar se a alienação produziu a insolvência patrimonial do devedor-alienante.

---

[265] *O novo CPC, a teoria da causa madura e sua aplicação ao processo do trabalho*: questões polêmicas. São Paulo: LTr, 2017. p. 60-61.
[266] Com o registro da hipoteca judiciária, o terceiro passa a ter a possibilidade de informar-se, junto ao Cartório do Registro de Imóveis, da existência de ação judicial contra o executado.
[267] PONTES DE MIRANDA. *Comentários ao Código de Processo Civil*. t. V. Rio de Janeiro: Forense, 1974, p. 111.
[268] CPC: "Art. 792. A alienação ou a oneração de bem é considerada fraude à execução: III – quando tiver sido averbado, no registro do bem, hipoteca judiciária ou outro ato de constrição judicial originário do processo onde foi arguida a fraude".
[269] CPC: "Art. 792. §1º. A alienação em fraude à execução é ineficaz em relação ao exequente".
[270] CPC: "Art. 790. São sujeitos à execução dos bens: V – alienados ou gravados com ônus real em fraude à execução".
[271] *Novo Código de Processo Civil Comentado*. 2. ed. São Paulo: RT, 2016, p. 864.

A teoria jurídica identifica a hipoteca judiciária como efeito anexo imediato da sentença condenatória.[272] Tal identificação decorre da expressa previsão legal de que a sentença condenatória é título constitutivo de hipoteca judiciária (CPC/1973, art. 466; CPC/2015, art. 495). Na lição de Luiz Guilherme Marinoni e de Daniel Mitidiero, "a eficácia anexa é aquela que advém da lei, sem necessidade de pedido".[273] Na vigência do CPC de 1973, a previsão legal era a de que a sentença condenatória "valerá como título constitutivo de hipoteca judiciária" (CPC/1973, art. 466, *caput*). A previsão legal era completada pela afirmação de que "A sentença condenatória *produz* a hipoteca judiciária" (CPC/1973, art. 466, parágrafo único). Idêntica eficácia jurídica está prevista no art. 495, *caput* e §1º, do CPC de 2015. É dizer, a simples publicação da sentença condenatória produz a hipoteca judiciária. Daí a afirmação da doutrina que de que a hipoteca judiciária decorre do *só fato* da sentença.

Publicada, a sentença condenatória produz a hipoteca judiciária cuja eficácia é imediata quanto ao réu, que é parte no processo. Entretanto, a eficácia da hipoteca judiciária quanto a terceiros – que não são parte no processo – depende da averbação respectiva no cartório imobiliário no qual estão registrados os imóveis da empresa reclamada. Realizado tal registro, presume-se em fraude à execução a alienação *superveniente* do imóvel hipotecado judiciariamente. A pessoa que adquire o imóvel da empresa reclamada é considerada terceiro. Esse terceiro é denominado, na teoria jurídica, de terceiro adquirente. Se já havia o registro da hipoteca judiciária na matrícula do imóvel à época da alienação, o terceiro adquirente não poderá invocar a condição jurídica de adquirente de boa-fé. Mauro Schiavi sintetiza assim a consequência jurídica da aquisição do imóvel já gravado por anterior hipoteca judiciária: "Com o registro da hipoteca judiciária, evita-se e se previne a fraude à execução, pois há presunção absoluta de que quem adquiriu o imóvel com a hipoteca sabia do gravame e, tacitamente, aceitou essa condição ao adquiri-lo".[274]

Apesar das virtudes da hipoteca judiciária para a efetividade da execução, registra-se grande timidez dos magistrados trabalhistas na utilização dessa útil ferramenta. Outrossim, os advogados não

---

[272] SILVA, Antônio Álvares da. *Execução provisória trabalhista depois da reforma do CPC*. São Paulo: LTr, 2007, p. 104: "A hipoteca judiciária é automática e será ordenada pelo juiz, como determina o art. 466 do CPC".
[273] MARINONI, Luiz Guilherme. MITIDIERO, Daniel. *Código de Processo Civil: comentado artigo por artigo*. 4. ed. São Paulo: RT, 2012, p. 445.
[274] *Execução no Processo do Trabalho*. 10. ed. São Paulo: LTr, 2018, p. 170.

costumam postular hipoteca judiciária. Observação semelhante é feita por *Carlos Zangrando*: "Não compreendemos a razão pela qual a garantia da hipoteca judiciária não é utilizada na prática, tanto no Processo do Trabalho quanto no Processo Civil. Talvez a resposta esteja no seu desconhecimento; ou talvez na vã concepção de que se possa alegar 'fraude à execução', se o réu se desfizer dos seus bens após demandado (CPC, art. 593, II). Infelizmente, a prática nos ensinou que, quando o processo chega a um estágio em que é necessário ao credor tentar anular a venda dos bens de devedor, tudo indica que a situação já se deteriorou a tal ponto que os riscos de frustração na execução aumentaram exponencialmente".[275] Nada obstante a jurisprudência do TST já estar pacificada a respeito da licitude da aplicação de ofício da hipoteca judiciária ao processo do trabalho,[276] ainda é bastante restrita a utilização dessa medida legal pelos juízes. Tampouco os advogados postulam hipoteca judiciária na petição inicial. O que não deixa de ser paradoxal, na medida em que são múltiplas as considerações acerca da baixa efetividade da jurisdição.

O advento da Súmula nº 375 do STJ, porém, opera como um importante estímulo à (re)descoberta da hipoteca judiciária. Isso porque os prejuízos que a Súmula nº 375 do STJ acarreta à efetividade da execução podem ser atenuados pelas virtudes do instituto da hipoteca judiciária. Em 08.11.2013, o Tribunal Regional do Trabalho da 4ª Região, Rio Grande do Sul, editou a Súmula regional nº 57 sobre a matéria, com o seguinte teor: "HIPOTECA JUDICIÁRIA. A constituição da hipoteca judiciária, prevista no artigo 466 do CPC, é compatível com o processo do trabalho." Após o advento do CPC de 2015, o Tribunal Regional do Trabalho da 4ª Região, em 01.06.2016, adaptou a redação do verbete sumular ao novo Código, mantendo o entendimento que fixara originalmente: "A constituição de hipoteca judiciária, prevista no art. 495 do CPC, é compatível com o processo do trabalho".[277]

É inegável a potencialidade da hipoteca judiciária para inibir o ilícito processual da fraude à execução. A doutrina identifica a hipoteca judiciária como instituto jurídico que atua como *meio preventivo contra a*

---

[275] *Processo do Trabalho: Processo de conhecimento*. v. 2. São Paulo: LTr, 2009, p. 1240.

[276] Os seguintes acórdãos da Subseção Especializada em Dissídios Individuais nº 1 do Tribunal Superior do Trabalho são representativos da posição hoje pacificada sobre a matéria no âmbito da SBDI-1 do TST, favorável à aplicação da hipoteca judiciária de ofício ao direito processual do trabalho: TST-SBDI-1-E-RR 98600-73.2006.5.03.0087; TST-SBDI-1-E-ED-RR 24800-64.2007.5.03.0026.

[277] Resolução Administrativa nº 19/2016 do Tribunal Regional do Trabalho da 4ª Região.

fraude.²⁷⁸ Isso porque o registro da hipoteca judiciária sobre os imóveis da empresa reclamada estabelece presunção de que o terceiro adquirente tem conhecimento da existência da ação trabalhista, o que esvazia a alegação de boa-fé do terceiro adquirente e atua para fazer caracterizar a fraude à execução. *Pontes de Miranda* utiliza estas palavras para definir a eficácia produzida pela hipoteca judiciária: "A inscrição determina restrição ao *poder de dispor*, por parte do dono do imóvel, de modo que o adquirente não pode alegar boa-fé".²⁷⁹

Se a hipoteca judiciária já cumpria importante papel no combate à fraude patrimonial, com o advento da Súmula nº 375 do STJ o instituto adquiriu maior importância para coibir a fraude à execução em particular.²⁸⁰ Em artigo elaborado antes do advento da Súmula nº 375 do STJ, *Luciano Athayde Chaves* assim identificava essa virtude da hipoteca judiciária: "o registro da hipoteca tem o mérito de reduzir os casos de fraudes à execução, consubstanciados na alienação ou oneração de bens do devedor durante o curso da ação, situações de grande embaraço e retardamento dos feitos judiciais".²⁸¹ Inibir a fraude à execução é o

---

[278] SANTOS, Moacyr Amaral. *Comentários ao Código de Processo Civil*. v. IV. Rio de Janeiro: Forense, 1988, p. 427. ZANGRANDO, Carlos. *Processo do Trabalho*: processo de conhecimento. v. 2. São Paulo: LTr, 2009, p. 1240.

[279] *Comentários ao Código de Processo Civil*. t. V. Rio de Janeiro: Forense, 1974, p. 118. O entendimento de *Pontes de Miranda* é compartilhado pela doutrina de Fredie Didiier Jr., Paula Sarno Braga e Rafael Oliveira (*Curso de direito processual civil*. 7. ed. Salvador: Juspodivm, 2012, p. 373): "Seu principal objetivo é prevenir a fraude à execução, autorizando o credor a perseguir o bem onde quer que se encontre (direito de sequela)".

[280] Com a superveniência da Súmula nº 375 do STJ, de 30-03-2009, que exige prévio registro da penhora para caracterizar-se fraude à execução, perde atualidade a observação de *Manoel Antonio Teixeira Filho* no sentido de que a hipoteca judiciária é "de pouca utilidade", na medida em que o credor pode invocar medida mais eficaz – a ocorrência de fraude à execução (TEIXEIRA FILHO, Manoel Antonio. *Curso de direito processual do trabalho*. v. II. São Paulo: LTr, 2009, p. 1292). Formulada em obra publicada no início de 2009, a observação do autor é *anterior* ao advento da Súmula nº 375 do STJ e tem por fundamento o argumento de que o credor dispõe do instituto da fraude à execução para coibir a fraude patrimonial. O argumento, contudo, restou afetado pela superveniência do verbete sumular do STJ. Daí nossa afirmação de ter a S-375-STJ resgatado a utilidade do instituto da hipoteca judiciária para a efetividade da execução, instituto jurídico a ser redescoberto pela magistratura. Contudo, na 11ª edição da obra *Execução no processo do trabalho*, publicada em 2013, o autor sustenta a necessidade de valorizar-se a hipoteca judiciária diante dos termos da S-375-STJ. Antes, porém, opina pela inaplicabilidade da Súmula nº 375 do STJ ao processo do trabalho, por incompatibilidade (*Execução no processo do trabalho*. 11. ed. São Paulo: LTr, 2013, p. 201/2). A necessidade de valorização da hipoteca judiciária é apresentada pelo jurista na seguinte passagem: "Considerando que o nosso entendimento quanto à inaplicabilidade da Súmula n. 375, do STJ, ao processo do trabalho possa não vir a ser aceito, seria o caso de valorizar-se a hipoteca judiciária de que o trata o art. 466, do CPC" (p. 202).

[281] CHAVES, Luciano Athayde. Ferramentas eletrônicas na execução trabalhista. *In:* CHAVES, Luciano Athayde (org.). *Curso de processo do trabalho*. São Paulo: LTr, 2009, p. 972.

principal objetivo da hipoteca judiciária, de acordo com a doutrina de *Fredie Didier Jr., Paula Sarno Braga* e *Rafael Oliveira*.[282]

As consequências jurídicas decorrentes da Súmula nº 375 do STJ revelam essa virtude da hipoteca judiciária de forma mais evidente quando o tema da fraude à execução é contextualizado sob o influxo do elemento cronológico. Trata-se do tempo de tramitação do processo. Explico. Desde a publicação da sentença até o advento da penhora e seu registro, costuma decorrer o tempo de alguns anos. A alienação de imóvel que a empresa reclamada faça nesse interregno de tempo estará a salvo da ineficácia jurídica inerente à fraude à execução, de acordo com a orientação adotada na Súmula nº 375 do STJ.[283]

Admite-se que esse interregno de tempo na tramitação do processo seja de dois (2) anos. Durante esses dois (2) anos, a alienação de bem imóvel pela empresa reclamada não caracterizará fraude à execução,[284] por ter ocorrido *antes* do registro da penhora. Esse prazo pode variar para mais ou para menos; geralmente, para mais...

Contudo, se, por ocasião da publicação da sentença, o juiz determinar o registro da hipoteca judiciária na matrícula dos imóveis da empresa reclamada, o terceiro adquirente já não mais poderá alegar a condição de adquirente de boa-fé e ter-se-á por caracterizada fraude à execução, de modo a esterilizar – em parte – o efeito prejudicial que a aplicação da Súmula nº 375 do STJ acarreta ao credor; em parte, porque a alienação realizada *antes* do registro da hipoteca judiciária não caracteriza fraude à execução, de acordo com a orientação da Súmula nº 375 do

---

[282] *Curso de direito processual civil*. 7. ed. Salvador: Juspodivm, 2012, p. 373.
[283] Tanto a hipoteca judiciária quanto a *averbação premonitória* prevista no art. 615-A previnem fraude patrimonial. Tratando-se de processo de conhecimento, a hipoteca judiciária é mais eficaz, pois permite o registro do gravame na matrícula do imóvel logo após a sentença (CPC, art. 495), ao passo que a *averbação premonitória* do art. 828 do CPC pressupõe – de acordo com a literalidade do preceito – a existência de processo em fase de execução. Portanto, a hipoteca judiciária atua *antes* da *averbação premonitória* do art. 828 do CPC. O mesmo se pode dizer quanto à medida de *indisponibilidade de bens* do devedor prevista no art. 185-A do Código Tributário Nacional. Aplicável ao processo do trabalho por força da previsão do art. 889 da CLT, a *indisponibilidade de bens* é medida útil à execução trabalhista e pode ser combinada com a hipoteca judiciária. Contudo, sua implementação também pressupõe estar o processo na fase de execução, porquanto a previsão do art. 185-A do CTN estabelece que a indisponibilidade de bens tem lugar quando o devedor, citado, deixa de pagar ou de apresentar bens à penhora.
[284] A afirmação tem como pressuposto a aplicabilidade da diretriz da Súmula nº 375 do STJ: "O reconhecimento da fraude à execução depende do registro da penhora do bem alienado ou da prova da má-fé do terceiro adquirente". No TST, predomina o entendimento pela aplicação da Súmula nº 375 do STJ à execução trabalhista. No âmbito da Seção Especializada em Execução do TRT da 4ª Região, também é predominante o entendimento pela aplicabilidade da S-375-STJ ao processo do trabalho. O mesmo ocorre na maioria dos demais Tribunais Regionais.

STJ. A lição de Nelson Nery Junior e Rosa Maria de Andrade Nery tem aplicação concreta aqui: para ter eficácia contra terceiros, a hipoteca deve ser inscrita na matrícula do imóvel do vencido, *considerando-se em fraude de execução toda e qualquer transação que lhe seja posterior (LRP 167 I 2)*.[285]

Se nos faltava motivo para (re)descobrir o instituto da hipoteca judiciária, já não falta mais: as consequências jurídicas decorrentes da Súmula nº 375 do Superior Tribunal Justiça exigem o resgate da hipoteca judiciária como medida legal voltada a inibir a fraude à execução, fraude que agora – após o advento da Súmula nº 375 do STJ – tende a generalizar-se. Essa é apenas uma das virtudes do instituto, quase tão importante quanto o direito de sequela que a hipoteca judiciária cria para o vencedor da demanda, permitindo-lhe executar o bem hipotecado judiciariamente ainda que esse bem já tenha sido transferido para terceiro (CC, art. 1.419 c/c CPC, art. 495).

---

[285] *Comentários ao Código de Processo Civil*. São Paulo: RT, 2015, p. 1170.

CAPÍTULO XVII

DUAS DEFESAS DO INSTITUTO DA HIPOTECA JUDICIÁRIA: ANTÔNIO ÁLVARES DA SILVA E MAURO SCHIAVI

No Direito Processual do Trabalho brasileiro, a mais antiga defesa da hipoteca judiciária é encontrada na obra de Antônio Álvares da Silva. Mais precisamente, essa defesa do instituto é encontrada no trabalho jurisdicional do jurista enquanto desembargador do Tribunal Regional do Trabalho da 3ª Região – Minas Gerais. O estudo que se faça sobre a jurisprudência formada acerca da hipoteca judiciária no capítulo XXXVII estará incompleto se não contemplar a pioneira contribuição de Antônio Álvares da Silva para a consolidação do instituto no direito processual.

Histórico defensor da efetividade da jurisdição trabalhista, Álvares da Silva empreende uma devotada defesa desse instituto processual de ordem pública nos acórdãos em que, de ofício, determinava o registro da hipoteca judiciária constituída pela sentença condenatória. No dispositivo do acórdão, o magistrado determinava, por sua própria iniciativa, a expedição de mandado de registro da hipoteca judiciária.

Ao refutar as críticas que lhe eram dirigidas pelo colega de Turma, o desembargador Júlio Bernardo do Carmo, em razão da hipoteca judiciária determinada de ofício,[286] a defesa da hipoteca judiciária feita por Antônio Álvares da Silva pode ser assim sintetizada:

    a) há *interesse público* do Estado no cumprimento das decisões judiciais;

---

[286] Trata-se de acórdão histórico proferido no julgamento do recurso ordinário número TRT/00834-2006-099-02-00-5-RO, em data de 02/06/2007.

b) a hipoteca judiciária garante a execução pela vinculação do imóvel gravado ao débito correspondente em face do direito de sequela conferido pela garantia real instituída pela hipoteca judiciária;

c) a hipoteca judiciária pode funcionar, ao lado do depósito recursal e da multa, como um freio à recorribilidade protelatória;

d) nos Estados Unidos vigora o princípio da valorização do primeiro grau de jurisdição: lá se reconhece que o juiz que colheu a prova está numa posição superior para avaliar os fatos da causa, de modo que a reforma da sentença somente ocorre quando o juiz incorre em evidente equívoco – porque se pensa num bem maior, que é a aplicação da lei aos casos concretos;

e) o jurista refuta o argumento da possibilidade de reforma da sentença no julgamento do recurso ordinário, observando que a reforma da decisão está compreendida na previsibilidade natural dos acontecimentos judiciários – toda a sentença pode ser mantida ou revista;

f) a possibilidade de a hipoteca judiciária tornar-se inútil por recair sobre bem de família não serve de argumento contra a adoção do instituto, segundo Álvares da Silva, porque, no caso, o prejuízo é de todo o processo e não propriamente da hipoteca judiciária. Trata-se de contingência inerente a qualquer execução;

g) a possibilidade de utilização de execução provisória pelo credor não justifica, no entender de Antônio Álvares da Silva, excluir-se a hipoteca judiciária, porque essas duas técnicas jurídicas somam-se no interesse do credor, a teor do inciso III do parágrafo único do art. 466 do CPC de 1973,[287] preceito segundo o qual a sentença condenatória produz hipoteca judiciária ainda quando o credor possa promover a execução provisória da sentença. A lei, portanto, estabeleceu a independência dos dois institutos exatamente para garantir a execução da sentença, de modo que ambos os institutos podem ser licitamente acumulados um ao outro, no interesse da efetividade da jurisdição;

h) diante da resistência oferecida sob a alegação de que a hipoteca judiciária causaria tumulto e demandaria pagamento de

---

[287] No CPC de 2015, idêntica previsão normativa é encontrada no art. 495, §1º, II.

emolumentos de cartório, Álvares da Silva anota que a hipoteca judiciária não gera qualquer tumulto; e os emolumentos serão cobrados do executado ao final da execução;

i) Antônio Álvares da Silva também refuta o argumento de que a superveniência da penhora *on-line* faria a hipoteca judiciária incompatível com essa penhora. O jurista lembra um elemento cronológico fundamental: a hipoteca judiciária ocorre logo após o advento da sentença, ao passo que a penhora só ocorre alguns anos depois do advento da sentença, quando o processo, após cumpridas as fases recursal e de liquidação de sentença, vier a ingressar na fase de execução.

Feita a resenha da defesa que a hipoteca judiciária mereceu de um magistrado de segundo grau de jurisdição, agora é hora de dar voz a um magistrado de primeiro grau.

Pois bem, uma das melhores defesas do instituto da hipoteca judiciária é encontrada, como era de se esperar, na obra de um juiz de primeiro grau de jurisdição. Trata-se do professor e juiz do trabalho Mauro Schiavi. É interessante pensar na relação que há entre essa qualificada defesa do instituto e a condição profissional do autor, enquanto magistrado do primeiro grau de jurisdição no Tribunal Regional do Trabalho da 2ª Região – São Paulo.

Essa relação é fruto do histórico esforço desenvolvido pelos juízes do trabalho em defesa da valorização das decisões de primeiro grau de jurisdição; juízes que dirigem seu olhar para a prática judiciária do sistema de *commom law* como um horizonte hermenêutico pelo qual se escaparia às vicissitudes de nosso sistema de *civil law* e à sua conatural falta de efetividade. Mauro Cappelletti levantaria essa questão na década de 1970, por ocasião da reforma do processo civil italiano, formulando-a em termos que se tornariam clássicos: *o principal defeito dos sistemas jurídicos da* civil law *"es la profunda desvalorización del juicio de primer grado, con la conexa glorificación, si asi puede decirse, de los juicios de gravamen"*.[288]

A defesa da hipoteca judiciária é feita por Mauro Schiavi na obra *Execução no processo do trabalho*, publicada pela Editora LTr. Depois de registrar que a hipoteca judiciária pode ser utilizada como técnica

---

[288] *Proceso, ideologías e sociedad.* Buenos Aires: Ediciones Jurídicas Europa-América, 1973, p. 278.

jurídica útil a minimizar a crise de efetividade da jurisdição trabalhista, o autor arrola as virtudes desse instituto:

a) prestigiar a autoridade da sentença de primeiro grau: com a hipoteca judiciária, o devedor já começa a ser importunado pela sentença, o que, via de regra, somente acontece com a penhora;

b) prevenir fraudes por parte do devedor: com o registro da hipoteca judiciária, há publicidade ampla do processo e da sentença, prevenindo a fraude patrimonial;

c) gerar o direito de sequela: a hipoteca judiciária não impede a alienação do bem, entretanto, há o direito de sequela por parte do vencedor da sentença, uma vez que a hipoteca continua gravando o bem, mesmo havendo mudança em sua propriedade;

d) abreviar o curso da execução: com a hipoteca judiciária, o imóvel já fica vinculado ao processo, evitando todas as vicissitudes que enfrenta o credor trabalhista para encontrar bens do devedor.[289]

Para o objetivo da presente obra, na qual se busca inventariar os múltiplos aspectos do instituto, faz-se necessário explorar as virtudes da hipoteca judiciária destacadas pelo jurista:

a) prestigiar a autoridade da sentença de primeiro grau: com a hipoteca judiciária, o devedor já começa a ser importunado pela sentença, o que, via de regra, somente acontece com a penhora.

A penhora é ato da fase de execução. Por conseguinte, é ato adotado quando o processo já se encontra tramitando há bastante tempo, depois de superadas as fases de recursos e de liquidação de sentença.[290] Desde o ajuizamento da ação até o início da fase de execução costuma transcorrer prazo relativamente longo, prazo pelo qual o ônus do tempo do processo recai sobre o credor (o vencedor da demanda), nada obstante a sentença condenatória que lhe foi favorável tenha estabelecido a presunção de que o credor detém uma posição de vantagem sobre o

---

[289] *Execução no Processo do Trabalho*. 10. ed. São Paulo: LTr, 2018, p. 166-167.
[290] Essas fases, somadas, apresentam demora de alguns anos, via de regra. Esse quadro de morosidade seria minimizado pelo recurso do credor à técnica jurídica da execução provisória da sentença, defendida por Antônio Álvares da Silva, com maestria, na obra *Execução provisória trabalhista depois da Reforma do CPC*. São Paulo: LTr, 2007. A execução provisória, entretanto, é pouco utilizada.

devedor (o vencido na demanda). É só com o advento da penhora, anos depois do ajuizamento da ação, que a esfera patrimonial do devedor é finalmente atingida pela tutela jurisdicional executiva. É só a partir desse momento que o devedor vai se tornar mais inclinado à satisfação da obrigação.

A constrição patrimonial materializada no ato de penhora do bem do devedor tem alguma potencialidade para induzir o devedor à colaboração para a solução do conflito, sobretudo quando se trata de bem necessário à atividade econômica do devedor; *alguma* potencialidade, porque a penhora oportuniza ao devedor acesso à fase de embargos à execução, fase na qual o devedor pode discutir os cálculos de liquidação de sentença e a juridicidade da penhora realizada, inclusive com direito ao duplo grau de jurisdição mediante a interposição de recurso de agravo de petição (CLT, art. 897, "a") quanto à sentença que resolver essas matérias (CLT, art. 884, §4º). O fato é que o processo demora muito até chegar ao ato de penhora, quando então a esfera patrimonial do devedor é atingida pela atuação estatal.

Pois bem. A hipoteca judiciária antecipa esse efeito jurídico. Essa antecipação é de *alguns anos*, na medida em que a hipoteca judiciária pode ser adotada logo após a publicação da sentença (CPC, art. 495, *caput*), ainda na fase de conhecimento do processo. Assim, não se aguarda pela conclusão da fase recursal e da fase de liquidação de sentença, para alcançar o referido efeito jurídico por meio da penhora. É necessário ponderar que a hipoteca judiciária atua "como modalidade de constrição sobre o patrimônio do potencial devedor", conforme está na doutrina de José Rogério Cruz e Tucci.[291] Pontes de Miranda, na vigência do CPC de 1973, ia além, para afirmar a, partir da lição de Leo Rosemberg, que a hipoteca judiciária *já é ato de execução*.[292]

A hipoteca judiciária, tal qual a penhora faz *anos depois*, gera gravame na matrícula do bem imóvel do vencido, acarretando-lhe restrições cadastrais no mercado. É sabido que os bancos não aceitam, em garantia de empréstimos, imóvel gravado com hipoteca judiciária. Essa eficácia da constrição hipotecária estimula à conciliação, desestimula recurso protelatório e instrumentaliza a futura execução forçada. E faz pensar na reflexão de Carlos Zangrando: "Não compreendemos a razão pela qual a garantia da hipoteca judiciária não é utilizada na prática, tanto no Processo do Trabalho quanto no Processo Civil. Talvez

---

[291] *Comentários ao Código de Processo Civil*. v. VIII. MARINONI, Luiz Guilherme (dir.); ARENHART, Sérgio Cruz; MITIDIERO, Daniel (coord.) São Paulo: RT, 2016, p. 154.

[292] *Comentários ao Código de Processo Civil*. t. V. Rio de Janeiro: Forense, 1974, p. 119.

a resposta esteja no seu desconhecimento; ou talvez na vã concepção de que se possa alegar 'fraude à execução', se o réu se desfizer dos seus bens após demandado (CPC, art. 593, II). Infelizmente, a prática nos ensinou que, quando o processo chega a um estágio em que é necessário ao credor tentar anular a venda dos bens de devedor, tudo indica que a situação já se deteriorou a tal ponto que os riscos de frustração na execução aumentaram exponencialmente".[293]

Portanto, não há dúvida de que está correto Mauro Schiavi quando sublinha que a hipoteca judiciária prestigia a autoridade da sentença de primeiro grau. De fato, com a constituição da hipoteca judiciária, o devedor já tem sua esfera patrimonial atingida pelo julgado, não se esperando pela penhora para chegar à constrição do patrimônio do vencido.

b) prevenir fraudes por parte do devedor: com o registro da hipoteca judiciária, há publicidade ampla do processo e da sentença, prevenindo a fraude patrimonial.

A exemplo do ato de penhora, o ato de hipoteca judiciária deve ser registrado na matrícula do imóvel do vencido, para gerar efeito perante terceiros. A realização desse registro está prevista na Lei de Registros Públicos (Lei nº 6.015/1973, art. 167, I, 2[294]). Como o Cartório de Registro de Imóveis caracteriza-se como Registro Público no direito brasileiro, os atos nele registrados são considerados de conhecimento público, na medida em que qualquer pessoa tem acesso aos dados dos Registros Públicos e, portanto, pode tomar conhecimento da existência de bens imóveis e respectivos gravames.

Uma vez registrada a hipoteca judiciária na matrícula do imóvel do vencido, a partir de então torna-se pública a restrição que tal gravame faz incidir sobre o direito de disposição do vencido em relação ao bem gravado pela hipoteca judiciária, de modo que terceiros passam a ter conhecimento – presumido pela lei – da existência do gravame e, portanto, não podem mais alegar ignorância a respeito da restrição patrimonial incidente sobre o imóvel hipotecado. Em consequência, os terceiros já não poderão mais invocar a condição de adquirentes de boa-fé em relação a imóvel previamente gravado por hipoteca judiciária.

---

[293] *Processo do Trabalho:* processo de conhecimento. v. 2. São Paulo: LTr, 2009, p. 1240.
[294] Lei nº 6.015/1973: "Art. 167. No registro de imóveis, além da matrícula, serão feitos: I – o registro: 2) das hipotecas legais, judiciais e convencionais;".

É pertinente o enfoque constitucional que Mauro Schiavi atribui ao ato de publicidade que o registro da hipoteca judiciária produz no mundo jurídico. O autor assinala que o registro da hipoteca judiciária "gera um efeito ativo da publicidade do processo (art. 93, IX, da CF), propiciando que terceiros conheçam a existência do processo e da sentença condenatória já proferida",[295] prevenindo a fraude de execução, mas, também, reforçando a obrigação de o devedor cumprir a obrigação.

A alienação de bem ocorrida em fraude à execução é considerada ineficaz em relação ao exequente (CPC, art. 792, §1º). De modo que o credor pode fazer penhorar o bem alienado em fraude à execução. Essa é a consequência com a qual a ordem jurídica sanciona o ilícito processual da fraude à execução[296] – o credor pode desconhecer a alienação ocorrida em fraude à execução e obter a penhora do bem alienado. Porque, perante o credor prejudicado pela fraude à execução, a alienação fraudulenta lhe é *inoponível* – no sentido de que a alienação fraudulenta é *ineficaz* perante o credor. A inoponibilidade está para a ineficácia como a metáfora está para a poesia. Em outras palavras: é como se, para o credor prejudicado, a alienação não tivesse existido. Convém reproduzir a didática fórmula enunciada por Marinoni e Arenhart: "É como se, *para a execução*, a alienação ou oneração do bem não tivesse ocorrido".[297]

Em conclusão, a hipoteca judiciária, além de prover segurança para o êxito da futura execução mediante a prévia constrição patrimonial do vencido, também atua para inibir e prevenir fraudes por parte do devedor. A publicidade do registro da hipoteca judiciária serve como alerta para terceiros adquirentes.

c) gerar o direito de sequela: a hipoteca judiciária não impede a alienação do bem, entretanto, há o direito de sequela por parte do vencedor da sentença, uma vez que a hipoteca continua gravando o bem, mesmo havendo mudança em sua propriedade.

O direito de sequela é um dos atributos do direito real.[298] Consiste no direito de o credor perseguir o bem, onde quer que o bem se encontre

---

[295] *Execução no Processo do Trabalho*. 10. ed. São Paulo: LTr, 2018, p. 166.
[296] É ilícito penal também (Código Penal, art. 179).
[297] *Curso de Processo Civil*: execução. 6. ed. São Paulo: RT, 2014, p. 268.
[298] O direito real consiste no poder direto do credor sobre a coisa. No caso de hipoteca, o direito real consiste no poder direto de submeter à execução forçada a coisa dada em garantia.

e com quem quer que se encontre (CC, art. 1.419[299]). Vale dizer, o credor titular de direito real pode perseguir a coisa que lhe foi dada em garantia no negócio jurídico celebrado. Diz-se então que o credor é titular de garantia de direito real e, por isso, a lei assegura-lhe o direito de sequela em relação à coisa dada em garantia. Caso a obrigação não seja cumprida pelo devedor, o credor pode fazer buscar a coisa dada em garantia, com a finalidade de obter a satisfação de seu crédito. O direito de sequela (CC, art. 1.419) é complementado pelo direito de excussão do bem dado em garantia (CC, art. 1.422). Verdadeiro desdobramento do direito de sequela, o direito de excussão consiste no direito do credor de fazer a penhora recair sobre o bem dado em garantia, caso a obrigação não seja adimplida pelo devedor, de modo a assegurar a mais eficaz satisfação da obrigação na respectiva execução forçada mediante a alienação judicial do bem dado em garantia da obrigação.

A hipoteca é uma das modalidades de garantia de direito real no direito brasileiro (CC, art. 1.419). Na condição de credor titular de garantia de direito real, o credor hipotecário tem direito a buscar e fazer penhorar o imóvel dado em garantia do negócio jurídico. Esse direito também é assegurado ao credor titular de hipoteca judiciária, consoante se extrai da interpretação sistemática do §4º do art. 495 do CPC.[300] Na doutrina, até o advento do CPC de 2015, havia controvérsia acerca de a hipoteca judiciária gerar direito de preferência ao vencedor.[301] Não havia controvérsia, porém, acerca de a hipoteca judiciária gerar direito de sequela em favor do vencedor. Pelo contrário, a hipoteca judiciária sempre foi compreendida como modalidade de garantia de direito real desde o seu surgimento no direito francês. Na hipoteca convencional (CC, art. 1.422), a garantia de direito real favorece ao credor da obrigação contratada. Na hipoteca judiciária, a garantia de direito real favorece ao vencedor da ação condenatória (CPC, art. 495).

---

[299] CC: "Art. 1.419. Nas dívidas garantidas por penhor, anticrese ou hipoteca, o bem dado em garantia fica sujeito, por vínculo real, ao cumprimento da obrigação".

[300] CPC "Art. 495. §4º. A hipoteca judiciária, uma vez constituída, implicará, para o credor hipotecário, o direito de preferência, quanto ao pagamento, em relação a outras credores, observada a prioridade no registro".

[301] Pontes de Miranda sustentava, na vigência do CPC de 1973, que a hipoteca judiciária gerava direito de sequela, mas não produzia direito de preferência. Já para Carlos Zangrando o direito de preferência também era gerado pela hipoteca judiciária. Essa controvérsia foi resolvida pelo CPC de 2015. O art. 495, §4º, do Código vigente é expresso em assegurar direito de preferência ao credor titular de hipoteca judiciária. Essa preferência observa o critério cronológico da anterioridade do registro da hipoteca judiciária na escrivania imobiliária da situação do imóvel gravado.

Se é verdade que a hipoteca judiciária não *impede* a alienação do bem por ela gravado, também é verdade que a hipoteca judiciária – constrição patrimonial que é – implica restrição ao direito de disposição patrimonial do vencido, conforme a lição de Pontes de Miranda. O autor esclarece que o registro da hipoteca judiciária "determina restrição ao *poder de dispor*, por parte do dono do imóvel, de modo que o adquirente não pode alegar boa-fé".[302]

De acordo com a lição de Mauro Schiavi, desde que tenha sido registrada a hipoteca judiciária, a alienação do bem gravado não impedirá que o credor faça a penhora recair sobre esse bem, "uma vez que a hipoteca continua gravando o bem, mesmo havendo mudança em sua propriedade",[303] conforme destaca o autor. A persistência do gravame registrado acompanha o bem que venha a ser adquirido por terceiro, por força do direito de sequela que caracteriza os direitos reais de garantia. Tal consequência jurídica – a *aderência* do direito de sequela à coisa gravada – revela a vertical inflexão com que o direito real incide na esfera patrimonial do obrigado e dos terceiros adquirentes.

O terceiro que adquirir o bem já gravado por hipoteca judiciária é considerado terceiro adquirente de má-fé. Isso porque tinha possibilidade de acesso aos registros do Cartório de Imóveis e ainda assim deliberou pela aquisição do bem, nada obstante a restrição de disponibilidade patrimonial do vencido representada pela hipoteca judiciária registrada na matrícula do imóvel em questão; hipoteca judiciária cujo conhecimento presumido não pode ser negado pelo terceiro adquirente, diante da publicidade dos Registros Públicos. Como eventuais embargos desse terceiro serão rejeitados, diante de sua condição jurídica de adquirente de má-fé, ao terceiro restar-lhe-á recorrer à medida legal de remição do bem em juízo;[304] do contrário, perderá o bem gravado em favor da execução, restando-lhe a via incerta do direito de regresso contra o executado-alienante, geralmente de resultado negativo. Aqui se percebe novamente a vertical inflexão do direito real sobre a esfera patrimonial tanto do vencido quanto do terceiro adquirente, inflexão que decorre da eficácia *erga omnes* do direito real – *o direito real é oponível contra todos*. Caso esse terceiro adquirente de má-fé aliene o imóvel que comprara do

---

[302] *Comentários ao Código de Processo Civil*. t. V. Rio de Janeiro: Forense, 1974, p. 118. O grifo é do original.

[303] *Execução no processo do trabalho*. 10. ed. São Paulo: LTr, 2018, p. 166.

[304] Se a dívida em execução tiver valor inferior ao do bem gravado pela hipoteca judiciária, o terceiro adquirente poderá optará pelo pagamento da dívida. Se a dívida tiver valor maior do que o valor do bem, optará pela remição. Para mais estudar detalhes sobre o direito do terceiro adquirente à remição, o leitor poderá consultar o capítulo XXXIX.

vencido, o novo adquirente estará na mesma situação: será vencido nos seus embargos de terceiro e só não perderá o imóvel se fizer a *remição* do imóvel; ou se pagar o débito em execução.

d) abreviar o curso da execução: com a hipoteca judiciária, o imóvel já fica vinculado ao processo, evitando todas as vicissitudes que enfrenta o credor trabalhista para encontrar bens do devedor.

Entre as finalidades da celebração de negócio jurídico pactuado com cláusula de garantia real, destaca-se o interesse do credor de fazer acelerar a execução forçada, na hipótese de inadimplemento da obrigação pelo devedor. Caracterizada a inadimplência, a vinculação de um bem previamente escolhido pelo credor como garantia para o negócio jurídico faz abreviar a execução forçada da obrigação, tornando desnecessária a busca de bens para a penhora. Dessa vicissitude do credor quirografário, o credor titular de garantia real está livre. Assim é que o credor titular de hipoteca convencional pode requerer desde logo a penhora do imóvel dado em garantia do negócio, quando do ajuizamento da execução hipotecária.

Como se trata de bem escolhido pelo próprio credor, é certo que a execução hipotecária será mais eficaz. Salvo a circunstância de o credor hipotecário concorrer com credor dotado de privilégio legal, pode-se afirmar que a execução hipotecária será plenamente eficaz – seja pela alienação do imóvel para terceiro, com o pagamento do credor hipotecário; seja pela adjudicação do imóvel pelo credor hipotecário. Portanto, há uma relação de causa e efeito entre a celebração de negócio jurídico mediante garantia real hipotecária e a aceleração da execução forçada que se sucede ao inadimplemento da obrigação.

Fruto do direito de excussão do credor hipotecário (CC, 1.422), o poder de fazer penhorar o bem escolhido para garantir o negócio jurídico tem o condão de agilizar a respectiva execução hipotecária, na medida em que o bem imóvel gravado com a hipoteca convencional fica "vinculado" à execução, dispensando o credor hipotecário da tormentosa pesquisa de bens que assola a execução de crédito quirografário. A posição de vantagem do credor titular de hipoteca judiciária é semelhante àquela tutela do credor titular da hipoteca convencional. Assim como esse último, o titular da hipoteca judiciária poderá fazer recair a penhora sobre o imóvel por ele escolhido para o gravame hipotecário. Esse imóvel, para reproduzir a expressão utilizada por Mauro Schiavi, fica *vinculado* à futura execução, facilitando a satisfação do credor. É dizer, o direito de excussão do bem gravado, previsto no art. 1.422 do Código

Civil, também beneficia o credor titular de hipoteca judiciária, conforme decorre da interpretação sistemática do ordenamento jurídico. Nessa interpretação, articulam-se os preceitos que regem a matéria no Código Civil (art. 1.422) e no Código de Processo Civil (art. 495), de modo a conferir unidade, coerência e eficácia ao sistema de direito brasileiro.

CAPÍTULO XVIII

AS SETE VIRTUDES CAPITAIS DA HIPOTECA JUDICIÁRIA

Em artigo publicado na *Revista LTr* no ano de 2014,[305] ainda à época da vigência do CPC de 1973, movido pela ideia-força de efetividade da Justiça do Trabalho no cotidiano forense, desenvolvi estudo do instituto da hipoteca judiciária, enaltecendo o que seriam as sete virtudes desse efeito anexo da sentença condenatória. Tratava-se de uma *aberta defesa* do instituto da hipoteca judiciária, enquanto instrumento processual voltado à efetividade da jurisdição trabalhista. O propósito do artigo foi divulgar a técnica jurídica da hipoteca judiciária e destacar suas potencialidades, chamando os operadores jurídicos – sobretudo os magistrados trabalhistas – à avaliação da utilidade dessa técnica jurídica pouco explorada no processo do trabalho. Apresento, aqui, as ideias que na ocasião desenvolvi e o faço como a minha própria defesa do instituto para o presente livro, na esteira dos ensinamentos ministrados por Antônio Álvares da Silva e Mauro Schiavi no capítulo anterior.

Na ocasião, registrei que a primeira virtude do instituto está na circunstância de que o efeito anexo de hipoteca judiciária é produzido pela simples publicação da sentença condenatória. A hipoteca judiciária é *efeito anexo imediato* da sentença estabelecido em lei: a mera publicação da sentença condenatória produz a hipoteca judiciária, por força de previsão legal. A previsão legal estava no *caput* do art. 466 do CPC de 1973: "Art. 466. A sentença que condenar o réu no pagamento de uma prestação, consistente em dinheiro ou em coisa, valerá como *título constitutivo* de hipoteca judiciária, cuja inscrição será ordenada pelo juiz na forma prescrita na Lei de Registros Públicos". No CPC de 2015, a previsão

---

[305] "Hipoteca judiciária: a (re)descoberta do instituto diante da Súmula n. 375 do STJ – Execução efetiva e atualidade da hipoteca judiciária". *Revista LTr*, n. 2, p. 197-205, fev. 2014.

de que a *decisão condenatória* constitui hipoteca judiciária está expressa no *caput* do art. 495: "A *decisão* que condenar o réu ao pagamento de prestação consistente em dinheiro e a que determinar a conversão de prestação de fazer, de não fazer ou de dar coisa em prestação pecuniária valerão como título constitutivo de hipoteca judiciária". Acolhendo produtiva observação teórica da doutrina, o legislador de 2015 ampliou a hipoteca judiciária às decisões condenatórias em geral, de modo que o efeito anexo respectivo não mais se limita à sentença condenatória, como ocorria na vigência do CPC de 1973.

Ratificando a previsão de que a sentença condenatória *constitui* hipoteca judiciária, o parágrafo único do art. 466 do CPC de 1973 explicitava tal *efeito anexo imediato* da sentença, ao estabelecer expressamente: "A sentença condenatória *produz* a hipoteca judiciária". O verbo *produz* está para *efeito anexo imediato*, como as estrelas estão para a noite. No CPC de 2015, o legislador optou por explicitar que o efeito anexo de hipoteca judiciária é produzido pela *decisão*[306] de natureza condenatória e manteve, no §1º, a mesma explicitação que havia no diploma legal anterior: "A decisão produz a hipoteca judiciária". Daí a didática assertiva de *Moacyr Amaral Santos* sobre a questão: "Do só fato de haver sentença de efeito condenatório resulta, por força de lei, hipoteca judiciária sobre os imóveis do condenado, e, assim, o poder do autor de fazer inscrevê-la mediante simples mandado do juiz".[307] A sentença condenatória é compreendida, aqui, como *fato jurídico*. A chegada desse fato jurídico é que produz o efeito anexo previsto pelo legislador.

Portanto, a *constituição* da hipoteca judiciária decorre do mero advento da sentença condenatória, embora seja necessário o respectivo registro na matrícula dos imóveis da empresa reclamada no Cartório do Registro de Imóveis, a fim de o credor hipotecário poder fazer valer seu direito real de garantia contra terceiros – vale dizer, a fim de fazer seu direito real valer contra o terceiro-adquirente.[308] Para concluir o estudo

---

[306] A locução específica *sentença condenatória* foi substituída pela locução genérica *decisão condenatória*: a decisão interlocutória condenatória enseja hipoteca judiciária.

[307] *Comentários ao Código de Processo Civil*. v. IV. Rio de Janeiro: Forense, 1988, p. 426.

[308] Nesse sentido é o magistério de SANTOS, Moacyr Amaral. *Comentários ao Código de Processo Civil*. v. IV. Rio de Janeiro: Forense, 1988, p. 426 e de TEIXEIRA FILHO, Manoel Antonio. *Curso de direito processual do trabalho*. v. II. São Paulo: LTr, 2009, p. 1291: "c) para que produza efeitos com relação a terceiros, é indispensável que a hipoteca judiciária seja inscrita no registro competente, nos termos da Lei de Registros Públicos".

dessa virtude da hipoteca judiciária, vale retornar à lição clássica de Pontes de Miranda: "À hipoteca judiciária basta o ter a sentença".[309]

A segunda virtude da hipoteca judiciária radica na juridicidade de sua implementação de ofício, pelo juiz. O *caput* do art. 466 do CPC de 1973 atribuía ao magistrado a iniciativa para o ato, quando estabelecia que a inscrição da hipoteca judiciária "*será ordenada pelo juiz* na forma prescrita na Lei de Registros Públicos". Ao comentar o instituto da hipoteca judiciária, *Pontes de Miranda* identifica a inscrição da hipoteca judiciária como um *dever do juiz* estabelecido pela lei processual quando se tratar de sentença condenatória: "O elemento mandamental da sentença de condenação é tornado bastante, pelo art. 466, parágrafo único, para a inscrição. Há dever do juiz".[310]

A implementação da hipoteca judiciária é realizada de ofício pelo juiz, dispensando pedido da parte beneficiária da condenação. A doutrina de *Antônio Álvares da Silva*, elaborada à época do CPC de 1973, é precisa a respeito: "A hipoteca judiciária é automática e será ordenada pelo juiz, como determina o art. 466 do CPC. Portanto independe de requerimento da parte. É uma consequência da sentença".[311] Para evitar o frequente equívoco de confundir hipoteca judiciária com modalidade de tutela provisória cautelar, poder-se-ia explicitar que a hipoteca judiciária é uma consequência da sentença *enquanto fato jurídico*. Basta esse *fato jurídico* para que nasça a hipoteca judiciária como direito do credor. No âmbito da doutrina justrabalhista produzida na vigência do CPC de 1973, o magistério de Luciano Athayde Chaves também se alinhava ao entendimento de que a hipoteca judiciária podia ser determinada de ofício pelo magistrado.[312] É interessante notar que, mesmo no âmbito do processo civil, essa era a orientação doutrinária sobre a matéria. *Luiz Guilherme Marinoni* e *Daniel Mitidiero*, à época do CPC de 1973, sustentavam: "A constituição de hipoteca judiciária independe de pedido da parte".[313]

---

[309] *Comentários ao Código de Processo Civil*. t. V. Rio de Janeiro: Forense, 1974, p. 117.
[310] *Comentários ao Código de Processo Civil*. t. V. Rio de Janeiro: Forense, 1974, p. 111.
[311] *Execução provisória trabalhista depois da reforma do CPC*. São Paulo: LTr, 2007, p. 104. No mesmo sentido alinha-se o magistério de Luciano Athayde Chaves: "A hipoteca judiciária constitui, à vista desse dispositivo legal, uma eficácia anexa ou secundária da sentença, porquanto independe de pedido da parte" (Ferramentas eletrônicas na execução trabalhista. *In*: CHAVES, Luciano Athayde (org.). *Curso de processo do trabalho*. São Paulo: LTr, 2009, p. 969).
[312] Ferramentas eletrônicas na execução trabalhista. *In*: CHAVES, Luciano Athayde (org.). *Curso de processo do trabalho*. São Paulo: LTr, 2009, p. 969
[313] MARINONI, Luiz Guilherme; MITIDIERO, Daniel. *Código de Processo Civil*: comentado artigo por artigo. 4. ed. São Paulo: RT, 2012, p. 445.

Mesmo após o advento do CPC de 2015, a doutrina justrabalhista perseverou no entendimento que desenvolvera na vigência do CPC de 1973. Esse registro é necessário porque, na redação dada ao instituto no novo Código, foi estabelecida a faculdade de a parte interessada tomar a iniciativa de fazer pessoalmente o encaminhamento da decisão condenatória para registro da hipoteca judiciária na correspondente escrivania imobiliária (CPC, art. 495, §2º[314]). Além disso, restou prevista, para o caso de reforma da decisão condenatória, responsabilidade objetiva da parte autora na hipótese de a parte ré ter sofrido prejuízo em razão da constituição da hipoteca judiciária (CPC, art. 495, §5º[315]). Esses dois elementos normativos conduziram alguns juristas à conclusão de que, a partir do advento do CPC de 2015, não mais seria lícita a determinação de hipoteca judiciária de ofício. A partir de então, a iniciativa da parte seria indispensável, no entender de tais juristas.

A doutrina, no entanto, não se alterou em razão dos referidos elementos normativos introduzidos pelo legislador de 2015 e permaneceu a reconhecer a juridicidade da hipoteca judiciária determinada de ofício. No âmbito do processo do trabalho, Manoel Antonio Teixeira Filho seguiu afirmando: "Entendemos que essa inscrição independe de requerimento do interessado, podendo ser promovida pelo juiz, *ex officio*. Assim opinamos, em face da redação imperativa do art. 495 do CPC, segundo a qual a sentença condenatória valerá como título constitutivo dessa espécie de hipoteca. Não condiciona, esse texto legal, a inscrição da hipoteca à iniciativa do autor ou interessado".[316] Idêntica orientação é encontrada na doutrina de Cleber Lúcio de Almeida[317] e Mauro Schiavi.[318]

A jurisprudência do TST é pacífica a respeito: não é necessário requerimento da parte para o registro da hipoteca judiciária. Tampouco se caracteriza julgamento *extra petita* quando o magistrado determina hipoteca judiciária de ofício; e não se cogita de violação ao devido

---

[314] CPC: "Art. 495. §2º. A hipoteca judiciária poderá ser realizada mediante apresentação de cópia da sentença perante o cartório de registro imobiliário, independentemente de ordem judicial (...)".

[315] CPC: "Art. 495. §5º. Sobrevindo a reforma ou a invalidação da decisão que impôs o pagamento de quantia, a parte responderá, independentemente de culpa, pelos danos que a outra parte tiver sofrido em razão da constituição da garantia, devendo o valor da indenização ser liquidado e executado nos próprios autos".

[316] *Comentários ao Código de Processo Civil sob a perspectiva do processo do trabalho*. 3. ed. São Paulo: LTr, 2019, p. 762.

[317] *Direito Processual do Trabalho*. 7. ed. Salvador: Juspodivm, 2019, p. 652.

[318] *Execução no processo do trabalho*. 10. ed. São Paulo: LTr, 2018, p. 167.

processo legal.[319] Conforme revela a jurisprudência estudada no capítulo XXXVII, a iniciativa do juiz é legal: basta expedir o mandado de registro da hipoteca judiciária. Na hipótese de o magistrado deliberar pela implementação da hipoteca judiciária, fazer constar no dispositivo da sentença a respectiva determinação de expedição de mandado de registro da hipoteca judiciária facilitará o trabalho da Secretaria da Vara do Trabalho. Essa recomendação pode ser adotada tanto na hipótese de hipoteca judiciária ordenada de ofício quanto na hipótese de hipoteca judiciária determinada em atendimento a requerimento do autor.

A terceira virtude da hipoteca judiciária é conferir ao credor direito de sequela sobre os imóveis gravados com hipoteca judiciária. Ao conferir ao credor direito de sequela sobre os imóveis gravados pela hipoteca judiciária, o instituto previsto no art. 495 do CPC potencializa o cumprimento da sentença. Isso porque, na lição de *Francisco Antonio de Oliveira* acerca da hipoteca judiciária, o credor poderá "opô-la a terceiros e sujeitar à execução, com direito de sequela, os bens do devedor que restarem *vinculados* ao julgado".[320] O vocábulo *vinculados* mereceu destaque, para sublinhar o *vínculo de direito real* (CC, art. 1.419) que a hipoteca judiciária registrada vai constituir entre o crédito objeto da condenação e o bem gravado pelo ônus hipotecário. Esse *vínculo de direito real* é decorrência do fato de que a hipoteca é *modalidade de direito real* (CC, art. 1.225, IX); mais precisamente, a hipoteca é modalidade de direito real *de garantia* (CC, art. 1.419) que *vincula*, por força do direito de sequela, o bem hipotecado à dívida por ela garantida. O mesmo ocorre no que diz respeito à hipoteca judiciária: o bem gravado fica *vinculado* desde logo ao cumprimento da sentença condenatória. Logo se percebe a potencialidade que o instituto da hipoteca judiciária pode aportar à concretização da garantia constitucional da efetividade da jurisdição (CF, art. 5º, XXXV) e à realização da garantia constitucional da razoável duração do processo (CF, art. 5º, LXXVIII).

O gravame da propriedade imobiliária da empresa reclamada estimula ao cumprimento da sentença e desestimula recursos protelatórios, além de potencializar a perspectiva de uma execução exitosa mediante o gravame prévio de bens imóveis que ficarão legalmente *vinculados* ao cumprimento da respectiva sentença. Com efeito, "a hipoteca judiciária – a ponderação é Luciano Athayde Chaves – se constitui em mais uma ferramenta auxiliar à difícil tarefa de imprimir

---

[319] RR-508-16.2017.5.210009, 3ª Turma, Rel. Ministro Mauricio Godinho Delgado, DEJT 18/10/2019.

[320] *Execução na Justiça do Trabalho*. 6. ed. São Paulo: RT, 2008, p. 161.

efetividade às resoluções judiciais. Mais do que isso, ainda na fase de pronunciamento do direito – que é a sentença –, reconhece-se a necessidade de sujeição do demandado, agora potencial devedor, aos termos da decisão, assinalando o dever de cumprir com as ordens emanadas do Poder Judiciário".[321]

Identificada por *Ovídio A. Baptista da Silva* como o caso mais comum de efeito anexo da sentença, a hipoteca judiciária produz uma eficácia da qual não se poderão desvencilhar nem as partes nem os terceiros. Tal ocorre em razão de que *é a própria lei a fonte produtora do efeito anexo* da sentença representado pela hipoteca judiciária: "o efeito anexo é previamente determinado pela lei, e, como tal, ocorre necessariamente pela simples verificação da sentença. Ao contrário da eficácia reflexa, o efeito anexo é invulnerável quer pelas partes, quer por terceiros".[322] Tampouco o juiz pode desconhecer tal efeito anexo atribuído pelo legislador à sentença condenatória, sob pena de contrariar à lei.

A potencialidade que o instituto da hipoteca judiciária pode aportar à efetividade da execução decorre da circunstância de que a hipoteca judiciária confere ao autor da ação direito de sequela sobre os bens gravados. Vale dizer, o autor da ação poderá fazer penhorar os bens que foram gravados com a hipoteca judiciária, obtendo mais efetividade na execução, na medida em que os imóveis gravados com a hipoteca judiciária responderão pela execução da sentença *ainda que tenham sido transferidos a terceiros*. Essa é a consequência jurídica do direito de sequela que a hipoteca judiciária, enquanto modalidade de garantia de direito real,[323] confere ao credor.

No dizer de *Pontes de Miranda*, a hipoteca judiciária "cria vínculo *real*, de modo que, na execução imediata ou mediata, está o vencedor munido de direito de sequela, que não tinha. Daí resulta que os bens gravados por ela podem ser executados como se a dívida fosse coisa certa, ainda se em poder de terceiro, que os haja adquirido sem fraude à execução. Não há boa-fé em tal aquisição, porque a hipoteca judiciária opera como qualquer outra hipoteca. [...] O exequente tem o direito de prosseguir na execução da sentença contra os adquirentes dos bens do condenado".[324]

---

[321] Ferramentas eletrônicas na execução trabalhista. *In:* CHAVES, Luciano Athayde (org.). *Curso de processo do trabalho*. São Paulo: LTr, 2009, p. 972.
[322] *Sentença e coisa julgada*. 2. ed. Porto Alegre: Sergio Antonio Fabris Editor, 1988, p. 113.
[323] ZANGRANDO, Carlos. *Processo do trabalho:* processo de conhecimento. v. 2. São Paulo: LTr, 2009, p. 1240. Para o autor, a hipoteca judiciária conferia ao credor, ainda ao tempo do CPC de 1973, também direito de preferência.
[324] *Comentários ao Código de Processo Civil.* t. V. Rio de Janeiro: Forense, 1974, p. 111-112.

No mesmo sentido alinha-se o magistério de *Moacyr Amaral Santos*. Ao definir a natureza do instituto da hipoteca judiciária, o autor esclarece que o direito de sequela então criado em favor do vencedor da demanda permite-lhe levar à praça o bem gravado pela hipoteca judiciária mesmo quando o bem tenha sido adquirido por terceiro: "Como *hipoteca judiciária* se entende a produzida pela sentença condenatória, autorizando o credor a perseguir o bem imóvel do condenado onde se encontre".[325]

Ainda que a alienação do imóvel não tenha caracterizado fraude à execução por não ter produzido a insolvência do alienante, o bem imóvel gravado pela hipoteca judiciária responderá pela execução (CPC, art. 790, V); significa dizer: o terceiro adquirente não terá êxito nos embargos de terceiro, porque a aquisição do imóvel ocorreu de má-fé. A alternativa do terceiro adquirente será remir o bem pelo valor da avaliação, para não perder o bem imóvel adquirido sob hipoteca judiciária.[326]

A quarta virtude da hipoteca judiciária é a sua potencialidade para inibir fraude à execução. A doutrina identifica a hipoteca judiciária como instituto jurídico que atua como *meio preventivo contra a fraude*.[327] Isso porque o registro da hipoteca judiciária sobre os imóveis da empresa reclamada estabelece presunção de que o terceiro adquirente tinha conhecimento da existência da ação trabalhista, o que esvazia a alegação de boa-fé do terceiro adquirente e atua para fazer caracterizar a fraude à execução. *Pontes de Miranda* utiliza essas palavras para definir a eficácia produzida pela hipoteca judiciária: "A inscrição determina restrição ao *poder de dispor*, por parte do dono do imóvel, de modo que o adquirente não pode alegar boa-fé".[328]

Se a hipoteca judiciária já cumpria relevante papel no combate à fraude patrimonial, com o advento da Súmula nº 375 do Superior Tribunal de Justiça, o instituto adquiriu maior importância para coibir a

---

[325] SANTOS, Moacyr Amaral. *Comentários ao Código de Processo Civil*. v. IV. Rio de Janeiro: Forense, 1988, p. 426.
[326] O terceiro adquirente terá direito regressivo contra o alienante nessa hipótese (CC, art. 346, II).
[327] SANTOS, Moacyr Amaral. *Comentários ao Código de Processo Civil*. v. IV. Rio de Janeiro: Forense, 1988, p. 427. ZANGRANDO, Carlos. *Processo do trabalho*: processo de conhecimento. v. 2. São Paulo: LTr, 2009, p. 1240.
[328] *Comentários ao Código de Processo Civil*. t. V. Rio de Janeiro: Forense, 1974, p. 118. O entendimento de *Pontes de Miranda* é compartilhado pela doutrina de Fredie Didiier Jr., Paula Sarno Braga e Rafael Oliveira (*Curso de direito processual civil*. 7. ed. Salvador: Juspodivm, 2012, p. 373): "Seu principal objetivo é prevenir a fraude à execução, autorizando o credor a perseguir o bem onde quer que se encontre (direito de sequela)".

fraude à execução em particular.[329] Em artigo elaborado antes do advento da Súmula nº 375 do STJ, *Luciano Athayde Chaves* assim identificava essa virtude da hipoteca judiciária: "o registro da hipoteca tem o mérito de reduzir os casos de fraudes à execução, consubstanciados na alienação ou oneração de bens do devedor durante o curso da ação, situações de grande embaraço e retardamento dos feitos judiciais".[330] Inibir a fraude à execução é o principal objetivo da hipoteca judiciária, de acordo com a doutrina de *Fredie Didier Jr., Paula Sarno Braga* e *Rafael Oliveira*.[331] A principal virtude da hipoteca judiciária é, salvo melhor juízo, conferir direito de sequela ao respectivo titular, conforme se extrai da balizada doutrina de Pontes de Miranda. Porém, não há dúvida de que inibir fraude à execução é outra virtude importante da hipoteca judiciária.

As consequências jurídicas decorrentes da Súmula nº 375 do STJ revelam essa quarta virtude da hipoteca judiciária de forma mais evidente quando o tema da fraude à execução é contextualizado na concreta dinâmica processual. Trata-se de examinar a questão sob o influxo do tempo de tramitação do processo. Desde a publicação da sentença até o advento da penhora e seu registro, costuma decorrer o tempo de alguns anos. A alienação de imóvel que a empresa reclamada faça nesse interregno de tempo estará a salvo da ineficácia jurídica inerente à fraude à execução, de acordo com a orientação adotada

---

[329] Com a superveniência da Súmula nº 375 do STJ, de 30-03-2009, que exige prévio registro da penhora para caracterizar-se fraude à execução, perde atualidade a observação de *Manoel Antonio Teixeira Filho* no sentido de que a hipoteca judiciária é "de pouca utilidade", na medida em que o credor pode invocar medida mais eficaz – a ocorrência de fraude à execução (TEIXEIRA FILHO, Manoel Antonio. *Curso de direito processual do trabalho*. v. II. São Paulo: LTr, 2009, p. 1292) . Formulada em obra publicada no início de 2009, a observação do autor é *anterior* ao advento da Súmula nº 375 do STJ e tem por fundamento o argumento de que o credor dispõe do instituto da fraude à execução para coibir a fraude patrimonial. O argumento, contudo, restou afetado pela superveniência do verbete sumular do STJ. Daí nossa afirmação de ter a S-375-STJ resgatado a utilidade do instituto da hipoteca judiciária para a efetividade da execução, instituto jurídico a ser redescoberto pela magistratura. Contudo, na 11ª edição da obra *Execução no processo do trabalho*, publicada em 2013, o autor sustenta a necessidade de valorizar-se a hipoteca judiciária diante dos termos da S-375-STJ. Antes, porém, opina pela inaplicabilidade da Súmula nº 375 do STJ ao processo do trabalho, por incompatibilidade (*Execução no processo do trabalho*. 11. ed. São Paulo: LTr, 2013, p. 201/2). A necessidade de valorização da hipoteca judiciária é apresentada pelo jurista na seguinte passagem: "Considerando que o nosso entendimento quanto à inaplicabilidade da Súmula n. 375, do STJ, ao processo do trabalho possa não vir a ser aceito, seria o caso de valorizar-se a hipoteca judiciária de que trata o art. 466, do CPC" (p. 202).

[330] CHAVES, Luciano Athayde. Ferramentas eletrônicas na execução trabalhista. *In*: CHAVES, Luciano Athayde (org.). *Curso de processo do trabalho*. São Paulo: LTr, 2009, p. 972.

[331] *Curso de direito processual civil.* 7. ed. Salvador: Juspodivm, 2012, p. 373.

na Súmula nº 375 do STJ,[332] na hipótese de não ter sido registrada a hipoteca judiciária.

Admita-se que esse interregno de tempo na tramitação do processo seja de dois (2) anos. Durante esses dois (2) anos, a alienação de bem imóvel pela empresa reclamada não caracterizará fraude à execução,[333] por ter ocorrido *antes* do registro da penhora. Esse prazo pode variar para mais ou para menos; geralmente, para mais...

Contudo, se, por ocasião da publicação da sentença, o juiz determinar o registro da hipoteca judiciária na matrícula dos imóveis da empresa reclamada, o terceiro adquirente já não mais poderá alegar a condição de adquirente de boa-fé e ter-se-á por caracterizada fraude à execução, de modo a esterilizar – em parte – o efeito prejudicial que a aplicação da Súmula nº 375 do STJ acarreta ao credor; em parte, porque a alienação realizada *antes* do registro da hipoteca judiciária – a ser ordenada na sentença – não caracteriza fraude à execução, de acordo com a orientação fixada na Súmula nº 375 do STJ.

A quinta virtude da hipoteca judiciária está em ser instituto de ordem pública concebido em favor da autoridade da sentença e na tutela do credor. Essa virtude da hipoteca judiciária pode ser haurida com maior profundidade pela jurisdição trabalhista a partir da consideração da circunstância histórico-teórica de que se trata de instituto do processo comum, concebido para valorizar a sentença condenatória da Justiça Comum e para tutelar o credor não privilegiado. Se tal intervenção na esfera patrimonial do réu foi outorgada pelo legislador em favor da

---

[332] Tanto a hipoteca judiciária quanto a *averbação premonitória* prevista no art. 828 previnem fraude patrimonial. Tratando-se de processo de conhecimento, a hipoteca judiciária é mais eficaz, pois permite o registro do gravame na matrícula do imóvel logo após a sentença (CPC, art. 466), ao passo que a *averbação premonitória* do art. 828 do CPC pressupõe – de acordo com a literalidade do preceito – a existência de processo em fase de execução. Portanto, a hipoteca judiciária atua *antes* da *averbação premonitória* do art. 828 do CPC. O mesmo se pode dizer quanto à medida de *indisponibilidade de bens* do devedor prevista no art. 185-A do Código Tributário Nacional. Aplicável ao processo do trabalho por força da previsão do art. 889 da CLT, a *indisponibilidade de bens* é medida útil à execução trabalhista e pode ser combinada com a hipoteca judiciária. Contudo, sua implementação também pressupõe estar o processo na fase de execução, porquanto a previsão do art. 185-A do CTN estabelece que a indisponibilidade de bens tem lugar quando o devedor, citado, deixa de pagar ou de apresentar bens à penhora.

[333] A afirmação tem como pressuposto a diretriz da Súmula nº 375 do STJ: "O reconhecimento da fraude à execução depende do registro da penhora do bem alienado ou da prova da má-fé do terceiro adquirente". É bem verdade que não é uniforme a jurisprudência a esse respeito. Contudo, no TST predomina o entendimento pela aplicação da Súmula nº 375 do STJ à execução trabalhista. No âmbito da Seção Especializada em Execução do TRT da 4ª Região, também é predominante o entendimento pela aplicabilidade da S-375-STJ ao processo do trabalho.

autoridade da sentença condenatória da Justiça Comum e na tutela de credor não privilegiado, é intuitiva a conclusão de que a efetividade da jurisdição cível lá pretendida pela atuação do art. 495 do CPC encontra nos fundamentos do direito processual do trabalho o substrato axiológico mediante o qual se faz imediata a positiva resposta pela compatibilidade do instituto de ordem pública da hipoteca judiciária com o direito processual trabalhista (CLT, art. 769)[334]. Essa compatibilidade é objeto de estudo no capítulo XI.

A imediata resposta positiva pela compatibilidade do instituto de ordem pública da hipoteca judiciária com o processo do trabalho é potencializada pela contemporânea hermenêutica constitucional que atribui aos direitos do trabalho a hierarquia de direitos fundamentais sociais (CF, art. 7º, *caput*).[335] É digno de anotação o registro histórico de que a razoável duração do processo somente viria a ser elevada à condição de garantia constitucional trinta (30) anos depois de atribuir-se à sentença condenatória o efeito de hipoteca judiciária.[336]

O registro histórico permite aquilatar a profundidade da intervenção judicial – outorgada pelo legislador nos idos de 1973 – realizada na esfera patrimonial do réu mediante a utilização da hipoteca judiciária em favor da efetividade da jurisdição comum e em favor de credor não privilegiado. Isso numa época em que ainda estava por se afirmar o entendimento de que a garantia constitucional de acesso à justiça deveria

---

[334] A autonomia científica do direito processual do trabalho o inspira a assimilação dos institutos do processo comum capazes de instrumentalizar sua ontológica vocação de processo de resultados.

[335] A compatibilidade da hipoteca judiciária com o direito processual do trabalho é praticamente pacífica na doutrina. A título de ilustração, confira-se a posição de CHAVES, Luciano Athayde. Ferramentas eletrônicas na execução trabalhista. *In*: CHAVES, Luciano Athayde (org.). *Curso de processo do trabalho*. São Paulo: LTr, 2009, p. 970: "A hipoteca judiciária não encontra previsão expressa no Direito Processual do Trabalho, mas sua aplicação aqui é possível por força da cláusula geral de supletividade (art. 769), já se constitui medida de inteira pertinência teleológica com a tutela adjetiva trabalhista; portanto, não apresenta, dessa forma, qualquer atrito ou incompatibilidade". A mesma orientação encontra-se no ensaio de CAVALARO NETO, Arlindo. A sentença trabalhista como título constitutivo de hipoteca judiciária. *In*: SANTOS, José Aparecido dos (coord.). *Execução Trabalhista*, 2. ed. São Paulo: LTr, 2010, p. 494: "Em síntese, o instituto da hipoteca judiciária mostra-se compatível com o Processo do Trabalho, pois visa garantir o sucesso da execução, prevenir a fraude à execução, impor direito de preferência ao credor na excussão do bem hipotecado, além de conferir o direito de sequela". Em sentido contrário à compatibilidade, está o artigo de Fábio Luiz Pereira da Silva (Necessária revisão da aplicabilidade da hipoteca judiciária no processo judiciário do trabalho. Revista LTr, São Paulo. *In: Revista LTr*, v. 75, n. 8, p. 959-962. ago. 2011).

[336] A hipoteca judiciária foi instituída pelo Código de Processo Civil de 1973. A garantia constitucional da razoável duração do processo foi instituída pela Emenda Constitucional nº 45, de dezembro de 2004.

evoluir de uma concepção meramente formal de acesso à jurisdição para uma concepção de real acesso à jurisdição efetiva.

A sexta virtude da hipoteca judiciária radica na circunstância de que sua imediata eficácia não se suspende pela interposição de recurso. A imediata eficácia da sentença condenatória enquanto título constitutivo de hipoteca judiciária não é paralisada pela interposição de recurso. Isso porque, da dicção do §1º do art. 495 do CPC – "a decisão *produz* a hipoteca judiciária" –, decorre a interpretação de que esse efeito imediato da sentença não é atingido pelo recurso interposto contra a sentença. Não se exige trânsito em julgado para que a sentença produza tal efeito. Basta a sua publicação.[337]

Ainda que o recurso interposto seja dotado de efeito suspensivo, o que não ocorre com o recurso ordinário previsto no art. 895 da CLT (CLT, art. 899), tal efeito suspensivo não neutraliza a imediata eficácia jurídica que o art. 495 do CPC confere à decisão condenatória, na condição de título produtor de hipoteca judiciária. Na interpretação do art. 466 do CPC de 1973, a jurisprudência consolidou o entendimento de que o efeito suspensivo do recurso não impede a imediata eficácia jurídica da sentença condenatória enquanto título constitutivo de hipoteca judiciária, conforme revela a seguinte ementa: "Hipoteca judiciária. Recurso pendente. O efeito da condenação a que alude o CPC, art. 466, não se suspende com o advento do recurso" (RT 511/125).[338] Para evitar qualquer dúvida, o legislador de 2015 foi didático: optou por positivar a construção da doutrina e da jurisprudência, tornando expresso, no inciso III do §1º do art. 495, que a decisão condenatória produz hipoteca judiciária "mesmo que impugnada por recurso dotado de efeito suspensivo".

A interposição de recurso não suspende a imediata eficácia da sentença condenatória enquanto título constitutivo de hipoteca judiciária porque o instituto da hipoteca judiciária foi concebido pelo legislador como instituto de ordem pública de natureza acautelatória do direito do credor, com a finalidade de proporcionar *imediata* garantia ao vencedor da demanda condenatória; imediata: tão logo havido o pronunciamento condenatório, a hipoteca judiciária produz sua eficácia anexa. Essa

---

[337] TEIXEIRA FILHO, Manoel Antonio. *Curso de direito processual do trabalho*. v. II. São Paulo: LTr, 2009, p. 1292. SANTOS, Moacyr Amaral. *Comentários ao Código de Processo Civil*. v. IV. Rio de Janeiro: Forense, 1988, p. 428: "... a produção da hipoteca judiciária não depende do trânsito em julgado da sentença..."

[338] A ementa é citada por Nelson Nery Junior e Rosa Maria de Andrade Nery, nos comentários ao art. 466 do CPC, na obra *Código de Processo Civil comentado*. 10. ed. São Paulo: RT, 2007, p. 677.

garantia é realizada tanto por assegurar-se a futura execução mediante o direito de sequela, que se forma sobre os bens gravados pela hipoteca judiciária, quanto pela inibição à fraude à execução prevenida pelo gravame da hipoteca judiciária registrada na matrícula do imóvel do vencido.

A questão foi abordada de forma didática, ainda na vigência do CPC de 1973, por *Fredie Didier Jr., Paula Sarno Braga* e *Rafael Oliveira*: "O efeito suspensivo atribuído ao recurso não impede a produção da hipoteca judiciária porque ele apenas suspende os efeitos principais da decisão recorrida, isto é, aqueles que decorrem do seu conteúdo. Não suspende os efeitos anexos, porque esses decorrem, como já se viu, da simples existência da decisão judicial".[339]

Se a interposição de recurso suspendesse tal eficácia, a garantia do credor não seria *imediata* conforme a concebera o legislador, com o que se retardaria a pronta operatividade do efeito anexo da sentença previsto no art. 466 do CPC, efeito que a doutrina qualifica como *automático*,[340] mera consequência da publicação da sentença condenatória.[341]

Luiz Guilherme Marinoni e *Daniel Mitidiero* são categóricos acerca da matéria, assentando, na vigência do CPC de 1973, o entendimento de que "o recebimento do recurso de apelação com efeito suspensivo (art. 520, CPC) não impede a inscrição da hipoteca judiciária no registro competente (STJ, 3ª Turma, REsp 715.451/SP, rel. Min. Nancy Andrighi, j. em 06.04.2006, DJ 02.05.2006, p. 310)".[342]

É o que também restou assentado na ementa do acórdão publicado na *Revista dos Tribunais* nº 596/99: "Hipoteca judiciária. Inscrição com recurso pendente. A hipoteca judiciária, que tem natureza acautelatória do direito do credor, pode ser inscrita, desde que ajuste às disposições legais, independentemente da pendência ou não de recurso, pois é

---

[339] *Curso de direito processual civil.* 7. ed. Salvador: Juspodivm, 2012, p. 377.
[340] SILVA, Antônio Álvares da. *Execução provisória trabalhista depois da reforma do CPC.* São Paulo: LTr, 2007, p. 104: "A hipoteca judiciária é automática e será ordenada pelo juiz, como determina o art. 466 do CPC. Portanto independe de requerimento da parte. É uma consequência da sentença".
[341] SANTOS, Moacyr Amaral. *Comentários ao Código de Processo Civil.* v. IV. Rio de Janeiro: Forense, 1988, p. 426: "Do só fato de haver sentença de efeito condenatório resulta, por força de lei, hipoteca judiciária sobre os imóveis do condenado, e, assim, o poder do autor de fazer inscrevê-la mediante simples mandado do juiz".
[342] MARINONI, Luiz Guilherme; MITIDIERO, Daniel. *Código de Processo Civil:* comentado artigo por artigo. 4. ed. São Paulo: RT, 2012, p. 445.

resultante de um efeito imediato da decisão, que surge com ela, para oferecer pronta garantia à disponibilidade do credor".[343]

Fosse necessário o trânsito em julgado da sentença para a produção do efeito anexo, a hipoteca judiciária seria instituto tardio. Essa questão era debatida à época do CPC de 1939. Nos comentários ao art. 284 do CPC de 1939, Carvalho Santos reproduz a crítica que então Philadelpho Azevedo dirigia ao preceito: "A inutilidade da hypotheca não está na preferência, mas em ser tardia, pois para sua eficácia bastava fazê-la decorrer das sentenças de primeira instância (*Teses de concurso*, p. 22)".[344] A crítica de Philadelpho Azevedo decorria do fato de que a hipoteca judiciária exigia, à época do CPC de 1939, o trânsito em julgado da sentença e a ulterior liquidação dessa decisão. O legislador de 1973 parece ter acolhido a crítica de Philadelpho Azevedo, na medida em que não mais exigiu o trânsito em julgado (CPC/1973, art. 466, *caput*) e suprimiu a exigência de liquidação da sentença (CPC/1973, art. 466, parágrafo único, I), fazendo a hipoteca judiciária decorrer da sentença condenatória de primeiro grau de jurisdição.

O advento do CPC de 2015, como se viu, tornou expresso que a interposição de recurso da sentença, ainda quando dotado de efeito suspensivo, não impede que a hipoteca judiciária tenha eficácia imediata, tão logo publicada a decisão condenatória (CPC, art. 495, §1º, III). No processo civil, a regra é a do duplo efeito no recurso de apelação (CPC, art. 1.012). Se a regra geral do duplo efeito no recurso de apelação inviabiliza a execução provisória da sentença no processo civil brasileiro, o vencedor da demanda cível condenatória tem na hipoteca judiciária uma técnica jurídica para mitigar o ônus do tempo do processo que recai sobre seus ombros. No processo do trabalho, a regra é o efeito apenas devolutivo dos recursos (CLT, art. 899), o que significa afirmar a juridicidade da execução provisória da sentença trabalhista condenatória na generalidade dos casos. O que, todavia, não constitui obstáculo à adoção da técnica jurídica da hipoteca judiciária (CPC, art. 495, §1º, II[345]). Ambas as técnicas jurídicas podem ser combinadas, sendo jurídica tal

---

[343] A ementa é citada por Nelson Nery Junior e Rosa Maria de Andrade Nery, nos comentários ao art. 466 do CPC, na obra *Código de Processo Civil comentado*. 10. ed. São Paulo: RT, 2007, p. 677.
[344] *Código de Processo Civil interpretado*, 2. ed. v. IV. Rio de Janeiro: Livraria Editora Freitas Bastos, 1940, p. 122.
[345] CPC: "Art. 495. §1º. A decisão produz a hipoteca judiciária: II – ainda que o credor possa promover o cumprimento provisório da sentença ou esteja pendente arresto sobre bem do devedor".

acumulação. Combinadas, as técnicas jurídicas da hipoteca judiciária e da execução provisória proporcionam mais efetividade ao processo. A sétima virtude da hipoteca judiciária repousa, justamente, na juridicidade da sobreposição das garantias previstas no §1º do art. 495 do CPC. A expressiva intervenção que o instituto da hipoteca judiciária produz na esfera patrimonial do réu revela-se mais eficaz pela sua lícita acumulação às demais garantias previstas no §1º do art. 495 do CPC em favor do vencedor da demanda condenatória.[346] Isso porque o registro da hipoteca judiciária constituída pela sentença condenatória não exclui outras garantias que a ordem jurídica outorga ao vencedor da demanda; portanto, a hipoteca judiciária acumula-se – validamente – com medida cautelar de arresto e com execução provisória, sem que, desse acúmulo, resulte *bis in idem* nessa sobreposição de garantias que a ordem jurídica outorga ao vencedor da demanda condenatória.[347] Já era nesse sentido o magistério de *Fredie Didier Jr.*, *Paula Sarno Braga* e *Rafael Oliveira*, à época do CPC de 1973: "A hipoteca judiciária pode ser efetivada ainda que a condenação contida na sentença seja ilíquida e careça de posterior liquidação (art. 466, par. ún, I, CPC). Deve ser efetivada também ainda que haja outros bens arrestados em garantia do mesmo crédito (art. 466, par. ún., II, CPC)".[348]

A conclusão não se altera pelo fato de o processo do trabalho exigir depósito recursal como pressuposto objetivo de admissibilidade dos recursos do empregador na fase de conhecimento (CLT, art. 899,

---

[346] Na doutrina, há autores que sustentavam, ainda na vigência do CPC de 1973, a aplicação da hipoteca judiciária mesmo quando de demanda não condenatória. É o caso de *Luiz Guilherme Marinoni* e *Daniel Mitidiero*. Para esses autores, o fato de a demanda mandamental poder vir a ser resolvida mediante indenização justifica o entendimento pela aplicabilidade da hipoteca Judiciária também nessa espécie de demanda. Vale conferir o que dizem os referidos autores, que se caracterizam por uma concepção teórica dirigida a outorgar a jurisdição a máxima eficácia possível: "Na realidade, havendo possibilidade de resolver-se a obrigação originária em perdas e danos, a sentença de procedência produz a constituição de hipoteca judiciária. Daí a razão pela qual não só a sentença condenatória ao pagamento de quantia tem por eficácia anexa a constituição de hipoteca judiciária, mas também a sentença mandamental que impõe um fazer ou não fazer (art. 461, CPC) e a sentença executivo *lato sensu* que tem por objeto a tutela do direito à coisa (art. 461-A, CPC), porque em todos esses casos a tutela específica pode acabar se tornando de impossível obtenção, não restando ao demandante outra saída que não a obtenção de tutela pelo equivalente monetário (arts. 461, §1º, e 461-A, §3º, CPC)" (MARINONI, Luiz Guilherme; MITIDIERO, Daniel. *Código de Processo Civil*: comentado artigo por artigo. 4. ed. São Paulo: RT, 2012, p. 445).

[347] ZANGRANDO, Carlos. *Processo do Trabalho*: processo de conhecimento. v. 2. São Paulo: LTr, 2009, p. 1240.

[348] *Curso de direito processual civil*. 7. ed. Salvador: Juspodivm, 2012, p. 376.

§§1º e 2º).³⁴⁹ A garantia do depósito recursal soma-se às demais garantias previstas no §1º do art. 495 do CPC. Estabelecida em lei, a exigência de depósito recursal corresponde à assimetria da relação de emprego e justifica-se em face da natureza alimentar do crédito trabalhista reconhecido na sentença condenatória,³⁵⁰ crédito representativo de direito fundamental social (CF, art. 7º).

Em outras palavras, o vencedor da demanda trabalhista condenatória pode se valer, simultaneamente, de hipoteca judiciária, de arresto e de execução provisória (CPC, art. 495, §1º, II), ainda que a condenação seja genérica (CPC, art. 495, §1º, I). Na hipótese de a sentença condenatória ser genérica, deve ser observado o valor arbitrado à condenação para efeito de registro da hipoteca judiciária, de acordo com a precisa lição de Moacyr Amaral dos Santos: "mesmo no caso de condenação genérica, portanto, ilíquida, a sentença produz hipoteca judiciária (art. 466, parágrafo único, nº I), valendo o valor da causa para os efeitos da inscrição".³⁵¹ Portanto, não se deve relegar a hipoteca judiciária para fase processual posterior, a pretexto de realizar a liquidação da sentença. A liquidação não é requisito para a constituição de hipoteca judiciária. Pontes de Miranda não deixou essa questão sem a análise pragmática que se impunha à reflexão doutrinária: "Todavia, vale e é eficaz a inscrição da hipoteca judiciária que não aluda ao quanto líquido devido. Esse ponto é de grande importância prática. A condenação pode ser genérica (art. 466, parágrafo único, I)".³⁵²

Os emolumentos cartorários ficam "por conta de devedor condenado", conforme o magistério de Pontes de Miranda.³⁵³ Não

---

³⁴⁹ Não há exclusão de garantias. As garantias previstas no parágrafo único do art. 466 do CPC combinam-se em favor do credor. Como preleciona *Antônio Álvares da Silva*, "Essas duas providências – depósito e hipoteca judiciária – nada têm a ver com a penhora proveniente de execução provisória, pois cada uma das três medidas têm uma proveniência jurídica diversa e se superpõem sem nenhum *bis in idem*" (*Execução provisória trabalhista depois da reforma do CPC*. São Paulo: LTr, 2007, p. 104).
³⁵⁰ A exigência de depósito recursal constitui traço identificador da autonomia científica do direito processual do trabalho.
³⁵¹ SANTOS, Moacyr Amaral. *Comentários ao Código de Processo Civil*. v. IV. Rio de Janeiro: Forense, 1988, p. 427: "mesmo no caso de condenação genérica, portanto, ilíquida, a sentença produz hipoteca judiciária (art. 466, parágrafo único, nº I), valendo o valor da causa para os efeitos da inscrição".
³⁵² *Comentários ao Código de Processo Civil*. t. V. Rio de Janeiro: Forense, 1974, p. 119.
³⁵³ PONTES DE MIRANDA. *Comentários ao Código de Processo Civil*. t. V. Rio de Janeiro: Forense, 1974, p. 118: "As custas de inscrição são por conta do devedor condenado". No mesmo sentido, CAVALARO NETO, Arlindo. A sentença trabalhista como título constitutivo de hipoteca judiciária. *In:* SANTOS, José Aparecido dos (coord.). Execução Trabalhista, 2. ed. São Paulo: LTr, 2010, p. 496: "As despesas com o registro da sentença como hipoteca judiciária serão computadas na conta geral do crédito exequendo e cobradas do executado".

se pode negar razão à doutrina de Pontes de Miranda, porquanto à hipoteca judiciária é reconhecida a natureza jurídica de *constrição patrimonial*, voltada à *frutuosidade da execução*, para reproduzir a doutrina produzida por Marinoni, Arenhart e Mitidiero,[354] nos comentários ao art. 495 do CPC de 2015. As despesas da execução correm por conta do executado. Essa regra geral abrange também as despesas necessárias à implementação da hipoteca judiciária. Essa questão foi desenvolvida de forma mais ampla no capítulo XXXV.

---

[354] *Novo Código de Processo Civil comentado*. 2. ed. São Paulo: RT, 2016, p. 585.

CAPÍTULO XIX

HIPOTECA JUDICIÁRIA E SUA UTILIDADE NA PERSPECTIVA DINÂMICA DO PROCESSO

A utilidade da hipoteca judiciária avulta quando se considera o processo trabalhista em sua perspectiva dinâmica: a dilapidação do patrimônio do devedor pode ocorrer como *fato superveniente à sentença*, diante da delonga processual que vai desde a sentença até a futura penhora na fase de execução, passando pelas fases recursal e de liquidação de sentença. Em regra, *decorrem alguns anos entre a sentença e a futura penhora*. Nesse interregno, a dissipação de bens do devedor é algo frequente.

A adoção de hipoteca judiciária, a partir da data de publicação da sentença, pode significar a diferença entre *execução frutífera* e *execução infrutífera*[355] no caso concreto, na medida em que o imóvel gravado por essa espécie de hipoteca estará *vinculado* à futura execução por força do *direito real de excussão* que o credor adquire ao registrar a hipoteca judiciária na matrícula do imóvel do vencido (CC, art. 1.422; CPC, art. 495).[356] A teoria jurídica afirma que se trata de um *vínculo real*, na medida em que a hipoteca é modalidade de *direito real* (CC, art. 1.225) – *direito real de garantia* (CC, art. 1.419).

Mesmo que ocorra a alienação do imóvel pelo vencido no curso do processo, se já havia registro de hipoteca judiciária na matrícula do imóvel, a aquisição do imóvel por terceiro adquirente não poderá ser oposta ao credor hipotecário por força do direito de sequela que então onera o bem imóvel no interesse do credor titular do gravame. A esse

---

[355] A *execução frutífera* é aquela que se completa, mediante a alienação de bens e o pagamento do credor. Na *execução infrutífera*, o insucesso decorre da ausência de bens para a penhora.
[356] Sobre o *direito de excussão* do titular de hipoteca judiciária, o leitor encontrará subsídios nos capítulos II e XII.

último é dado perseguir o bem gravado ainda que diversas alienações tenham se sucedido no tempo. Se a primeira alienação já se encontrava viciada pelo efeito jurídico gerado pelo gravame anterior do imóvel, as alienações posteriores estarão também contaminadas pelo mesmo vício jurídico, diante do direito real de sequela que tutela o interesse jurídico do credor hipotecário (CC, art. 1.419). Em outras palavras: as alienações posteriores carregam a mácula jurídica da primeira alienação. Aqui, duas características do direito real ganham relevo didático: a *sequela* e a *aderência*. Uma vez estabelecida a relação jurídica de direito real entre a dívida e o bem gravado mediante o registro da hipoteca judiciária, o ônus real *adere ao* bem gravado e o acompanha de modo perene, na tutela do credor hipotecário.

É interessante observar que, de acordo com o art. 792, III, do CPC, todas as referidas alienações – a primeira e as que se sucederem – caracterizam-se como atos de fraude à execução: "Art. 792. A alienação ou oneração de bem é considerada fraude à execução: III – quando tiver sido averbado, no registro do bem, hipoteca judiciária ou outro ato de constrição judicial originário do processo onde foi arguida a fraude".

Porém, o titular de hipoteca judiciária *já registrada* sequer precisa invocar a ocorrência da hipótese da fraude à execução, aí devidamente caracterizada, a teor do preceito legal do art. 792, III, do CPC. Isso porque a ineficácia da alienação do imóvel já gravado por hipoteca judiciária *anterior* decorre, antes, da inflexão do direito real no direito de propriedade do devedor e do terceiro-adquirente (CC, arts. 1.419 e 1.422). Por conseguinte, o titular de hipoteca judiciária registrada está dispensado da discussão acerca da insolvência do devedor-alienante. Também está dispensado da discussão acerca da ciência do terceiro adquirente quanto à existência da ação movida contra o alienante e quanto à existência da própria hipoteca judiciária, as quais são presumidas diante da publicidade que caracteriza os Registros Públicos, desde que esse gravame tenha sido registrado na matrícula do imóvel do vencido antes alienação do imóvel.

Essa questão não escapou à análise que Pontes de Miranda fez do instituto da hipoteca judiciária e seus efeitos na esfera patrimonial do devedor e do terceiro adquirente. Pondera o autor: "A hipoteca judiciária é plus – cria vínculo *real*, de modo que, na execução imediata ou mediata, está o vencedor munido de direito de sequela, que não tinha". Pontes de Miranda explica o significado do direito de sequela que o credor adquire com a hipoteca judiciária, nestes termos: "Daí resulta que os bens gravados por ela podem ser executados como se a dívida fosse de coisa certa, ainda se em poder de terceiro que os haja adquirido sem fraude de execução".[357]

Portanto, a ineficácia da alienação que viola o efeito anexo de hipoteca judiciária não exige investigar a insolvência do devedor-alienante, liberando o credor hipotecário de um debate que se impõe ao credor quirografário quando esse precisa invocar a ocorrência de fraude à execução para obter a declaração de ineficácia da alienação (CPC, art. 792, IV). O credor titular de hipoteca judiciária, regularmente constituída pelo seu registro na matrícula do bem do vencido, está imune a essa contingência processual, podendo fazer consumar a execução com muito maior celeridade do que o credor quirografário comum.

Nada obstante possa fazê-lo (CPC, art. 792, III), o credor hipotecário não precisa invocar a ocorrência de fraude à execução; ele invoca seu direito de sequela (CC, art. 1.419) sobre o bem alienado e obtém a declaração judicial da *ineficácia* da alienação; mais especificamente, ele invoca seu direito de excussão (CC, art. 1.422 c/c CPC, art. 495) sobre o bem, que, embora gravado por hipoteca judiciária, foi, entretanto, alienado pelo vencido; alienação é *válida*[358] entre os contratantes, ou seja, o negócio jurídico é *valido* entre o vencido-alienante e o terceiro-adquirente; mas é *ineficaz*[359] perante o credor hipotecário prejudicado pela alienação.

Em outras palavras, nem o vencido-alienante nem o terceiro-adquirente podem opor a alienação do bem imóvel ao credor hipotecário, desde que a hipoteca judiciária tenha sido registrada antes da alienação do imóvel. Em relação ao credor hipotecário prejudicado pela alienação do bem gravado com prévia hipoteca judiciária, a doutrina costuma explicar a ineficácia de tal alienação, dizendo que, perante o credor hipotecário, é *como se* a alienação não tivesse ocorrido. Perante o credor prejudicado pela alienação, o negócio jurídico de compra e venda do imóvel é *inoperante*. Isso significa que o credor prejudicado pela fraude à

---

[357] *Comentários ao Código de Processo Civil*. t. V. Rio de Janeiro: Forense, p. 111.
[358] A validade diz respeito ao *plano da existência*. O negócio celebrado pelas partes continua *existindo* de forma *válida*, entre as partes. É, todavia, *inoponível* ao credor prejudicado pelo negócio celebrado em fraude à execução. *Inoponível* tem o sentido de *ineficaz*. Não se trata de desconstituir o negócio jurídico, como ocorre quando é julgada procedente a pretensão de anulação do negócio jurídico na fraude contra credores (CC, arts. 158 e 159). Nem o executado-alienante nem o terceiro-adquirente podem *opor* o negócio fraudulento ao credor prejudicado (CPC, art. 792, §1º). A ordem jurídica reage contra a ilicitude da fraude à execução, esterilizando o ato fraudulento mediante a autorização da penhora do bem alienado em fraude à execução (CPC, art. 790, V).
[359] No *plano da eficácia*, o negócio é *ineficaz* perante o credor que foi prejudicado pelo negócio celebrado em fraude à execução. Significa dizer que o negócio jurídico não pode ser imposto à observância do credor.

execução pode *desconhecer* a alienação e fazer penhorar o imóvel gravado com a hipoteca judiciária. O negócio jurídico é considerado inoperante, no sentido de que tal negócio jurídico – válido entre as partes – não opera efeito jurídico perante o credor prejudicado. Para o credor, é *como se* o negócio jurídico não tivesse havido. Esta é a forma pela qual a ordem jurídica reage contra o ilícito da fraude à execução: a ordem jurídica cria uma ficção legal, pela qual o negócio viciado é tornado ineficaz – no sentido de que é tornado inoperante pelo sistema de direito – perante o credor que o irregular negócio jurídico prejudica. A teoria jurídica utiliza-se do vocábulo *inoponível* quando explica a ineficácia do negócio jurídico perante o credor. A ineficácia da alienação fraudulenta torna o negócio jurídico inoponível ao credor prejudicado.

Se na fraude à execução a causa da ineficácia da alienação radica na *cláusula da responsabilidade patrimonial do devedor* (CPC, art. 789[360]), na hipoteca judiciária a causa da ineficácia da alienação radica no *direito real de sequela* que assiste ao credor hipotecário (CC, art. 1.419[361]). A matéria foi desenvolvida no capítulo II.

---

[360] CPC: "Art. 789. O devedor responde com todos os seus bens presentes e futuros para o cumprimento de suas obrigações, salvo as restrições estabelecidas em lei".
[361] CC: "Art. 1.419. Nas dívidas garantidas por penhor, anticrese ou hipoteca, o bem dado em garantia fica sujeito, por vínculo real, ao cumprimento da obrigação".

CAPÍTULO XX

HIPOTECA JUDICIÁRIA E ÔNUS DA PROVA NA FRAUDE À EXECUÇÃO

Publicada, a sentença condenatória produz hipoteca judiciária cuja eficácia é imediata quanto ao réu, que é parte no processo. Entretanto, a eficácia da hipoteca judiciária quanto a terceiros – que não são parte no processo – depende do respectivo registro no cartório imobiliário no qual estão matriculados os imóveis da empresa reclamada. Realizado tal registro, presume-se em fraude à execução a alienação superveniente do imóvel sobre o qual recaiu a hipoteca judiciária. A pessoa que adquire o imóvel da empresa reclamada é considerada terceiro; trata-se do terceiro-adquirente. Daí a relevância do instituto da hipoteca judiciária e do respectivo registro na matrícula de bem do vencido.

Como é de intuitiva percepção, é muito difícil para o credor prejudicado provar que o terceiro adquirente agiu de má-fé ao adquirir o bem do executado. De acordo com inteligência da Súmula nº 375 do STJ, cabe ao credor prejudicado o ônus processual de provar que o terceiro adquirente tinha conhecimento da existência da ação movida contra o executado-alienante. A má-fé do terceiro adquirente caracteriza-se pela prova de que ele já tinha ciência da existência da demanda movida contra o executado por ocasião da aquisição do bem. Esse ônus de prova é atribuído ao credor.

A comprovação do prévio conhecimento da existência da ação caracteriza a má-fé do terceiro adquirente. Não havendo tal comprovação, a diretriz da súmula é a de não reconhecer a ocorrência de fraude à execução, preservando-se a eficácia jurídica do negócio realizado entre o executado e o terceiro adquirente de boa-fé – em detrimento do interesse do credor prejudicado pela alienação do imóvel do executado.

Contudo, se, por ocasião da sentença, o juiz tomar a iniciativa de determinar o registro da hipoteca judiciária na matrícula dos imóveis da empresa reclamada, a existência desse gravame será considerada de conhecimento geral, pois o cartório de registro de imóveis é um registro público, que pode ser consultado por todas as pessoas. Conforme observa Mauro Schiavi, "com o registro da hipoteca judiciária há presunção absoluta de que quem adquiriu o imóvel com a hipoteca sabia do gravame e, tacitamente, aceitou essa condição ao adquiri-lo".[362]

Feito o registro da hipoteca judiciária, o terceiro adquirente já não mais poderá alegar a condição de adquirente de boa-fé, pois tinha acesso à informação[363] da existência da ação judicial movida pelo vencedor[364] contra o alienante (o futuro executado), situação em que o terceiro adquirente passa a ser considerado adquirente de má-fé.[365] Em outras palavras, a existência de prévio registro da hipoteca judiciária libera o exequente do ônus da prova de que o terceiro adquirente tinha ciência da existência da demanda movida contra o executado; ao mesmo tempo, o registro da hipoteca judiciária esvazia a alegação de ter o terceiro adquirido o imóvel de boa-fé e atua para fazer caracterizar fraude à execução no negócio celebrado entre a empresa reclamada e o terceiro adquirente.

Aliás, o legislador de 2015 explicitou caracterizar fraude à execução a alienação de imóvel gravado por prévia hipoteca judiciária, positivando essa consequência jurídica no preceito do inciso III do art. 792 do CPC. Conforme ensinam Nelson Nery Junior e Rosa Maria de Andrade Nery, para ter eficácia contra terceiros, a hipoteca deve ser inscrita na matrícula do imóvel do vencido, *considerando-se em fraude de execução toda e qualquer transação que lhe seja posterior* (LRP 167 I 2).[366] No preceito mencionado na citação dos referidos autores, a indicação legislativa remete ao dispositivo da Lei dos Registros Públicos, que prevê deva a hipoteca – qualquer hipoteca, inclusive a hipoteca judiciária – ser registrada na matrícula imobiliária respectiva. Essa explicitação do legislador de 2015 tem o mérito de reforçar a funcionalidade instrumental da hipoteca judiciária. Além disso, tal explicitação evita questionamentos

---

[362] *Execução no Processo do Trabalho.* 10. ed. São Paulo: LTr, 2018, p. 170.
[363] Com o registro da hipoteca judiciária, o terceiro passa a ter a possibilidade de informar-se, junto ao Cartório do Registro de Imóveis, da existência de ação judicial contra o executado.
[364] O vencedor da demanda condenatória. Como é sabido, a hipoteca judiciária é efeito anexo da sentença condenatória obtida pelo autor da demanda condenatória. Essa posição de vantagem que a sentença condenatória confere ao autor da demanda é que justifica a antecipação da constrição representada pela hipoteca judiciária.
[365] PONTES DE MIRANDA. *Comentários ao Código de Processo Civil.* t. V. Rio de Janeiro: Forense, 1974, p. 111.
[366] *Comentários ao Código de Processo Civil.* São Paulo: RT, 2015, p. 1170.

quanto à eficácia jurídica produzida pelo efeito anexo instituído no art. 495 do CPC. Nada obstante a causa da ineficácia da alienação não seja propriamente a fraude à execução na hipótese de haver prévio registro de hipoteca judiciária na matrícula do imóvel alienado conforme visto no capítulo XIII, a opção do legislador de tipificar fraude à execução no inciso III do art. 792 do CPC tem a positiva qualidade de tornar induvidosa ineficácia dessa alienação, na medida em que, a teor do §1º do art. 792 do CPC, "a alienação em fraude à execução é ineficaz em relação ao exequente".

CAPÍTULO XXI

HIPOTECA JUDICIÁRIA E A DISPUTA COM OUTRAS MODALIDADES DE CONSTRIÇÃO JUDICIAL

Na questão relativa ao direito de preferência assegurado pela hipoteca judiciária no §4º do art. 495 do CPC, cumpre observar, a partir da lição de Daniel Amorim Assumpção Neves, que o titular de *penhora* não poderá sobrepor seu crédito ao crédito do titular de *hipoteca judiciária*, sob a alegação de que o ato de penhora deva prevalecer por se tratar de *ato de execução*, enquanto a hipoteca judiciária foi constituída na *fase de conhecimento* do processo.[367]

O critério legal que define a prioridade no pagamento é o do *registro anterior* da constrição, independentemente da *natureza jurídica da constrição* ou da *fase do processo* em que a constrição foi constituída. Uma vez que o credor titular de hipoteca judiciária registrada anteriormente tem direito de preferência ao pagamento quando na disputa com outros credores titulares de constrições posteriores, o credor hipotecário terá que se manter atento para fazer prevalecer seu direito de preferência. Isso porque as ações dos demais credores podem encontrar-se em fase mais avançada. Vale dizer, o titular de hipoteca judiciária registrada anteriormente deverá peticionar no juízo em que o bem gravado estiver para ser alienado, postulando a observância do direito de preferência que lhe é assegurado pelo §4º do art. 495 do CPC. Para tanto, deverá comprovar a anterioridade do registro da hipoteca judiciária de que é titular, mediante a juntada da matrícula atualizada do imóvel.

---

[367] O mesmo raciocínio vale para o credor titular de arresto, quando da disputa de preferência com o credor titular de hipoteca judiciária.

Nem sempre será possível ao juízo reunir todas as informações necessárias para formar, de modo completo, o quadro dos credores para administrar a aplicação da norma do §4º do art. 495 do CPC. Esse problema será naturalmente maior quando se tratar de ações ajuizadas em diferentes Unidades Judiciárias. Tanto para o magistrado quando para o advogado, nessas situações, será indispensável consultar a matrícula atualizada do imóvel, a fim de, o primeiro, administrar a aplicação da norma do §4º do art. 495 do CPC e o segundo, fazer valer o direito de preferência de seu constituinte. Outrossim, será necessário acompanhar as demandas paralelas, para evitar que constrição posteriormente registrada prevaleça sobre constrição anterior, descompasso que pode ocorrer diante da marcha independente de cada processo.

Nelson Nery Junior e Rosa Maria de Andrade Nery criticam o critério adotado pelo legislador no §4º do art. 495 do CPC para definir o direito de preferência, quando há disputa entre credores pelo mesmo bem. Na verdade, trata-se de uma crítica mais profunda: os referidos juristas criticam o próprio estabelecimento de direito de preferência ao credor titular de hipoteca judiciária. Argumentam: "questionamos se tal disposição não acabaria por gerar grande insegurança jurídica para os demais credores, que seriam posicionados em situação inferior à de um crédito que ainda está em discussão judicial".[368] Nada obstante não se negue que há no argumento refletida ponderação, inspirada em tradição que evoca o posicionamento de Pontes de Miranda,[369] é imperioso observar que o argumento de Nelson Nery Junior e Rosa Maria de Andrade Nery confronta a literalidade do preceito do §4º do art. 495 do CPC.[370]

O direito de preferência é, no dizer de Daniel Amorim Assumpção Neves, o principal elemento agregado pelo legislador ao instituto hipoteca judiciária no CPC de 2015. O jurista sublinha que o dispositivo que mais interessa é o §4º do art. 495 do CPC de 2015, ao prever que a hipoteca judiciária, uma vez constituída, implicará, para o credor hipotecário, o direito de preferência quanto ao pagamento.[371]

---

[368] *Comentários ao Código de Processo Civil*. São Paulo: RT, 2015, p. 1.171.

[369] *Comentários ao Código de Processo Civil*. t. V. Rio de Janeiro: Forense, 1974, p. 112: "O exequente tem o direito de prosseguir na execução da sentença contra os adquirentes dos bens do condenado, mas, para ser oposto a terceiros, conforme caiba, *e sem importar preferência*, depende de inscrição e especialização".

[370] CPC: "Art. 495. §4º. A hipoteca judiciária, uma vez constituída, implicará, para o credor hipotecário, o direito de preferência, quanto ao pagamento, em relação a outros credores, observada a prioridade no registro".

[371] *Novo Código de Processo Civil comentado artigo por artigo*. Salvador: Juspodivm, 2016, p. 824

Entendimento semelhante é adotado por Mauro Schiavi, que compara a regência do instituto no CPC de 1973 e no CPC de 2015 e destaca que o §4º do art. 495 do CPC constitui inovação, já que o entendimento majoritário era o de que a hipoteca judiciária não gerava direito de preferência na vigência do Código anterior. O jurista observa que somente com a penhora o credor passava a ter direito de preferência (CPC/1973, art. 612)[372]. O §4º do art. 495 do CPC de 2015 determinou a superação do entendimento majoritário a que se refere Mauro Schiavi, formado na vigência do CPC de 1973.

Na interpretação dada por Daniel Amorim Assumpção Neves ao preceito legal em estudo, fica evidente a insubsistência da resistência oposta por Nelson Nery Junior e Rosa Maria de Andrade Nery ao estabelecimento de direito de preferência a favor do titular de hipoteca judiciária anterior quando na disputa com outros credores. O jurista assevera que, de qualquer forma, passa a hipoteca judiciária a ser computada com a penhora e o arresto para determinação de *direito de preferência processual*.[373]

---

[372] No CPC de 2015, o art. 797 correspondente ao art. 612 do CPC de 1973.
[373] *Novo Código de Processo Civil comentado artigo por artigo*. Salvador: Juspodivm, 2016, p. 825.
A leitura da passagem imediatamente anterior revela que o jurista utiliza a locução direito de preferência *processual*, com a finalidade caracterizar a natureza *de direito processual* do instituto da hipoteca judiciária, para distingui-lo do instituto *de direito material* da hipoteca convencional. Em situação inocorrente na jurisdição trabalhista, mas possível na jurisdição cível, autor obtempera que o direito de preferência seria da hipoteca convencional, em detrimento da hipoteca judiciária, ainda que esta última tenha sido registrada *antes* da hipoteca convencional.

CAPÍTULO XXII

A HIPOTECA JUDICIÁRIA DE OFÍCIO SOBREVIVEU AO ADVENTO DO CPC DE 2015

À época do CPC de 1973, a doutrina de processo civil afirmava, na interpretação do art. 466, que a hipoteca judiciária podia ser determinada pelo juiz independentemente de pedido da parte autora. Marinoni e Arenhart afirmavam, na vigência do CPC revogado, que "quem obtém sentença de condenação ao pagamento de soma de dinheiro terá, por força de lei, e, portanto, sem pedido, uma hipoteca judiciária".[374] Da mesma forma, a doutrina de processo do trabalho, formada sob a vigência do CPC de 1973, sustentava que a determinação para registro da hipoteca judiciária constituída pela sentença condenatória podia ser ordenada pelo juiz da causa, sendo desnecessário o respectivo requerimento da parte interessada. Luciano Athayde Chaves afirmava, ao comentar o art. 466 do CPC de 1973, que a hipoteca judiciária "constitui, à vista desse dispositivo legal, uma eficácia anexa ou secundária da sentença, porquanto independe de pedido da parte, e se relaciona com a possibilidade de ter-se que expropriar o patrimônio do demandado para a realização do direito do demandante".[375]

Surgiu, como era de se esperar, no advento de um novo Código de Processo, a questão de saber se a hipoteca judiciária de ofício teria sobrevivido ao advento do CPC de 2015. Alguns juristas sustentaram, no primeiro momento, que a determinação de registro da hipoteca judiciária de ofício não estaria mais autorizada depois da chegada do CPC de 2015. Argumentavam que já não havia mais a determinação anterior, de que a hipoteca judiciária "será ordenada pelo juiz na forma

---

[374] *Curso de Processo Civil:* processo de conhecimento. v. 2. 12. ed. São Paul: RT, 2014, p. 411.
[375] *Curso de Processo do Trabalho.* São Paulo: LTr, 2009, p. 969.

prescrita na Lei dos Registros Públicos" (CPC/1973, art. 466, *caput*). O segundo argumento era o de que o CPC de 2015 passara a facultar agora ao credor, tão logo publicada a sentença, levar a decisão condenatória a registro no Cartório de Imóveis, independentemente de determinação judicial (CPC, art. 495, §2º). O terceiro argumento radica na previsão de responsabilidade objetiva da parte pelos danos causados ao vencido em razão da constituição da hipoteca judiciária (CPC, art. 495, §5º).

São argumentos razoáveis, que poderiam ser assim desenvolvidos: a) a eliminação da atribuição expressa, ao juiz, do dever funcional de fazer registrar a hipoteca judiciária constituída pela sentença condenatória indicaria que a opção do legislador de 2015, diversamente do que estava previsto no *caput* do art. 466 do CPC de 1973, seria a de atribuir à parte a iniciativa de fazer constituir a hipoteca judiciária; tanto que se lhe faculta levar a decisão condenatória ao Cartório de Imóveis, para fazer registrar o ônus real hipotecário na matrícula do imóvel do vencido, *independentemente de determinação judicial* (CPC, art. 495, §2º); b) a esses dois argumentos anteriormente desenvolvidos, somar-se-ia o terceiro argumento, o de que a responsabilidade objetiva da parte vencedora pelos danos sofridos pela parte vencida seria uma decorrência da livre deliberação da parte vencedora por fazer constituir a hipoteca judiciária, por sua conta e risco. A iniciativa de fazer registrar a hipoteca judiciária estaria, por conseguinte, entregue exclusivamente à deliberação da parte vencedora da demanda condenatória, o que afastaria a iniciativa do juízo para a constituição do efeito anexo previsto no art. 495 do CPC.

O primeiro e segundo argumentos impressionam o intérprete, à primeira vista, sobretudo porque podem ser interpretados como complementares.

Mais bem examinados, tais argumentos, todavia, não parecem ser suficientes para impor interpretação pela qual se eliminaria a iniciativa do juízo para a constituição da hipoteca judiciária. A razão dessa consideração está na própria natureza jurídica do instituto da hipoteca judiciária. Conforme está desenvolvido no capítulo IV, a hipoteca judiciária é *efeito anexo da sentença*. Como tal, a hipoteca judiciária não é propriamente uma consequência *necessária* da sentença condenatória. Não há uma relação de causa e efeito entre ambas. Tampouco há uma relação de acessoriedade intrínseca entre elas. Só a vertical intervenção do legislador explica a instituição de um efeito tal, *anexado* pelo legislador à sentença condenatória, para reproduzir a expressão didática empregada por Pontes de Miranda, no esforço teórico dar a compreender o que seja a hipoteca judiciária.[376] É a partir dessa premissa que pode ser compreendida a magistral síntese pela qual Pontes de Miranda começa a explicar o conceito de efeito anexo da sentença: "A hipoteca judiciária não está compreendida no *petitum*, nem no *decisum*".[377]

Fica mais fácil, porém, compreender essa questão conceitual quando se recorre à didática doutrina de Ovídio Baptista da Silva. O jurista afirma que o efeito anexo é *externo* à *res deducta*, no sentido de que, sendo tal efeito atribuído pelo legislador ordinário em prestígio da sentença condenatória, não é tal efeito uma decorrência da resolução jurisdicional da relação jurídica objeto da causa. Essa resolução jurisdicional é *interna* ao efeito principal da sentença, ao passo que a hipoteca judiciária é efeito *externo* ao julgamento, não tendo relação direta com a eficácia principal da sentença, denominada por Liebman de *efeito natural* da sentença. Tomando-se o conceito de Liebman, poder-se-ia afirmar, num gesto à compreensão, que a hipoteca judiciária *não é efeito natural* da sentença condenatória; é-lhe um efeito externo, anexado à sentença condenatória pela obra do legislador. Depois de afirmar que, ao contrário do efeito reflexo, que a lei não prevê, e só ocorre nos casos de colisão entre relações jurídicas conexas, o efeito anexo é previamente determinado pela lei, Ovídio Baptista da Silva esclarece: "Diversamente, ainda, do que ocorre com o efeito reflexo que é repercussão que nasce de uma eficácia *interna* à demanda, o efeito anexo é-lhe absolutamente *externo*, no sentido de não estar incluso no *petitum*".[378]

Compreendida a natureza jurídica da hipoteca judiciária, de efeito anexo da sentença condenatória, efeito agregado a essa modalidade de sentença pelo legislador ordinário(CPC/1973, art. 466; CPC/2015, art. 495), será mais fácil ao intérprete visualizar a juridicidade da sua implementação de ofício pelo juízo, porquanto se trata, na verdade, de um instituto jurídico processual de ordem pública voltado, por obra do parlamento, a promover o elevado objetivo de potencializar a autoridade da jurisdição nas demandas de natureza condenatória, mediante a outorga de uma eficácia cujo objetivo reside na antecipação

---

[376] *Comentários ao Código de Processo Civil*. t. V. Rio de Janeiro: Forense, 1974, p. 71: "Efeito anexado à sentença" (p. 71). Esclarece o jurista: "Se a sentença de condenação autoriza o pedido de hipoteca judiciária, tal efeito é fruto da lei, que o criou, que o regulou, que o ligou à condenação; e não da sentença mesma ou da condenação" (p. 71).

[377] *Comentários ao Código de Processo Civil*. t. V. Rio de Janeiro: Forense, 1974, p. 70.

[378] *Sentença e coisa julgada*. 2. ed. Porto Alegre: Sergio Antonio Fabris Editor, 1988, p. 113.

da constrição do patrimônio do vencido, para assegurar o êxito da futura execução.

Com o advento do CPC de 2015, parece razoável sustentar o postulado hermenêutico de que à iniciativa do juízo, para a constituição da hipoteca judiciária, soma-se a faculdade da parte autora, prevista no §2º do art. 495 do CPC, de tomar a iniciativa de fazer constituir o gravame hipotecário na matrícula do imóvel do vencido. Esse postulado hermenêutico preserva a concepção conceitual da hipoteca judiciária enquanto *efeito anexo* da sentença condenatória, fruto da construção teórica clássica do sistema de *civil law* sobre o instituto desde as Ordenações Filipinas, e, ao mesmo tempo, conjuga a essa tradição a faculdade de conferir também à parte interessada, curvando-se à *explicitação* do §2º do art. 495 do CPC, a iniciativa de fazer constituir o ônus real de garantia representado pelo registro da sentença condenatória enquanto título constitutivo de hipoteca judiciária. Note-se que se trata apenas de uma didática explicitação do CPC de 2015, porquanto é certo que a iniciativa da parte, para fazer constituir a hipoteca judiciária na vigência do CPC de 1973, era legítima já à época do Código revogado. Note-se que o CPC de 2015 poderia ter atribuído à parte exclusividade para a iniciativa de fazer registrar a hipoteca judiciária. Entretanto, essa não foi a opção adotada pelo legislador de 2015.

O estudo da doutrina de processo civil confere juridicidade à tese da *coexistência* dessas duas iniciativas, na medida em que, também para a teoria de processo civil formada após o advento do CPC de 2015, não há necessidade de pedido da parte autora para que se constitua a hipoteca judiciária; tampouco há necessidade de declaração expressa ao juízo nesse sentido (CPC, art. 495, §2º). Assim é que, salvo melhor juízo, a hipoteca judiciária de ofício sobreviveu ao advento do Código de Processo Civil de 2015.

No âmbito da teoria do processo civil elaborada após a vigência do CPC de 2015, Marinoni, Arenhart e Mitidiero, nos comentários ao art. 495 do Código, sustentam que *a eficácia anexa é aquela que advém da lei, sem necessidade de pedido* e afirmam que *o registro da hipoteca judiciária será ordenado pelo juiz na forma dos §§2º e 3º do art. 495, CPC*.[379]

Na doutrina de processo civil de Cassio Scarpinella Bueno, há uma contribuição teórica importante sobre a matéria. Elaborada sob a vigência do Código de 2015, a doutrina do jurista, nos comentários ao art. 495, afirma que a hipoteca judiciária "decorre automaticamente da lei, ainda

---

[379] *Novo Código de Processo Civil comentado*. 2. ed. São Paulo: RT, 2016, p. 584 e 585.

que não haja pedido para aquele fim".[380] O autor estabelece interessante relação entre hipoteca judiciária e pedido implícito. Argumenta que ambos fazem parte do mesmo fenômeno jurídico, já que tais institutos decorrem da lei, não se exigindo pedido explícito. Assim como a lei não exige pedido explícito de juros legais, de correção monetária e de verba de sucumbência (CPC, art. 322, §1º) no processo civil, também não se exige pedido expresso do autor para a hipoteca judiciária. Ambos são "verdadeiros efeitos anexos das decisões jurisdicionais",[381] conforme o magistério de Cassio Scarpinella Bueno.

No âmbito da teoria do processo do trabalho elaborada após a chegada do CPC de 2015, Manoel Antonio Teixeira Filho segue afirmando, a exemplo do que afirmava sob o Código de 1973, que a hipoteca judiciária não depende de requerimento da parte, podendo ser determinada de ofício pelo juiz: "Entendemos que essa inscrição independe de requerimento do interessado, podendo ser promovida pelo juiz, *ex officio*. Assim opinamos, em face da redação imperativa do art. 495 do CPC, segundo a qual a sentença condenatória valerá como título constitutivo dessa espécie de hipoteca. Não condiciona, esse texto legal, a inscrição da hipoteca à iniciativa do autor ou do interessado".[382]

Para Cleber Lúcio de Almeida, a hipoteca judiciária é efeito anexo da sentença condenatória, que lhe é atribuído pela própria lei e, portanto, *"se produzirá independentemente de pedido da parte ou da vontade do juiz"*.[383]

No âmbito da jurisprudência do Tribunal Superior do Trabalho, de há muito está consolidado o entendimento de que a hipoteca judiciária é *instituto de ordem pública* cuja implementação de ofício é, por isso mesmo, reputada jurídica, não se reconhecendo, aí, julgamento *extra petita* nem a ocorrência de violação ao devido processo legal; entendimento que se manteve inalterado após a vigência do CPC de 2015: "2. HIPOTECA JUDICIÁRIA. APLICABILIDADE NO PROCESSO DO TRABALHO. É cabível a declaração, de ofício, da hipoteca judiciária prevista no art. 466 do CPC/1973 (art. 495 do CPC/2015), de aplicação subsidiária ao processo do trabalho pela sistemática do art. 769 da CLT, para garantia da execução. (...) Assim, o TRT, ao lançar mão do instituto da hipoteca judiciária, visou à garantia dos créditos devidos ao Autor, sem com isso ofender de forma direta o direito da Reclamada ao devido

---

[380] *Manual de Direito Processual Civil.* 4. ed. São Paulo: Saraiva, 2018, p. 460.
[381] *Manual de Direito Processual Civil.* 4. ed. São Paulo: Saraiva, 2018, p. 346.
[382] *Comentários ao Código de Processo Civil:* sob a perspectiva do Processo do Trabalho. 3. ed. São Paulo: LTr, 2019, p. 762.
[383] *Direito Processual do Trabalho.* 7. ed. Salvador: Juspodivm, 2019, p. 652.

processo legal, em especial considerando o necessário resguardo às verbas trabalhistas. Recurso de revista não conhecido nos temas. (...)" (RR-508-16.2017.5.21.0009, 3ª Turma, Rel. Min. Mauricio Godinho Delgado, DEJT 18.10.2019).

Ainda no âmbito da jurisprudência, a hipoteca judiciária trata-se, na compreensão da Desembargadora Cíntia Táffari, de um *poder-dever* do juiz. Daí a juridicidade de sua determinação de ofício.[384] Também esse acórdão é posterior ao advento de CPC de 2015. O mesmo se deve dizer da Súmula nº 57 do Tribunal Regional do Trabalho da 4ª Região e da Súmula nº 32 do Tribunal Regional do Trabalho da 2ª Região; ambas as súmulas regionais afirmam, na vigência do novo Código, a aplicabilidade da hipoteca judiciária ao processo do trabalho e, embora os verbetes dessas súmulas não o digam de forma explícita, ambos os tribunais acolhem a hipoteca judiciária determinada de ofício, conforme revela o estudo dos precedentes que serviram de base aos respectivos Incidentes de Uniformização de Jurisprudência (IUJ).

Tanto na hipótese de o magistrado deliberar pela implementação da hipoteca judiciária de ofício quanto na hipótese de hipoteca judiciária determinada em atendimento a pedido formulado pelo autor, fazer constar, no dispositivo da sentença, a determinação de expedição de mandado de registro da hipoteca judiciária facilitará o trabalho da Secretaria da Vara do Trabalho.

---

[384] TRT/SP – 0002053632014502021 – RO – Ac. 13ª Turma – 20170552781 – Rel. Cíntia Táffari – DOE 6.9.2017.

A HIPOTECA JUDICIÁRIA DE OFÍCIO É IMPLEMENTADA POR MANDADO JUDICIAL

A leitura combinada do art. 1.492[385] do Código Civil e dos arts. 167, inciso I, item 2,[386] e 169[387] da Lei de Registros Públicos revela que as hipotecas devem ser registradas no Cartório do Registro de Imóveis. O registro é feito mediante mandado judicial. A inscrição da hipoteca judiciária, conforme ensina Peterson Zacarella, "será operacionalizada através de mandado expedido por juiz ou desembargador, quer se trate de sentença ou acórdão a lhe dar causa".[388] Alguns Cartórios de Registros de Imóveis são menos rigorosos, admitindo o registro da hipoteca judiciária mediante simples ofício escrito;[389] em alguns casos, mediante simples ofício eletrônico.

Para os magistrados que adotam a prática da hipoteca judiciária de ofício, tem sido produtiva a iniciativa de contatar previamente o(s) titular(es) do(s) Cartório(s) de Imóveis, com vistas à simplificação de procedimentos e à adoção de comunicação do ato mediante simples ofício eletrônico. A informação acerca da própria existência de imóveis do vencido pode ser objeto de correspondência eletrônica entre o juízo e

---

[385] CC: "Art. 1.492. As hipotecas serão registradas no cartório do lugar do imóvel, ou no de cada um deles, se o título se referir a mais de um".

[386] LRP: "Art. 167. No registro de imóveis, além da matrícula, serão feitos: I – o registro: 2 – das hipotecas legais, judiciais e convencionais".

[387] "Art. 169. Todos os atos enumerados no art. 167 são obrigatórios e efetuar-se-ão no cartório da situação do imóvel (...)".

[388] Hipoteca judiciária: instrumento de efetividade da tutela jurisdicional. In: Justiça e [o paradigma da] eficiência. São Paulo: RT, 2011, p. 305.

[389] A remessa do ofício escrito pode ser feita pelos Correios, dispensando o Oficial de Justiça do trabalho de deslocar-se ao cartório para entregar o ofício pessoalmente ao Registrador. A Vara do Trabalho terá facilidade em conceber o modelo deste ofício, o qual será apenas adaptado em cada novo caso concreto.

Cartório de Imóveis. Alguns Cartórios de Imóveis atendem à solicitação de envio das matrículas dos imóveis do vencido, com o que se facilita a atuação do juízo.

Além do *dever legal* de cumprir a determinação judicial de registrar hipoteca judiciária, é de ver que ao titular do cartório *interessa* prestar o serviço de registro da hipoteca judiciária, na medida em que, ao final, cobrará emolumentos do devedor pela prática de dois (2) atos cartorários distintos. O primeiro ato é o *registro da hipoteca judiciária* na matrícula do imóvel do vencido. O segundo ato é o *registro do cancelamento da hipoteca judiciária* na matrícula do imóvel, quando assim determinado pelo juízo após a satisfação da execução. Esse último ato é do interesse direto do vencido, que pretende ver seu imóvel livre do gravame hipotecário, para poder operar no mercado com mais desenvoltura.

As despesas desses registros correm por conta do vencido, conforme pacificado na doutrina, porquanto são consideradas genericamente como despesas da execução. Para conferir maior segurança à afirmação de que essas despesas são de incumbência do vencido, cumpre citar o magistério de Pontes de Miranda no âmbito do processo civil: "Exerce-se o direito formativo gerador com o pedido de inscrição, apontando os bens de que o devedor tem a propriedade. *As custas da inscrição são por conta do devedor condenado*".[390] No âmbito do processo do trabalho, o tema foi objeto do estudo realizado pelo magistrado Arlindo Cavalaro Neto. Diz o jurista: "As despesas com o registro da sentença como hipoteca judiciária serão computadas na conta geral do crédito exequendo e cobrados do executado, é claro".[391]

Não pode o Registrador condicionar a prática do ato de registro da hipoteca judiciária ao prévio pagamento dos emolumentos pelo credor trabalhista quando esse é beneficiário da justiça gratuita. O credor beneficiário da justiça gratuita tem direito à isenção de emolumentos (CLT, art. 790, §3º): "Art. 790. §3º. É facultado aos juízes, órgãos julgadores e presidentes dos tribunais do trabalho de qualquer instância conceder, a requerimento ou de ofício, o benefício da justiça gratuita, *inclusive quanto a traslados e instrumentos*, àqueles que perceberem salário igual ou inferior ao dobro do salário mínimo, ou declararem, sob as penas da lei, que não estão em condições de pagar as custas do processo sem prejuízo do sustento próprio ou de sua família". À norma da CLT, soma-se o art.

---

[390] *Comentários ao Código de Processo Civil*. t. V. Rio de Janeiro: Forense, 1974, p. 118.
[391] NETO, Arlindo Cavalaro. A sentença trabalhista como título constitutivo de hipoteca judiciária. *In*: SANTOS, José Aparecido dos (coord.). *Execução trabalhista*. 2. ed. São Paulo: LTr, 2010, p. 496.

7º, IV, da Lei nº 6.830/1980, o qual se aplica analogicamente à hipoteca judiciária, por força da incidência da norma de ordem pública do art. 889 da CLT. Diz o preceito da LEF: "Art. 7º. O despacho do Juiz que deferir a inicial importa em ordem para: IV – registro da penhora ou do arresto, *independentemente do pagamento de* custas ou *outras despesas,* observado o disposto no art. 14". O dispositivo da Lei de Executivos Fiscais pode ser invocado pelo juízo trabalhista sobretudo quando é desse a iniciativa de fazer registrar a hipoteca judiciária.

Caso ocorra resistência do Registrador à prática do ato de registro da hipoteca judiciária ordenado pelo Juiz do Trabalho, oficia-se ao Juiz de Direito Diretor do Foro Cível,[392] ao qual está subordinado o Registrador, relatando o ocorrido e solicitando providência, com fundamento no dever de cooperação judicial previsto no art. 67 do CPC.[393] O Juiz de Direito Diretor do Foro Cível atua como autoridade correicional da atividade cartorária da Comarca.[394] No desempenho desse ofício, o Juiz de Direito Diretor do Foro corrige eventual procedimento ilegal do Registrador, além de ministrar diretrizes a serem observadas na atividade registral.

Sobre a competência do juiz estadual para o julgamento do processo de dúvida, a jurisprudência assinala que, "Em face de sua natureza administrativa, o processo de dúvida deve ser decidido pelo Juízo estadual corregedor do cartório de registro de imóveis, que o formulou" (STJ – CC 4.840, 2ª Seção. Min. Barros Monteiro, j. 08.09.1993).

De outra parte, merece registro o fato de que a jurisprudência já pacificou o entendimento de que o juiz correcional não pode negar cumprimento ao ato do juiz do trabalho: "O Juízo correicional, de caráter administrativo, não pode contrariar ato jurisdicional trabalhista que determina penhora de bens" (STJ, 2ª Seção, CC nº 21.649, Min. Eduardo Ribeiro, j. 2209.1999). Essa orientação jurisprudencial se aplica à hipoteca judiciária, por analogia.

Normalmente, o Juiz de Direito Diretor do Foro, instado pelo Juiz do Trabalho, determina que o Registrador suscite *processo administrativo*

---

[392] Minha experiência profissional de Juiz do Trabalho revelou a utilidade de prévio contato telefônico com o Juiz de Direito Diretor do Foro; por vezes, me dirigi ao Foro Estadual para visita institucional ao Juiz Diretor do Foro, com a finalidade de expor a situação, o que redundava na agilização da solução dos casos concretos.

[393] CPC: "Art. 67. Aos órgãos do Poder Judiciário, estadual ou federal, especializado ou comum, em todas as instâncias e graus de jurisdição, inclusive aos tribunais superiores, incumbe o dever de recíproca cooperação, por meio de seus magistrados e servidores".

[394] LRP: "Art. 3º. A escrituração será feita em livros encadernados, que obedecerão aos modelos anexos a esta Lei, *sujeitos à correição da autoridade judiciária competente*".

de dúvida (Lei dos Registros Públicos, art. 198[395]) e depois o resolverá mediante decisão administrativa na qual determinará que o Registrador cumpra a ordem judicial de registro da hipoteca judiciária, independentemente de prévio pagamento dos respectivos emolumentos. Esses emolumentos devem ser informados pelo Registrador ao juízo mediante ofício, para que sejam incluídos na conta geral do processo e cobrados do executado com as demais parcelas em execução.

Na improvável hipótese de o Juiz de Direito Diretor do Foro endossar a posição do Registrador, pode-se oficiar à Corregedoria-Geral da Justiça Estadual, solicitando providência. Nesse caso, entretanto, poderá ser mais eficaz a interlocução institucional entre a Corregedoria Regional do Tribunal Regional do Trabalho e a Corregedoria-Geral da Justiça Estadual, para o que o juízo do trabalho pode oficiar à Corregedoria Regional do Tribunal a que está vinculado, solicitando a cooperação judicial de que trata o art. 67 do CPC.

Caso a iniciativa de fazer registrar a hipoteca judiciária seja da parte, no exercício da faculdade prevista no §2º do art. 495 do CPC, segundo a qual "a hipoteca judiciária poderá ser realizada mediante apresentação de cópia da sentença perante o cartório de registro imobiliário, independentemente de ordem judicial", a parte poderá solicitar as providências antes referidas ao juízo trabalhista na hipótese de haver resistência do Registrador para cumprir o comando do art. 495 do CPC.

---

[395] LRP: "Art. 198. Havendo exigência a ser satisfeita, o oficial indicá-la-á por escrito. Não se conformando o apresentante com a exigência do oficial, ou não a podendo satisfazer, será o título, a seu requerimento e com a declaração de dúvida, remetido ao juízo competente para dirimi-la (...)".

CAPÍTULO XXIV

NA HIPOTECA JUDICIÁRIA, A ESCOLHA DO BEM É DO VENCEDOR

O bem sobre o qual será registrada a hipoteca judiciária é escolhido pelo vencedor da demanda condenatória. Essa escolha não cabe ao vencido. É certo que esse último pode impugnar essa indicação posteriormente, alegando, por exemplo, existir desproporcionalidade entre o valor da dívida e o valor do bem hipotecado, quando houver outros bens de menor valor sobre os quais possa recair a hipoteca judiciária. Quando a hipoteca judiciária é realizada de ofício, cabe ao juízo a escolha do bem, assegurada ao vencido ulterior impugnação.

Conforme ensina Pontes de Miranda, nos comentários ao art. 466 do CPC de 1973, o direito de o credor escolher o bem a hipotecar é uma decorrência de seu direito à constituição da hipoteca judiciária: "o vencedor tem direito formativo gerador, em que se contém *o de escolher dentre os bens inscritíveis*".[396] Para o jurista, o direito do vencedor de escolher o bem a ser gravado é uma derivação de seu direito à inscrição da hipoteca judiciária. Noutra passagem, Pontes de Miranda ratifica tal entendimento, destacando que o vencedor da demanda condenatória exerce o direito formativo gerador com o pedido de inscrição da hipoteca judiciária, "apontando o credor os bens de que o devedor tem a propriedade".[397]

Idêntica orientação é encontrada na doutrina de Lacerda de Almeida. Para o jurista, a hipoteca judiciária *nasce de um fato – a condenação – e esse fato abre margem ao credor para exercer o seu direito de garantia real*, designando *o imóvel, ou os imóveis do condenado, que*

---

[396] *Comentários ao Código de Processo Civil.* t. V. Rio de Janeiro: Forense, 1974, p. 112.
[397] *Comentários ao Código de Processo Civil.* t. V. Rio de Janeiro: Forense, 1974, p. 118.

devem ser levados a registro, e promovendo a respectiva inscrição mediante as formalidades que a lei tem estabelecido para a inscrição das hipotecas legais.[398] Pontes de Miranda, quando da cogitação de quais bens podem ser gravados, volta a sublinhar que *cabe ao vencedor escolher o bem* do vencido que será gravado pela hipoteca judiciária. Diz o jurista: "A respeito da *escolha pelo vencedor* é que se discute quais os bens dentre os quais *pode ele escolher* – se dentre os que, ao tempo da sentença com a eficácia anexa, já eram do condenado, ou se dentre esses e os por ele adquiridos até o trânsito em julgado ou se dentre os bens que tinha e os que adquiriu depois, enquanto não perde eficácia executiva a sentença".[399]

À doutrina de Pontes de Miranda, soma-se o magistério Marinoni, Arenhart e Mitidiero: "Dentre os bens hipotecáveis do demandado, *tem o demandante de apontar sobre qual ou quais quer ver recair a hipoteca*, especializando-a".[400]

Conforme está examinado no capítulo XXVI, a escolha do bem pelo vencedor da demanda está sujeita à apreciação judicial (CF, art. 5º, XXXV). Caso o vencido, após intimado pelo juízo da hipoteca judiciária realizada (CPC, art. 495, §3º[401]), venha a impugnar a escolha do bem realizada pelo vencedor, caberá ao juízo decidir.

Eventual alegação de hipoteca judiciária mais gravosa deverá ser acompanhada de específica indicação, pelo devedor, de outro imóvel que assegure a futura execução de forma eficaz, a teor da saneadora previsão do parágrafo único do art. 805 do CPC, aplicável por analogia. O encargo processual com que o CPC de 2015 onera o executado que alega estar a execução sendo realizada por modo mais gravoso (CPC, art. 805, parágrafo único), comunica-se ao vencido que impugna o bem escolhido pelo vencedor para hipoteca judiciária, como corolário do dever de colaboração processual, verdadeiro desdobramento do dever de boa-fé processual. Caso o vencido deixe de indicar outro imóvel, prevalecerá o imóvel indicado pelo vencedor, conclusão que também decorre da aplicação analógica do preceito legal mencionado (CPC, art. 805, parágrafo único).

Na hipótese de o vencido desincumbir-se do encargo processual de indicar bem imóvel em substituição àquele gravado, caberá ao juízo

---

[398] *Direito das Coisas*. v. II, p. 277.
[399] *Comentários ao Código de Processo Civil*. t. V. Rio de Janeiro: Forense, 1974, p. 112.
[400] *Novo Código Processo Civil Comentado*. 2. ed. São Paulo: RT, 2016, p. 585.
[401] CPC: "Art. 495. §3º. No prazo de até 15 (quinze) dias da data de realização da hipoteca, a parte informá-la-á ao juízo da causa, que determinará a intimação da outra parte para que tome ciência do ato".

apreciar a questão. Essa apreciação será balizada pelo princípio da proporcionalidade: tratar-se-á de equacionar – na medida do possível no caso concreto – duas regras: a regra do meio executivo idôneo e a regra da menor restrição possível (CPC, arts. 797 e 805).

Considerando-se que a regra geral é a de que a execução se realiza no interesse do credor (CPC, art. 797), a regra exceptiva da execução menos gravosa (CPC, art. 805, *caput*) há de subordinar-se àquela regra geral, quando a respectiva harmonização não se fizer possível no caso concreto. Essa conclusão há de prevalecer também no âmbito do processo do trabalho, em face do princípio efetividade da jurisdição (CF, art. 5º, XXXV) e do princípio da razoável duração do processo (CF, art. 5º, LXXVIII; CLT, art. 765), sobretudo considerada a natureza alimentar dos créditos trabalhistas e a respectiva condição jurídica de crédito dotado de privilégio legal (CF, 100, §1º; CTN, art. 186; CLT, art. 449, §1º).

CAPÍTULO XXV

NA HIPOTECA JUDICIÁRIA, O CONTRADITÓRIO É DIFERIDO

Ao discorrer sobre o §3º do art. 495 do CPC, preceito que determina seja o juízo informado pelo autor do registro da hipoteca judiciária, para que o juízo então dê ciência do gravame ao vencido, Larissa Fonseca Monteiro de Castro pondera – com razão, a nosso sentir – que "não é necessário ouvir previamente o devedor para a realização do gravame".[402] A autora afirma, todavia, que seria necessário ouvir previamente o devedor na hipótese de decisão ilíquida, para proceder à fixação do valor da hipoteca. Na verdade, não há tal necessidade. Em primeiro lugar, porque a lei é categórica em afirmar que a decisão condenatória produz o efeito anexo de hipoteca judiciária, ainda que a condenação não seja líquida (CPC, art. 495, §1º, I). Nas palavras do legislador, a questão está assim resolvida: "§1º. A decisão produz a hipoteca judiciária: I – embora a condenação seja genérica".

Condenação genérica significa condenação ilíquida, conforme esclarece a teoria jurídica. A contribuição doutrinária de Daniel Amorim Assumpção Neves é didática no particular. Ao comentar o dispositivo do inciso I do §1º do art. 495, o jurista pondera: "Também não é causa impeditiva à hipoteca judiciária, a condenação versar sobre obrigação ilíquida (§1º, I)".[403] Essa questão está ainda mais precisa nos comentários de José Rogério Cruz e Tucci: "Mesmo sendo genérica a condenação, vale dizer, *despida de um valor pecuniário certo*, e ainda que o vencedor

---

[402] Alterações processuais que beneficiam a efetividade da execução trabalhista: protesto, hipoteca judiciária e inscrição no cadastro de inadimplentes. *In*: KOURY, Luiz Ronan Neves; CUNHA, Natália Xavier; OTONI, Luiza; ASSUNÇÃO, Carolina Silva Silvino (coord.). *Execução no Processo do Trabalho*. São Paulo: LTr, 2020, p. 280.

[403] *Novo Código de Processo Civil comentado artigo por artigo*. Salvador: Juspodivm, 2016, p. 824.

possa promover o cumprimento provisório da sentença ou que já tenha arrestado bem do devedor, a hipoteca judiciária pode ser efetivada".[404] É de notar que a matéria também estava assim disciplinada no CPC revogado, cujo art. 466 do CPC de 1973 estabelecia não ser necessária sentença líquida à produção do efeito anexo de hipoteca judiciária: "Parágrafo único. A sentença condenatória produz a hipoteca judiciária: I – embora a condenação seja genérica".

Em segundo lugar, não há necessidade de prévia liquidação da condenação, porque o valor arbitrado à condenação na sentença trabalhista ilíquida atende – sempre atendeu – à necessidade de *quantificação aproximada* do valor da obrigação para o efeito de possibilitar o registro da hipoteca judiciária na matrícula do imóvel. No interesse da efetividade da jurisdição, a *quantificação aproximada* é bastante à hipoteca judiciária; a exigência de liquidação da sentença frustraria a tempestividade da medida legal do art. 495 do CPC, esvaziando o instituto da hipoteca judiciária. A experiência do Poder Judiciário Trabalhista revela, de um lado, que a hipoteca judiciária tem sido aplicada de acordo com o princípio da proporcionalidade e, de outro lado, revela que raramente ocorre impugnação quanto ao imóvel indicado. Em havendo tal impugnação por parte do vencido, cabe ao juízo resolvê-la. Sobre tal impugnação e seus requisitos, o leitor encontrará exposição específica no capítulo XXVI.

A quem pretendesse esvaziar o instituto da hipoteca judiciária, logo lhe ocorreria estabelecer exigências como a prévia liquidação da condenação e a abertura de contraditório prévio. A prévia liquidação do julgado foi dispensada pelo julgador precisamente porque o moroso procedimento de liquidação da sentença tornaria a hipoteca judiciária tardia, conforme a pertinaz observação de Pontes de Miranda: "tal expediente evita que se protele até à liquidação a inscrição..." O jurista completa seu raciocínio: "vale e é eficaz a inscrição de hipoteca judiciária que não aluda ao quanto líquido devido. Esse ponto é de grande importância prática. A condenação pode ser genérica (art. 466, parágrafo único, I)".[405]

Bem antes dos comentários de Pontes de Miranda ao CPC de 1973, essa questão surgira no âmbito do CPC de 1939. No ano de 1940, a doutrina criticava o fato de que a hipoteca judiciária de então era tardia. Era tardia porque era realizada após o trânsito em julgado da

---

[404] MARINONI, Luiz Guilherme; ARENHART, Sérgio Cruz; MITIDIERO Daniel (coord.). *Comentários ao Código de Processo Civil*. v. VIII. São Paulo: RT, 2016, p. 153-4.
[405] *Comentários ao Código de Processo Civil*. t. V. Rio de Janeiro: Forense, 1974, p. 119.

sentença e após a respectiva liquidação. A hipoteca judiciária estava prevista no art. 284 do CPC de 1939. Nos comentários ao art. 284 do CPC de 1939, *Carvalho Santos* reproduz a crítica que *Philadelpho Azevedo* dirigia ao preceito: "A inutilidade da hypotheca não está na preferência, mas em ser tardia, pois para sua efficácia bastava faze-la decorrer das sentenças de primeira instância (*Teses de Concurso*, p. 22)".[406] A crítica de *Philadelpho Azevedo* decorria do fato de que a hipoteca judiciária exigia, à época do CPC de 1939, o trânsito em julgado da sentença e a ulterior liquidação dessa decisão. O legislador do CPC de 1973 parece ter acolhido a crítica de *Philadelpho Azevedo*, na medida em que não exigiu mais o trânsito em julgado (CPC, art. 466, *caput*) e suprimiu a exigência de liquidação da sentença (CPC, art. 466, parágrafo único, I), fazendo o efeito anexo de hipoteca judiciária decorrer das sentenças de primeiro grau de jurisdição.

A exigência de contraditório prévio para o registro de hipoteca judiciária não parece consentânea com a simplicidade do Direito Processual do Trabalho. Nada obstante a consideração anterior, o legislador de 2015 poderia ter estabelecido tal exigência no art. 495 do CPC, porquanto é patente a preocupação do legislador de dar ao instituto um regramento mais minucioso do que aquele que se apresentava no art. 466 do CPC de 1973. Entretanto, o legislador não estabeleceu exigência de contraditório prévio. Limitou-se a atribuir ao autor o encargo processual de informar ao juízo que a hipoteca judiciária foi registrada. O contraditório, a partir de uma interpretação sistemática do §3º do art. 495 do CPC, é diferido. A conclusão decorre do fato de que a lei incumbe ao juízo intimar o vencido do registro do gravame que vier a ser informado pelo autor. Só então o vencido terá ciência do gravame e poderá, se assim entender, impugnar o bem escolhido pelo credor hipotecário – ou pelo juízo, se a hipótese judiciária tiver sido determinada de ofício. Era assim na vigência do CPC de 1973, e não parece que a redação do §3º do art. 495 do CPC de 2015 tenha pretendido burocratizar a dinâmica do instituto. Ao contrário, o §2º do art. 495 do CPC desburocratizou o instituto, ao estabelecer que "a hipoteca judiciária poderá ser realizada mediante apresentação de cópia da sentença perante o cartório de registro imobiliário, independentemente de ordem judicial, de declaração expressa do juiz ou de demonstração de urgência". Essa desburocratização do instituto foi reconhecida

---

[406] SANTOS, J. M. Carvalho. *Código de Processo Civil Interpretado*. 2. ed. v. IV. Rio de Janeiro: Livraria Editora Freitas Bastos, 1940, p. 122.

explicitamente por Nelson Nery Junior e Rosa Maria de Andrade Nery. Dizem os autores: "O CPC 495 §2º desburocratiza o registro da hipoteca judicial, tornando desnecessária a decisão que determina a inscrição. Basta que o interessado apresente a sentença junto ao cartório competente".[407]

Comentando o instituto da hipoteca judiciária, Cassio Scarpinella Bueno faz observação que, a partir da literalidade da lei, autoriza o intérprete a deduzir que o contraditório é, na hipoteca judiciária, realizado *a posteriori*. Pondera o autor: "O §3º do dispositivo exige que o juízo seja informado da concretização da hipoteca no prazo de até quinze dias de sua realização *para dar ciência à parte contrária*".[408] Se a finalidade do preceito legal é dar ciência à parte contrária de que a hipoteca judiciária foi registrada, parece razoável concluir que é essa comunicação à parte demandada que lhe vai oportunizar a ocasião para eventual manifestação sobre a constrição patrimonial realizada pelo vencedor. É após essa comunicação que o demandado terá a oportunidade processual de apresentar questionamento acerca da hipoteca judiciária já então realizada.

A lei não tem previsão para estabelecimento de contraditório prévio à implementação da hipoteca judiciária. A única previsão relativa a tal contraditório está indicada, de forma indireta, no §3º do art. 495 do CPC, e, segundo sugere o preceito legal em questão, o contraditório é diferido. Primeiro, o vencedor da demanda condenatória elege o bem do vencido e faz sobre ele incidir a hipoteca judiciária, registrando-a na matrícula do imóvel eleito. Feito o registro da hipoteca judiciária, o vencedor da demanda condenatória tem o encargo processual de comunicar o juízo da constituição da hipoteca judiciária. Recebida tal informação do autor, o juízo, só então, comunica ao vencido que a hipoteca judiciária foi constituída. Abre-se então – só então – a oportunidade processual de manifestação do vencido sobre a constituição do gravame de ônus real da hipoteca judiciária, que incidiu sobre o imóvel eleito pelo vencedor; ou eleito pelo juízo, na hipótese de realização de hipoteca judiciária de ofício.

Defensor de contraditório prévio na hipoteca judiciária, José Rogério Cruz e Tucci argumenta, por analogia, que o executado tem direito a manifestar-se sobre a penhora, invoca os arts. 829, 830 e 847

---

[407] *Comentários ao Código de Processo Civil*. São Paulo: RT, 2015, p. 1170.
[408] *Manual de Direito Processual Civil*. 4. ed. São Paulo: Saraiva, 2018, p. 460.

do CPC e sustenta que "não pode restar dúvida de que, para a hipoteca em apreço, o devedor também deve ter oportunidade para ser ouvido".

Os dispositivos em questão não parecem apoiar a tese de contraditório prévio na hipoteca judiciária. Isso porque os dispositivos legais em questão não asseguram contraditório prévio para o executado no caso de penhora. Pelo contrário, o art. 847 do CPC estabelece contraditório diferido no caso de penhora. Primeiro, o Oficial de Justiça realiza a penhora. Depois é que o executado tem a oportunidade de requerer a substituição do bem penhorado. A penhora realizada pelo Oficial da Justiça recai, normalmente, sobre bem indicado pelo exequente, já que ao exequente é facultado indicar bens à penhora por ocasião da propositura da ação (CPC, arts. 524, VII e 798, II, "c"). A oportunidade de o executado requerer a substituição do bem penhorado ocorre no prazo de 10 dias contados da intimação da penhora. A leitura do preceito legal em apreço revela que o contraditório é posterior ao ato de penhora: "Art. 847. O executado pode, no prazo de 10 (dez) dias contado da intimação da penhora, requerer a substituição do bem penhorado, desde que comprove que lhe será menos onerosa e não trará prejuízo ao exequente".

O art. 829 do CPC tampouco sugere que o executado tem direito a contraditório prévio à penhora. Pelo contrário, o preceito oportuniza ao executado ocasião para o pagamento no prazo de três dias após a citação, sob pena de penhora. Comentando o preceito legal, Daniel Amorim Assumpção Neves observa que "não há entre as reações do executado diante de sua citação a nomeação de bens à penhora, o que, entretanto, não impede que o executado assim proceda. A indicação, entretanto, não impedirá que o oficial de justiça realize a penhora dos bens que localizar, cabendo ao juiz decidir entre o bem penhorado pelo oficial de justiça e aquele indicado pelo executado".[409] Primeiro, ocorre a penhora pelo Oficial de Justiça. Só depois o juiz examinará a indicação de outro bem à penhora feita pelo executado. E não se pode olvidar que prevalece a indicação do credor sobre a indicação do executado, o que também está de acordo com o princípio da execução mais eficaz. Confira-se o magistério de Daniel Amorim Assumpção Neves: "Nos termos do art. 829, §2º, do Novo CPC, a indicação de bens realizada pelo exequente prefere à indicação do executado",[410] ao qual a lei impõe o

---

[409] *O novo Código de Processo Civil comentado artigo por artigo*. Salvador: Juspodivm, 2016, p. 1.309.

[410] *O novo Código de Processo Civil comentado artigo por artigo*. Salvador: Juspodivm, 2016, p. 1.309.

ônus processual de demonstrar que o bem por ele indicado não implica prejuízo ao exequente e assegura, concomitantemente, execução menos gravosa (CPC, art. 805, parágrafo único). O art. 830 tampouco indica contraditório prévio; disciplina o denominado arresto executivo, medida legal prevista para a hipótese de o executado não ser encontrado para o ato de citação.

Por derradeiro, cumpre observar que, sendo a hipoteca judiciária efeito anexo da sentença condenatória, não se pode cogitar de decisão surpresa, até porque não se trata propriamente de decisão, já que o efeito anexo de hipoteca judiciária é externo à sentença condenatória; porque decorre de lei e pode ser realizada independentemente "de declaração expressa do juiz" (CPC, art. 495, §2º).

CAPÍTULO XXVI

A IMPUGNAÇÃO DO DEVEDOR AO BEM INDICADO PELO CREDOR

Se o devedor alegar que há desproporcionalidade entre o valor do imóvel gravado e o valor arbitrado à condenação, incumbir-lhe-á indicar – de imediato; na mesma peça processual – outro imóvel de sua propriedade, livre e desembaraçado, para a substituição do gravame, na medida em que tal impugnação equivale à alegação de execução por meio mais gravoso, situação jurídica que atrai a incidência da norma saneadora do parágrafo único do art. 805 do CPC, expressão concreta dos princípios da boa-fé processual (CPC, art. 5º) e da cooperação das partes para a satisfação da obrigação dentro da razoável duração do processo (CPC, art. 6º).

Aliás, o parágrafo único do art. 805 do CPC de 2015 é uma das normas representativas da virada hermenêutica pretendida pelo novo Código, as quais têm por finalidade promover a efetividade processual. Na mesma peça processual, o devedor deverá indicar bem livre e desembaraçado para a substituição da garantia hipotecária, não podendo se limitar a impugnar a escolha feita pelo credor. Se não indicar bem livre e desembaraçado, sua impugnação sequer será conhecida pelo juízo. O descumprimento ao dever de colaboração evidenciará a conduta processual inidônea do devedor que, nada obstante alegue execução mais gravosa, deixa de apresentar meio menos gravoso e mais eficaz do que aquele adotado, violando a saneadora norma de ordem pública do art. 805, parágrafo único, do CPC.

Examinando questão análoga – então situada no âmbito do Recurso de *Habeas Corpus* nº 99.606 SP (2018/0150671-9) –, a Ministra Relatora Nancy Andrighi negou provimento a recurso no qual o executado impugnava medida coercitiva adotada pelo juízo da execução, aplicada com fundamento no art. 139, IV, do CPC. Na fundamentação, assentou, inicialmente, que, "como reflexo da boa-fé e da cooperação direcionados ao executado, sua impugnação à adoção de medidas coercitivas indiretas deve ser acompanhada de sugestão de meio executivo alternativo mais eficaz, porquanto sua alegação estará baseada no princípio da menor onerosidade da execução".

Depois, na contextualização da situação concreta, a Ministra Nancy Andrighi assentou: "na hipótese dos autos, na impugnação apresentada pelo impetrante em favor do paciente (e-STJ, fls. 1-15), a determinação do art. 805, parágrafo único, do CPC/2015 não foi atendida, o que também representa violação aos deveres de boa-fé processual e colaboração, previstos nos arts. 5º e 6º do CPC/2015. Desse modo, a despeito de se poder questionar a validade do ato que impôs a medida constritiva indireta, como o impetrante ou mesmo o paciente, ao arguirem violação ao princípio da menor onerosidade da execução para o executado, não propuseram meio menos gravoso e mais eficaz ao cumprimento da obrigação exigida, a única solução aplicável ao caso concreto é a manutenção da medida restritiva impugnada (anotação de restrição à saída do país sem prévia garantia da execução), ressalvada a possibilidade de sua modificação superveniente pelo juízo competente na hipótese de ser apresentada sugestão de meio alternativo. Com efeito, sob a égide do CPC/2015, não pode mais o executado se limitar a alegar a invalidade dos atos executivos, sobretudo na hipótese de adoção de meios que lhe sejam gravosos, sem apresentar proposta de cumprimento da obrigação exigida de forma que lhe seja menos onerosa, mas, ao mesmo tempo, mais eficaz à satisfação do crédito reconhecido do exequente. Como esse dever de boa-fé e de cooperação não foi atendido na hipótese concreta, não há manifesta ilegalidade ou abuso de poder a ser reconhecido pela via do *habeas corpus*, razão pela qual a ordem não pode ser concedida no ponto".

Por tais razões, a alegação de desproporcionalidade – entre o valor do imóvel gravado e o valor arbitrado à condenação – somente será avaliada pelo juízo, quando o devedor oferecer, na sua peça de impugnação, imóvel bastante para a substituição daquele gravado. Além do ônus processual de indicar imóvel para a substituição do gravame, incumbe ao devedor o encargo de demonstrar a suficiência do imóvel oferecido em substituição, mediante apresentação, na mesma peça processual de impugnação, de avaliação idônea, patrocinada por profissional independente. Cumpridos tais encargos processuais, caberá ao juízo apreciar a impugnação, equacionando a questão mediante o sopesamento das variáveis do meio executivo idôneo (para o credor) e da menor restrição possível (para o devedor).

CAPÍTULO XXVII

HIPOTECA JUDICIÁRIA E DISPUTA ENTRE CREDORES NA EXECUÇÃO CONTRA DEVEDOR INSOLVENTE

A aplicação do direito de preferência previsto no §4º do art. 495 do CPC não terá lugar na hipótese de insolvência do devedor. Na hipótese de insuficiência patrimonial, a solução mais equânime será o rateio, de modo que todos os credores sejam contemplados, ainda que apenas em parte e proporcionalmente. Do contrário, o patrimônio do devedor pode ser consumido pelo credor titular da primeira constrição registrada, em detrimento de todos os demais credores, o que não se afigura razoável à perspectiva aristotélica de uma justiça proporcional para o caso concreto. Na *Ética a Nicômaco*, Aristóteles demonstra que o vínculo intrínseco existente entre justiça e proporcionalidade conduz à noção de justiça distributiva: o justo é uma espécie de meio proporcional; a ideia de justiça distributiva corresponde à noção de que o justo é o meio-termo e o injusto é o que viola a proporção; o proporcional é o intermediário, e o justo é o proporcional.[411]

A aplicação do critério de preferência do §4º do art. 495 do CPC,[412] quando a situação patrimonial do executado for de insolvência – ainda que não declarada formalmente –, poderá implicar o esgotamento do patrimônio do devedor em favor do titular da constrição de registro mais antigo, em detrimento dos demais credores, que então ficariam privados do recebimento de seus créditos. Diante dessa situação, será inevitável voltar à passagem na qual Aristóteles identifica o *injusto como*

---

[411] *Ética a Nicômaco*. Livro V. 5. ed. São Paulo: Martin Claret, 2011, p. 105.
[412] CPC: "Art. 495. §4º. A hipoteca judiciária, uma vez constituída, implicará, para o credor hipotecário, o direito de preferência, quanto ao pagamento, em relação a outros credores, observada a prioridade no registro".

violação à proporcionalidade: um dos termos se torna grande demais e o outro muito pequeno, pois o homem que age injustamente fica com uma parte muito grande daquilo que é bom, e o que é injustamente tratado fica com uma parte muito pequena.[413]

Na exploração do alcance do instituto da hipoteca judiciária, é intuitivo o gesto do jurista de ir à penhora, para dela haurir elementos comuns a ambos os institutos, sob inspiração da analogia de que falam Marinoni, Arenhart e Mitideiro. Os autores são assertivos na observação de que, para a definição do direito de preferência, tal analogia é pertinente diante das semelhanças que há entre esses dois institutos: "Essas semelhanças autorizam a aplicação analógica das regras sobre a penhora, notadamente no que tange à preferência e à substituição de bens, à hipoteca judiciária".[414]

Pois bem. Assim como não parece razoável resolver o concurso entre *credores titulares de penhoras* mediante a aplicação da regra do art. 797 do CPC na hipótese de insuficiência patrimonial do devedor, também não parece razoável resolver a disputa entre *credores titulares de hipotecas judiciárias* mediante a aplicação da regra do §4º do art. 495 do CPC na hipótese de insuficiência patrimonial do devedor.

A regra do art. 797 do CPC tem aplicação à execução de *devedor solvente*, conforme revela a primeira oração do preceito legal: "Art. 797. *Ressalvado o caso de insolvência do devedor*, em que tem lugar o concurso universal, realiza-se a execução no interesse do credor, que adquire, pela penhora, o direito de preferência sobre os bens penhorados". De acordo com essa regra, o direito de preferência, para o pagamento, é ordenado pelo critério cronológico da *penhora* anterior.

No caso de *devedor insolvente*, a regra do art. 797 do CPC cede em favor da regra do *rateio* prevista no art. 149, *caput* e §§1º e 2º, da Lei de Falências (Lei nº 11.101/2015): "Art. 149. Realizadas as restituições, pagos os créditos extraconcursais, na forma do art. 84 desta Lei, e consolidado o quadro-geral de credores, as importâncias recebidas com a realização do ativo serão destinadas ao pagamento dos credores, atendendo à classificação prevista no art. 83 desta Lei, respeitados os demais dispositivos desta Lei e as decisões judiciais que determinam reserva de importâncias. §1º. Havendo reserva de importâncias, os valores a ela relativos ficarão depositados até o julgamento definitivo do crédito e, no caso de não ser este finalmente reconhecido, no todo ou em

---

[413] *Ética a Nicômaco*. Livro V. 5. ed. São Paulo: Martin Claret, 2011, p. 106.
[414] *Novo Código de Processo Civil Comentado*. 2. ed. São Paulo: RT, 2016, p. 585.

parte, os recursos depositados serão objeto de *rateio* suplementar entre os credores remanescentes. §2º. Os credores que não procederem, no prazo fixado pelo juiz, ao levantamento dos valores que lhes couberem *em rateio* serão intimados a fazê-lo no prazo de 60 (sessenta) dias, após o qual os recursos serão objeto de *rateio* suplementar entre os credores remanescentes".

A intenção do legislador da Lei nº 11.101/2015, ao adotar o critério do *rateio* entre os credores de cada classe de crédito (art. 83), foi a de evitar a injusta solução que a aplicação da regra do art. 797 do CPC acarretaria. Ao invés de dar preferência aos credores titulares das penhoras mais antigas em detrimento dos credores titulares das penhoras mais recentes, contemplam-se *todos* os credores de cada classe de crédito *proporcionalmente*, independentemente da ordem cronológica de suas penhoras. A mesma diretriz hermenêutica há de prevalecer quando a insolvência do devedor for evidenciada pela insuficiência patrimonial, ainda que a insolvência não tenha sido objeto de declaração formal mediante decreto de falência da sociedade empresarial.[415] Em havendo insolvência, mesmo que não declarada formalmente, "tem lugar o concurso universal", conforme está previsto na segunda oração do precitado art. 797 do CPC. Pelas mesmas razões, idêntica solução há de prevalecer quando houver concurso de credores no qual esteja presente titular de hipoteca judiciária com registro anterior, em se tratando de insolvência do devedor comum.

---

[415] Ou na hipótese de insolvência civil da pessoa natural.

CAPÍTULO XXVIII

HIPOTECA JUDICIÁRIA E A COMPARAÇÃO DE DESEMPENHO ENTRE VARAS DO TRABALHO QUE ADOTAM E QUE NÃO ADOTAM ESSA TÉCNICA PROCESSUAL

Quando doutrina afirma que o principal desafio da teoria processual contemporânea consiste na distribuição equitativa do ônus do tempo do processo, fica implícita a consideração de que o tempo de tramitação do processo é um componente objetivo da atuação jurisdicional do direito. O tempo de tramitação da demanda foi visto, durante muito tempo, como um elemento neutro na teoria processual. Entretanto, conforme esclarecem Marinoni e Arenhart, o tempo do processo não é um elemento neutro e precisa ser problematizado quando se estuda o tema da distribuição do ônus do tempo do processo.

Os referidos autores ponderam que o tempo do processo sempre fora visto como um elemento indiferente ao direito processual. Essa é razão por que a doutrina não problematizava o tema do tempo do processo. Essa reflexão de Marinoni e Arenhart ajuda a compreender a dificuldade que havia na teoria jurídica processual de assumir o tempo do processo como um ônus. Isso porque se imaginava que o tempo do processo fosse um elemento neutro do direito processual. A dificuldade de assumir o tempo do processo como um ônus explica a falta da tematização, na doutrina, do problema da distribuição deste ônus entre as partes do processo,[416] que continua sendo o maior desafio da teoria processual contemporânea.

No capítulo V, sustentamos que a adoção da técnica jurídica da hipoteca judiciária pode contribuir para a distribuição equitativa do

---

[416] *Curso de Processo Civil. Execução.* v. 3. 6. ed. São Paulo: RT, 2014, p. 354.

ônus do tempo do processo. Agora, a ideia é comparar o desempenho de Varas do Trabalho. Fazer um cotejo – ainda que apenas teórico – entre a performance de duas Varas do Trabalho: uma adota a hipoteca judiciária de ofício; a outra, não.

Primeiro, imaginemos que determinado empregador tem processos nas duas Varas do Trabalho que jurisdicionam no local em que a empresa tem sua sede. Depois, imaginemos que a Vara do Trabalho número 1 adota a hipoteca judiciária de ofício, enquanto a Vara do Trabalho número 2 não adota essa técnica processual.

Por maior que seja o esforço jurisdicional para evitar a delonga processual de que se vale o devedor, é necessário reconhecer que o tempo do processo é um dado objetivo inerente ao fenômeno jurisdicional e que o devedor costuma "administrar" o tempo dos processos judiciais, postergando as respectivas soluções, de modo a lograr pagar os débitos trabalhistas com o retardamento que lhe for possível produzir pelo manejo dos meios de resistência disponíveis no direito positivo.

O devedor tende a solucionar primeiro aquele processo que se encontra em fase mais avançada, geralmente quando há a iminência da alienação judicial do bem penhorado. Na semana dos leilões, os devedores trabalhistas costumam pedir a conta do processo à Secretaria da Vara do Trabalho, para fazer a remição, evitando a alienação do bem penhorado mediante o pagamento do débito trabalhista. Também é frequente a celebração de conciliação nessa oportunidade, para evitar o leilão e a consequente perda do bem.

Há devedores trabalhistas que tomam iniciativa para solucionar o processo quando ocorre a penhora de seus bens. Para determinados devedores, ter o patrimônio atingido por penhora é motivo de constrangimento moral. Para outros devedores, a penhora é motivo de constrangimento jurídico no mercado, na medida em que a constrição judicial correspondente à penhora se torna pública pelo registro do gravame na matrícula do bem imóvel. Tratando-se de veículo, o mesmo efeito de constrangimento jurídico no mercado ocorre: os dados do Departamento Nacional de Trânsito – DENATRAN identificam a existência da constrição do veículo determinada no processo judicial em que a dívida trabalhista está sendo executada.

De acordo com o exposto no capítulo XXXVII, a hipoteca judiciária antecipa o efeito que a penhora produzirá vários anos depois. Pois bem. A hipoteca judiciária é modalidade de constrição judicial. Tal como a penhora, a hipoteca judiciária acarreta constrangimento jurídico no mercado para o devedor, uma vez que essa espécie de constrição também é geradora de registro público do gravame. A matrícula do imóvel fica gravada por ônus real de garantia (hipoteca judiciária), o que alerta o mercado, já que o Cartório de Imóveis é registro público de consulta ampla, para o fato de que o vencido é demandado em ação condenatória que teve sentença favorável ao autor da demanda.

Na medida em que a hipoteca judiciária, ao ser registrada, causa constrangimento jurídico no mercado para o devedor, a experiência revela que o devedor tende a pagar primeiro a dívida no processo da Vara do Trabalho número 1, deixando para pagar depois a dívida no processo da Vara do Trabalho número 2. É público e notório que o dever de colaboração do devedor é maior nas Varas do Trabalho em que a execução prima pela efetividade; e, de outra parte, é da experiência ordinária dos operadores jurídicos que a correlata resistência do devedor é maior nas Varas do Trabalho em que a execução não prima pela efetividade.

A performance da Vara do Trabalho número 1 também será melhor na fase de execução, já que a vinculação de um bem para a satisfação da dívida trabalhista desde a publicação da sentença evita eventual dilapidação do patrimônio do devedor trabalhista. Aqui, avulta a importância da melhor eleição do bem a ser objeto da hipoteca judiciária: bem livre de constrição anterior; bem de bom apelo comercial para alienação em hasta pública; bem imóvel que possa receber benfeitorias para exploração econômica; bem imóvel com boa localização no perímetro urbano; bem imóvel dotado de serviço de transporte público etc. Na medida em que a Vara do Trabalho número 2 somente chegará à constrição patrimonial na fase de execução mediante a penhora de bens, o devedor terá maior liberdade para "administrar" o tempo do processo nessa Unidade Judiciária, postergando, aqui, o pagamento, para priorizar a solução do processo da Vara do Trabalho número 1.

O desempenho da Vara do Trabalho número 1 também será melhor na fase de conhecimento, já que a prática ordinária da vinculação de um bem para a satisfação da dívida trabalhista desde a publicação da sentença, mediante a constituição de hipoteca judiciária, estimula a celebração de acordo já na fase de conhecimento e desestimula a interposição de recurso ordinário, sobretudo para aqueles devedores que precisam ter seus bens livres e desembaraçados, para captar dinheiro no mercado financeiro, para capital de giro. Como é sabido, os bancos não aceitam, em garantia, bens gravados por constrição judicial. Tratando-se de dívida trabalhista, a resistência dos bancos é ainda maior, e justifica-se: o sistema de direito brasileiro outorga privilégio legal ao crédito trabalhista (CTN, art. 186), o qual se sobrepõe ao crédito real.

Com o passar do tempo, a adoção ordinária da hipoteca judiciária acabará por exteriorizar a atuação da Vara do Trabalho número 1 como mais eficaz do que a atuação da Vara do Trabalho número 2, gerando um efeito pedagógico no comportamento dos devedores trabalhistas e seus advogados, de modo a potencializar, no médio prazo, a solução conciliatória ainda na fase de conhecimento do processo; e de modo a potencializar também a colaboração do devedor na fase de execução.

Não parece restar dúvida de que a adoção da prática da hipoteca judiciária de ofício acabará por qualificar a atuação da Vara do Trabalho número 1, conferindo-lhe uma performance superior àquela alcançada pela Vara do Trabalho número 2. A hipoteca judiciária é uma técnica jurídica que surgirá no horizonte do magistrado que precise localizar, no direito positivo à sua disposição, técnica jurídica capaz de reforçar a autoridade de suas decisões. É interessante notar que a resistência do devedor à hipoteca judiciária será cada vez menor, diante da jurisprudência pacífica do Tribunal Superior do Trabalho quanto à juridicidade de sua aplicação de ofício no processo do trabalho. A própria compreensão dos advogados acerca da natureza jurídica do instituto, que serão levados a estudar o que significa *efeito anexo da sentença*, acabará por facilitar a assimilação dessa prática forense, fornecendo-lhes um importante argumento adicional para investir na gestão da conciliação dos processos junto a seus constituintes.

Por fim, registro que a experiência de manter um banco de dados de matrículas de imóveis, organizado por devedor trabalhista, auxilia no controle das matrículas já gravadas por hipoteca judiciária, de forma a permitir a eleição de imóvel livre e desembaraçado para cada nova hipoteca judiciária, sempre que o acervo imobiliário permitir evitar duplicidade de gravame sobre um mesmo imóvel. Com tal controle, a prática da hipoteca judiciária tende a se tornar ainda mais eficaz, contribuindo para a educação dos devedores trabalhistas à cooperação (CPC, art. 6º). Como é evidente, a combinação da hipoteca judiciária com outras técnicas jurídicas eficazes potencializará a efetividade processual desejada.

CAPÍTULO XXIX

HIPOTECA JUDICIÁRIA E A COMPARAÇÃO DE DESEMPENHO ENTRE ESCRITÓRIOS DE ADVOCACIA QUE ADOTAM E QUE NÃO ADOTAM ESSA TÉCNICA PROCESSUAL

O que se disse na comparação entre as duas Varas do Trabalho cuja atuação foi cotejada no capítulo anterior, pode ser transportado para se pensar na performance de dois escritórios de advocacia concorrentes, na mesma localidade.

Assim como no capítulo anterior, imaginemos que dois escritórios de advocacia concorrentes patrocinam reclamatórias trabalhistas numa mesma localidade. Imaginemos, outrossim, que o escritório de advocacia número 1 postula, na petição inicial, seja determinada a hipoteca judiciária no caso de procedência da ação reclamatória trabalhista. O escritório de advocacia número 2 não faz tal postulação. O Juízo não determina a hipoteca judiciária de ofício. Entretanto, quando provocado por requerimento, determina o registro da hipoteca judiciária sobre a matrícula indicada na petição inicial.

A hipoteca judiciária é modalidade de constrição judicial. Tal como a penhora, a hipoteca judiciária gera constrangimento jurídico no mercado para o devedor, uma vez que essa espécie de constrição também é geradora de registro público do gravame. Terceiros tomam conhecimento dessa constrição patrimonial quando consultam o Cartório do Registro de Imóveis e quando solicitam certidões negativas de gravame. Na medida em que a hipoteca judiciária, ao ser registrada, causa constrangimento jurídico no mercado para o devedor, a experiência revela que o devedor tende a pagar primeiro a dívida do processo patrocinado pelo escritório de advocacia número 1, deixando para pagar depois a dívida do processo patrocinado pelo escritório de advocacia número 2. É público e notório que o dever de colaboração do devedor é maior quando a execução prima pela efetividade; e, de outra parte, é da experiência ordinária dos operadores jurídicos que a resistência do devedor é maior quando a execução não prima pela efetividade.

A performance do escritório de advocacia número 1 também será melhor na fase de execução, já que a vinculação de um bem para a satisfação da dívida trabalhista desde a publicação da sentença evita eventual dilapidação do patrimônio do devedor trabalhista. Aqui, avulta a importância da melhor eleição do bem a ser objeto da hipoteca judiciária: bem livre de constrição anterior; bem de bom apelo comercial para alienação em hasta pública; bem imóvel que possa receber benfeitorias para exploração econômica; bem imóvel com boa localização no perímetro urbano; bem imóvel dotado de serviço de transporte público etc.

Na medida em que o escritório de advocacia número 2 somente chegará à constrição patrimonial na fase de execução mediante a penhora de bens, o devedor terá maior liberdade para "administrar" o tempo da demanda nesse processo, postergando, aqui, o pagamento, para priorizar a solução do processo patrocinado pelo escritório de advocacia número 1.

O desempenho do escritório de advocacia número 1 também será melhor na fase de conhecimento, já que a prática ordinária da vinculação de um bem – previamente pesquisado e selecionado – para a satisfação da dívida trabalhista desde a publicação da sentença, mediante a constituição de hipoteca judiciária, estimula a celebração de acordo já na fase de conhecimento e desestimula a interposição de recurso ordinário, sobretudo para aqueles devedores que precisam ter seus bens livres e desembaraçados, para captar dinheiro no mercado financeiro, para capital de giro. É cediço que os bancos não aceitam bens gravados por constrição judicial, para garantia de empréstimos.

Com o passar do tempo, a adoção ordinária da hipoteca judiciária acabará por exteriorizar a atuação do escritório de advocacia número 1 como mais eficaz do que a atuação do escritório de advocacia número 2, gerando um efeito pedagógico no comportamento dos devedores trabalhistas e seus advogados, de modo a potencializar, no médio prazo, a solução conciliatória ainda na fase de conhecimento do processo; e de modo a potencializar também a colaboração do devedor na fase de execução.

Não parece restar dúvida de que a incorporação da prática da hipoteca judiciária acabará por qualificar a atuação do escritório de advocacia número 1, conferindo-lhe uma performance superior àquela alcançada pelo escritório de advocacia número 2. A hipoteca judiciária é uma técnica jurídica que surgirá no horizonte do advogado que deseje prover mais efetividade a seus processos. É interessante notar que a resistência do devedor e do juízo tende a ser cada vez menor, diante da jurisprudência pacífica do Tribunal Superior do Trabalho quanto à juridicidade de sua aplicação no processo do trabalho. A própria compreensão dos advogados dos devedores trabalhistas acerca da natureza jurídica do instituto, que serão levados a estudar o que significa *efeito anexo da sentença*, acabará por facilitar a assimilação dessa prática forense, fornecendo-lhes um importante argumento adicional para gestionar a conciliação dos processos junto a seus constituintes.

A pesquisa prévia do imóvel a ser objeto da hipoteca judiciária é medida produtiva, porque vai permitir ao advogado a eleição do imóvel de melhor apelo comercial. Com tal pesquisa prévia, o requerimento de hipoteca judiciária, na petição inicial, já pode indicar o imóvel no qual o autor deseja ver gravada a garantia real hipotecária. Por fim, será útil ao escritório de advocacia manter um banco de dados de matrículas de imóveis, organizado por devedor trabalhista, para auxiliar no controle das matrículas já gravadas por hipoteca judiciária, de forma a permitir a eleição de imóvel livre e desembaraçado para cada nova hipoteca judiciária, sempre que o acervo imobiliário permitir evitar duplicidade de gravame sobre um mesmo imóvel. Com tal controle, a aplicação da técnica jurídica da hipoteca judiciária tende a se tornar ainda mais eficaz. Como é evidente, a combinação da hipoteca judiciária com outras técnicas jurídicas eficazes potencializará a efetividade processual desejada.

# CAPÍTULO XXX

A JURIDICIDADE DA HIPOTECA JUDICIÁRIA SOBRE BEM JÁ GRAVADO COM HIPOTECA CONVENCIONAL

Pode ser inscrita hipoteca judiciária sobre imóvel que já tenha sido gravado com hipoteca convencional. Não havendo outro bem imóvel no patrimônio do vencido, essa será a medida legal possível. Se houver outro imóvel, esse deverá ser o escolhido, na medida em que a hipoteca judiciária se subordina à hipoteca convencional. Tal subordinação decorre do fato de que a hipoteca judiciária é garantia real de *direito processual*, enquanto a hipoteca convencional é garantia real de *direito material*. E, conforme ensina Pontes de Miranda, "temos de interpretar o art. 466 como subordinado ao direito material".[417] No mesmo sentido orienta-se o magistério de Daniel Amorim Assumpção Neves. Sobre essa questão, o jurista pondera: "Naturalmente, sendo uma medida processual, diferente, portanto, da hipoteca como garantia real do direito material, a preferência apontada pelo dispositivo legal cede a qualquer regra de direito material".[418]

Se a execução hipotecária consumir todo o imóvel do executado, o credor quirografário, que tiver gravado o mesmo imóvel do vencido com hipoteca judiciária, ficará sem sua garantia real, devendo buscar outro imóvel para gravar com hipoteca judiciária. É necessário recordar que a hipoteca se extingue pela alienação judicial do bem gravado (CC, art. 1.499, VI). Se o imóvel tiver sido alienado judicialmente, extintas estarão todas as hipotecas – a hipoteca convencional, a hipoteca legal e a hipoteca judiciária.

---

[417] *Comentários ao Código de Processo Civil*. t. V. Rio de Janeiro: Forense, 1974, p. 112.
[418] *Novo Código de Processo Civil comentado artigo por artigo*. Salvador: Juspodivm, 2016, p. 824.

Para o credor trabalhista, não haverá tal preocupação, visto que o crédito trabalhista é crédito dotado de privilégio legal (CTN, art. 186) e, como tal, prepondera sobre o crédito hipotecário, a teor da previsão do parágrafo único do art. 1.422 do Código Civil. Conforme ensina Fabrício Zamprogna Matiello, o legislador, no parágrafo único do art. 1.422 do Código Civil, reservou para si a possibilidade de editar diplomas legais capazes de alterar a ordem de preferência no recebimento do produto apurado a partir da excussão da coisa hipoteca. É o que acontece – explica o jurista – com os créditos trabalhistas e fiscais, tutelados por legislação especial editada para prover o resguardo do trabalhador e do fisco.[419]

Todavia, o credor trabalhista será preterido, no pagamento, em favor do credor trabalhista que for detentor de hipoteca judiciária, quando se tratar de devedor trabalhista solvente e ambos os credores estiverem a disputar o mesmo bem imóvel. Isso porque, no dizer de Mauro Schiavi, "o credor hipotecário terá preferência sobre os demais credores do bem imóvel e poderá exigir a execução da hipoteca caso o valor da dívida não seja pago".[420] Logo se percebe a diferença que poderá representar a diligência do advogado do reclamante na constituição de hipoteca judiciária, para prevenir futura disputa do mesmo bem com outros credores trabalhistas.

---

[419] *Código Civil comentado*. 5. ed. São Paulo: LTr, 2013, p. 915.
[420] *Execução no processo do trabalho*. 10. ed. São Paulo: LTr, 2018, p. 164.

CAPÍTULO XXXI

HIPOTECA JUDICIÁRIA E INSTITUTOS AFINS: O ESTUDO DAS DISTINÇÕES

Há julgados que rejeitam a hipoteca judiciária, sob o fundamento de que não está presente o pressuposto cautelar do perigo de dano.[421] Tais julgados parecem partir da premissa de que a hipoteca judiciária constituiria modalidade de tutela provisória de natureza cautelar. Ausente o pressuposto cautelar do perigo de dano, a solução que então sobrevém é a consequente rejeição do pleito de hipoteca judiciária. A ementa a seguir transcrita parece sugerir o equívoco de confundir o instituto da hipoteca judiciária com o instituto da tutela provisória de natureza cautelar:

> HIPOTECA JUDICIÁRIA. No presente caso, a constituição de hipoteca judiciária se mostra desnecessária, haja vista a sentença não se encontrar revestida pelo manto da coisa julgada e, ainda, não haver qualquer indício de que a devedora seja insolvente ou esteja em vias de dilapidar seu patrimônio. Apelo provido. (TRT/SP – 00029459920125020082 – RO – Ac. 3ª T – 20160319352 – Rel. Paulo Eduardo Vieira de Oliveira – DOE 25.5.2016)

A leitura da ementa sugere que a hipoteca judiciária foi confundida com medida cautelar, uma vez que a insolvência e a dilapidação de bens são expressões do pressuposto cautelar do perigo de dano. O equívoco em questão não é incomum. Decorre da errônea compreensão da natureza jurídica do instituto da hipoteca judiciária. Para evitar esse

---

[421] O legislador de 2015 atualizou a nomenclatura dos pressupostos cautelares, no art. 300 do CPC. A aparência do bom direito (*fumus boni iuris*) passou a ser denominada de *probabilidade do direito*. O perigo na demora (*periculum in mora*) passou a ser denominado de *perigo de dano*.

possível equívoco, é necessário extremar a natureza jurídica da hipoteca judiciária de outros institutos jurídicos afins. É somente mediante tal esclarecimento que a hipoteca judiciária pode desempenhar o relevante papel a que essa técnica jurídica processual se destina nos sistemas jurídicos de *civil law*.

A hipoteca judiciária é *efeito anexo da sentença* condenatória. Como tal, não está condicionada à presença do pressuposto cautelar do perigo de dano (CPC, art. 300). E não está condicionada ao pressuposto cautelar do perigo de dano porque a hipoteca judiciária *não é tutela provisória de natureza cautelar*. Na verdade, a hipoteca judiciária não está condicionada a qualquer pressuposto cautelar. E não poderia estar, sob pena de se descaracterizar enquanto efeito anexo da sentença condenatória.[422] A preocupação de esclarecer esse aspecto teórico está presente em todo o desenvolvimento deste livro.

O legislador do CPC de 2015 mais uma vez foi didático. Sabedor do equívoco pelo qual, por vezes, se confunde efeito anexo com medida cautelar de apresamento de bens, o legislador, para evitar o referido equívoco, optou por tornar expressa a circunstância de que a hipoteca judiciária – *exatamente por se tratar de efeito anexo* – pode ser realizada *independentemente de demonstração de urgência* (CPC, art. 495, §2º). A expressão *urgência* tem, aqui, o sentido de *perigo de dano*. A didática formulação do legislador visou esclarecer que o efeito anexo de hipoteca judiciária não se submete ao requisito cautelar do perigo de dano; em outras palavras: não se exige *urgência* para se fazer realizar a constrição patrimonial a que correspondente a hipoteca judiciária. Não é pertinente, portanto, indagar sobre a presença do requisito cautelar do perigo de dano quando se trata de hipoteca judiciária. Esse equívoco, entretanto, é algo frequente na jurisprudência, conforme se pode recolher de acórdão citado no capítulo XXXVIII.

Tratando-se de efeito anexo da sentença, seria contraditório exigir perigo de dano para a produção do efeito de hipoteca judiciária, visto que o efeito anexo decorre de lei, é *externo* às particularidades do caso concreto e opera *em abstrato* diante da existência do fato da condenação do vencido. Não se pode olvidar a lição doutrinária de que, "na hipoteca judiciária o perigo é presumido pelo legislador, o que denota a ausência de cautelaridade",[423] conforme se recolhe do didático magistério de Marinoni, Arenhart e Mitidiero.

---

[422] No capítulo IV, o leitor encontrará subsídios acerca do conceito de efeito anexo da sentença.
[423] *Novo Código de Processo Civil comentado*. 2. ed. São Paulo: RT, 2016, p. 585.

CAPÍTULO XXXI
HIPOTECA JUDICIÁRIA E INSTITUTOS AFINS: O ESTUDO DAS DISTINÇÕES | 237

Essa lição da doutrina é exata e enseja a oportunidade de destacar dois aspectos teóricos: a) o legislador estabeleceu uma espécie de presunção de perigo de dano quando há sentença condenatória, certamente diante do fato de que a experiência ordinária revela ser difícil fazer cumprir a condenação na execução se não houver prévia constrição patrimonial; há perigo de que na fase de execução não se logre realizar a satisfação da condenação; b) não há propriamente cautelaridade na hipoteca judiciária, em sentido técnico. Isso não significa desconhecer que à hipoteca judiciária é inerente um caráter de conservação de direito. Radica na antecipação da constrição do patrimônio do devedor esse caráter conservativo de direito inerente ao instituto da hipoteca judiciária. Nesse particular, a analogia com o arresto acaba sendo natural.

Se tivéssemos que optar por alocar a hipoteca judiciária *na tutela provisória de natureza cautelar* ou *na execução*, o mais indicado seria optar por alocá-la na execução, na medida em que ela é *ato de constrição patrimonial* que se manifesta, no dizer de Pontes de Miranda, como expressão de *eficácia executiva mediata* da sentença condenatória.[424] Se o fato de a hipoteca judiciária ser realizada ainda na fase de conhecimento do processo pode causar alguma perplexidade quanto ao seu enquadramento como ato de *execução mediata*, é certo, por outro lado, que não se pode alocar a hipoteca judiciária na tutela provisória de natureza cautelar, pelo simples fato de que de *efeito anexo* é conceito que não pode ser assimilado à medida cautelar. Requisitos cautelares não há na hipoteca judiciária; e nisso radica parte importante de sua relevância jurídica nos ordenamentos jurídicos do sistema de *civil law*, para reforçar a autoridade jurisdicional nas demandas condenatórias.

Tampouco se pode incorrer no equívoco de considerar que a hipoteca judiciária seja exteriorização do requisito cautelar da *probabilidade do direito* (CPC, art. 300). A sentença condenatória, da qual nasce o direito à hipoteca judiciária, significa, no preciso dizer de José Rogério Cruz e Tucci, uma *posição de vantagem* do vencedor da demanda. É essa posição de vantagem que *o legislador* toma em consideração para estabelecer o efeito anexo de hipoteca judiciária na sentença condenatória. O faz, todavia, a partir de uma consideração de conveniência *no âmbito do processo de elaboração legislativa*, com a finalidade de fazer reforçar a autoridade deste tipo de sentença, em face da relevância jurídico-política que atribui discricionariamente a

---

[424] *Comentários ao Código de Processo Civil*. t. V. Rio de Janeiro: Forense, 1974, p. 114.

essa espécie de decisão. Portanto, também não se deve enxergar, na hipoteca judiciária, manifestação do requisito cautelar da *probabilidade do direito*. Esse último é analisado mediante o exame das peculiaridades de cada caso concreto, não podendo ser confundido com o efeito anexo da sentença condenatória, que opera em abstrato, sendo bastante o só fato de a sentença ter conteúdo de condenação pecuniária.

Hipoteca judiciária e tutela provisória de natureza cautelar

O equívoco antes sugerido no acórdão citado revela a necessidade de o intérprete evitar baralhar os institutos da hipoteca judiciária e da tutela provisória de natureza cautelar. O baralhamento dos institutos ocorre quando os respectivos conceitos são confundidos. Pontes de Miranda já se manifestara sobre o assunto, na vigência do CPC de 1973, advertindo que "é preciso, no direito brasileiro, evitar-se a grave confusão entre a hipoteca judiciária, que é direito real, e a medida cautelar de arresto de imóveis".[425]

A hipoteca judiciária é efeito anexo da sentença condenatória. Efeito anexo da sentença não se confunde com tutela provisória de natureza cautelar. Os conceitos desses dois institutos são diferentes. Os requisitos legais respectivos também são diferentes. O fato de haver um *traço preventivo* à fraude de execução na hipoteca judiciária não tem o condão de converter efeito anexo em tutela provisória de natureza cautelar. Tampouco o *traço conservativo*[426] da hipoteca judiciária pode transformar o efeito anexo em tutela provisória de natureza cautelar.

O efeito anexo está previsto em lei e aplica-se de forma genérica a determinada espécie de sentença. O legislador tem ampla discricionariedade para definir o efeito que será anexado à sentença, e o faz *em abstrato*, independentemente de qualquer outro requisito. Vale lembrar que "o legislador tem ampla liberdade de anexação", de acordo com a lição de Pontes de Miranda.[427] É da tradição jurídica, no sistema de *civil law*, que o efeito anexo da sentença não esteja subordinado a outro requisito, senão à espécie de sentença eleita pelo legislador, e no

---

[425] *Comentários ao Código de Processo Civil*. t. V. Rio de Janeiro: Forense, 1974, p. 118.
[426] O *traço conservativo* da hipoteca judiciária consiste na *vinculação real* de determinado bem à futura execução, de modo que o patrimônio do devedor não seja desviado no curso do processo. Pela hipoteca judiciária, o vencedor da demanda logra obter a *conservação* do bem na esfera patrimonial do vencido.
[427] *Comentários ao Código de Processo Civil*. t. V. Rio de Janeiro: Forense, 1974, p. 68-69.

interesse público da afirmação da autoridade jurisdicional. Já a tutela provisória de natureza cautelar tem incidência somente *em concreto*, quando identificada a presença de dois requisitos configurados na situação particular do caso – a probabilidade do direito e o perigo de dano (CPC, art. 300).

Conforme destaca Mauro Schiavi, com razão, à hipoteca judiciária é irrelevante a *conduta subjetiva* do devedor no processo. Tampouco há exigência de insolvência do vencido, conforme ensina o autor.[428] O efeito anexo de hipoteca judiciária surge *objetivamente* pelo advento de sentença condenatória. Conforme preleciona Moacyr Amaral dos Santos, em produtiva síntese que se tornaria fórmula clássica, "do *só fato* de haver sentença de efeito condenatório resulta, por força de lei, hipoteca judiciária sobre os imóveis do condenado, e, assim, o poder de autor de fazer inscrevê-la mediante simples mandado do juiz".[429] Para que se produza o efeito anexo de hipoteca judiciária, não há outros requisitos além da existência de condenação, não havendo pertinência jurídica na pesquisa da presença dos requisitos cautelares previstos para a tutela provisória de que cuida o art. 300 do CPC. Conforme esclarece o desembargador Ricardo Artur Costa e Trigueiros, no acórdão pesquisado no capítulo XXXVII, "diferentemente da cautelar de arresto, tal medida processual não tem relação com a solvabilidade ou não da empresa-ré, não sendo este requisito necessário para a hipoteca judiciária" (TRT/SP – 00019415020105020067 – RO – Ac. 4ª T. – 2001220541437 – rel. Ricardo Artur Costa e Trigueiros – DOE 25.5.2012).

Arlindo Cavalaro Neto sublinha que a hipoteca judiciária "não se trata de medida cautelar, pois despiciendo verificar a concorrência dos requisitos imprescindíveis para a concessão da cautela, a saber: *fumus boni iuris* e *periculum in mora*. Note-se que não há nenhuma exigência legal nesse sentido".[430] Essa última consideração do jurista deve ser realçada: a lei não onera o vencedor da demanda condenatória com nenhuma exigência adicional para outorgar direito à hipoteca judiciária. O autor esclarece, ainda, que tampouco se pode compreender a hipoteca judiciária como tutela provisória de antecipação do direito material, ponderando que "com o registro da hipoteca judiciária não se está antecipando o bem da vida afirmado pelo autor na petição inicial. Procura-se, apenas, garantir a execução da sentença condenatória com

---

[428] *Execução no processo do trabalho*. 10. ed. São Paulo, 2018, p. 167.
[429] *Comentários ao Código de Processo Civil*. v. IV. Rio de Janeiro: Forense, 1988, p. 426.
[430] A sentença trabalhista como título constitutivo de hipoteca judiciária. *In*: SANTOS, José Aparecido dos (coord.). *Execução Trabalhista*. 2. ed. São Paulo: LTr, 2010, p. 490.

o ônus real que recairá sobre parcela do patrimônio do devedor".[431] A lição é irreparável e traz luz ao tema.

Hipoteca judiciária e penhora

A hipoteca judiciária também não se confunde com a penhora. O fato de ambas serem identificadas como modalidade de constrição patrimonial não pode ser causa para que seus conceitos sejam confundidos. A hipoteca judiciária é técnica jurídica que tem oportunidade na fase de conhecimento do processo. Já a penhora é técnica jurídica que tem oportunidade na fase de execução do processo. A hipoteca judiciária remonta ao direito real (CC, art. 1.419; CPC, art. 495). A penhora remonta à cláusula da responsabilidade patrimonial (CPC, art. 789).

Nos comentários ao art. 466 do CPC de 1973, Pontes de Miranda fazia a necessária separação conceitual entre esses dois institutos: "Instituto que não se confunde com a hipoteca judiciária é a penhora do art. 592, V, [do CPC de 1973], cujo pressuposto distintivo é a fraude".[432] No caso de fraude à execução, a ineficácia da alienação tem como requisito a demonstração da insolvência do devedor-alienante. No caso de prévia hipoteca judiciária registrada na matrícula do imóvel, a causa da ineficácia da posterior alienação do imóvel radica no direito real de sequela que assiste ao credor hipotecário. Em outras palavras, na fraude à execução, a causa da ineficácia da alienação radica na *cláusula da responsabilidade patrimonial do devedor* (CPC, art. 789[433]). Na hipoteca judiciária, a causa da ineficácia da alienação radica no *direito real de sequela* (CC, art. 1.419[434]).

Significa dizer que a demonstração de insolvência do devedor que onera o credor quirografário, para que esse obtenha do juiz a declaração de fraude à execução, não onera o credor titular de hipoteca judiciária. Para esse último, a ineficácia da alienação ocorre ainda quando seja positiva a situação patrimonial do devedor. Vale dizer, ainda que o devedor tenha bens suficientes para responder por suas dívidas, sua positiva situação patrimonial é irrelevante perante o credor detentor

---

[431] A sentença trabalhista como título constitutivo de hipoteca judiciária. In: SANTOS, José Aparecido dos (coord.). *Execução Trabalhista*. 2. ed. São Paulo: LTr, 2010, p. 490.
[432] *Comentários ao Código de Processo Civil*. t. V. Rio de Janeiro: Forense, 1974, p. 110.
[433] CPC: "Art. 789. O devedor responde com todos os seus bens presentes e futuros para o cumprimento de suas obrigações, salvo as restrições estabelecidas em lei".
[434] CC: "Art. 1.419. Nas dívidas garantidas por penhor, anticrese ou hipoteca, o bem dado em garantia fica sujeito, por vínculo real, ao cumprimento da obrigação".

de hipoteca judiciária. Ao credor titular de hipoteca judiciária, a ordem jurídica faz lícita sua deliberação subjetiva de desconhecer a condição de solvência do condenado, na medida em que o direito real que lhe assiste constrange tanto o executado-alienante quanto o terceiro adquirente, bem como os credores quirografários do executado-alienante.

Assim, o credor hipotecário exercerá com êxito seu direito de excussão quanto ao bem gravado pela hipoteca judiciária, conforme decorre da interpretação sistemática do ordenamento jurídico (CC, art. 1.422 c/c CPC, art. 495). O efeito *erga omnes* que caracteriza o direito real do credor detentor de hipoteca judiciária prévia significa que o terceiro adquirente do imóvel gravado será *inexoravelmente* atingido pela ineficácia jurídica da alienação. Conforme tentamos demonstrar no capítulo VI, ao terceiro adquirente restará recorrer ao instituto da remição (CC, art. 1.481; LRP, art. 266), para tentar salvar o bem da execução. Se não o fizer, perderá o bem gravado para a execução, inapelavelmente. É apenas uma questão de tempo: seus embargos de terceiro serão rejeitados e o recurso dessa sentença não será provido.

Hipoteca judiciária e medidas indutivas

A hipoteca judiciária também não se confunde com as medidas indutivas previstas no art. 139, IV, do CPC. É bem verdade que a hipoteca judiciária atua no sentido de induzir o vencido à colaboração para a solução da causa, na medida em que a constrição patrimonial representada pelo gravame hipotecário pode causar limitações à atuação do vencido, sobretudo quando o vencido se vale do mercado financeiro para obter capital de giro para desenvolver sua atividade econômica. O mercado financeiro não aceita a dação de bem imóveis em garantia de empréstimos quando as respectivas matrículas se encontram gravadas por hipoteca judiciária.

Enquanto a hipoteca judiciária é efeito anexo da sentença condenatória *estabelecido pelo legislador*, efeito que se produz de forma *externa* à eficácia principal da sentença, as medidas indutivas previstas no art. 139, IV, do CPC são *medidas judiciais* pré-ordenadas ao cumprimento das decisões jurisdicionais; são determinadas pelo juiz *no caso concreto*, a quem incumbe determinar as *medidas necessárias* para cada situação particular. Nada impede que o juiz, no desempenho da incumbência do art. 139, IV, do CPC, delibere pelo registro de hipoteca judiciária na matrícula de bem do executado. Se ao juiz é dado estabelecer restrição de direitos ao devedor recalcitrante, quando este abusa do direito de resistência, certamente será lícita a ordem para registro de hipoteca judiciária.

Hipoteca judiciária e averbação premonitória

A hipoteca judiciária e a averbação premonitória prevista no art. 828 do CPC são causas de fraude à execução. A previsão de fraude à execução quando há prévio registro de hipoteca judiciária está positivada no inciso III do art. 792 do CPC.[435] A previsão de fraude à execução quando há prévio registro de averbação premonitória está positivada tanto no inciso II do art. 792 do CPC[436] quanto no §4º do art. 828 do CPC.[437] Havendo hipoteca judiciária ou averbação premonitória prévias à alienação do bem constrito, a fraude à execução configura-se *independentemente da insolvência do executado-alienante*. Consoante destaca Daniel Amorim Assumpção Neves, referindo-se à hipoteca judiciária e à averbação premonitória, nos comentários ao art. 792, II e III, do CPC, "nesses casos, havendo a situação tipificada em lei haverá fraude à execução, independentemente do *eventus damni* (...)". O *eventus damni* é a insolvência do devedor causada pela alienação do bem. Já *a situação tipificada em lei* é a inscrição, no registro do bem, da hipoteca judiciária – ou da averbação premonitória. Resumindo, o legislador estabeleceu duas modalidades *sui generis* de fraude à execução, cuja caracterização depende exclusivamente do registro da constrição prevista na lei (CPC, 792, II e III).

Essas modalidades de fraude à execução podem ser consideradas *sui generis*, na medida em que se diferenciam da *modalidade clássica* de fraude à execução, prevista no art. 792, IV, do CPC. Na modalidade clássica de fraude à execução, o ilícito processual somente se caracteriza "quando, ao tempo da alienação ou da oneração, tramitava contra o devedor ação capaz de reduzi-lo à insolvência" (inciso IV do art. 792 do CPC). A condição de insolvência do devedor integra o suporte fático da fraude à execução na sua modalidade clássica. Caso remanesçam bens suficientes no patrimônio do devedor para responder por todas

---

[435] CPC: "Art. 792. A alienação ou a oneração de bem é considerada fraude à execução: III – quando tiver sido averbado, no registro do bem, hipoteca judiciária ou outro ato de constrição judicial originário do processo onde foi arguida a fraude".

[436] CPC: "Art. 792. A alienação ou a oneração de bem é considerada fraude à execução: II – quando tiver sido averbada, no registro do bem, a pendência de processo de execução, na forma do art. 828".

[437] CPC: "Art. 828. §4º. Presume-se em fraude à execução a alienação ou a oneração de bens efetuada após a averbação".

suas dívidas, a fraude à execução não se caracteriza, porque, sem a caracterização de situação de insolvência patrimonial do devedor, não se faz preenchido o suporte fático do inciso IV do art. 792 do CPC.

Podemos concluir, portanto, que, nas modalidades *sui generis* de fraude à execução geradas pelo prévio registro de hipoteca judiciária ou de averbação premonitória, o ilícito processual da fraude à execução torna a alienação ineficaz (CPC, art. 792, §1º[438]), ainda quando restem bens suficientes no patrimônio do executado para responder por todas as dívidas. Essa ineficácia da alienação atinge o terceiro adquirente que, tendo a possibilidade de conhecimento da existência do prévio gravame, mediante consulta ao Cartório de Imóveis, ainda assim delibera pela aquisição do bem. Trata-se de aquisição de elevado risco, na medida em que o terceiro adquirente não terá como excluir o bem da execução movida contra o executado-alienante, a não ser mediante a respectiva remição do bem (CC, art. 1.481; LRP, art. 266).

Embora partilhem desse elemento comum, de serem causa geradora de fraude à execução, os institutos da hipoteca judiciária e da averbação premonitória distinguem-se. A hipoteca judiciária é técnica jurídica própria à fase de conhecimento do processo. Já a averbação premonitória tem cabimento na fase de execução do processo. A hipoteca judiciária remonta ao direito real (CC, art. 1.419 c/c CPC, art. 495). A averbação premonitória remonta à cláusula da responsabilidade patrimonial do devedor (CPC, art. 789).

O autor vencedor na demanda condenatória não precisa aguardar pela fase de execução para obter constrição do patrimônio do vencido; a técnica jurídica da hipoteca judiciária antecipa-lhe a oportunidade de obter constrição sobre o patrimônio do devedor, potencializando a satisfação de seu crédito. Mediante a hipoteca judiciária, o vencedor da demanda condenatória logra obter a constrição de bem do vencido logo após a publicação da sentença. Essa diferença é fundamental, quando se compara a hipoteca judiciária à averbação premonitória. O vencedor da demanda condenatória que não se utiliza da hipoteca judiciária poderá se utilizar da averbação premonitória da execução. Terá, todavia, que aguardar a chegada do processo à fase de execução, para obter a certidão de que o processo se encontra na fase de execução e levá-la a registro (CPC, art. 828, *caput*), conforme sustentamos em artigo publicado na *Revista do Tribunal Regional do Trabalho da 8ª Região*

---

[438] CPC: "Art. 792. §1º. A alienação em fraude à execução é ineficaz em relação ao exequente".

no ano de 2015.[439] Na prática, isso significa postergar a oportunidade de constrição patrimonial *por alguns anos*; às vezes, *por vários anos*, quanto mais morosa seja a tramitação do processo.

Hipoteca judiciária e indisponibilidade de bens

Prevista no art. 185-A do Código Tributário Nacional,[440] a medida legal de indisponibilidade de bens constitui modalidade de constrição patrimonial aplicável aos executivos fiscais. Por força da previsão do art. 889 da CLT, predomina, na teoria jurídica justrabalhista, o entendimento de que a indisponibilidade de bens é aplicável à execução trabalhista, conforme revela o magistério de Luciano Athayde Chaves,[441] que invoca, ao lado da incidência norma do art. 889 da CLT, o argumento de que tanto o crédito fiscal quanto o crédito trabalhista são dotados do privilégio legal assegurado no art. 186 do Código Tributário Nacional.

Em artigo publicado na *Revista do Tribunal Regional do Trabalho da 8ª Região no ano de 2014*,[442] também procurei sustentar a aplicabilidade da técnica jurídica da indisponibilidade de bens, prevista no art. 185-A do CTN, à execução trabalhista, como ferramenta destinada à efetividade da jurisdição do trabalho. No referido artigo, procurei demonstrar que o art. 889 da CLT não diz ser aplicável à execução trabalhista *apenas* a Lei nº 6.830/1980 – como muitas vezes tem sido interpretado. Diz mais: à execução trabalhista são aplicáveis *os preceitos que regem o processo dos executivos fiscais para a cobrança judicial da dívida ativa da Fazenda Pública Federal*. O art. 185-A do CTN é preceito que *rege o processo dos executivos fiscais*. Logo, é aplicável à execução trabalhista, a teor do art. 889 da Consolidação das Leis do Trabalho.

---

[439] O artigo "Execução efetiva: a aplicação da averbação premonitória do art. 615-A do CPC ao Processo do Trabalho, de ofício", escrito em coautoria com Ricardo Fioreze, foi publicado nas páginas 101-121 da *Revista do Tribunal Regional do Trabalho da 8ª Região*, v. 48, n. 95, jul./dez. 2015.

[440] CTN: "Art. 185-A. Na hipótese de o devedor tributário, devidamente citado, não pagar nem apresentar bens à penhora no prazo legal e não forem encontrados bens penhoráveis, o juiz determinará a indisponibilidade de seus bens e direito, comunicando a decisão, preferencialmente por meio eletrônico, aos órgãos e entidades que promovem registros de transferência de bens, especialmente ao registro público de imóveis e às autoridades supervisoras do mercado bancário e do mercado de capitais, a fim de que, no âmbito de suas atribuições, façam cumprir a ordem judicial".

[441] *Curso de Processo do Trabalho*. São Paulo: LTr, 2009, p. 968.

[442] O artigo "A aplicação da medida legal de indisponibilidade de bens prevista no art. 185-A do CTN à execução trabalhista – Uma boa prática a serviço do resgate da responsabilidade patrimonial futura" foi publicado nas páginas 111-118 da *Revista do Tribunal Regional do Trabalho da 8ª Região*, v. 47, n. 92, jan./jun. 2014.

É interessante notar que o dispositivo legal incumbe ao magistrado adotar a medida legal de indisponibilidade *de ofício*, na medida em que o verbo empregado no preceito legal se encontra no imperativo: se o devedor não pagar e não forem encontrados bens penhoráveis, "o juiz *determinará* a indisponibilidade de seus bens e direitos". A Súmula nº 560 do Superior Tribunal de Justiça traça critério a ser observado antes da determinação de ofício da ordem de indisponibilidade de bens: "A decretação da indisponibilidade de bens e direitos, na forma do art. 185-A do CTN, pressupõe o exaurimento das diligências na busca por bens penhoráveis, o qual fica caracterizado quando infrutíferos o pedido de constrição sobre ativos financeiros e a expedição de ofícios aos registros públicos do domicílio do executado, ao Denatram ou Detran".

Luciano Athayde Chaves destacava, já no ano de 2009, a importância de que a medida legal fosse adotada mediante a concepção de ferramenta eletrônica para sua implementação, aliás, como recomendava o art. 185-A do CTN. Com o advento da *Central Nacional de Indisponibilidade de Bens Imóveis (CNIB)*, a proposta do jurista viria a ser implementada em relação a imóveis registrados. Por meio de convênio celebrado entre o Conselho Nacional de Justiça (CNJ) e a entidade representativa dos cartórios de imóveis, desde o ano de 2014 tornou-se possível a determinação da indisponibilidade de bens imóveis de executados mediante comando eletrônico. Por meio do CNPJ da pessoa jurídica executada e do CPF da pessoa natural executada, o convênio permite a todos os magistrados brasileiros determinar a indisponibilidade de bens imóveis registrados em todo o território nacional. O funcionamento do convênio está disciplinado no Provimento nº 39/2014 da Corregedoria Nacional de Justiça (CNJ).[443]

Merece destaque o fato de que a medida legal da indisponibilidade de bens tem dúplice dimensão: a dimensão retrospectiva e a dimensão prospectiva. A dimensão retrospectiva não é novidade: a medida legal atinge os *bens já registrados* em nome do executado. Vale dizer, atinge os bens que já se encontravam registrados no patrimônio do devedor quando ordenada a indisponibilidade. A novidade está na *dimensão prospectiva* da medida legal: os *bens que venham a ser registrados* serão atingidos pela ordem de indisponibilidade. A dimensão prospectiva opera para o futuro; faz lembrar que na cláusula da responsabilidade patrimonial estão incluídos os *bens futuros* do devedor (CPC, art.

---

[443] Mais informações são disponibilizadas neste endereço: http://www.indisponibilidade.org.br.

789). Assim, se o executado adquirir bens no futuro, esses serão indisponibilizados logo após levados a registro. A dimensão prospectiva da medida legal exige que a Secretaria da Vara do Trabalho consulte periodicamente a Central Nacional de Indisponibilidade de Bens Imóveis. Essa consulta será necessária, outrossim, para a administração do princípio da proporcionalidade previsto no §1º do art. 185-A do CTN.[444] Assim como se deve evitar excesso de penhora, também se deve evitar excesso de indisponibilidade.

Conforme assinalado anteriormente, a hipoteca judiciária é técnica jurídica que tem oportunidade na fase de conhecimento do processo. Já a indisponibilidade de bens tem cabimento na fase de execução do processo, quando não foram localizados bens no patrimônio do devedor. A hipoteca judiciária remonta ao direito real (CC, art. 1.419; CPC, art. 495). A indisponibilidade de bens remonta à cláusula da responsabilidade patrimonial do devedor (CPC, art. 789).

O autor vencedor na demanda condenatória não precisa aguardar pela fase de execução para obter constrição do patrimônio do vencido; a técnica jurídica da hipoteca judiciária antecipa-lhe a oportunidade de fazer incidir constrição sobre o patrimônio do devedor, potencializando a satisfação de seu crédito. O vencedor da demanda condenatória que não se utiliza da hipoteca judiciária, poderá se utilizar da técnica jurídica da indisponibilidade de bens. Terá, todavia, que aguardar a chegada do processo à fase de execução, para obter a expedição da ordem de indisponibilidade dos bens do devedor, o que significa uma demora de vários anos.

Hipoteca judiciária e fraude à execução

Na concepção clássica de fraude à execução, a causa da ineficácia da alienação radica na *cláusula da responsabilidade patrimonial do devedor* (CPC, art. 789[445]). Na hipoteca judiciária, a causa da ineficácia da alienação radica no *direito real de sequela* (CC, art. 1.419[446]).

---

[444] CTN: "Art. 185-A. §1º. A indisponibilidade de que trata o *caput* deste artigo limitar-se-á ao valor total exigível, devendo o juiz determinar o imediato levantamento da indisponibilidade dos bens ou valores que excederem esse limite".
[445] CPC: "Art. 789. O devedor responde com todos os seus bens presentes e futuros para o cumprimento de suas obrigações, salvo as restrições estabelecidas em lei".
[446] CC: "Art. 1.419. Nas dívidas garantidas por penhor, anticrese ou hipoteca, o bem dado em garantia fica sujeito, por vínculo real, ao cumprimento da obrigação".

Por conseguinte, a hipoteca judiciária não se confunde com o direito do credor de fazer a execução recair sobre o bem alienado em fraude de execução, e assim é porque, de acordo com o magistério de Pontes de Miranda, "a hipoteca judiciária grava o bem desde que se registrou e independe de haver execução".[447] Vale dizer, a hipoteca judiciária confere ao credor direito de sequela sobre o bem gravado desde o respectivo registro, não se cogitando da necessidade de avaliação da situação patrimonial do vencido à época da sentença.

A insolvência causada pela alienação do bem é elemento objetivo para a configuração do ilícito processual da fraude de execução previsto no art. 792, IV, do CPC.[448] Esse elemento não é exigido para que se constitua o direito à hipoteca judiciária. É dizer: a solvência do vencido não é obstáculo à constituição de hipoteca judiciária. Conforme assentado, com razão, pelo Desembargador Ricardo Artur Costa e Trigueiros, no acórdão referido no capítulo XXXVII, "diferentemente da cautelar de arresto, tal medida processual não tem relação com a solvabilidade ou não da empresa-ré, não sendo este requisito necessário para a hipoteca judiciária" (TRT/SP – 00019415020105020067 – RO – Ac. 4ª T. – 2001220541437 – rel. Ricardo Artur Costa e Trigueiros – DOE 25.5.2012). Por conseguinte, mesmo que o patrimônio do vencido seja bastante superior à condenação, essa situação patrimonial positiva não é fato suficiente à paralisação do efeito anexo produzido pela sentença condenatória, por força da incidência da norma de ordem pública do art. 495 do CPC. Noutra passagem, Pontes de Miranda, comentando sobre o instituto da hipoteca judiciária, já destacara: "Daí resulta que os bens gravados por ela podem ser executados como se a dívida fosse de coisa certa, ainda se em poder de terceiro, que os haja adquirido sem fraude de execução".[449]

Nos seus comentários ao art. 495 do CPC, Manoel Antonio Teixeira Filho sustenta que a hipoteca judiciária teria pouca utilidade, repetindo o que dissera na vigência do CPC de 1973. Argumenta que a parte pode resolver dificuldades na fase de execução do processo invocando o instituto da fraude à execução. Diz o jurista: "Embora a hipoteca judiciária seja compatível com o processo do trabalho, entendíamos, já na vigência do CPC de 1973, que, em termos práticos,

---

[447] *Comentários ao Código de Processo Civil*. t. V. Rio de Janeiro: Forense, 1974, p. 111.
[448] CPC: "Art. 792. A alienação ou a oneração de bem é considerada fraude à execução: IV – quando, ao tempo da alienação ou da oneração, tramitava contra o devedor ação capaz de reduzi-lo à insolvência".
[449] *Comentários ao Código de Processo Civil*. t. V. Rio de Janeiro: Forense, 1974, p. 111.

ela era de pouca utilidade. Se um dos objetivos dessa hipoteca é o de evitar certas velhacadas do devedor, consistentes, p. ex., em alienar ou onerar o seu patrimônio, de tal maneira que a execução seja frustrada argumentávamos que aquele Código possuía medidas muito mais eficazes para combater semelhantes atitudes do devedor, Referíamo-nos à fraude à execução (CPC, art. 593), especialmente quando fundada no fato de, ao tempo da alienação ou da oneração de bens pelo devedor haver, em face dele, demanda capaz de reduzi-lo à insolvência".[450]

Não se pode endossar o entendimento do ilustre autor. A hipoteca judiciária pode cumprir importante papel tanto para a efetividade da jurisdição quanto para prevenir fraude à execução, conforme destacam juristas identificados com a efetividade da execução trabalhista. Imaginar que o instituto da fraude à execução possa resolver dificuldades soa inverossímil diante da experiência ordinária da judicatura na execução trabalhista, caracterizada por fraudes patrimoniais e baixa eficácia, fazendo lembrar a prudente advertência de Carlos Zangrando: "Não compreendemos a razão pela qual a garantia da hipoteca judiciária não é utilizada na prática, tanto no Processo do Trabalho quanto no Processo Civil. Talvez a resposta esteja no seu desconhecimento; ou talvez na vã concepção de que se possa alegar 'fraude à execução', se o réu se desfizer dos seus bens após demandado (CPC, art. 593, II). Infelizmente, a prática nos ensinou que, quando o processo chega a um estágio em que é necessário ao credor tentar anular a venda dos bens de devedor, tudo indica que a situação já se deteriorou a tal ponto que os riscos de frustração na execução aumentaram exponencialmente".[451]

O credor que depender da declaração jurídica de fraude à execução para lograr fazer penhorar o bem alienado em fraude enfrentará incertezas de que o credor titular de hipoteca judiciária estará a salvo. Uma delas é a superveniência da alienação do bem *no curso do processo*. Essa alienação é *ineficaz* perante o credor que registrou hipoteca judiciária antes da alienação do bem. Assim é porque o direito real de sequela, que assiste ao credor titular de hipoteca judiciária, *vincula* o bem gravado à execução. Por outro lado, a alienação é presumida eficaz se não havia registro de hipoteca judiciária – ou de outra constrição – na matrícula do imóvel, conforme se extrai do verbete da Súmula nº 375

---

[450] *Comentários ao Código de Processo Civil sob a perspectiva do Processo do Trabalho*. 3. ed. São Paulo: LTr, 2019, p. 762.
[451] *Processo do Trabalho*: processo de conhecimento. v. 2. São Paulo: LTr, 2009, p. 1240.

do STJ.[452] O credor que registrou a hipoteca judiciária antes da alienação não enfrentará o obstáculo representado pela orientação da Súmula nº 375 do STJ. Essa súmula é aplicada pelos Tribunais Regionais do Trabalho e pelo Tribunal Superior do Trabalho. O credor que não tiver hipoteca judiciária registrada enfrentará esse obstáculo, muitas vezes intransponível. Será obstáculo intransponível, por exemplo, quando não houver outros bens a penhorar. Esse tipo de situação é algo frequente na realidade brasileira, na qual as pequenas empresas são as maiores empregadoras.

Não é necessário demonstrar a dificuldade que terá o *credor não hipotecário* para se desincumbir do ônus da prova quanto à ciência do terceiro adquirente acerca da existência da ação movida contra o executado-alienante.[453] Não se pode pretender excluir o processo do trabalho da teoria geral do processo acerca do instituto da fraude à execução, a pretexto de sustentar, como faz Manoel Antonio Teixeira Filho,[454] que não se aplica a Súmula nº 375 do Superior Tribunal de Justiça ao processo do trabalho.

Os Tribunais do Trabalho aplicam a Súmula nº 375 do STJ nos seus julgamentos. Diante da orientação da jurisprudência trabalhista sobre a matéria, é manifesta a utilidade da hipoteca judiciária, para combater a fraude à execução, que tende a se generalizar diante da orientação da jurisprudência sintetizada na Súmula nº 375 do STJ.[455] Aliás, ainda que os Tribunais do Trabalho não aplicassem a referida súmula, ainda assim não haveria razão para abdicar de uma técnica jurídica que tem potencialidade para alavancar a efetividade da execução, na medida em que *vincula* o bem gravado pela hipoteca judiciária à futura execução, por força do *direito de sequela e de excussão* que assiste ao credor hipotecário (CC, art. 1.422 c/c CPC, art. 495).

---

[452] Súmula nº 375 do STJ: "O reconhecimento da fraude à execução depende do registro da penhora do bem alienado ou da prova da má-fé do terceiro adquirente". A Súmula nº 375 do STJ foi editada e 30.03.2009.

[453] A última oração da Súmula nº 375 do STJ estabelece que o reconhecimento da fraude à execução *depende da prova da má-fé do terceiro adquirente*. A prova da má-fé do terceiro adquirente é a prova de que o terceiro adquirente tinha ciência da existência da ação movida contra o devedor-alienante quando adquiriu o bem.

[454] *Execução no processo do trabalho*. 11. ed. São Paulo: LTr, 2013, p. 201-202.

[455] A orientação adotada na Súmula nº 375 do STJ estimula – *embora indiretamente* – o executado a desfazer-se de seu patrimônio *no curso do processo*, na medida em que lhe é mais fácil esconder o dinheiro apurado na comercialização de seus bens do que esconder os próprios bens, os quais, se não forem alienados, acabam sendo localizados pelo Oficial de Justiça.

CAPÍTULO XXXII

A HIPOTECA JUDICIÁRIA SOBRE OUTROS BENS

Em artigo publicado no *Suplemento Trabalhista* da Editora LTr,[456] tentei explorar o tema da ampliação dos bens passíveis de hipoteca judiciária. No inventário dos bens que podem ser objeto da hipoteca judiciária prevista no art. 466 do CPC de 1973[457] e no art. 495 do CPC de 2015, o primeiro movimento do intérprete será investigar essa questão à luz dos preceitos de direito material que disciplinam o instituto da hipoteca, porquanto os preceitos legais citados não indicam quais são os bens sujeitos à hipoteca judiciária, embora houvesse remissão à Lei dos Registros Públicos no art. 466 do CPC de 1973.[458] Esse primeiro movimento de investigação científica apresentar-se-á intuitivo tanto pelo fato de que a hipoteca é antigo instituto de direito material regulado pelo direito privado (CC, arts. 1.473 e ss.) quanto pela relação estabelecida na teoria geral do direito civil entre hipoteca e bem imóvel.

No âmbito do direito privado, a relação entre hipoteca e bem imóvel é expressão de uma construção conceitual historicamente estabelecida há muitos séculos. Tais aspectos podem conduzir o operador

---

[456] O referido artigo, escrito em coautoria com a juíza do trabalho Aline Veiga Borges, foi publicado no Suplemento Trabalhista da Editora LTr, São Paulo, n. 059/2014, p. 267 e seguintes, sob o título "Hipoteca judiciária sobre bens não elencados no art. 1.473 do Código Civil – A efetividade da jurisdição como horizonte hermenêutico".

[457] CPC: "Art. 466. A sentença que condenar o réu no pagamento de uma prestação, consistente em dinheiro ou coisa, valerá como título constitutivo de hipoteca judiciária, cuja inscrição será ordenada pelo juiz na forma prescrita na Lei de Registros Públicos.
Parágrafo único. A sentença condenatória produz hipoteca judiciária:
I – embora a condenação seja genérica;
II – pendente arresto de bens do devedor;
III – ainda quando o credor possa promover a execução provisória da sentença".

[458] Trata-se da Lei nº 6.015/73, que dispõe sobre os Registros Públicos.

jurídico à interpretação de que a hipoteca judiciária recai apenas sobre os bens relacionados no art. 1.473 do Código Civil, a saber: I – os imóveis e os acessórios dos imóveis conjuntamente com eles; II – o domínio direto; III – o domínio útil; IV – as estradas de ferro; V – os recursos naturais a que se refere o art. 1.230, independentemente do solo onde se acham; VI – os navios; VII – as aeronaves; VIII – o direito de uso especial para fins de moradia; IX – o direito real de uso; X – a propriedade superficiária.

Portanto, uma interpretação estrita dos bens sujeitos à hipoteca judiciária conduzirá o intérprete à conclusão de que apenas os bens relacionados no art. 1.473 do Código Civil podem ser objeto de hipoteca judiciária. Essa interpretação estrita foi adotada no bem articulado ensaio escrito pelo magistrado *Arlindo Cavalaro Neto* sobre o tema.[459] Trata-se de uma interpretação respeitável.

Não se pode, no entanto, olvidar a finalidade do instituto, que é a de assegurar a futura execução e prevenir fraude à execução. No processo do trabalho, essa execução geralmente se presta à satisfação de verba de natureza alimentar. Daí a proposta de ampliar a utilização do instituto da hipoteca judiciária para bens outros que não apenas imóveis e os demais bens elencados no art. 1473 do Código Civil, tornando, assim, mais efetiva a execução trabalhista.

Enquanto a hipoteca convencional constitui direito real de garantia incidente sobre bens imóveis do devedor, para assegurar ao credor o recebimento preferencial de seu crédito, a hipoteca judiciária é instituto de direito processual, de ordem pública, cujo escopo teleológico é o de assegurar a satisfação do crédito reconhecido em sentença condenatória e inibir a fraude à execução. Por consequência, não parece adequado assimilar a hipoteca judiciária à hipoteca convencional definida no direito privado, inclusive no que se refere aos bens que podem ser objeto da hipoteca judiciária, especialmente se, para cumprir a finalidade do instituto, for necessário buscar garantia em outros bens do devedor.

O objetivo de conferir efetividade à execução revela a dimensão assecuratória do direito material que o instituto realiza por meio do direito de sequela inerente à hipoteca judiciária enquanto efeito anexo da sentença condenatória. O direito de sequela assegura ao autor fazer recair a penhora sobre o bem hipotecado ainda que o bem tenha sido

---

[459] "O Código de Processo Civil não relaciona os bens sujeitos à hipoteca judiciária. Partindo-se da premissa de que a hipoteca judiciária se constitui em espécie de hipoteca, impõe-se ao intérprete valer-se do elenco apresentado pelo Direito Material. O art. 1.473 do CCB apresenta rol taxativo de bens sujeitos à hipoteca". (CAVALARO NETO, 2010, p. 492).

alienado a terceiro. Adquirente de má-fé, o terceiro não terá êxito nos embargos de terceiro. E não lhe restará alternativa: para não perder o bem na hasta pública, terá que fazer a remição do bem pelo valor da avaliação.[460]

O objetivo de inibir fraude patrimonial revela a dimensão preventiva do instituto da hipoteca judiciária, que se expressa tanto na potencialidade para inibir a fraude patrimonial praticada pelo executado quanto na advertência ao terceiro adquirente, para que não adquira o bem hipotecado judiciariamente, tudo a fim de preservar a efetividade das normas de ordem pública que estabelecem a responsabilidade patrimonial do executado pelas respectivas obrigações (Lei nº 6.830/80, arts. 10 e 30; CPC, art. 789), bem como para prover segurança jurídica aos negócios na vida de relação, conforme sustentamos alhures.[461]

Nada obstante seja intuitivo ao intérprete investigar os bens sujeitos à hipoteca judiciária à luz dos preceitos de direito material que disciplinam o instituto da hipoteca convencional, esse primeiro movimento do intérprete acaba por revelar-se insuficiente à adequada pesquisa dos bens que podem ser objeto de hipoteca judiciária. Isso porque à hipoteca judiciária é reconhecida natureza jurídica de instituto processual de ordem pública, enquanto que à hipoteca convencional prevista no art. 1.473 do CC é reconhecida a condição de instituto de direito privado.

Enquanto a hipoteca judiciária visa a assegurar a autoridade estatal da sentença condenatória em geral, a hipoteca convencional visa a garantir o interesse privado de determinado particular envolvido em negócio interindividual. Vale dizer, a dicotomia entre interesse de ordem pública e interesse de ordem privada decalca indelével distinção entre os institutos da hipoteca judiciária e da hipoteca convencional.

É a distinta natureza jurídica da hipoteca judiciária (instituto processual de ordem pública), na comparação com a hipoteca convencional (instituto jurídico de ordem privada), que autoriza o jurista a afastar-se dos limites do art. 1.473 do CC quando se trata de inventariar os bens sujeitos à hipoteca judiciária. Isso porque os objetivos superiores da hipoteca judiciária demandam uma interpretação apta a potencializar tanto o escopo teleológico de assegurar a futura execução da sentença

---

[460] Essa avaliação é realizada pelo Oficial de Justiça Avaliador da Justiça do Trabalho (CLT, art. 721).
[461] Hipoteca judiciária: A (re)descoberta do instituto diante Súmula nº 375 do STJ – Execução efetiva e atualidade da hipoteca judiciária. In: Revista do Tribunal Regional do Trabalho da 4ª Região, Porto Alegre, n. 41, 2013, p. 52.

condenatória quanto o escopo de inibir fraude patrimonial. É dizer: demandam uma interpretação que transcenda aos limites do art. 1.473 do CC.

Assentadas tais premissas, de imediato se faz razoável a conclusão de que o escopo teleológico desse instituto processual de ordem pública se realizará de forma tanto mais eficaz quanto mais amplo for o inventário dos bens sobre os quais possa incidir a hipoteca judiciária. Essa conclusão guarda conformidade com a doutrina processual contemporânea, a ser examinada mais adiante.

O atrelamento de um bem para futura execução é necessário para garantir a efetividade daquela execução e, com isso, prover a garantia do direito material que a fundamenta. Assim, quanto mais espécies de bens puderem ser garantidoras da futura execução, mais efetiva ela se tornará e, por essa razão, parece não se justificar adotar interpretação restritiva ao instituto da hipoteca judiciária, limitando-a, apenas, aos bens arrolados no art. 1.473 do Código Civil.

Portanto, analogicamente,[462] pode-se pensar no registro de hipoteca judiciária em relação a bens móveis. Ao ordenamento jurídico incumbe proporcionar meios de assegurar a futura execução da sentença. Na fase de conhecimento, proporciona a hipoteca judiciária. Para a fase de execução, proporciona a averbação premonitória do ajuizamento da execução, não só no registro de imóveis, mas também no registro de veículos e no registro de outros bens sujeitos à penhora ou arresto. Restringir a hipoteca judiciária a bens imóveis implica, pois, restringir-lhe a eficácia, o que não se coaduna com uma hermenêutica contemporânea para o instituto.

Compreendido o contexto hermenêutico em que está inserida a hipoteca judiciária na ordem constitucional vigente, o intérprete encontrará na natureza jurídica de ordem pública desse instituto processual o fundamento sociojurídico pelo qual fica autorizado a liberar-se dos limites do art. 1.473 do Código Civil quando da realização do inventário dos bens sujeitos à hipoteca judiciária, olhos postos no escopo teleológico desse fecundo efeito anexo da sentença condenatória.

O art. 655 do CPC de 1973, a que se reporta expressamente o art. 882 da CLT, elenca a ordem preferencial de penhora e, antes de

---

[462] "Toda a regra jurídica é susceptível de aplicação analógica – não só a lei em sentido estrito, mas também qualquer espécie de estatuto e ainda a norma de Direito Consuetudinário. As conclusões por analogia não têm apenas cabimento dentro do mesmo ramo do Direito, nem tão-pouco dentro de cada Código, mas verificam-se também de um para outro Código e de um ramo do Direito para outro" (ENGISCH, 2008, p. 293).

bens imóveis e de navios e aeronaves, arrola dinheiro, veículos de via terrestre e bens móveis em geral. Assim, se, na execução, esses bens têm preferência, em relação aos bens imóveis, para a penhora, não há razão para crer que não possam se prestar, também, à hipoteca judiciária (exceto dinheiro, que não pode ser objeto de qualquer averbação de restrição).

Tendo em vista as finalidades da hipoteca judiciária, não vemos razão para que essa garantia se dê apenas sobre bens imóveis, navios e aeronaves. Nessa esteira, há que se levar em consideração que muitas vezes o devedor trabalhista não tem grande patrimônio,[463] sendo comuns aqueles que não são proprietários de bens imóveis, mas têm outros bens (móveis) que podem se prestar à satisfação da execução. Nessa situação, se a hipoteca judiciária se restringir aos bens elencados no art. 1.473 do Código Civil, o respectivo credor trabalhista não terá essa garantia à sua disposição.

Outrossim, não se pode olvidar que a Justiça do Trabalho tem na atualidade ferramentas que permitem pesquisar esse patrimônio, como os convênios RenaJud e InfoJud, e que são de fácil utilização. A fecundidade da hipoteca judiciária entremostra-se mais evidente à medida que se descobre no art. 495 do CPC o desvelamento de um dos raros preceitos legais que responde positivamente ao maior dos desafios da teoria processual na atualidade – a distribuição mais equânime do ônus do tempo do processo.[464]

Tratando-se de partes economicamente desiguais, avulta a dimensão desse desafio da teoria processual contemporânea, de prover em favor da equânime distribuição do ônus do tempo do processo. Daí a conclusão de que a aplicação da hipoteca judiciária ao processo do trabalho atua no sentido de fazer realizar a distribuição do ônus do tempo do processo de forma mais equânime.[465]

---

[463] As maiores empregadoras são as micro e pequenas empresas, das quais 61% deixam de atuar no primeiro ano; exatamente as empresas que mais cometem fraude patrimonial (Cf. SILVA, 2007, p. 18).

[464] "Impende, no entanto, ponderar, desde logo, que o tempo deve ser distribuído no feito, entre as duas partes litigantes, sem sobrecarregar apenas a detentora do direito ameaçado ou violado, como se tem visto na prática quotidiana do foro. *Marinoni* relembra que: 'por ser ligado ao contraditório, o tempo deve ser distribuído entre as partes. Essa é a grande questão da doutrina processual contemporânea'" (FAVA, 2009, p. 51).

[465] A hipoteca judiciária atua no sentido de distribuir equitativamente, entre as partes, o ônus do tempo do processo judicial. A arguta observação é do magistrado trabalhista *Arlindo Cavalaro Neto* (2010, p. 495): "É necessário distribuir equitativamente o ônus da demora do processo, e o registro da sentença como hipoteca judiciária também alcança esse desiderato, pois parcela do patrimônio do vencido será objeto de ônus real, assim que publicada a sentença condenatória, até que haja o pagamento do credor".

Assimilada a natureza de ordem pública do instituto da hipoteca judiciária e compreendida a sua fecundidade para a distribuição mais equânime do ônus do tempo do processo, a limitação aos bens previstos nos art. 1.473 do CC pode ser superada mediante uma interpretação extensiva, para então se poder agregar outros bens passíveis de hipoteca judiciária, tais como bens móveis, direitos e ações.

Portanto, a título de "hipoteca judiciária", a inserção de uma menção no registro de veículo de que há ação trabalhista contra o proprietário do veículo julgada procedente poderia ser até mesmo mais eficiente do que a constituição de hipoteca judiciária sobre bem imóvel. Esse simples registro seria suficiente para inibir a fraude à execução no tocante àquele veículo, tornando o bem garantidor da futura execução. Dispensaria, além do mais, a indicação de bens pelo credor, podendo o bem ser localizado pelo próprio juiz, mediante a utilização dos convênios citados, agilizando a tramitação do feito.

Admitir-se fazer recair a hipoteca judiciária sobre veículos, por exemplo, implicará conferir maior eficácia ao instituto, pois veículos são objeto de fraude patrimonial com maior frequência do que imóveis. Essa conclusão decorre da observação da experiência ordinária, observação na qual o cotidiano revela que a troca de propriedade de veículo é mais frequente do que a troca de propriedade de imóvel. Além de potencializar o escopo teleológico de inibir fraude patrimonial, a hipoteca judiciária sobre veículos também potencializa o escopo teleológico de assegurar a futura execução, porquanto veículos têm maior apelo comercial do que imóveis, situação em que se atrai mais licitantes para leilões judiciais.

Por outro lado, até mesmo pela ótica do devedor, pode ser interessante que a hipoteca judiciária não se constitua sobre bem imóvel de sua propriedade. Assim, se o próprio devedor tiver outros bens e preferir que a garantia recaia sobre esses outros bens, e não sobre um bem imóvel, estar-se-á atuando em consonância com a regra exceptiva segundo a qual a execução se deve dar pelo modo menos gravoso ao devedor, quando por vários meios o credor puder promover a execução (art. 805 do CPC).

A teoria jurídica começa a desbravar o caminho pelo qual se pode conferir uma interpretação mais contemporânea ao instituto da hipoteca judiciária. Essa vertente interpretativa mais contemporânea do instituto fundamenta-se na compreensão de que, na atualidade, não se justifica mais limitar a hipoteca judiciária aos bens arrolados no art. 1.473 do CC; propõe que a hipoteca judiciária possa recair sobre quaisquer bens do demandado. Essa vertente interpretativa revela-se mais consentânea com os escopos teleológicos da hipoteca judiciária, sobretudo quando se examina o tema no contexto hermenêutico conformado pela garantia constitucional da efetividade da jurisdição. A doutrina de J. E. *Carreira Alvim* revela-se paradigmática dessa nova vertente interpretativa. O autor pondera que, *diferentemente do que acontecia quando da promulgação do Código, atualmente existem bens muito mais valiosos do que o bem imóvel, como as aplicações financeiras, os investimentos em títulos da dívida pública, ou, mesmo em ouro ou moeda estrangeira, não sendo razoável que tais bens não se prestem para garantir o cumprimento de uma sentença condenatória*. E conclui que, *Diferentemente, também, da hipoteca legal, que incide apenas sobre bens relacionados nos incs. I a VII do art. 1.473 do Código Civil, a hipoteca judicial incide sobre qualquer bem, qualquer que seja a sua natureza (móveis, imóveis, semoventes, direitos e ações)*. O autor acrescenta não ver sentido *em restringir essa especial modalidade de garantia apenas aos bens imóveis, podendo ela, para mim, compreender quaisquer bens (móveis ou imóveis) ou direito (pessoal ou real)*.

Comentando a previsão legal de que a sentença condenatória produz hipoteca judiciária ainda que existente arresto de bens do devedor (CPC, art. 466, parágrafo único, II), *Carreira Alvim* (2011, p. 138-140) reitera o entendimento de que a hipoteca judiciária incide tanto sobre bens imóveis quanto sobre bens móveis: *Ao contrário da hipoteca legal, que incide apenas sobre os bens elencados no art. 1.473, I a VII, do Código Civil, o arresto, tanto quanto a hipoteca judicial, pode incidir sobre quaisquer bens (móveis ou imóveis) ou direito (pessoal ou real), desde que devidamente justificado o risco de seu desaparecimento (art. 813)*.

A hermenêutica contemporânea que *Carreira Alvim* empresta à hipoteca judiciária permite resgatar a noção de processo de resultados que inspirou o legislador de 1973 à redação do art. 466 do CPC, evocando a lição com a qual Marinoni[466] convoca os juízes ao responsável exercício de conformar o procedimento à realização do direito material. Poderia parecer uma ousadia postular hipoteca judiciária sobre bens móveis na atualidade, se os gregos já não tivessem compreendido assim a *hypothéke*.[467]

---

[466] "O que falta, porém, é atentar para que, se a técnica processual é imprescindível para a efetividade da tutela dos direitos, não se pode supor que, diante da omissão do legislador, o juiz nada possa fazer. Isso por uma razão simples: o direito fundamental à efetividade da tutela jurisdicional não se volta apenas contra o legislador, mas também se dirige ao Estado-juiz. Por isso, é absurdo pensar que o juiz deixa de ter dever de tutelar de forma efetiva os direitos somente porque o legislador deixou de editar uma norma processual mais explícita" (MARINONI, 2013, p. 178).

[467] "Derivado do grego *hypothéke*, onde mesmo teve origem este instituto jurídico, quer significar a *coisa* entregue pelo devedor, por exigência do credor, para garantia de uma obrigação. E, assim, originariamente, a palavra *hipoteca*, mesmo entre os romanos, designava a *convenção*

Luciano Athayde Chaves, sempre precursor de boas práticas para a efetividade da execução, dedicou-se ao tema da ampliação dos bens passíveis de hipoteca judiciária, postulando tal ampliação mediante a seguinte reflexão: "A hipoteca judiciária está vinculada a registro nos termos da Lei dos Registros Públicos, o que sugere constrição sobre bens imóveis. Possivelmente, esse fato justifica-se pelo contexto histórico da época da elaboração do CPC de 1973, quando o patrimônio era constituído por imóveis. O mundo e a economia, no entanto, mudaram demasiadamente. Logo, não se pode descartar a necessidade de que a garantia à efetividade de uma decisão judicial se projete sobre outros bens".[468]

Por fim, há um argumento adicional para sustentar a tese de fazer estender a hipoteca judiciária a bens móveis. Fui alertado para esse argumento adicional pela observação perspicaz de Daniel Mitidiero, com quem tive a oportunidade de dialogar sobre essa questão jurídica. O jurista ponderava então que o CPC de 2015 instituiu, no art. 867, a possibilidade de penhora de frutos e rendimentos sobre coisa móvel. De fato, o legislador de 2015 ampliou as possibilidades de penhora, ao instituir, no art. 867 do CPC, a hipótese de penhora de frutos e rendimentos de coisa móvel. Essa ampliação permite reforçar a postulação de que a hipoteca judiciária possa recair também sobre bens móveis do vencido, com o que se potencializa a fecundidade do instituto da hipoteca judiciária.

---

de penhor ou *pignoratícia*, não importando a maneira por que se realizava, isto é, se se tratava de garantia móvel entregue ao credor, ou de garantia imóvel, que se conservasse em poder do devedor. Entretanto, sobreavisados e cautelosos, os gregos tinham por costume, quando se tratava de garantia imobiliária, assinalar com brandões ou postes os terrenos hipotecados. Fazendo gerar dela um *jus in re*, o que também ocorria no penhor, os romanos terminaram por distinguir os dois institutos, considerando a *hipoteca* aquela em que a coisa dada em garantia não ia às mãos ou à posse do credor, o que era da essência do penhor (*pignus*)". (DE PLÁCIDO E SILVA, 1982, p. 384). [Grifos do autor].

[468] *Curso de Processo do Trabalho.* São Paulo: LTr, 2009, p. 970.

HIPOTECA JUDICIÁRIA E SEU EFEITO JURÍDICO NA FALÊNCIA

No capítulo XXVII, a hipoteca judiciária foi estudada na situação em que há disputa entre credores na execução movida contra devedor insolvente, inclusive quando a insolvência não foi declarada expressamente pelo juízo universal, mas está configurada de forma tácita, em face da circunstância de que as dívidas superam o patrimônio. No presente capítulo, estuda-se o efeito da hipoteca judiciária quando a insolvência da sociedade já foi expressamente declarada, isto é, estuda-se efeito do instituto na falência.

Na falência, os credores trabalhistas recebem seus créditos mediante rateio. Esse critério está previsto no art. 149 da Lei nº 11.101/2015. O referido rateio subordina-se à realização do ativo, a qual é feita mediante a alienação judicial dos bens do falido. Classificados na mesma classe de credores, os credores trabalhistas têm prioridade para o recebimento de seus créditos, em razão do privilégio legal de que goza o crédito trabalhista no sistema de direito brasileiro (CF, art. 100, §1º; CTN, art. 186; CLT, art. 449, §1º).

Ocorre que os bens do falido não costumam ser suficientes para satisfazer todos os credores. Muitas vezes, não satisfazem sequer os credores trabalhistas de forma integral. Em tais situações, cresce a importância da hipoteca judiciária enquanto modalidade de *direito real de garantia*. Isso porque o crédito dotado de garantia real está em *segundo lugar* na classificação de créditos na falência. Os créditos em favor dos quais há hipoteca judiciária registrada enquadram-se no conceito legal de "créditos com garantia real até o limite do valor do bem gravado" (Lei nº 11.101/2015, art. 83, II).

Em *primeiro lugar*, na classificação de créditos na falência, estão os créditos trabalhistas. Porém, os créditos trabalhistas não têm mais prioridade no rateio em relação à *integralidade* de seu valor, como ocorria à época do Decreto-Lei nº 7.661/1945. O inciso I do art. 83 da Lei de Recuperação e Falências *limitou* a prioridade do crédito trabalhista a 150 salários mínimos por credor. Essa fração do crédito é considerada crédito privilegiado, sendo paga com prioridade em relação a outros credores. O valor que excede ao limite de 150 salários mínimos é classificado como *crédito quirografário* (Lei nº 11.101/2015, art. 83, VI, alínea "c"), sendo pago ao final, se ainda houver recursos.

De acordo com o inciso II do art. 83 da Lei de Recuperação e Falência, na ordem de classificação dos créditos na falência, logo após o crédito trabalhista, vem o crédito *com garantia real*. Esse crédito com garantia real está limitado "até o limite do valor do bem gravado".

Como afirmado anteriormente, os créditos em favor dos quais há hipoteca judiciária registrada enquadram-se no conceito legal de "créditos com garantia real até o limite do valor do bem gravado" (Lei nº 11.101/2015, art. 83, II).

Assim, o credor trabalhista que tenha registrado hipoteca judiciária na matrícula do bem do vencido terá um tratamento privilegiado em relação ao credor trabalhista que não conte com o direito real de garantia constituído pela hipoteca judiciária. Isso decorre do fato de que, para o credor trabalhista tutelado com o direito real de garantia constituído pela hipoteca judiciária, o valor de seu crédito excedente de 150 salários mínimos não será considerado crédito quirografário, mas, sim, crédito com garantia real até o valor do bem gravado, crédito com garantia real alocado em segundo lugar na ordem de classificação dos créditos do art. 83 da Lei nº 11.101/2015.

Além do privilégio previsto na legislação de direito material (CF, art. 100, §1º; CTN, art. 186; CLT, art. 449, §1º), o credor trabalhista, que tenha sido diligente na constituição de hipoteca judiciária à época da solvência do falido, agregará, na ulterior falência, garantia real a seu crédito, recebendo prioritariamente em relação aos demais credores trabalhistas. Para esses últimos, o crédito excedente a 150 salários mínimos será considerado integralmente quirografário (LRF, art. 83, VI, alínea "c"). Para o credor trabalhista diligente, o crédito excedente a 150 salários mínimos será classificado como crédito dotado de garantia real até o limite do valor do bem gravado (LRF, art. 83, II).

Essa peculiaridade da hipoteca judiciária já havia sido observada por Élisson Miessa. Diz o jurista: "Assim, no caso de falência, o credor trabalhista terá preferência, independentemente da existência da hipoteca judicial. No entanto, conforme se verifica pelo art. 83, inciso I, da Lei nº 11.101/05, a preferência apenas é observada no limite de 150 salários-mínimos. Dessa forma, o valor restante poderá ser analisado em consonância com o inciso II de referido dispositivo que determina que, logo após os créditos trabalhistas até o limite de 150 salários mínimos, possuem preferência os créditos com garantia real até o limite do valor do bem gravado. Com efeito, na falência, a hipoteca judiciária produzirá duas preferências ao credor trabalhista. Uma em decorrência de seu crédito, limitada ao montante descrito na lei. E outra em razão da hipoteca, limitada ao valor do bem hipotecado".[469]

Ao credor trabalhista detentor de hipoteca judiciária caberá peticionar ao juízo da falência para que o Administrador Judicial observe, por ocasião feitura do quadro de credores, a circunstância de que o crédito trabalhista excedente a 150 salários mínimos deve ser classificado como *crédito dotado de garantia real* até o limite do valor do bem gravado, nos termos do inciso II do art. 83 da Lei nº 11.101/2015.

---

[469] "Hipoteca judiciária e protesto da decisão judicial no novo CPC e seus impactos no processo do trabalho". In: MIESSA, Elisson (org.). *O novo Código de Processo Civil e seus reflexos no processo do trabalho*. Salvador: Juspodivm, 2015, p. 476.

CAPÍTULO XXXIV

HIPOTECA JUDICIÁRIA E RESPONSABILIDADE OBJETIVA PELOS DANOS

A responsabilidade do exequente pelos atos de execução é objeto do direito positivo, estando presente nas legislações desde sempre. Já era assim no CPC revogado e é assim também no CPC de 2015. A teor do §5º do art. 828 do CPC, a doutrina tem afirmado que o dever de indenização do exequente depende da ocorrência de culpa na realização da chamada averbação premonitória abusiva. Para Daniel Amorim Assumpção Neves, "a sanção só deve ser aplicada quando restar configurada *culpa* do exequente na abusividade da averbação".[470]

Já no que respeita à tutela provisória de urgência, a previsão do art. 302 do CPC é interpretada, por parte da doutrina, como opção do legislador por estabelecer *responsabilidade objetiva* do autor que postula indevidamente a tutela de urgência. Para Marinoni, Arenhart e Mitidiero, todavia, somente há responsabilidade objetiva nas hipóteses dos incisos II e III do art. 302 do CPC. Nas hipóteses dos incisos I e IV, a responsabilidade seria subjetiva.[471] Daniel Amorim Assumpção Neves afirma que a previsão do art. 302 do CPC é expressão da teoria risco-proveito: "se de um lado a obtenção e a efetivação de uma tutela cautelar são altamente proveitosas para a parte, por outro lado, os riscos pela concessão dessa tutela provisória concedida mediante cognição sumária são exclusivamente daquela que dela se aproveitou".[472]

---

[470] *Novo Código de Processo Civil Comentado*. Salvador: Juspodivm, 2016, p. 1.307.
[471] *Novo Código de Processo Civil Comentado*. 2. ed. São Paulo: RT, 2016, p. 385.
[472] *Novo Código de Processo Civil Comentado*. Salvador: Juspodivm, 2016, p. 481.

Também há responsabilidade objetiva pela indenização dos danos no caso de execução provisória cuja decisão vem a ser reformada. Nos termos do art. 520, I, do CPC, a execução provisória da sentença corre por iniciativa e responsabilidade do exequente, que se obriga, se a sentença for reformada, a reparar os danos que o executado haja sofrido. Comentando o preceito legal, Marinoni, Arenhart e Mitidiero, afirmam que, *sendo reformada a decisão que outorga sustentação ao cumprimento, o demandante se obriga independentemente de dolo ou culpa a reparar os danos que o demandado haja sofrido. Trata-se de responsabilidade objetiva pela prática de ato lícito.*[473]

No caso de hipoteca judiciária, a responsabilidade também é objetiva. O §5º do art. 495 do CPC não deixa margem de dúvida a respeito, quando estabelece que a responsabilidade ocorre *independentemente de culpa*. Desde que ocorrido dano em razão da constituição da garantia representada pela hipoteca judiciária, a parte tem responsabilidade. Para Daniel Amorim Assumpção Neves, o §5º do art. 495 do CPC consagra, na hipoteca judiciária, a teoria do risco-proveito, de modo que a responsabilidade da parte que a realiza é objetiva.[474]

Quando a hipoteca judiciária é determinada de ofício pelo juízo, surge a questão de saber quem responde pelos danos eventualmente sofridos pelo vencido. Tratando-se de instituto de direito processual de ordem pública, a juridicidade da medida legal de hipoteca judiciária conduz à interpretação de que a sua determinação pelo juízo não deve ser causa de responsabilização pessoal do magistrado, devendo eventual responsabilidade recair sobre a União, no caso de a hipoteca judiciária determinada por juiz do trabalho causar dano à parte vencida.

A responsabilidade pessoal do magistrado está condicionada à ocorrência de conduta profissional dolosa (CPC, art. 143, I; LOMAN, art. 49, I). A determinação de hipoteca judiciária de ofício não caracteriza, salvo melhor juízo, conduta profissional dolosa do magistrado. Essa conclusão parece acertada, na medida em que a técnica jurídica da hipoteca judiciária tem previsão legal. Na fundamentação da juridicidade da determinação da hipoteca judiciária de ofício, a jurisprudência chega a afirmar que tal determinação constitui "poder-dever" do juiz, consoante se extrai de acórdão da relatoria da Desembargadora Cíntia Táffari, mencionado no capítulo XXXVII. Na fundamentação do acórdão, está assentada consideração de que a hipoteca judiciária, por se tratar

---

[473] *Novo Código de Processo Civil Comentado*. 2. ed. São Paulo: RT, 2016, p. 624.
[474] *Novo Código de Processo Civil Comentado*. Salvador: Juspodivm, 2016, p. 824.

de imposição legal, prescinde até mesmo de pedido ou requerimento da parte interessada, "consistindo num poder-dever do julgador determinar sua efetivação" (TRT/SP – 00020536320145020201 – RO – Ac. 13ª T. – 20170553781 – Rel. Cíntia Táffari – DOE 6.9.2017). Na vigência do CPC de 1973, Pontes de Miranda afirmava, nos comentários ao art. 466, que ordenar a hipoteca judiciária era dever funcional do magistrado: *Há dever do juiz*.[475] Na vigência do CPC de 2015, Marinoni, Arenhart e Mitidiero afirmam que *o registro da hipoteca judiciária será ordenado pelo juiz na forma dos §§2º e 3º do art. 495, CPC*.[476]

É importante observar que o registro de hipoteca judiciária não gera direito à indenização de forma automática. Em outras palavras, não há presunção de dano pelo só fato de ter ocorrido o registro do gravame hipotecário na matrícula do imóvel do vencido. Normalmente, a hipoteca judiciária não gera dano ao vencido, conforme revela a experiência ordinária na jurisdição. Pode gerar eventual constrangimento jurídico no mercado. Esse eventual constrangimento jurídico é inerente à hipoteca judiciária e, assim, não é indenizável. É o que se pode compreender como *dano lícito*: constrições patrimoniais geram natural constrangimento jurídico ao devedor; mas tal constrangimento não é indenizável, porquanto tem como causa o débito que conduziu à condenação do vencido. A penhora e seu registro podem causar constrangimento jurídico ao executado no mercado e nem por isso se vai imaginar que o executado possa ter direito à indenização, já que o eventual prejuízo é causado por sua condição jurídica de devedor.

O direito à indenização depende da ocorrência de dano real, o qual não se presume. Como se trata de *fato constitutivo do direito* à indenização, a prova do dano incumbe ao vencido que alega ter sofrido prejuízo em razão do registro da hipoteca judiciária (CPC, art. 373, I; CLT, art. 818, I). A parte sedizente prejudicada deve alegar e provar os danos sofridos pela constituição da hipoteca judiciária. Ao juízo cabe quantificar os danos, caso a pretensão indenizatória seja acolhida. De acordo com o §5º do art. 495 do CPC, o valor da indenização deve ser apurado nos próprios autos.

---

[475] *Comentários ao Código de Processo Civil*. t. V. Rio de Janeiro: Forense, 1974, p. 111.
[476] *Novo Código de Processo Civil comentado*. 2. ed. São Paulo: RT, 2016, p. 585.

CAPÍTULO XXXV

HIPOTECA JUDICIÁRIA E AS RESPECTIVAS DESPESAS

Por vezes, o questionamento acerca da aplicabilidade da hipoteca judiciária é veiculado por meio da consideração de que as respectivas despesas de registro seriam obstáculo à implementação da medida legal do art. 495 do CPC. Esse questionamento foi enfrentado no acórdão histórico em que Antônio Álvares da Silva debate as críticas apresentadas e aborda os diversos aspectos do instituto, objeto do capítulo XXXVII.

É pacífico o entendimento doutrinário de que as despesas de registro da hipoteca judiciária são de encargo do vencido/executado. Tratando-se de modalidade de constrição que visa assegurar a frutuosidade da execução, as despesas necessárias à constituição da hipoteca judiciária são de incumbência do vencido/executado. Tais despesas, na jurisdição trabalhista, costumam ser satisfeitas ao final, quando o executado, para cancelar o gravame da hipoteca judiciária, paga ambas as inscrições – o registro da hipoteca judiciária e o registro do cancelamento do gravame.

Como é sabido, o executado responde pelas despesas da execução, por força do *princípio da causalidade*. É a resistência do executado ao *cumprimento espontâneo* da sentença que *dá causa* à respectiva *execução forçada*. Por conseguinte, o devedor *dá causa* também às despesas necessárias à realização da execução. Araken de Assis é categórico ao afirmar que as despesas da execução são de responsabilidade do executado, porque este último, quando não satisfaz a obrigação, provoca a necessidade de o credor executar a dívida. Conforme esclarece o autor, "em síntese, o dever de o executado pagar as despesas do processo executivo repousa no princípio da causalidade".[477]

---

[477] *Manual da execução*. 17. ed. São Paulo: RT, 2015, p. 596.

A doutrina de Pontes de Miranda é categórica em atribuir tais despesas ao encargo do executado: "As custas da inscrição são por conta do devedor condenado".[478] No acórdão estudado no capítulo XXXVII, Antônio Álvares da Silva rebate a crítica formulada pelo seu colega de Turma Julgadora, o Desembargador Júlio Bernardo do Carmo, ponderando que, "se houver taxas, serão cobradas na execução, a exemplo das demais, que o executado terá de pagar".[479]

Na trilha adotada por Pontes de Miranda e Antônio Álvares da Silva, Arlindo Cavalaro Neto também conclui no mesmo sentido: "As despesas com o registro da sentença como hipoteca judiciária serão computadas na conta geral do crédito exequendo e cobradas do executado, é claro".[480]

Conforme procurei demonstrar no capítulo XXIII, não pode o Registrador condicionar a prática do ato de registro da hipoteca judiciária ao prévio pagamento dos emolumentos pelo credor trabalhista quando esse é beneficiário da justiça gratuita. O credor beneficiário da justiça gratuita tem direito à isenção de emolumentos (CLT, art. 790, §3º): "Art. 790. §3º. É facultado aos juízes, órgãos julgadores e presidentes dos tribunais do trabalho de qualquer instância conceder, a requerimento ou de ofício, o benefício da justiça gratuita, *inclusive quanto a traslados e instrumentos*, àqueles que perceberem salário igual ou inferior ao dobro do salário mínimo, ou declararem, sob as penas da lei, que não estão em condições de pagar as custas do processo sem prejuízo do sustento próprio ou de sua família".

À norma da CLT, soma-se o art. 7º, IV, da Lei nº 6.830/1980, o qual se aplica analogicamente à hipoteca judiciária, por força da incidência da norma de ordem pública do art. 889 da CLT. Diz o preceito da LEF: "Art. 7º. O despacho do Juiz que deferir a inicial importa em ordem para: IV – registro da penhora ou do arresto, *independentemente de pagamento de* custas ou *outras despesas,* observado o disposto no art. 14". O dispositivo da Lei de Executivos Fiscais pode ser invocado pelo juízo trabalhista sobretudo quando é desse a iniciativa de fazer registrar a hipoteca judiciária.

Caso ocorra resistência do Registrador à prática do ato de registro da hipoteca judiciária ordenado pelo Juiz do Trabalho, oficia-se ao Juiz de

---

[478] *Comentários ao Código de Processo Civil.* t. V. Rio de Janeiro: Forense, 1974, p. 118.
[479] TRT3/00834-2006-099-02-00-5-RO. 4ª Turma. Antônio Álvares da Silva. j. 02/06/2007.
[480] A sentença trabalhista como título constitutivo de hipoteca judiciária. *In:* SANTOS, José Aparecido dos (coord.). *Execução trabalhista.* 2. ed. São Paulo: LTr, 2010, p. 496.

Direito Diretor do Foro Cível,[481] ao qual está subordinado o Registrador, relatando o ocorrido e solicitando providência, com fundamento no dever de cooperação judicial previsto no art. 67 do CPC.[482]

---

[481] Minha experiência profissional de Juiz do Trabalho revelou a utilidade de prévio contato telefônico com o Juiz de Direito Diretor do Foro; por vezes, me dirigi ao Foro Estadual para visita institucional ao Juiz Diretor do Foro, com a finalidade de expor a situação, o que redundava na agilização da solução dos casos concretos.
[482] CPC: "Art. 67. Aos órgãos do Poder Judiciário, estadual ou federal, especializado ou comum, em todas as instâncias e graus de jurisdição, inclusive aos tribunais superiores, incumbe o dever de recíproca cooperação, por meio de seus magistrados e servidores".

CAPÍTULO XXXVI

A JURISPRUDÊNCIA CÍVEL SOBRE HIPOTECA JUDICIÁRIA

A jurisprudência cível sobre hipoteca judiciária é multifacetada em razão dos diversos aspectos que conformam o instituto em sua disciplina normativa. A jurisprudência afirma, inicialmente, que o efeito anexo de hipoteca judiciária é *consequência imediata da sentença* (RT 596/99). Na interpretação do inciso III do §1º do art. 495 do CPC de 2015, os tribunais cíveis têm assentado o entendimento de que o efeito anexo de hipoteca judiciária é produzido imediatamente pelo fato da sentença, independentemente da interposição de recurso contra a respectiva decisão e mesmo quando o recurso tenha efeito suspensivo (LEX-JTA 147/233). O próprio STJ já assentara esse entendimento na vigência do CPC de 1973: "A hipoteca judiciária constitui efeito secundário da sentença condenatória e não obsta a sua efetivação a pendência de julgamento de apelação recebida em ambos os efeitos" (STJ-3ª T., REsp-823.990-AgRg, Min. Gomes de Barros, j. 25.9.2007, *DJU* 15.10.2007). Vale dizer, o vencido não logra obstar o efeito anexo de hipoteca judiciária com a interposição do recurso (RT 511/125).

Sobre a natureza do direito assegurado e sobre a finalidade desse instituto de direito processual, os tribunais cíveis adotam o entendimento de que a hipoteca judiciária "estabelece direito real ao credor sobre os imóveis do devedor, constituindo garantia para o recebimento do crédito, ainda que o título judicial não esteja coberto pela imutabilidade" (TJSP, Sec.Dir.Priv., 34 Câm., Ag. 1040289-0/9, rel. Des. Irineu Pedrotti, j. 14.6.2006, v.u.).

Acompanhando a doutrina, a jurisprudência cível destaca o caráter acautelatório da hipoteca judiciária, a qual, todavia, não se confunde com tutela provisória de natureza cautelar, por se constituir em efeito anexo da sentença condenatória: "A hipoteca judiciária, que tem natureza acautelatória do direito do credor, pode ser inscrita, desde que se ajuste às disposições legais, independentemente da pendência ou não de recurso, pois é resultante de um efeito imediato da decisão, que surge com ela, para oferecer pronta garantia à disponibilidade do credor" (RT 596/99).

Há precedente segundo o qual a hipoteca judiciária pode ser utilizada para garantir pagamento da verba de honorários advocatícios e de custas processuais. Ao interpretar o *caput* do art. 495 do CPC, o precedente confere interpretação ampliativa ao comando normativo em questão. Embora o comando normativo em questão estabeleça que "a decisão que condenar o réu ao pagamento de prestação consistente em dinheiro" vale "como título constitutivo de hipoteca judiciária constitui hipoteca judiciária", o precedente em apreço assenta que o efeito anexo não ocorre apenas no caso de condenação do réu; a sentença de improcedência da ação vale como título constitutivo de hipoteca judiciária para garantir o pagamento da verba de sucumbência a que tenha sido condenado o autor da demanda (Lex-JTA 149/40). O que importa é haver, na sentença, comando condenatório.

Por derradeiro, faz-se necessário destacar que a jurisprudência cível segue a doutrina de Maria Helena Diniz no que respeita à inviabilidade jurídica de hipotecar *bem de família*. Apenas bens alienáveis podem ser objeto de hipoteca. Diz a autora que "não poderão ser objeto de garantia real os bens públicos, imóveis dotais, bens de família, bens gravados com cláusula de inalienabilidade".[483] Portanto, é inviável fazer recair sobre bem de família a garantia hipotecária que o art. 495 do CPC projeta como irradicação da sentença condenatória.

Os tribunais cíveis adotam idêntica diretriz hermenêutica: "Bem de família. Hipoteca judicial. A impenhorabilidade de que cuida o art. 1º da Lei 8.009/90 alcança – por isso mesmo que impede – a constituição de hipoteca judicial. É que esse instituto objetiva fundamentalmente garantir a execução da sentença condenatória, o que importa dizer que o bem que lhe serve de objeto será penhorado e expropriado, quando promovida a execução, para cumprimento da condenação, desde que a obrigação imposta na sentença não seja cumprida ou inexistirem outros bens do vencido. Sendo assim, a constituição de hipoteca judiciária sobre bem impenhorável não conduz a nenhuma utilidade, pois ela em nada resultaria, já que não é permitida a expropriação desse bem" (*RSTJ* 141/409).

---

[483] *Código Civil anotado.* 8. ed. São Paulo: Saraiva, 2002, p. 880.

CAPÍTULO XXXVII

A JURISPRUDÊNCIA TRABALHISTA SOBRE HIPOTECA JUDICIÁRIA

A jurisprudência trabalhista orienta-se no mesmo sentido da jurisprudência cível tanto no que respeita à eficácia imediata da hipoteca judiciária quanto no que concerne à irrelevância do recurso interposto contra a sentença que deu origem ao efeito anexo. Da mesma forma, a jurisprudência trabalhista apresenta-se conforme à jurisprudência cível no que se refere à natureza do direito assegurado pela hipoteca judiciária e pelo traço acautelatório que singulariza esse instituto jurídico de direito processual. A jurisprudência trabalhista, contudo, apresenta algumas particularidades próprias à especialidade do ramo jurisdicional em que o fenômeno jurídico da hipoteca judiciária tem lugar. Essas particularidades serão examinadas tanto na análise da jurisprudência trabalhista quanto no estudo de caso que lhe sucede.

É apropriado iniciar o inventário da jurisprudência trabalhista sobre hipoteca judiciária, citando acórdão de Antônio Álvares da Silva, porquanto se deve à iniciativa do jurista a jurisprudência que se formaria sobre o instituto no âmbito do Tribunal Superior do Trabalho. Trata-se de acórdão histórico, no qual Antônio Álvares da Silva enfrenta as críticas que lhe são dirigidas pelo desembargador Júlio Bernardo do Carmo em razão da hipoteca judiciária determinada de ofício por Álvares da Silva, nos acórdãos de relatoria desse último, no âmbito da 4ª Turma do Tribunal Regional do Trabalho da 3ª Região – Minas Gerais. O acórdão foi proferido no julgamento do recurso ordinário número TRT/00834-2006-099-02-00-5-RO. O precitado acórdão do Tribunal Regional do Trabalho da 3ª Região, de relatoria de Álvares da Silva, foi proferido na data de 02.06.2007.

Após registrar que há *interesse público* do Estado no cumprimento das decisões judiciais, Antônio Álvares da Silva pondera que nas sentenças de alto interesse social a hipoteca judiciária garante a execução pela *vinculação* do imóvel gravado ao débito correspondente em face do direito de sequela conferido pela garantia real instituída pela hipoteca judiciária. O jurista relaciona as sentenças de alto interesse social: as trabalhistas, as de direito do consumidor e as de reparação de danos. Álvares da Silva destaca que a hipoteca judiciária pode funcionar, ao lado do depósito recursal e da multa, como um freio à recorribilidade protelatória.

O jurista traz direito comparado ao debate, enfatizando que nos Estados Unidos vigora o princípio da valorização do primeiro grau de jurisdição: lá se reconhece que o juiz que colheu a prova está numa posição superior para avaliar os fatos da causa, de modo que a reforma da sentença somente ocorre quando o juiz incorreu em evidente equívoco – porque se pensa num bem maior que é a aplicação da lei aos casos concretos.

Antônio Álvares da Silva refuta o argumento da possibilidade de reforma da sentença no julgamento do recurso ordinário, observando que a reforma da decisão está compreendida na previsibilidade natural dos acontecimentos judiciários – toda a sentença pode ser mantida ou revista. Mas se deixássemos de tomar providências processuais, porque a sentença pode ser reformada em tese, também não exigiríamos custas, depósito recursal, execução provisória e outras medidas. Nos processos trabalhistas – prossegue o jurista – essas medidas tornam-se ainda mais necessárias, em razão do alto índice de manutenção das decisões de primeiro grau.

A possibilidade de a hipoteca judiciária tornar-se inútil por recair sobre bem de família não serve de argumento contra a adoção do instituto, segundo Álvares da Silva, porque, no caso, o prejuízo é de todo o processo e não propriamente da hipoteca judiciária. Trata-se de contingência inerente a qualquer execução. Entretanto, a regra é a penhorabilidade dos bens; a impenhorabilidade é exceção, que exige previsão legal expressa. A previsibilidade é a da existência de bens e de que a sentença seja exequível.

A possibilidade de utilização de execução provisória pelo credor não justifica, no entender de Antônio Álvares da Silva, excluir-se a hipoteca judiciária, porque essas duas técnicas jurídicas somam-se no interesse do credor, a teor do inciso III do parágrafo único do art. 466 do CPC de 1973,[484] preceito segundo o qual a sentença condenatória produz

---

[484] No CPC de 2015, idêntica previsão legal é encontrada no art. 495, §1º, II.

hipoteca judiciária ainda quando o credor possa promover a execução provisória da sentença. A lei, portanto, estabeleceu a independência dos dois institutos exatamente para garantir a execução da sentença, conforme sublinha o jurista. Ambas as técnicas jurídicas podem ser sobrepostas, no interesse do credor. Esse entendimento foi confirmado no CPC de 2015. O §1º do art. 495 do atual CPC estabelece que a decisão condenatória produz hipoteca judiciária, *ainda que o credor possa promover o cumprimento provisório da sentença* (inciso II).

Diante da resistência oferecida sob a alegação de que a hipoteca judiciária causaria tumulto e demandaria pagamento de emolumentos de cartório, Álvares da Silva anota que a hipoteca judiciária não gera qualquer tumulto; e os emolumentos respectivos serão cobrados do executado ao final da execução.

Antônio Álvares da Silva também refuta o argumento de que a superveniência da penhora *on-line* faria a hipoteca judiciária incompatível com essa penhora. O jurista lembra um elemento cronológico fundamental: a hipoteca judiciária ocorre logo após o advento da sentença, ao passo que a penhora só ocorre alguns anos depois do advento da sentença, quando o processo, após cumpridas as fases recursal e de liquidação de sentença, vier a ingressar na fase de execução. Se a penhora de dinheiro mediante o bloqueio eletrônico de numerário mostrar-se positiva, ela prevalecerá diante da ordem preferencial para a penhora de bens estabelecida no CPC, visto que a penhora de dinheiro é preferencial e agora também prioritária (CPC, art. 835, I e §1º[485]). Será o caso, então, de cancelar a hipoteca judiciária, liberando o bem do gravame, medida que será administrada pelo juízo após a constrição de numerário revelar-se livre de questionamentos do executado e de eventuais terceiros.

No dispositivo do acórdão, consta o habitual registro de Álvares da Silva: a eg. Turma determinou, "ex officio", a hipoteca judiciária sobre os bens imóveis do vencido. Como, no acórdão ora estudado, Antônio Álvares da Silva, referindo-se à hipoteca judiciária, informa que "na primeira vez que foi ao TST já saiu vitoriosa", faz-se oportuno passar ao exame da jurisprudência do Tribunal Superior do Trabalho sobre a matéria.

---

[485] CPC: "Art. 835. A penhora observará, preferencialmente, a seguinte ordem: I – dinheiro, em espécie ou em depósito ou aplicação em instituição financeira. §1º. É prioritária a penhora em dinheiro, podendo o juiz, nas demais hipóteses, alterar a ordem prevista no *caput* de acordo com as circunstâncias do caso concreto".

Os recursos de revista interpostos contra os acórdãos da relatoria de Antônio Álvares da Silva acabariam por levar o tema da hipoteca judiciária à apreciação do Tribunal Superior do Trabalho. Desde o início, o TST acolheu o instituto da hipoteca judiciária. O precitado acórdão do Tribunal Regional do Trabalho da 3ª Região, de relatoria de Álvares da Silva, foi proferido na data de 02.06.2007.

Desde os primeiros acórdãos, o Tribunal Superior do Trabalho rejeitou a alegação de que a hipoteca judiciária não seria aplicável ao processo do trabalho. Pelo contrário, diante da omissão da CLT sobre a matéria, o Tribunal assentou o entendimento de que o instituto é aplicável ao processo do trabalho, na medida em que a hipoteca judiciária *prestigia o princípio da máxima efetividade do processo e visa garantir a execução*. A partir de tais fundamentos, o TST firmou tese em favor da juridicidade da aplicação subsidiária da hipoteca judiciária ao processo do trabalho; aplicação subsidiária autorizada pela norma do art. 769 da CLT. Acórdão do ano de 2019, da lavra do Min. Mauricio Godinho Delgado, revela a estabilidade da orientação da jurisprudência do Tribunal.[486]

Como consequência da afirmação da juridicidade da aplicação subsidiária da hipoteca judiciária ao processo do trabalho, o Tribunal Superior do Trabalho desde o início rejeitou a alegação de que a adoção da hipoteca judiciária implica violação do direito da reclamada ao devido processo legal.

É interessante perceber que o Tribunal Superior do Trabalho, no enfrentamento do tema, desenvolveria o instituto da hipoteca judiciária até o ponto de, numa interpretação construtiva, chegar à afirmação de que a hipoteca judiciária é *instituto processual de ordem pública*, conforme está declarado em acórdão da lavra do Min. Emmanoel Pereira.[487] Na mesma linha hermenêutica, o Min. Augusto César Leite de Carvalho sustenta que a hipoteca judiciária é *medida de ordem pública*.[488]

O entendimento de que a hipoteca judiciária constitui *instituto processual de ordem pública*, acabaria por fundamentar a rejeição da alegação de julgamento *extra petita*, ordinariamente deduzida quando o registro do gravame da garantia hipotecária fora determinado de ofício. Também milita para a rejeição da alegação de julgamento *extra petita* o fundamento de que a hipoteca judiciária pode ser determinada *ex officio* por ser um efeito *ope legis* da sentença condenatória, conforme

---

[486] RR-508-16.2017.5.21.0009, 3ª Turma, Rel. Min. Mauricio Godinho Delgado, DEJT 18/10/2019.
[487] TST-RR-154/2008-142-03-00.0-Ac. 5ª Turma – Rel. Ministro Emmanoel Pereira, DEJT 25.9.2009.
[488] ARR-1456-64.2012.5.090009, 6ª Turma, Rel. Min. Augusto César Leite de Carvalho, DEJT 30/08/2019.

assentado em acórdão da lavra do Min. José Roberto Freire Pimenta, acordão proferido no ano de 2019, portanto na vigência do CPC de 2015.[489]

No particular, merece destaque um dado cronológico: mesmo após o advento do CPC de 2015, o TST seguiu afirmando a juridicidade da hipoteca judiciária determinada de ofício, sendo representativo desse entendimento o seguinte trecho de ementa da lavra do Min. Mauricio Godinho Delgado: "2. HIPOTECA JUDICIÁRIA. APLICABILIDADE NO PROCESSO DO TRABALHO. É cabível a declaração, de ofício, da hipoteca judiciária prevista no art. 466 do CPC/1973 (art. 495 do CPC/2015), de aplicação subsidiária ao processo do trabalho pela sistemática do art. 769 da CLT, para garantia da execução. (...) Assim, o TRT, ao lançar mão do instituto da hipoteca judiciária, visou à garantia dos créditos devidos ao Autor, sem com isso ofender de forma direta o direito da Reclamada ao devido processo legal, em especial considerando o necessário resguardo às verbas trabalhistas. Recurso de revista não conhecido nos temas. (...)" (RR-508-16.2017.5.21.0009, 3ª Turma, Rel. Min. Mauricio Godinho Delgado, DEJT 18.10.2019).[490]

Vale dizer, a previsão do §2º do art. 495 do CPC de 2015 não alterou a jurisprudência que se formara no Tribunal à época do CPC de 1973. O fato de o referido preceito legal do CPC de 2015 afirmar que "a hipoteca judiciária poderá ser realizada mediante apresentação de cópia da sentença perante o cartório de registro imobiliário, independentemente de ordem judicial" levou alguns juristas à conclusão de que agora não poderia mais o magistrado ordenar a hipoteca judiciária de ofício; isso porque o preceito legal incumbiria a parte interessada da iniciativa do registro da hipoteca judiciária, já que agora lhe fora facultado promover pessoalmente o registro da sentença condenatória na matrícula do imóvel do vencido. O argumento era reforçado pela previsão de responsabilidade objetiva da parte para a hipótese de prejuízos sofridos pelo vencido em razão da hipoteca judiciária registrada (CPC, art. 495, §5º). Tampouco esse segundo argumento influenciou a jurisprudência do Tribunal Superior do Trabalho. Preponderou a preocupação com a efetividade da jurisdição, em detrimento da postura defensiva de restringir a *medida de ordem pública* da hipoteca judiciária à iniciativa do litigante vencedor.

---

[489] AIRR-724-20.2015.5.02.0447, 2ª Turma, Rel. Min José Roberto Freire Pimenta, DEJT 01/03/2019.
[490] Note-se que aqui a iniciativa da hipoteca judiciária partiu do Tribunal Regional, tal qual o fazia o desembargador Antônio Álvares da Silva no âmbito do Tribunal Regional do Trabalho da 3ª Região – Minas Gerais.

No particular, cumpre registrar que, a exemplo da jurisprudência, a doutrina justrabalhista também se manteve fiel à orientação que trilhara na vigência do CPC de 1973, e seguiu afirmando a juridicidade da implementação da hipoteca judiciária de ofício na vigência do CPC de 2015. A título de ilustração, podem ser mencionadas as vozes autorizadas de Manoel Antonio Teixeira Filho,[491] Cleber Lúcio de Almeida[492] e Mauro Schiavi.[493] Na vigência do CPC de 1973, Pontes de Miranda, ao comentar o art. 466, afirmara que "há dever do juiz" quanto à inscrição da hipoteca judiciária.[494]

No âmbito dos Tribunais Regionais do Trabalho, a jurisprudência sobre a matéria apresenta-se alinhada à orientação adotada no Tribunal Superior do Trabalho. Convém destacar, entretanto, o fato de que alguns Tribunais Regionais deliberaram por uniformizar sua jurisprudência sobre o tema, superando a divergência existente na matéria. São exemplos os seguintes tribunais: a) Tribunal Regional do Trabalho da 4ª Região – Rio Grande do Sul; b) Tribunal Regional do Trabalho da 2ª Região – São Paulo.

Em data de 20.11.2013, ainda na vigência do CPC de 1973, o Tribunal Regional do Trabalho da 4ª Região – Rio Grande do Sul uniformizou sua jurisprudência por meio da aprovação da Súmula Regional nº 57, na qual assentou: "A constituição de hipoteca judiciária, prevista no art. 466 do CPC, é compatível com o processo do trabalho".[495] Assim, restou superada a divergência existente no âmbito desse Tribunal. O escore da votação no Pleno do TRT4 foi de 35 x 2 (35 votos favoráveis; 2 votos contrários). Das onze (11) Turmas do Tribunal, apenas a 5ª Turma sustentava que a hipoteca judiciária era *inaplicável* ao processo do trabalho, sob o argumento de que a exigência de depósito recursal para a interposição de recurso ordinário consistia em *procedimento próprio* e *adequado à garantia da futura execução*.[496]

A Comissão de Jurisprudência identificou a divergência existente no âmbito do Tribunal sobre a matéria e propôs o Incidente

---

[491] *Comentários ao Código de Processo Civil sob a perspectiva do Processo do Trabalho*. 3. ed. São Paulo: LTr, 2019, p. 762.

[492] *Direito Processual do Trabalho*. 7. ed. Salvador: Juspodivm, 2019, p. 652.

[493] *Execução no Processo do Trabalho*. 10. ed. São Paulo: LTr, 2018, p. 167.

[494] *Comentários ao Código de Processo Civil*. t. V. Rio de Janeiro: Forense, 1974, p. 111.

[495] Resolução Administrativa n. 25/2013 do Tribunal Regional do Trabalho da 4ª Região – Rio Grande do Sul.

[496] Ac. TRT4-0000063-61.2021.5.04.0521. Recurso Ordinário. 5ª Turma. Rel. Berenice Messias Corrêa. j. 09/05/2013. Unânime. Integravam a Turma os Desembargadores Rejane Souza Pedra e Clóvis Fernando Schuch Santos.

de Uniformização de Jurisprudência (IUJ) respectivo. Nos debates que informaram o procedimento de uniformização da jurisprudência, alguns magistrados acabaram revisando sua posição contrária à aplicação dessa técnica jurídica, já que apenas dois magistrados mantiveram sua resistência ao instituto da hipoteca judiciária, conforme revela o escore alcançado na votação da proposta de súmula no Tribunal Pleno.

Relatora do acórdão proferido na 5ª Turma em data de 09.05.2013, acórdão antes mencionado, a Desembargadora. Berenice Messias Corrêa Maria viria a alterar seu entendimento no curso dos debates conduzidos pela Comissão de Jurisprudência, votando a favor da edição da Súmula nº 57 do Tribunal. Também alteraram posicionamento no curso dos debates os Desembargadores Rejane Souza Pedra e Clóvis Fernando Schuch Santos: ambos integravam a 5ª Turma do Tribunal e também votaram favoravelmente à edição da referida súmula regional. Em 01.06.2016, o Tribunal adaptou a redação do verbete sumular ao CPC de 2015, para fazer referência ao dispositivo que passou a reger a matéria – o art. 495 do novo Código: "A constituição de hipoteca judiciária, prevista no art. 495 do CPC, é compatível com o processo do trabalho".[497]

Por ocasião da apresentação da proposta da súmula, ponderei à Comissão de Jurisprudência: "a súmula regional poderia alavancar uma política judiciária de maior efetividade na futura execução. Além disso, a Hipoteca Judiciária opera como um remédio contra os males produzidos pela aplicação da Súmula nº 375 do STJ. A S-375-STJ acaba estimulando a prática de fraude à execução. Esse é um dos males da Súmula nº 375 do STJ. Embora o objetivo de proteger o terceiro de boa-fé seja legítimo, a orientação da Súmula produz o subproduto de incentivar a fraude patrimonial pelo executado. A hipoteca Judiciária opera como um remédio contra esse mal".[498]

Em data de 18.05.2015, ainda na vigência do CPC de 1973, foi o Tribunal Regional do Trabalho da 2ª Região – São Paulo que uniformizou sua jurisprudência sobre o tema por meio da Súmula Regional nº 32, na qual ficou assentado: "Hipoteca judiciária. Aplicabilidade ao Processo do Trabalho. A hipoteca judiciária pode ser constituída no Processo

---

[497] Resolução Administrativa n. 19/2016 do Tribunal Regional do Trabalho da 4ª Região – Rio Grande do Sul.
[498] Essa justificativa da proposta de súmula consta do Processo Administrativo da Comissão de Jurisprudência do Tribunal Regional do Trabalho da 4ª Região – Rio Grande do Sul, que resultaria na Resolução Administrativa n. 25/2013, por meio da qual viria a ser aprovada a Súmula 57 do TRT4.

do Trabalho".[499] O escore da votação no Pleno do TRT2 foi de 63 votos favoráveis x 13 votos contrários.

No âmbito dos Tribunais Regionais, a orientação da jurisprudência apresenta-se, via de regra, em sintonia com os julgados do Tribunal Superior do Trabalho. Alguns aspectos podem ser destacados no âmbito das Cortes Regionais da Jurisdição Trabalhista. Acórdão da lavra do Des. Ricardo Artur Costa e Trigueiros realiza exame pormenorizado do instituto da hipoteca judiciária, assentando, por exemplo, que, para a hipoteca judiciária, não se exige perigo na demora: "Diferentemente da cautelar de arresto, tal medida processual não tem relação com a solvabilidade ou não da empresa-ré, não sendo este requisito necessário para a hipoteca judiciária" (TRT/SP – 00019415020105020067 – RO – Ac. 4ª T. – 2001220541437 – rel. Ricardo Artur Costa e Trigueiros – DOE 25.5.2012).

Noutra passagem do acórdão, o relator explica a finalidade do instituto: com a hipoteca judiciária, busca-se "evitar a dilapidação dos bens e garantir efetividade à execução futura" (TRT/SP – 00019415020105020067 – RO – Ac. 4ª T. – 2001220541437 – rel. Ricardo Artur Costa e Trigueiros – DOE 25.5.2012). Tal qual assenta a jurisprudência do TST, o acórdão em apreço destaca que a determinação da hipoteca judiciária de ofício não configura julgamento *extra petita*: "Não há que se falar em sentença *extra petita*, pois constitui instituto de ordem pública, aplicável de ofício a critério do juízo sentenciante" (TRT/SP – 00019415020105020067 – RO – Ac. 4ª T. – 2001220541437 – rel. Ricardo Artur Costa e Trigueiros – DOE 25.5.2012).

Em outro acórdão do Tribunal Regional do Trabalho da 2ª Região, merece destaque a produtiva conceituação adotada pela relatora Des. Cíntia Táffari, no sentido de que a hipoteca judiciária, por se tratar de imposição legal, prescinde até mesmo de pedido ou requerimento da parte interessada, "consistindo num poder-dever do julgador determinar sua efetivação" (TRT/SP – 00020536320145020201 – RO – Ac. 13ª T. – 20170553781 – Rel. Cíntia Táffari – DOE 6.9.2017).

O acórdão incide, entretanto, em aparente imprecisão técnica, quando afirma que "a hipoteca judiciária é uma *consequência lógica* da decisão condenatória" (TRT/SP – 00020536320145020201 – RO – Ac. 13ª T. – 20170553781 – Rel. Cíntia Táffari – DOE 6.9.2017). Diante de sua natureza jurídica de efeito anexo e da sua consequente origem legislativa,

---

[499] Resolução Tribunal Pleno n. 02/2015 do Tribunal Regional do Trabalho da 2ª Região – São Paulo.

a hipoteca judiciária não pode ser considerada uma *consequência lógica* da decisão condenatória, porquanto a hipoteca judiciária não é uma decorrência *necessária* dessa espécie de decisão. O legislador foi quem atribuiu, discricionariamente, efeito anexo de hipoteca judiciária à decisão condenatória. Efeito *anexado* pelo legislador à sentença condenatória, para reproduzir a didática fórmula empregada por Pontes de Miranda para explicar a hipoteca judiciária.[500] Não há relação de *causa e efeito* entre decisão condenatória e hipoteca judiciária. Essa última não é *posterius* da decisão condenatória. Igualmente, a decisão condenatória não é *prius* da hipoteca judiciária. Não há uma relação intrínseca entre ambas, a impor fosse uma determinada pela outra. Vale dizer, a condenação não é a causa genética da hipoteca judiciária. Sequer há uma relação de necessária acessoriedade entre elas.

Foi o legislador quem deliberou anexar – mediante discricionária política legislativa própria – um efeito jurídico adicional para, externamente ao efeito principal da sentença condenatória, agregar-lhe uma eficácia superior, de modo a prover o cumprimento das obrigações pecuniárias mediante uma constrição patrimonial prévia à fase de execução. Talvez, no referido acórdão, não se trate nem de imprecisão técnica, mas seja mera inadvertência linguística pela qual se pretendia significar que a hipoteca judiciária é consequência *imediata* do fato da sentença condenatória. É assim que Moacyr Amaral dos Santos refere-se ao instituto aqui estudado: "Do *só fato* de haver sentença de efeito condenatório resulta, por força de lei, hipoteca judiciária".[501]

Nesta ementa, o Desembargador Luiz Otávio Linhares Renault realizou profunda análise da hipoteca judiciária, realçando a potencialidade do instituto para o enfrentamento dos desafios com os quais se depara a ciência processual contemporânea: "PROCESSO DO TRABALHO GRÁVIDO DE SI MESMO – INCHAÇO E GESTAÇÃO QUE SE PROJETAM NO TEMPO PELA BUSCA DA EFETIVIDADE – AVANÇOS NECESSÁRIOS PARA SAIR DE SUA MÓRBIDA INEFICIÊNCIA – HIPOTECA JUDICIAL. Dizer que o processo está grávido de si mesmo é reconhecer seu anacronismo. Vale dizer, é aceitar que ele inchou, desnecessariamente. A simplicidade cedeu lugar à complexidade. A sentença, resultado de sua gestação, não pode ser ineficaz, nem demora pode haver na entrega do bem tutelado a que o empregado eventualmente tenha direito. Avanços precisam ser feitos

---

[500] *Comentários ao Código de Processo Civil*. t. V. Rio de Janeiro: Forense, 1974, p. 71.
[501] *Comentários ao Código de Processo Civil*. v. IV. Rio de Janeiro: Forense, 1988, p. 426.

para a superação de sua mórbida ineficiência, reconhecida por todos – seus agentes e a sociedade, a que se destinam todas as suas funções jurisdicionais. Herdamos o espírito burocrático e cartorial do Império, que dominou as praxes forenses durante séculos. Intempéries acenam que é indispensável uma mudança de rota. A sociedade industrial cedeu espaço para a sociedade informacional, na qual quase tudo se faz em tempo real, com boa qualidade, e a custos cada vez menores. Sem vencer a burocracia, o processo eletrônico continuará o mesmo. De nada adianta transportar a burocracia do processo físico para o e-processo. Haverá apenas a substituição do papel pela virtualidade; mas não haverá significativa alteração do resultado. O processo é mais do que instrumental; é finalístico em sua substância. A sociedade pós-moderna não lida com perdas expressivas, nem de tempo nem de dinheiro, porque o bem-estar social está abertamente atrelado aos resultados, à economia de gastos com a burocracia e com investimentos em educação, pesquisa, saúde, moradia, saneamento básico e produção. Ultrapassada, parcialmente, a fase de positivação de direito sociais; não é mais possível adiar-se a sua efetividade, incumbência do Estado em face dos direitos fundamentais. Precisamos reconhecer que o tempo passou e o processo ficou parado, vencido pela dinâmica da vida social. Todos somos atores da época em que vivemos, e alguns do futuro. Todavia, permitido não nos é que sejamos atores do passado. Os juízes possuem um compromisso maior com a sociedade. Os juízes do trabalho mais ainda. Vencer a burocracia do papel e dotar o processo de princípios condizentes com o momento histórico é obrigação de todos: advogados, juízes, procuradores, servidores. Nos últimos tempos, a impressão que se tem é a de que o mérito da questão se tornou um tesouro escondido, trancado com sete mil chaves, de modo que para a ele se chegar o examinar o mérito perdido, que normalmente é muito simples, faz-se necessário vencer etapas de fórmulas e formalismos. Não existe fórmula mágica para a solução de questões de fundo muito simples. O processo tem de readquirir a sua simplicidade, da qual decorrerão a eficiência, a eficácia, a celeridade e a economia. Além das multas e da competência penal, pela qual devemos lutar, existem técnicas processuais que podem auxiliar à celeridade e à efetividade das decisões: a hipoteca judicial é uma delas". (TRT 3ª R. – 4ª T. – Rel. Des. Luiz Otávio Linhares Renault – 8.9.2009 – p. 24 – Processo RO nº 64/2009.089.03.00-6) [RDT nº 10 – outubro de 2009]

Como comentado anteriormente, a pesquisa realizada na jurisdição trabalhista revela que prevalece nos Tribunais Regionais do Trabalho a orientação da jurisprudência do Tribunal Superior do

Trabalho, historicamente favorável à aplicação da hipoteca judiciária no processo do trabalho, inclusive de ofício. Nada obstante, encontram-se julgados que rejeitam a hipoteca judiciária, em aparente contrariedade à lei, o que justifica o estudo de caso que segue.

CAPÍTULO XXXVIII

JURISPRUDÊNCIA E ESTUDO DE CASO: POR QUE SE REJEITA A HIPOTECA JUDICIÁRIA

Embora a lei não condicione a hipoteca judiciária à existência de indícios de possibilidade de inadimplência ou de dilapidação patrimonial, alguns acórdãos de Tribunais Regionais incorrem na exigência de tais requisitos e acabam por rejeitar a hipoteca judiciária, esvaziando o efeito anexo estabelecido pelo legislador. No caso em estudo, o Tribunal deu provimento ao recurso ordinário para excluir a hipoteca judiciária que havia sido determinada pelo juízo de primeiro grau. Na ementa, consta:

> Exclusão da hipoteca judiciária. Impõe-se excluir a hipoteca judiciária em evidência, considerando-se que, no processo trabalhista, existem diferentes meios de garantir-se a execução vindoura, além de que não restou demonstrado ao menos indício da possibilidade de inadimplência da ré ou a dilapidação do seu patrimônio. A manutenção da referida medida estaria em desconformidade com o princípio da razoabilidade, eis que restringe o direito de propriedade constitucionalmente assegurado, sem que fosse concedida à recorrente a oportunidade futura de garantir o juízo de modo menos gravoso, conforme art. 805 do NCPC, aplicado subsidiariamente nesta seara.[502]

Conforme examinado no capítulo XXXI, não se pode confundir hipoteca judiciária com tutela provisória cautelar de apresamento de bens. A primeira é efeito anexo da sentença. Decorre da lei (CPC, art. 495). Aplica-se em abstrato. Basta que a decisão seja condenatória. Como tal, não está condicionada ao requisito cautelar do *perigo de dano*, exigido

---

[502] Recurso ordinário. Processo n. 0000233-76.2014.5.19.0058. 19ª Região. Rel. João Leite. Publicação: 04/05/2017.

no art. 300 do CPC. O *perigo de dano* corresponde ao *perigo na demora* que a doutrina denominava pela expressão latina *"periculum in mora"*. Esse requisito cautelar configura-se quando a *demora* no provimento acarreta *perigo à realização do direito material* ou *risco ao resultado útil do processo* (CPC, art. 300). A configuração dessa situação de periclitância do direito é identificada pelo Código de 2015 pela expressão *perigo de dano*. No §2º do art. 495 do CPC, esse requisito cautelar é expressamente dispensado à hipoteca judiciária. Para tanto, o legislador positivou a norma de que *a hipoteca judiciária poderá ser realizada independentemente de demonstração de* urgência. Em outras palavras, o legislador esclarece que à hipoteca judiciária é desnecessária a demonstração de perigo de dano; bem como é desnecessária a demonstração de risco ao resultado útil do processo.

Já a medida cautelar depende do caso concreto, no qual seja identificada a presença de específicos requisitos normativos exigidos pela lei (CPC, art. 300). Aplica-se de forma casuística e não em abstrato. Para o apresamento de bens, faz-se necessária a reunião dos requisitos cautelares previstos no art. 300 do CPC – a probabilidade do direito e o perigo de dano. Modalidade de medida cautelar de apresamento de bens, o arresto exige estejam presentes a probabilidade do direito e o perigo de dano, o que é aferido diante das peculiaridades do caso concreto submetido à apreciação da jurisdição.

Conforme ensinam Marinoni, Arenhart e Mitidiero, na hipoteca judiciária, o perigo de dano "é presumido pelo legislador".[503] O que significa dizer que não se exige do vencedor da demanda condenatória a demonstração de *periculum in mora* para que se forme seu direito à hipoteca judiciária. No que respeita ao vencedor em sentença condenatória, por conseguinte, não se lhe pode exigir deva demonstrar seja a dilapidação de bens seja a insolvência do vencido, para se lhe reconhecer o direito à hipoteca judiciária que a ordem jurídica lhe confere (CPC, art. 495) enquanto efeito anexado à sentença condenatória, por obra do legislador ordinário.

Bem compreendido o conceito de hipoteca judiciária, daí há de decorrer a conclusão jurídica de que o órgão julgador não pode negar o efeito anexo de hipoteca judiciária da sentença condenatória sem violar a lei. No ofício jurisdicional, o órgão julgador dá cumprimento à lei e, para tanto, deve interpretar a lei, o que não lhe autoriza, contudo, chegar ao ponto de negar esse direito que a lei diz que o vencedor da

---

[503] *Novo Código de Processo Civil comentado.* 2. ed. São Paulo: RT, 2016, p. 585.

demanda condenatória tem; por mais livre que possa ser, a interpretação não pode resultar na inversão da literalidade do comando normativo interpretado. Fazê-lo seria subtrair-se, o intérprete, ao primado da legalidade mediante interpretação *contra legem*.

Pois bem. O acórdão em estudo contraria a lei (CLT, art. 495) e confronta a jurisprudência do Tribunal Superior do Trabalho. Para o objetivo da presente obra, convém, entretanto, examinar a fundamentação mediante a qual o julgado logrou se desvencilhar do cumprimento do comando normativo de regência legal da matéria previsto no art. 495 do CPC. O estudo crítico do julgado pode ser útil à identificação das particularidades do instituto da hipoteca judiciária e das distinções que se há de fazer quando da sua comparação com outros institutos jurídicos afins.

São quatro os argumentos adotados na fundamentação pela qual o Tribunal deu provimento ao recurso ordinário e excluiu a hipoteca judiciária determinada pelo julgador de primeiro grau de jurisdição:

a) existem diferentes meios de se garantir a execução vindoura;

b) não restou demonstrado ao menos indício da possibilidade de inadimplência da ré ou a dilapidação do seu patrimônio;

c) a manutenção da referida medida estaria em desconformidade com o princípio da razoabilidade, eis que restringe o direito de propriedade constitucionalmente assegurado;

d) sem que fosse concedida à recorrente a oportunidade futura de garantir o juízo de modo menos gravoso, conforme art. 805 do NCPC, aplicado subsidiariamente nesta seara.[504]

O primeiro argumento está em que "existem diferentes meios de garantir a execução vindoura". É verdade que existem diferentes meios de garantir a futura execução. Em tese, é uma verdade. No caso concreto, nem sempre é uma verdade. Mas o pressuposto dessa verdade é a existência de bens quando o processo chegar à fase de execução. Contudo, ainda que existam bens, o argumento não justifica a exclusão da hipoteca judiciária. Essa última é medida legal prevista na fase de conhecimento, a ser implementada logo após proferida a sentença condenatória. Visa assegurar, a partir da publicação da sentença, o êxito da futura execução, *antecipando* a constrição que, em não sendo

---

[504] Recurso ordinário. Processo n. 0000233-76.2014.5.19.0058. 19ª Região. Rel. João Leite. Publicação: 04/05/2017.

adotada a hipoteca judiciária, fica postergada à superveniência da penhora que somente ocorrerá alguns anos depois da publicação da sentença, quando o processo já tiver ingressado na fase de execução. Nesse interregno, a dilapidação do patrimônio imobiliário do vencido é uma possibilidade concreta se não for adotada a hipoteca judiciária.[505] A hipoteca judiciária pode impedir, nesses casos, a dilapidação dos imóveis do vencido.

O exame do argumento revela que não há conexão cronológica entre hipoteca judiciária e existência de "diferentes meios de garantir a execução vindoura". O efeito anexo de hipoteca judiciária é meio para prover garantia para a execução de forma *antecipada*. A penhora é meio para prover garantia para a execução de forma *postecipada* – alguns anos depois. Com a hipoteca judiciária, chega-se à constrição do patrimônio do vencido de forma *antecipada*. Com a penhora, chega-se à constrição do patrimônio do executado de forma *postecipada*. Por conseguinte, não se estabelece concorrência entre hipoteca judiciária e "diferentes meios de garantir a execução vindoura". Há, na verdade, um harmônico processo de assimilação sistemática, no processo judicial, entre hipoteca judiciária e outros meios de garantir a execução vindoura.

Além disso, só há "diferentes meios de garantir a execução vindoura" se a executada ainda tiver bens quando o processo chegar à fase de execução. Isso é sempre incerto, razão pela qual a hipoteca judiciária pode ser a diferença entre uma execução frutífera e uma execução infrutífera;[506] a utilidade da hipoteca judiciária é um pouco mais do que evidente. Essa verdade é solar nos sistemas processuais dos países de *civil law*. O legislador instituiu a hipoteca judiciária exatamente com o objetivo de *antecipar* a garantia da execução. Vale dizer, a finalidade do instituto é a de não submeter o vencedor da demanda condenatória às agruras da incerta pesquisa de bens a ser realizada alguns anos depois da publicação da sentença. A propósito da questão em estudo, vem à memória a didática observação feita pela desembargadora Thereza Cristina Gosdal, ao julgar recurso ordinário que se insurgia contra sentença que determinara a constituição de hipoteca judiciária. Na fundamentação do acórdão, a relatora recoloca

---

[505] A possibilidade de dilapidação do patrimônio imobiliário do vencido é potencializada, ainda que involuntariamente, pela orientação da Súmula da 375 do STJ, que estabelece: "O reconhecimento da fraude à execução depende do registro da penhora do bem alienado ou da prova da má-fé do terceiro adquirente". Essa questão foi desenvolvida no capítulo XVI deste livro.

[506] A execução é considerada frutífera quando há bens a penhorar. Quando não há bens, a execução é considerada infrutífera.

a questão estudada acertadamente, na seguinte formulação: "Para se garantir a efetividade da sentença na fase de execução, a constituição da hipoteca judiciária deve ser efetivada na fase de conhecimento e não na própria fase de execução, sob pena de dissipação dos bens e frustração da satisfação do crédito reconhecido no título judicial" (TRT-PR-11857-2014-008-09-00-0-ACO-10304-2017, 3ª Turma, Relatora: Thereza Cristina Gosdal. Publicado no DEJT em 24.03.2017)[507]. A formulação teórica empregada no acórdão tem a virtude de realçar a teleologia do instituto da hipoteca judiciária, sob a inspiração do pragmatismo com que a jurisdição combina teoria e prática jurídicas.

É paradoxal negar o Poder Judiciário, ao *credor privilegiado* (CTN, art. 186), a tutela jurídica assegurada ao *credor quirografário* pelo sistema de direito brasileiro (CPC, art. 495). O julgado em estudo incorre nesse paradoxo.

O segundo argumento está fundado no fato de que "não restou demonstrado ao menos indício da possibilidade de inadimplência da ré ou a dilapidação do seu patrimônio". Tanto a possibilidade de inadimplência quanto a dilapidação patrimonial constituem suporte fático do requisito cautelar do *perigo de dano*, necessário ao apresamento cautelar de bens. O arresto é modalidade de apresamento cautelar de bens que exige *perigo de dano*. O CPC de 2015 identifica o clássico requisito cautelar do *perigo na demora* como *perigo de dano*. A alteração de nomenclatura, entretanto, não altera a substância das coisas.

Esse segundo argumento sugere que o julgado confunde efeito anexo (CPC, art. 495) com tutela provisória cautelar de apresamento de bens (CPC, art. 300). São conceitos inconfundíveis por juristas. A hipoteca judiciária é efeito anexo da sentença; não se confunde com medida cautelar. A medida cautelar tampouco se converte em efeito anexo. A aparente confusão conceitual em que incorre o julgado é inverossímil, porquanto o Código de Processo Civil distingue tais institutos, com razoável clareza. A distinção feita pelo CPC sempre foi objeto da doutrina e da jurisprudência. A leitura da lei é bastante para evitar a confusão conceitual. O legislador teve o cuidado de esclarecer, no corpo do respectivo preceito legal, que a hipoteca judiciária não está condicionada à *demonstração de urgência* (CPC, art. 495, §2º). A assertiva do legislador é didática. E visa evitar equívocos conceituais.

---

[507] TRT-PR-11857-2014-008-09-00-0-ACO-10304-2017- 3ª Turma, Relatora: Thereza Cristina Gosdal. Publicado no DEJT em 24-03-2017.

Tais equívocos, contudo, têm acontecido com alguma frequência. É o que se passa, por exemplo, em acórdão no qual a relatora, referindo-se à hipoteca judiciária, argumenta que "na hipótese em apreço não se reveste de razoabilidade a determinação de sua incidência, pois não há indicativos de que a ora parte recorrente não detenha condições de financeiras suficientes para arcar com as obrigações trabalhistas. Conquanto destituída de natureza cautelar ou antecipatória de mérito, perfilho o entendimento de que esse efeito acessório da sentença condenatória, consistente na hipoteca judiciária, não prescinde da prova da inidoneidade financeira do réu, em razão do que preceitua o artigo 620 do CPC, no sentido de que a execução deve observar a forma menos gravosa para o devedor, e à luz dos princípios da inocência presumida e da boa-fé (Constituição Federal, artigo 5º, inciso LVII, e Código Civil Brasileiro, artigo 164). Recurso da reclamada a que se dá provimento" (TRT-PR-27860-2012-009-09-00-ACO-09584-2018-4ª Turma, Relatora Rosemarie Diedrichs Pimpão. Publicado no DEJT em 12.06.2018).

A fundamentação do acórdão não pode passar imune à seguinte crítica jurídica: é interessante observar que, para o legislador ordinário do processo civil brasileiro e diversamente da orientação adotada no acórdão em questão, a norma do art. 620 do CPC de 1973 convive com a norma do art. 466 do CPC de 1973, sem que a primeira subordine a última. A evidência hermenêutica de que a incidência da norma do art. 466 do CPC não está subordinada à prova da inidoneidade financeira do réu reside no fato de que, para a produção do efeito anexo de hipoteca judiciária, o legislador não a condicionou a nenhum requisito cautelar, no art. 466 do CPC de 1973 ou em qualquer outro preceito legal, não se podendo dar à norma exceptiva do art. 620 do CPC de 1973 a interpretação extensiva que o legislador não lhe deu, a pretexto de introduzir, pela via jurisdicional, requisito normativo que ao legislador não ocorreu introduzir quando da concepção do instituto jurídico da hipoteca judiciária no CPC de 1973. Esse requisito não havia no CPC de 1939. Poderia ter sido introduzido no CPC de 2015. Mas assim não ocorreu.

Embora a introdução de requisito cautelar à hipoteca judiciária pudesse causar perplexidade teórica, na medida que a inovação consistiria num afastamento da noção clássica de efeito anexo e numa correlativa aproximação da noção de medida cautelar, o legislador de 2015 poderia ter feito uma tal opção, porquanto, de acordo com a lição de Pontes de Miranda, é amplo o poder de anexação de que dispõe o legislador, o qual está circunscrito, apenas, às normas constitucionais. O legislador de 2015, contudo, assim não procedeu, permanecendo fiel à diretriz do CPC de 1973, que remonta ao CPC de 1939; que remonta às Ordenações Filipinas de 1603, diplomas legais em que o efeito anexo de hipoteca judiciária não foi condicionado a qualquer requisito cautelar, sendo bastante a natureza condenatória da sentença.

Ao explicitar que a hipoteca judiciária não depende do requisito cautelar da *urgência*, o legislador faz lembrar que o intérprete está operando, no manejo da medida legal prevista no art. 495 do CPC, com o instituto diverso da medida cautelar; em outras palavras, o legislador conduz o intérprete pela mão, para que ele não confunda hipoteca judiciária com medida cautelar de apresamento de bens. Por conseguinte, a inadvertência de baralhar o conceito de efeito anexo com o conceito de medida cautelar confronta a literalidade do art. 495, §2º, do CPC.

A intuitiva atitude hermenêutica de comparar o art. 495 do CPC de 2015 com o art. 466 do CPC de 1973 induz o intérprete a perceber a distinção pela qual o legislador extremou o efeito anexo da sentença condenatória de outros institutos jurídicos. Isso porque a redação mais detalhada, adotada no novo diploma processual, desenvolveu os contornos normativos do instituto da hipoteca judiciária e precisou as suas características jurídicas distintivas, realçando a especificidade da hipoteca judiciária. Também aqui transparece o pendor didático que orientou o legislador no Código de Processo Civil de 2015, um Código de Processo marcado pela preocupação em apurar conceitos e pela pragmática preocupação em superar controvérsias.

A urgência é requisito da medida cautelar de apresamento de bens (CPC, art. 300 – perigo de dano). Não é, todavia, requisito da hipoteca judiciária, o que decorre da natureza jurídica do instituto da hipoteca judiciária – a hipoteca judiciária é efeito anexo da sentença condenatória, não se podendo confundi-la com medida cautelar, senão mediante o desconhecimento da lei, da doutrina e da jurisprudência pacífica do Tribunal Superior do Trabalho. Conforme destaca o desembargador Ricardo Artur Costa e Trigueiros no acórdão mencionado no capítulo XXXVII, "diferentemente da cautelar de arresto, tal medida processual não tem relação com a solvabilidade ou não da empresa-ré, não sendo este requisito necessário para a hipoteca judiciária" (TRT/SP – 00019415020105020067 – RO – Ac. 4ª T. – 2001220541437 – rel. Ricardo Artur Costa e Trigueiros – DOE 25.5.2012). O julgado objeto do estudo de caso, no entanto, incorre na inadvertência técnica de confundir hipoteca judiciária com medida cautelar de apresamento de bens.

O terceiro argumento consiste na alegação de que "a manutenção da referida medida estaria em desconformidade com o princípio da razoabilidade, eis que restringe o direito de propriedade constitucionalmente assegurado". Examinemos o argumento. Inicialmente, vamos analisar a primeira oração do argumento – "a manutenção da referida medida estaria em desconformidade com o princípio da razoabilidade".

Ainda que se pudesse chegar à conclusão de que a manutenção da hipoteca judiciária estaria em desconformidade com o princípio da razoabilidade, ainda assim não poderia o intérprete – o julgador menos ainda – desvencilhar-se do comando normativo do art. 495 do CPC, salvo na hipótese de inconstitucionalidade do preceito legal em apreço. A doutrina não cogita de inconstitucionalidade da hipoteca judiciária. Pelo contrário, a juridicidade do instituto tem uma história de quatrocentos e cinquenta anos.[508] A invocação genérica do princípio da razoabilidade não autoriza o julgador a negar eficácia à lei (CPC, art. 495). É preciso lembrar o primado do princípio da legalidade (CF, art. 5º, II): a lei obriga a todos.

A atividade legislativa orienta-se pelo princípio da razoabilidade, sem a qual se faz inviável o consenso necessário à aprovação das leis. A observância do princípio da razoabilidade é presumida na atividade legislativa. E não poderia ser diferente. O julgado acaba por incorrer na indireta inadvertência de afirmar genericamente que o legislador teria contrariado o princípio da razoabilidade ao instituir a hipoteca judiciária, o que confronta os quase quinhentos anos do instituto no direito comparado.

É necessário, entretanto, aprofundar o estudo de caso, mediante o exame específico do fundamento pelo qual o julgado concluiu que a manutenção da hipoteca judiciária implicaria desconformidade com o princípio da razoabilidade. Trata-se da segunda oração do argumento – a manutenção da hipoteca judiciária estaria em desconformidade com o princípio da razoabilidade, "eis que restringe o direito de propriedade constitucionalmente assegurado".

O terceiro argumento do julgado sugere que não seria razoável à lei restringir o direito de propriedade constitucionalmente assegurado. O argumento desconhece o fato de que ao legislador ordinário é dado estabelecer restrições ao direito de propriedade constitucionalmente assegurado. A restrição ao direito de propriedade é estabelecida com alguma frequência pelo legislador, geralmente em situações em que há interesse público na limitação do direito de propriedade. A hipoteca judiciária é um desses casos. Justifica-se pelo interesse público no

---

[508] A hipoteca judiciária surge no direito francês, em 1566, na Ordenança dos Moulins. Em 1603, é incorporada ao direito português, nas Ordenações Filipinas.

cumprimento das decisões judiciais. Esse interesse público é destacado pela doutrina desde o advento do instituto da hipoteca judiciária no direito francês. A hipoteca judiciária é apenas um caso, entre tantos, de restrição ao direito de propriedade. No caso da hipoteca judiciária, a restrição ao direito de propriedade manifesta-se como limitação ao direito de disposição do proprietário-vencido em relação ao bem gravado com hipoteca judiciária; e manifesta-se também na correlata limitação ao direito de aquisição pelo terceiro adquirente. O proprietário pode, mas não deve dispor do bem gravado. O terceiro pode, mas não deve adquirir o bem gravado. Não devem fazê-lo porque a ordem jurídica restringe o direito de propriedade de quem tem dívidas, para tutelar o cumprimento dos contratos. Essa restrição ao direito de propriedade tem como consequência jurídica a ineficácia da alienação do bem gravado perante o credor prejudicado pelo negócio jurídico celebrado entre alienante e adquirente.

O legislador ordinário também restringiu o direito constitucional de propriedade nos institutos legais da *fraude contra credores* e da *fraude à execução*, no interesse público de que as obrigações contraídas sejam cumpridas pelo devedor. A estabilidade da vida de relação depende da segurança jurídica no cumprimento das obrigações. O devedor tem responsabilidade patrimonial por suas obrigações (CPC, art. 789[509]); significa dizer: o devedor responde com seus bens – presentes e futuros – pelas obrigações contraídas.

Havendo dívida pendente, a disposição do bem do devedor pode ser *invalidada* pelo credor prejudicado pela alienação; ou pode ser declarada *ineficaz* perante o credor prejudicado pela alienação. No primeiro caso, estamos diante do *ilícito civil* da fraude contra credores (CC, arts. 158 e 159), que exige outros requisitos além da dívida. No segundo caso, estamos diante do *ilícito processual* da fraude à execução (CPC, art. 792, IV), que também exige outros requisitos além da dívida.

No caso de credor titular de hipoteca judiciária, a ineficácia da alienação decorre da inflexão com que o direito real do credor hipotecário (CC, art. 1.419 c/c CPC, art. 495, §2º) incide sobre a esfera patrimonial do alienante e do terceiro adquirente. Nos três institutos citados, o legislador ordinário limita o direito de propriedade do devedor. E nunca se cogitou de inconstitucionalidade nessas três hipóteses de restrição

---

[509] CPC: "Art. 789. O devedor responde com todos os seus bens presente e futuros para o cumprimento de suas obrigações, salvo as restrições estabelecidas em lei".

do direito de propriedade do devedor. Para reproduzir a parte final do argumento do julgado, nessas três hipóteses, o legislador ordinário *restringe o direito de propriedade constitucionalmente assegurado*. E o faz validamente: cabe ao legislador disciplinar o exercício do direito de propriedade, o que inclui as limitações naturais que esse direito há de sofrer na vida em sociedade. O julgado em estudo parece incidir no equívoco de imaginar que o legislador ordinário não possa estabelecer restrições ao direito de propriedade.

O quarto argumento do julgado radica na alegação de que a hipoteca judiciária foi determinada "sem que fosse concedida à recorrente a oportunidade futura de garantir o juízo de modo menos gravoso, conforme art. 805 do NCPC, aplicado subsidiariamente nesta seara". No quarto argumento, há dois elementos a analisar, quais sejam, a oportunidade futura de garantir o juízo e a oportunidade de fazê-lo pelo modo menos gravoso.

O primeiro elemento denota equívoco cronológico do julgado, na medida em que invoca "a oportunidade *futura* de garantir o juízo", reportando-se à *fase de execução*.[510] A hipoteca judiciária é medida para garantir a futura execução. Sua implementação, todavia, ocorre já na *fase de conhecimento*, podendo ser realizada logo após a publicação da sentença. Vale dizer, a hipoteca judiciária garante a execução *alguns anos antes* de ter início a fase de execução. Com a hipoteca judiciária realiza-se a constrição patrimonial que a penhora ensejará *depois de já passados alguns anos*. A finalidade da hipoteca judiciária é *antecipar* a constrição patrimonial, com vistas a evitar a dissipação de bens do vencido.

A oportunidade que o executado tem de apresentar bem à penhora para a *futura* garantia do juízo não é incompatível com a adoção de hipoteca judiciária e apresentar-se-á como faculdade do executado quando, decorridos alguns anos desde a publicação da sentença, o processo ingressar na fase de execução, na qual o executado será citado para pagar o débito. Se não o pagar, sobrevém a penhora. É somente aqui que o executado terá oportunidade de exercer a faculdade de ofertar bem à penhora para garantir a execução. A cronologia da hipoteca judiciária é distinta da cronologia da garantia do juízo. A hipoteca judiciária tem oportunidade na fase de conhecimento do processo. A garantia do juízo tem oportunidade na fase de execução do processo. Alguns anos separam essas duas oportunidades.

---

[510] O CPC de 2015 passou a denominar a *execução da sentença* pela locução *cumprimento da sentença* (CPC, art. 513).

O segundo elemento desse quarto argumento do julgado em estudo está em que a hipoteca judiciária determinada impediria o exercício da faculdade de o executado "garantir o juízo de modo menos gravoso". Conforme examinado anteriormente, o argumento incorre no equívoco cronológico de misturar as fases de conhecimento e de execução, mediante imprópria assimilação da hipoteca judiciária à garantia do juízo na fase de cumprimento da sentença, o que somente se explica pela confusão dos conceitos desses institutos jurídicos.

O que interessa analisar agora, todavia, é o fundamento do modo menos gravoso da garantia do juízo. Embora a hipoteca judiciária recaia sobre bem indicado pelo vencedor[511] da demanda condenatória, conforme foi examinado no capítulo XXIV, tal indicação pressupõe a observância do princípio da proporcionalidade, de modo que tal indicação conforme a garantia hipotecária ao valor da obrigação. O vencido terá oportunidade de indicar outro bem à hipoteca judiciária, caso o bem indicado pelo vencedor caracterize excesso de hipoteca judiciária. Assim como se evita excesso de penhora sob a administração do princípio da proporcionalidade no caso concreto, também se deve evitar o excesso de hipoteca judiciária quando houver outro imóvel capaz de assegurar o cumprimento da sentença de modo menos oneroso.

O dispositivo do §3º do art. 495 do CPC prevê que o juízo intimará o vencido da implementação da hipoteca judiciária. A cientificação visa oportunizar ao vencido o conhecimento da hipoteca judiciária realizada, abrindo-se-lhe a ocasião para impugnar a escolha do bem pelo vencedor. É nessa oportunidade que o vencido poderá se insurgir contra a indicação do bem realizada pelo vencedor. Para tanto, deverá demonstrar a desproporção entre o valor do bem gravado e o valor da obrigação, ao mesmo tempo em que indica bem de menor valor, mas que seja capaz de assegurar o cumprimento da sentença.

Na mesma peça de impugnação, o vencido deverá indicar, por força do comando da norma de ordem pública do art. 6º do CPC, outro bem em substituição para hipoteca judiciária. A impugnação do vencido não será conhecida se não houver a indicação de bem livre e desembaraçado para a substituição. Essa conclusão é imperativa em face do dever jurídico de cooperação que recai sobre o executado quando esse delibera impugnar a escolha do bem gravado pela hipoteca judiciária (CPC, art. 6º). Na fase de execução, o dever jurídico de cooperação do

---

[511] O mesmo raciocínio vale para a hipótese de hipoteca judiciária determinada de ofício pelo juízo.

executado foi objeto de *saneadora especificação* no parágrafo único do art. 805 do CPC,[512] aplicável sempre que a resistência do executado tenha por fundamento a alegação de que a execução está sendo realizada mediante o emprego de meio mais gravoso para o executado. A respeito do alcance da *saneadora especificação* do dever jurídico de cooperação do executado estabelecida no parágrafo único do art. 805 do CPC, o leitor encontrará lição insuperável da Ministra Nancy Andrighi no capítulo XXVI.

Como se procurou demonstrar, o quarto argumento do julgado, para fundamentar a rejeição à hipoteca judiciária, também não se sustenta, sobretudo após o advento do CPC de 2015, na medida em que a alegação de execução por meio mais gravoso agora impõe ao executado o *encargo processual* de indicar outro meio de execução que seja, ao mesmo tempo, mais eficaz e menos oneroso (CPC, art. 805, parágrafo único). À época do julgamento, ocorrido em 04.05.2017, já estava em vigência o Código de Processo Civil de 2015.

---

[512] CPC: "Art. 805. Parágrafo único. Ao executado que alegar ser a medida executiva mais gravosa incumbe indicar outros meios mais eficazes e menos onerosos, sob pena de manutenção dos atos executivos já determinados".

CAPÍTULO XXXIX

A EXTINÇÃO DA HIPOTECA JUDICIÁRIA

A baliza indicada por Pontes de Miranda é útil também quando se examina a questão relativa à extinção da hipoteca judiciária. O jurista indica que à hipoteca judiciária são aplicáveis os preceitos que regem o instituto de direito material da hipoteca.[513] Tais preceitos estão previstos no Título X do Livro III da Parte Especial do Código Civil, artigos 1.419 a 1.510. O Livro III trata do direito das coisas e o Título X trata do penhor, da hipoteca e da anticrese. De acordo com o art. 1.499 do Código Civil, a extinção da hipoteca ocorre em seis hipóteses:

Art. 1.499. A hipoteca extingue-se:
I – pela extinção da obrigação principal;
II – pelo perecimento da coisa;
III – pela resolução da propriedade;
IV – pela renúncia do credor;
V – pela remição;
VI – pela arrematação ou adjudicação.

O exame dessas hipóteses é útil para compreendermos como ocorre a extinção da hipoteca judiciária em cada caso.

Na primeira hipótese, a extinção da hipoteca ocorre pelo *desaparecimento da obrigação principal*. A formulação é de Maria Helena Diniz, que explica: "porque o ônus real é uma relação jurídica acessória, seguindo a sorte da principal".[514] Vale dizer, com o desaparecimento da dívida, desaparece a obrigação acessória que lhe servia de garantia. A

---

[513] *Comentários ao Código de Processo Civil*. t. V. Rio de Janeiro: Forense, 1974, p. 112: "O instituto muito se parece com o das hipotecas legais, a cujas regras jurídicas nos reportamos".
[514] *Código Civil anotado*. 8. ed. São Paulo: Saraiva, 2002, p. 941.

satisfação da dívida (obrigação principal) é a causa natural da extinção da hipoteca (obrigação acessória).

Na segunda hipótese, a extinção da hipoteca ocorre pela destruição total da coisa, já que a hipoteca fica sem objeto nesse caso. É o caso da desapropriação do imóvel onerado com a hipoteca. Nessa hipótese, o credor hipotecário sub-roga-se na quantia paga pelo poder público. Se a destruição da coisa onerada é apenas parcial, obrigação hipotecária permanece no remanescente, podendo o credor hipotecário pedir reforço para compensar o desfalque da garantia, sob pena de vencimento antecipado da dívida. Seria o caso de desapropriação parcial do imóvel gravado com o ônus real hipotecário.

Na terceira hipótese, a extinção da hipoteca ocorre pela resolução do domínio. Se o devedor tem apenas a propriedade resolúvel do imóvel dado em garantia, a hipoteca será extinta quando o devedor perder a propriedade respectiva – pelo implemento da condição resolutiva ou pelo advento do termo fixado.

Na quarta hipótese, a extinção da hipoteca ocorre pela renúncia do credor. Sua ocorrência é rara. Exige-se que a manifestação de vontade do credor hipotecário seja inequívoca. Contudo, admite-se que essa renúncia possa se operar tacitamente.

Na quinta hipótese, a extinção da hipoteca ocorre pelo resgate do bem gravado pelo próprio devedor e sua família, pelo credor sub-hipotecário e pelo terceiro adquirente. Com a liberação do imóvel onerado, cessa a respectiva garantia hipotecária. É de grande interesse prático o resgate do bem pelo terceiro adquirente. Ele assim costuma proceder mediante orientação jurídica de seu advogado, depois de cientificado de que seus embargos de terceiro serão necessariamente rejeitados diante de sua condição de terceiro adquirente de má-fé. Se já havia o gravame hipotecário na matrícula do imóvel à época da aquisição, já não lhe é mais lícito invocar a condição de terceiro adquirente de boa-fé. Isso porque, realizado o registro da hipoteca judiciária, o terceiro adquirente já não mais poderá invocar a condição de adquirente de boa-fé, pois tinha acesso à informação[515] da existência de ação judicial contra o alienante (o futuro executado), situação em que o terceiro adquirente deixa de ser considerado adquirente de boa-fé, conforme o magistério de Pontes de Miranda.[516] Em outras palavras, o registro da hipoteca judiciária esvazia a alegação de ter o terceiro adquirido o

---

[515] Com o registro da hipoteca judiciária, o terceiro passa a ter a possibilidade de informar-se, junto ao Cartório do Registro de Imóveis, da existência de ação judicial contra o executado.
[516] *Comentários ao Código de Processo Civil*. t. V. Rio de Janeiro: Forense, 1974, p. 111.

imóvel de boa-fé e atua para fazer caracterizar fraude à execução no negócio celebrado entre a empresa reclamada e o terceiro adquirente. Aliás, o CPC de 2015 tornou explícita uma consequência jurídica da hipoteca judiciária, que antes era apenas deduzida sistematicamente. Trata-se da previsão legal de que a alienação de imóvel gravado por prévia hipoteca judiciária caracteriza fraude à execução. Tal consequência jurídica foi positivada no inciso III do art. 792.[517] É mais um exemplo da preocupação do legislador do CPC de 2015, com a precisa definição dos institutos do Código.

O terceiro adquirente do bem que já se encontrava gravado por garantia real não logra obter a extinção do ônus real, senão mediante a *remição* dessa garantia. Somente mediante o depósito do valor equivalente à avaliação do bem é que o terceiro adquirente livrará a propriedade do ônus real de garantia (CC, art. 1.499, V[518]). Vale dizer: para obter o cancelamento do gravame na matrícula do bem, o terceiro terá que depositar o valor equivalente à avaliação do imóvel gravado. Esse pagamento é denominado de *remição*. Remição tem o sentido de resgate, pagamento. Maria Helena Diniz ensina que a remição consiste no "resgate do bem gravado pelo próprio devedor e sua família, pelo credor sub-hipotecário e *pelo terceiro adquirente*", esclarecendo que "com a liberação do imóvel hipotecado se terá a extinção da garantia real".[519]

É preciso afirmar que o adquirente do bem hipotecado tem direito à remição. O direito de remir a hipoteca é, na lição de Everaldo Augusto Cambier, a faculdade que o adquirente tem de liberar o imóvel, que garantia uma obrigação, do ônus hipotecário.[520] A remição feita pelo adquirente está prevista no art. 266 da Lei nº 6.015/1973 – Lei de Registros Públicos e é realizada, no processo de execução, mediante o depósito de valor equivalente à avaliação do bem, conforme ensina Everaldo Augusto Cambier.[521]

Sujeito a sofrer a expropriação forçada ou a pagar integralmente a dívida hipotecária, a lei garante ao adquirente a remição, que irá prevenir não só a perda do imóvel, mas o acréscimo de despesas e custas

---

[517] "Art. 792. A alienação ou a oneração de bem é considerada fraude à execução: (...) III – quando tiver sido averbado, no registro do bem, hipoteca judiciária ou outro ato de constrição judicial originário do processo onde foi arguida a fraude;".
[518] CC: "Art. 1.499. A hipoteca extingue-se: V – pela remição;".
[519] *Código Civil anotado*. 8. ed. São Paulo: Saraiva, 2002, p. 941.
[520] ALVIM, Arruda; CLÁPIS, Alexandre Laizo; CAMBIER, Everaldo Augusto (coord.). *Lei de Registros Públicos comentada*. 2. ed. Rio de Janeiro: Forense, 2019, p. 1.494.
[521] ALVIM, Arruda; CLÁPIS, Alexandre Laizo; CAMBIER, Everaldo Augusto (coord.). *Lei de Registros Públicos comentada*. 2. ed. Rio de Janeiro: Forense, 2019, p. 1.495.

judiciais (efeitos da execução hipotecária), além de antecipar o risco de não poder o adquirente reaver o preço já pago, caso o alienante se achar em estado de insolvência. A lição é de Everaldo Augusto Cambier.[522]

Na sexta hipótese, a hipoteca extingue-se pela arrematação ou pela adjudicação; pela arrematação do imóvel gravado pelo licitante que ofertar o maior lanço na hasta pública; ou pela adjudicação promovida pelo credor hipotecário. Havendo a alienação judicial do imóvel onerado, a obrigação acessória da hipoteca extingue-se e o adquirente recebe o imóvel livre e desonerado. É interessante notar que essa adjudicação não será possível quando houver concurso de crédito hipotecário com crédito dotado de privilégio legal. A conclusão decorre da interpretação sistemática do parágrafo único do art. 1.422. É o caso do crédito trabalhista (CF, art. 100, §1º; CTN, art. 186). De acordo com a lição de Francisco Antonio de Oliveira não é dado ao credor hipotecário obter a adjudicação quando há disputa com credor trabalhista.[523] Ao recusar juridicidade à pretensão do credor hipotecário de adjudicar o bem nessa hipótese, *Francisco Antonio de Oliveira* obtempera "que a tanto se opõe a preferência do crédito trabalhista (art. 186, CTN)", explicitando sua conclusão nestes termos: "A permissão legal (art. 1.483, parágrafo único) somente terá lugar em se cuidando de execução que não envolva créditos preferenciais (acidentário – art. 83, I, Lei 11.101/2005 (LF) –, trabalhista e executivos fiscais), pena de frustrar-se a execução".[524]

Essas mesmas hipóteses têm aplicação no que diz respeito à extinção da *hipoteca judiciária*. Assim, conclui-se que a hipoteca judiciária será extinta nos casos de extinção da obrigação principal; perecimento da coisa; resolução da propriedade; renúncia do credor; remição; arrematação ou adjudicação; e no caso de reforma da decisão que deu origem à hipoteca judiciária.

Essa última hipótese caracterizar-se-á quando a reforma da sentença condenatória for total. Se a reforma da sentença for parcial, a hipoteca não será extinta, nada obstante o seu valor sofra a redução proporcional à diminuição da condenação determinada pela instância superior. Vale dizer, mantida uma parte da condenação originária no julgamento do recurso, a hipoteca será mantida, agora em montante menor. Note-se que o §5º do art. 495 do CPC faz referência indireta

---

[522] ALVIM, Arruda; CLÁPIS, Alexandre Laizo; CAMBIER, Everaldo Augusto (coord.). *Lei de Registros Públicos comentada*. 2. ed. Rio de Janeiro: Forense, 2019, p. 1.496.
[523] Na verdade, quando há disputa com credor dotado de privilégio superior ao credor hipotecário.
[524] *Execução na Justiça do Trabalho*. 6. ed. São Paulo: RT, 2008, p. 163.

à matéria, quando trata da responsabilidade objetiva da parte pelos prejuízos sofridos pelo executado, na medida em que tal responsabilidade configura-se em caso de "reforma ou invalidação da decisão que impôs o pagamento de quantia".

Declarada a *nulidade* da sentença, a hipoteca judiciária deve ser cancelada. A *reforma total* da sentença condenatória também acarreta o cancelamento do gravame. O mesmo ocorre quando a ação rescisória desconstitui inteiramente a sentença condenatória de que resultou a hipoteca judiciária. Entretanto, "se a decisão rescindente só em parte alterou a decisão de que resultou a hipoteca judiciária, não se pode cancelar a inscrição".[525] A parte pode, entretanto, requerer a adequação do valor da hipoteca, o que implicará a alteração correspondente na matrícula do imóvel gravado. Como se vê, o caso de rescisão parcial da sentença condenatória tem a mesma regência legal do caso de reforma parcial da decisão que deu origem à hipoteca judiciária. A hipoteca judiciária não é cancelada; é apenas reduzida proporcionalmente. No caso de o provimento do recurso do credor ampliar o valor da condenação, a hipoteca judiciária poderá ter o acréscimo correspondente.

A seguinte lição doutrinária de Marinoni, Arenhart e Mitidiero tem aplicação aqui: "se a sentença é substituída no segundo grau por acórdão em sentido contrário, o registro tem de ser cancelado. Do contrário, subsiste enquanto existir pretensão à tutela ressarcitória (art. 1.498, CC)".[526]

---

[525] *Comentários ao Código de Processo Civil*. t. V. Rio de Janeiro: Forense, 1974, p. 120.
[526] *Novo Código de Processo Civil comentado*. 2. ed. São Paulo: RT, 2016, p. 585.

REFERÊNCIAS

ALMEIDA, Cleber Lúcio de. *Direito Processual do Trabalho*. 7. ed. Salvador: Juspodivm, 2019.

ALMEIDA, Wânia Guimarães Rabêllo de. A teoria dinâmica do ônus da prova. In: MIESSA, Elisson (org.).*Novo Código de Processo Civil e seus reflexos no Processo do Trabalho*. Salvador: Juspodivm, 2015.

ÁLVARES DA SILVA, Antônio. *A execução provisória trabalhista depois da Reforma do CPC*. São Paulo: LTr, 2007.

ALVIM, Arruda; CLÁPIS Alexandre Laizo; CAMBIER Everaldo Augusto (coord.). *Lei de Registros Públicos comentada*. 2. ed. Rio de Janeiro: Forense, 2019.

AMARAL, Guilherme Rizzo. *Comentários às alterações do novo CPC*. São Paulo: RT, 2015.

ARENHART, Sérgio Cruz; MARINONI, Luiz Guilherme. *Curso de Processo Civil. Execução.* v. 3. 6 ed. São Paulo: RT, 2014.

ARENHART, Sérgio Cruz; MARINONI, Luiz Guilherme; MITIDIERO, Daniel. *Novo Código de Processo Civil comentado*. 2. ed. São Paulo: RT, 2016.

ARISTÓTELES. *Ética a Nicômano*. Livro V. 5. ed. São Paulo: Martin Claret, 2011.

ASSIS, Araken de. *Manual da execução*. 17. ed. São Paulo: RT, 2015.

BAPTISTA DA SILVA, Ovídio. *Curso de processo civil*. v. 2. 4. ed. São Paulo: RT, 2000.

BAPTISTA DA SILVA, Ovídio. *Processo e ideologia*: o paradigma racionalista. Rio de Janeiro: Forense, 2004.

BAPTISTA DA SILVA, Ovídio. *Sentença e coisa julgada*. 2. ed. Porto Alegre: Sérgio Antonio Fabris Editor, 1988.

BARBAGELATA, Héctor-Hugo. *El particularismo del derecho del trabajo y los derechos humanos laborales*. 2. ed. Montevideo: Fundación de Cultura Universitária, 2009.

BEBBER, Júlio César. A função revisora dos tribunais na perspectiva da imediatidade. In: CLAUS, Ben-Hur Silveira (coord.). *A função revisora dos tribunais*: por uma nova racionalidade recursal. São Paulo: LTr, 2016.

BEBBER, Júlio César. *Princípios do Processo do Trabalho*. São Paulo: LTr, 1997.

BEBBER, Júlio César. *Recursos no processo do trabalho*. 4. ed. São Paulo: LTr, 2014.

BERALDO, Leonardo de Faria. *Comentários às inovações do Código de Processo Civil*. Belo Horizonte: Del Rey, 2015.

BORGES, Aline Veiga. Hipoteca judiciária sobre bens não elencados no art. 1.473 do Código Civil – A efetividade da jurisdição como horizonte hermenêutico. *Suplemento Trabalhista*. Editora LTr, São Paulo, n. 059/2014, p. 267 e seguintes.

BRAGA, Paula Sarno; DIDIER JR., Fredie; OLIVEIRA, Rafael. *Curso de direito processual civil*. 7. ed. Salvador: Juspodivm, 2012.

BUENO, Cassio Scarpinella. *Manual de Direito Processual Civil*. 4. ed. São Paulo: Saraiva, 2018.

BUENO, Cassio Scarpinella. *Projetos de novo Código de Processo Civil comparados e anotados*. São Paulo: Saraiva, 2014.

BUZAID, Alfredo. Exposição de Motivos do Código de Processo Civil de 1973, item 18.

CAPPELLETTI, Mauro. Dictamen iconoclastico sobre la reforma del processo civil italiano. *Dimensioni della giustizia nella società contemporanee*. Bologna: Il Mulino, 1994.

CAPPELLETTI, Mauro. *Proceso, ideologías e sociedad*. Buenos Aires: Ediciones Jurídicas Europa-América, 1973.

CARNELUTTI. *Diritto e processo*. Napoli: Morano, 1958.

CARRION, Valentin. *Comentários à CLT*. 38. ed. Atualizada por Eduardo Carrion. São Paulo: Saraiva, 2013.

CASTRO, Larissa Fonseca Monteiro de. Alterações processuais que beneficiam a efetividade da execução trabalhista: protesto, hipoteca judiciária e inscrição no cadastro de inadimplentes. *In*: KOURY, Luiz Ronan Neves; CUNHA; Natália Xavier; OTONI, Luiza; ASSUNÇÃO, Carolina Silva Silvino (coord.). *Execução no Processo do Trabalho*. São Paulo: LTr, 2020.

CAVALARO NETO, Arlindo. A sentença trabalhista como título constitutivo de hipoteca judiciária. *In:* SANTOS, José Aparecido dos (coord.). *Execução trabalhista*. 2. ed. São Paulo: LTr, 2010.

CHAVES, Luciano Athayde. Ferramentas eletrônicas na execução trabalhista. *In*: CHAVES, Luciano Athayde (org.). *Curso de processo do trabalho*. São Paulo: LTr, 2009. p. 970.

CHAVES, Luciano Athayde. Interpretação, aplicação e integração do Direito Processual do Trabalho. *In*: CHAVES Luciano Athayde (org.).*Curso de Processo do Trabalho*. São Paulo: LTr, 2009.

CLAUS, Ben-Hur Silveira. A aplicação da medida legal de indisponibilidade de bens prevista no art. 185-A do CTN à execução trabalhista: uma boa prática a serviço do resgate da responsabilidade patrimonial futura. *Revista do Tribunal Regional do Trabalho da 8ª Região*, v. 47, n. 92, p. 111-118, jan./jun. 2014.

CLAUS, Ben-Hur Silveira. A execução trabalhista não se submete à regra exceptiva da execução menos gravosa: a efetividade da jurisdição como horizonte hermenêutico. *Revista Síntese*, São Paulo, n. 306, dez de 2014.

CLAUS, Ben-Hur Silveira. A função revisora dos tribunais: a questão da valorização das decisões de primeiro grau: uma proposta de lege ferenda: a sentença como primeiro voto no Colegiado. *In*: CLAUS, Ben-Hur Silveira (coord.). *A função revisora dos tribunais:* por uma nova racionalidade recursal. São Paulo: LTr, 2016.

CLAUS, Ben-Hur Silveira. *A função revisora dos tribunais:* por uma nova racionalidade recursal. São Paulo: LTr, 2016.

CLAUS, Ben-Hur Silveira. Execução trabalhista efetiva: a aplicabilidade do CPC de 2015 ao cumprimento da sentença. *Revista do Tribunal Regional do Trabalho da 3ª Região – Minas Gerais*, n. 93, p. 185-229, jan./jun. 2016.

CLAUS, Ben-Hur Silveira. O incidente de desconsideração da personalidade jurídica previsto no CPC de 2015 e o Direito Processual do Trabalho. *Revista LTr*, São Paulo. v. 80, n. 1, p. 81, jan. 2016.

CLAUS, Ben-Hur Silveira. *O novo CPC, a teoria da causa madura e sua aplicação ao processo do trabalho*: questões polêmicas. São Paulo: LTr, 2017.

CLAUS, Ben-Hur Silveira; BORGES, Aline Veiga. Hipoteca judiciária sobre bens não elencados no art. 1.473 do Código Civil: a efetividade da jurisdição como horizonte hermenêutico. *In*: Suplemento Trabalhista da Editora LTr, São Paulo, n. 059/2014, p. 267 e seguintes.

CLAUS, Ben-Hur Silveira; FIOREZE, Ricardo. Execução efetiva: a aplicação da averbação premonitória do art. 615-A do CPC ao Processo do Trabalho, de ofício. *Revista do Tribunal Regional do Trabalho da 8ª Região*, v. 48, n. 95, jul./dez. 2015, p. 101-121.

CONTI, Paulo Henrique. A nova sentença condenatória: uma abordagem ideológica. *In*: SANTOS, José Aparecido dos (coord.). *Execução Trabalhista*: Amatra X. 2. ed. São Paulo: LTr.

CORDEIRO, Wolney de Macedo. *Execução no processo do trabalho*. 4. ed. Salvador: Juspodivm, 2017.

COUCE DE MENEZES, Cláudio Armando. *Teoria geral do processo e a execução trabalhista*. São Paulo: LTr, 2003.

CRUZ E TUCCI, José Rogério. *In*: MARINONI, Luiz Guilherme; ARENHART, Sérgio Cruz; MITIDIERO, Daniel (coord.). *Comentários ao Código de Processo Civil*. v. VIII. São Paulo: RT, 2016.

CRUZ E TUCCI, José Rogério. Garantia da prestação jurisdicional sem dilações indevidas como corolário do devido processo legal. *Revista de Processo*. v. 66, São Paulo, RT,p. 73, abr./jun. 1992.

DELGADO. Mauricio Godinho. *Curso de Direito do Trabalho*. 10. ed. São Paulo: LTr, 2011.

DIAS, Carlos Eduardo Oliveira. O novo CPC e a preservação ontológica do processo do trabalho. *Revista Justiça do Trabalho*. Porto Alegre, HS Editora, n. 379, jul. 2015. p.15).

DIAS, Carlos Eduardo Oliveira; MARTINS, Ana Paula Alvarenga. *Os abusos do devedor na execução trabalhista*: estudos de processo de execução. São Paulo: LTr, 2001.

DIDIER JR., Fredie; BRAGA, Paula Sarno; OLIVEIRA, Rafael. *Curso de direito processual civil*. 7. ed. Salvador: Juspodivm, 2012.

DINAMARCO. Cândido Rangel. *Instituições de direito processual civil*. 3. ed. São Paulo: Malheiros, 2009.

DINIZ, Maria Helena. *Código Civil anotado*. 8. ed. São Paulo: Saraiva, 2002.

DINIZ, Maria Helena. *Curso de Direito Civil brasileiro. Direito das coisas*. 18. ed. v. 4. São Paulo: Saraiva, 2002.

ENGISCH, Karl. *Introdução ao pensamento jurídico*. 10. ed. Lisboa: Fundação Calouste Gulbenkian, 2008.

FABBRINI, Giovanni. Contributo ala dottrina dell'intervento adesivo, 1964.

FAVA, Marcos Neves. *Execução trabalhista efetiva*. São Paulo: LTr, 2009.

FELICIANO, Guilherme Guimarães. *Fênix:* por um novo processo do trabalho. São Paulo: LTr, 2010.

FELICIANO, Guilherme Guimarães. O princípio do contraditório no novo Código de Processo Civil: aproximações críticas. *In:* MIESSA, Elisson (org.). *Novo Código de Processo Civil e seus reflexos no Processo do Trabalho.* Salvador: Juspodivm, 2015.

FIOREZE, Ricardo. Execução efetiva: a aplicação da averbação premonitória do art. 615-A do CPC ao Processo do Trabalho, de ofício (em coautoria). *Revista do Tribunal Regional do Trabalho da 8ª Região*, v. 48, p. 101-121, n. 95, jul./dez. 2015.

FONSECA, Bruno Gomes Borges. Reflexos do novo Código de Processo Civil na atuação do Ministério Público do Trabalho. *In:* MIESSA, Elisson (org.). *Novo Código de Processo Civil e seus reflexos no Processo do Trabalho.* Salvador: Juspodivm, 2015.

GAGLIANO, Pablo Stolze; PAMPLONA FILHO, Rodolpho. *Manual de Direito Civil.* São Paulo: Saraiva, 2017.

GASPAR, Danilo Gonçalves. Noções conceituais sobre tutela provisória no novo CPC e suas implicações no Processo do Trabalho. *In:* MIESSA, Elisson (org.). *Novo Código de Processo Civil e seus reflexos no Processo do Trabalho.* Salvador: Juspodivm, 2015.

GEMIGNANI, Tereza Aparecida Asta; GEMIGNANI, Daniel. Litisconsórcio e intervenção de terceiros: o novo CPC e o Processo do Trabalho. *In:* MIESSA, Elisson (org.). *Novo Código de Processo Civil e seus reflexos no Processo do Trabalho.* Salvador: Juspodivm, 2015.

GIGLIO, Wagner D. *Direito Processual do Trabalho.* 15. ed. São Paulo: Saraiva, 2005.

GIGLIO, Wagner D. Efetividade da execução trabalhista. *Revista Síntese Trabalhista*, Porto Alegre, n. 172, p. 146, out. 2003.

GOMES, Orlando. *Direitos reais.* 21. ed. Rio de Janeiro: Forense, 2012.

GRINOVER, Ada Pellegrini. Processo do trabalho e processo comum. *Revista de Direito do Trabalho*, 15:87, 1993.

IMHOF, Cristiano; REZENDE, Bertha Stecker. *Comentários às alterações do novo CPC.* São Paulo: RT, 2015.

JAKUTIS, Paulo Sérgio. A influência do novo CPC no ônus da prova trabalhista. *In:* MIESSA, Elisson (org.). *Novo Código de Processo Civil e seus reflexos no Processo do Trabalho.* Salvador: Juspodivm, 2015.

JUSTEN FILHO, Marçal; TALAMINI, Eduardo; MOREIRA, Egon Bockmann. Sobre a hipoteca judiciária. *Revista de Processo*, v. 85, 1997.

KÜLZER, José Carlos. *A contribuição dos princípios para a efetividade do processo de execução na Justiça do Trabalho no Brasil.* São Paulo: LTr, 2008.

LACERDA DE ALMEIDA, Francisco de Paula. *Direito das Coisas.* Rio de Janeiro: Jacintho Ribeiro dos Santos Editor, 1908. v. II.

LEITE, CArlos Henrique Bezerra. *Curso de direito processual do trabalho.* 8. ed. São Paulo: LTr, 2010.

LUDWIG, Guilherme Guimarães. O princípio da eficiência como vetor de interpretação da norma processual trabalhista e a aplicação subsidiária e supletiva do novo Código de Processo Civil. In: MIESSA, Elisson (org.). Novo Código de Processo Civil e seus reflexos no Processo do Trabalho. Salvador: Juspodivm, 2015.

MACHADO, Hugo de Brito. *Comentários ao Código Tributário Nacional*. 2. ed. São Paulo: Atlas, 2009. v. III, p. 660.

MALLET, Estêvão. *Ensaio sobre a interpretação das decisões judiciais*. São Paulo: LTr, 2009.

MARINONI, Luiz Guilherme. Arenhart, Sérgio Cruz. *Curso de Processo Civil. Execução.* v. 3. 6. ed. São Paulo: RT, 2014.

MARINONI, Luiz Guilherme; ARENHART, Sérgio Cruz; MITIDIERO, Daniel. *Novo Código de Processo Civil comentado*. 2. ed. São Paulo: RT, 2016.

MARINONI, Luiz Guilherme; MITIDIERO, Daniel. *Código de Processo Civil: comentado artigo por artigo*. 4. ed. São Paulo: RT, 2012.

MARQUES DE LIMA, Francisco Meton. *Manual sintético de processo e execução do trabalho*. São Paulo: LTr, 2004.

MARTINS, Sérgio Pinto. Novos rumos do processo do trabalho. *Justiça do Trabalho*, Porto Alegre, n. 325, p. 74, jan. 2011.

MATIELLO, Fabrício Zamprogna. *Código Civil comentado*. 5. ed. São Paulo: LTr, 2013.

MEIRELES, Edilton. O novo CPC e sua aplicação supletiva e subsidiária no processo do trabalho. In: MIESSA, Elisson (org.). *Novo Código de Processo Civil e seus reflexos no Processo do Trabalho*. Salvador: Juspodivm, 2015.

MIESSA, Élisson. Hipoteca judiciária e protesto da decisão judicial no novo CPC e seus impactos no Processo do Trabalho. In: MIESSA, Elisson (org.). *O novo Código de Processo Civil e seus reflexos no Processo do Trabalho*. Salvador: Juspodivm, 2015.

MIRANDA, João Damasceno Borges de. Arts. 183 a 185. In: PEIXOTO, Marcelo Magalhães; LACOMBE Rodrigo Santos Masset (coord.). *Comentários ao Código Tributário Nacional*. São Paulo: Magalhães Peixoto Editora Ltda., 2005.

MITIDIERO, Daniel; MARINONI, Luiz Guilherme. *Código de Processo Civil: comentado artigo por artigo*. 4. ed. São Paulo: RT, 2012.

MITIDIERO, Daniel; MARINONI, Luiz Guilherme; ARENHART, Sérgio Cruz. *Novo Código de Processo Civil comentado*. 2. ed. São Paulo: RT, 2016.

MONTEIRO, Washington de Barros. *Curso de direito civil*: direito das coisas. 31. ed. São Paulo: Saraiva, 1994.

MONTENEGRO FILHO, Misael. *Código de Processo Civil Comentado e Interpretado*. 3. ed. São Paulo: Atlas, 2013, p. 494.

MOREIRA, Egon Bockmann; JUSTEN FILHO, Marçal; TALAMINI, Eduardo. Sobre a hipoteca judiciária. *Revista de Processo*, 1997, v. 85.

NEGRÃO, Theotonio. *Código de Processo Civil e legislação processual em vigor*. 46. ed. São Paulo: Saraiva, 2014.

NERY JUNIOR, Nelson; NERY, Rosa Maria de Andrade. *Código de Processo Civil comentado.* 10. ed. São Paulo: RT, 2007.

NERY JUNIOR, Nelson; NERY, Rosa Maria de Andrade. *Comentários ao Código de Processo Civil.* São Paulo: RT, 2015. p. 1.170.

NEVES, Daniel Amorim Assumpção. *Novo CPC comentado artigo por artigo.* Salvador: Juspodivm, 2016.

OLIVEIRA, Francisco Antonio de. *Execução na Justiça do Trabalho.* 6. ed. São Paulo: Revista dos Tribunais, 2007.

OLIVEIRA, Rafael; DIDIER JR., Fredie; BRAGA, Paula Sarno. *Curso de direito processual civil.* 7. ed. Salvador: Juspodivm, 2012.

PAMPLONA FILHO, Rodolpho; GAGLIANO, Pablo Stolze. *Manual de Direito Civil.* São Paulo: Saraiva, 2017.

PEREIRA, Ricardo José Macedo de Britto. O novo Código de Processo Civil e seus possíveis impactos nos recursos trabalhistas. *In:* MIESSA, Elisson (org.). *Novo Código de Processo Civil e seus reflexos no Processo do Trabalho.* Salvador: Juspodivm, 2015.

PINHEIRO, Iuri Pereira. Reflexões acerca da penhorabilidade de bens à luz do novo CPC: avanços, retrocessos e a possibilidade da derrocada de alguns mitos. *In:* MIESSA, Elisson (org.). *Novo Código de Processo Civil e seus reflexos no Processo do Trabalho.* Salvador: Juspodivm, 2015.

PONTES DE MIRANDA, Francisco Cavalcanti. *Comentários ao Código de Processo Civil.* Rio de janeiro: Forense, 1974. tomo V.

RIBEIRO, André de Melo. O novo eixo axiológico de interpretação do fenômeno da empresa e a modulação necessária entre o direito do trabalho e o direito concursal após a Lei n. 11.101/2005. *In:* GARCIA, Gustavo Filipe Barbosa; ALVARENGA, Rúbia Zanotelli de (org.). *Direito do Trabalho e Direito Empresarial sob o enfoque dos direitos fundamentais.* São Paulo: LTr, 2015.

RODRIGUES PINTO, José Augusto. *Execução trabalhista.* 11. ed. São Paulo: LTr, 2006.

RODRIGUEZ, Américo Plá. *Princípios de direito do trabalho.* 1. ed. São Paulo: LTr, 1996.

RUSSOMANO, Mozart Victor. *Direito Processual do Trabalho.* 2. ed. São Paulo: LTr, 1977.

SAAD, Eduardo Gabriel. *Curso de Direito Processual do Trabalho.* 5. ed. São Paulo: LTr, 2007.

SANTOS, Boaventura de Sousa. *Introdução a uma ciência pós-moderna.* 2. ed. Porto: Afrontamento, 1990.

SANTOS, J. M. Carvalho. *Código de Processo Civil Interpretado.* 2. ed. Rio de Janeiro: Livraria Editora Freitas Bastos, 1940. v. IV.

SANTOS, Moacyr Amaral. *Comentários ao Código de Processo Civil.* Rio de Janeiro: Forense, 1988. v. IV.

SCHIAVI, Mauro. A aplicação supletiva e subsidiária do Código de Processo Civil ao Processo do Trabalho. *In:* MIESSA, Elisson (org.). *Novo Código de Processo Civil e seus reflexos no Processo do Trabalho.* Salvador: Juspodivm, 2015.

SCHIAVI, Mauro. *Execução no Processo do Trabalho.* 10. ed. São Paulo: LTr, 2018.

SÉROUSSI, Roland. *Introdução ao Direito inglês e norte-americano*. São Paulo: Landy, 2006.

SILVA, Antônio Álvares da. *Execução provisória trabalhista depois da reforma do CPC*. São Paulo: LTr, 2007.

SILVA, De Plácido e. *Comentários ao Código de Processo Civil*. 3. ed. Curitiba: Guaíra, 1948. 1. v.

SILVA, Fábio Luiz Pereira Silva. Necessária revisão da aplicabilidade da hipoteca judiciária no processo judiciário do trabalho. *Revista LTr*, v. 75, n. 8, p. 959-962, ago. 2011.

SILVA, Homero Batista Mateus da. *Curso de direito do trabalho aplicado*. v. 9: Processo do Trabalho. 2. ed. São Paulo: Revista dos Tribunais, 2015.

SOUTO MAIOR, Jorge Luiz. A radicalidade do art. 769 da CLT como salvaguarda da Justiça do Trabalho. *Justiça do Trabalho*, Editora HS, ano 32, n. 384, p. 32-42, mar. 2015.

TALAMINI, Eduardo; JUSTEN FILHO, Marçal; MOREIRA, Egon Bockmann. Sobre a hipoteca judiciária. *Revista de Processo*, 1997. v. 85.

TEIXEIRA FILHO, Manoel Antonio. A função revisora dos tribunais. *In*: CLAUS, Ben-Hur Silveira (coord.). *A função revisora dos tribunais:* por uma nova racionalidade recursal. São Paulo: LTr, 2016.

TEIXEIRA FILHO, Manoel Antonio. *Comentários ao novo Código de Processo Civil sob a perspectiva do Processo do Trabalho*. 2. ed. São Paulo: LTr, 2016.

TEIXEIRA FILHO, Manoel Antonio. *Curso de direito processual do trabalho*. São Paulo: LTr, 2009. v. II.

TEIXEIRA FILHO, Manoel Antonio. *Execução no processo do trabalho*. 11. ed. São Paulo: LTr, 2013.

TOLEDO FILHO, Manoel Carlos. Os poderes do juiz do trabalho face ao novo Código de Processo Civil. *In*: MIESSA, Elisson (org.). *Novo Código de Processo Civil e seus reflexos no Processo do Trabalho*. Salvador: Juspodivm, 2015.

ZACARELLA, Peterson. Hipoteca judiciária: instrumento de efetividade da tutela jurisdicional. *In: Justiça e [o paradigma da] eficiência*. São Paulo: RT, 2011.

ZANGRANDO, Carlos. *Processo do Trabalho:* processo de conhecimento. São Paulo: LTr, 2009. v. 2.

ÍNDICE ONOMÁSTICO

A
Almeida, Cleber Lúcio de 36, 39, 119, 133, 174, 203, 278
Almeida, Wânia Guimarães Rabêllo de 114, 115
Alvim, J. E Carreira 257
Amaral, Guilherme Rizzo 88
Arenhart, Sérgio Cruz 33, 36, 41, 44, 45, 51, 52, 53, 55, 57, 85, 87, 93, 123, 128, 153, 165, 199, 202, 210, 214, 222, 225, 264, 265, 301
Aristóteles 221, 222, 236, 286
Assis, Araken de 267
Azevedo, Philadelpho 21, 183, 215

B
Baptista da Silva, Ovídio 38, 44, 47, 54, 57, 72, 176, 201
Barbagelata, Héctor-Hugo 109
Bebber, Júlio César 49, 71, 111
Beraldo, Leonardo de Faria 88
Borges, Aline Veiga 251
Braga, Paula Sarno 156, 177, 178, 182, 184
Bueno, Cassio Scarpinella 92, 203, 216
Buzaid, Alfredo 83

C
Cambier, Everaldo Augusto 299, 300
Cappelletti, Mauro 53, 70, 71, 108, 161
Carrion, Valentin 110, 117
Carnelutti, Francesco 51
Castro, Larissa Fonseca Monteiro de 213

Cavalaro Neto, Arlindo 40, 58, 180, 185, 206, 239, 240, 255, 268
Chaves, Luciano Athayde 111, 119, 156, 173, 176, 178, 180, 199, 244, 245, 258
Claus, Ben-Hur Silveira 49, 50, 54, 71, 76, 95, 96, 150, 153, 171, 244, 254
Conti, Paulo Henrique 81
Cordeiro, Wolney de Macedo 56, 96
Couce de Menezes, Cláudio Armando 91
Cruz e Tucci, José Rogério 38, 39, 45, 46, 52, 53, 55, 76, 163

D
De Plácido e Silva 20, 258
Delgado, Mauricio Godinho 101, 204
Dias, Carlos Eduardo Oliveira 90, 109, 112, 113, 114, 116
Didier Jr., Fredie 156, 177, 178, 182, 184
Dinamarco, Cândido Rangel 80, 81
Diniz, Maria Helena...................19, 26, 28, 36, 63, 105, 145, 147, 272, 297, 299

E
Engisch, Karl. 54, 142, 254

F
Fabbrini, Giovanni 46
Fava, Marcos Neves 55, 70, 80, 82, 255
Feliciano, Guilherme Guimarães ...71, 114
Fioreze, Ricardo.........................244
Fonseca, Bruno Gomes Borges 112, 113

G

Gagliano, Pablo Stolze 25
Gaspar, Danilo Gonçalves 115
Gemignani, Daniel 118
Gemignani, Tereza Aparecida
  Asta 118
Giglio, Wagner D. 77, 109
Gomes, Orlando. 26
Grinover, Ada Pellegrini 109

I

Imhof, Cristiano 87

J

Justen Filho, Marçal. 46

K

Külzer, José Carlos. 92

L

Lacerda de Almeida. Francisco
  de Paula 209
Leite, Carlos Henrique Bezerra 91, 110
Ludwig, Guilherme Guimarães 113

M

Machado, Hugo de Brito 100
Mallet, Estêvão 54
Marques de Lima, Francisco
  Meton. 90
Marinoni, Luiz Guilherme 33, 36, 41,
  44, 45, 51, 52, 53, 55,
  57, 85, 87, 93, 123, 128,
  141, 146, 153, 154, 165,
  173, 182, 184, 186, 199,
  202, 210, 214, 222, 225,
  236, 257, 263, 264, 265,
  286, 301
Martins, Ana Paula Alvarenga 90
Martins, Sérgio Pinto 92
Matiello, Fabrício Zamprogna ...27, 28, 63,
  105, 234
Meireles, Edilton. 117
Miessa, Élisson 100, 104, 116, 261
Miranda, João Damasceno
  Borges de 102
Mitidiero, Daniel. 33, 36, 41, 44
  45, 85, 87, 93, 123, 128,
  141, 146, 153, 154, 173,

182, 184, 186, 202, 210,
214, 222, 236, 263, 264,
265, 286, 301
Monteiro, Washington de Barros 35
Montenegro Filho, Misael 40
Moreira, Egon Bockmann 46

N

Negrão, Theotonio 46
Nery, Rosa Maria de Andrade 39, 66,
  126, 127, 141, 146,
  158, 183, 192, 196,
  197, 216
Nery Junior, Nelson. 39, 66, 114,
  126, 127, 141, 146,
  158, 183, 192, 196,
  197, 216
Neves, Daniel Amorim
  Assumpção 80, 124, 142,
  143, 196, 197, 213,
  217, 233, 263, 264

O

Oliveira, Francisco Antonio de 82, 86,
  90, 101, 175, 300
Oliveira, Rafael 156, 177, 178,
  182, 184

P

Pamplona Filho, Rodolpho 25
Pereira, Ricardo José Macedo
  de Britto 115
Pinheiro, Iuri Pereira 116
Pontes de Miranda 20, 29, 32, 33,
  35, 36, 38, 39, 42, 44
  46, 56, 64, 65, 68, 75,
  76, 94, 97, 124, 132,
  143, 146, 147, 150, 153,
  156, 163, 166, 167, 172,
  173, 176, 177, 185, 189,
  192, 196, 201, 206, 210,
  214, 233, 238, 240, 247,
  265, 268, 278, 281, 297,
  298, 301

R

Rezende, Bertha Stecker 87
Ribeiro, André de Melo. 101
Rodrigues Pinto, José Augusto 77, 91

Rodriguez, Américo Plá 110
Russomano, Mozart Victor 109

S
Saad, Eduardo Gabriel 126
Santos, Boaventura de Sousa 90
Santos, J. M. Carvalho 21, 183, 215
Santos, Moacyr Amaral 46, 67, 124,
156, 172, 177, 181,
182, 185, 239, 281
Schiavi, Mauro 33, 44,
58, 74, 104, 113, 114,
116, 119, 134, 154,
161, 162, 165, 167, 168,
171, 174, 192, 197, 234,
239, 278
Silva, Antônio Álvares da 52, 56,
75, 82, 123, 154,
159, 161, 162, 171,
173, 182, 185, 255, 268,
Silva, Fábio Luiz Pereira Silva 118, 180

Silva, Homero Batista
    Mateus da 112, 115
Séroussi, Roland 78
Souto Maior, Jorge Luiz 115

T
Talamini, Eduardo 46
Teixeira Filho, Manoel Antonio 72, 85,
88, 119, 123, 133,
156, 174, 178, 181
203, 247, 249, 278
Toledo Filho, Manoel
    Carlos 110, 112, 115

Z
Zacarella, Peterson 205
Zangrando, Carlos 38, 58, 155,
156, 164, 166, 172,
176, 177, 184, 247

ÍNDICE DE MATÉRIAS

A
Acórdão histórico 56
Alimentos 78, 79
Aplicação subsidiária 107
Autonomia do processo do
  trabalho 109, 112, 180
Averbação premonitória 179, 242

B
Boa-fé 33, 167

C
Civil law 31, 78, 161
Código Civil francês 22
Código Civil italiano 22
Commom law 78
Compatibidade 96, 112
Contempt of Court 78
CPC de 1939 .... 20, 111
CPC de 1973 .... 121, 125
CPC de 2015 126
CPC português de 1939 20
crédito trabalhista 79, 99, 105
- Natureza jusfundamental 103
- Superprivilégio 100
Crédito tributário 100
Credor
- Hipotecário 23, 76, 104, 131, 132, 260
- Preeminência 83
- Privilégio 105
- Quirografário. 65, 100, 104, 131, 132, 260
- Trabalhista
- - Não titular de hipoteca
    judiciária 104, 131, 134, 143

CTN 79, 95, 99, 100, 142

D
Depositário
- Prisão civil 78
Devedor
- Estado de sujeição 83
Dictamen iconoclastico 53
Direito
- De excussão 26, 34, 59, 103, 132, 187
- De preferência 22, 26, 38, 39, 104,
                                129, 132, 138
- Postulado a outro juízo 195
- De prelação 139
- De regresso 167, 177
- De sequela 26, 33, 64, 132, 138, 165
- Substancial e procedimento 109
- Real 25, 165, 167
- Real de garantia 32, 103, 143
Discricionariedade judicial 54
Distribuição do ônus do tempo
  do processo 50, 55, 58
- Autor que tem razão 51
- Réu que não tem razão 51
- Um novo grau de jurisdição 53

E
Efeito anexo ....
- Decorrência da lei 43, 65, 123, 201
- Externo à *res deducta* 44, 127, 201
- Imediato à sentença 124, 126, 171
- Independe da vontade das partes 45
- Independe da vontade do juiz 45, 65
- Independe de pedido da parte... 45, 123,
                                                        203
- Independe de requisitos cautelares... 69,
                                                   127, 237
- Liberdade de anexação do
    legislador 44, 68

página	página
- Mesmo quando a obrigação é ilíquida 124	**F**
- Mesmo quando interposto recurso 46, 65, 66, 125, 126, 182	Falência 100, 104
	França 19
	Fraude à execução ....
- Não caracteriza decisão surpresa 218	- Alienação é inoponível ao credor 189
- Não requer prévia liquidação 124	- Alienações posteriores 188, 192
- Natureza condenatória da sentença 44, 48, 122	- Boa-fé do terceiro adquirente 150
	- Dilapidação do patrimônio do devedor 187
- Natureza jurídica do 127	- Hipoteca judiciária prévia 153, 192
- Registro da sentença na matrícula 132	- Ilícito penal 165
Efeitos da sentença 41, 47	- Ineficácia da alienação fraudulenta 103, 165, 193
Eficiácia *erga omnes* 25, 132	
Efetividade da execução 51, 77, 96	- Ônus da prova 151, 191
Embargos de terceiro 167	- Plano da eficácia 189
Execução	- Plano da validade 189
- Arresto 125	- Prevenção à 177
- *Contempt of court* 78	- Súmula 375 do STJ 149, 191
- Encargo processual 87	- Validade do negócio e sua (in)eficácia 189
- Excesso de penhora 93	
- Fraude à 103, 192	**G**
- Frutífera 187	Grécia 19
- Hipoteca judiciária 125	
- Humanização 77	**H**
- Infrutífera 187	Hipoteca
- Inversão de valores 88	- Cláusula acessória 26
- Mais eficaz 75, 83, 87, 91, 96	- Convencional 61, 166
- Manobras protelatórias 83	- Credor quirografário 132
- Meio executivo idôneo 220	- Extinção 297
- Menor restrição possível 220	- Judiciária 175
- Menos gravosa 75, 76, 77, 79, 80, 82, 86, 90	- Legal 63
	- Registro na matrícula 145
- Natureza patrimonial 78	Hipoteca judiciária ....
- Princípios 83	- Acumula-se a arresto 125, 184, 195
- Provisória 56, 57, 69, 125	- Antecedentes históricos 19
- Ocultação patrimonial 78	- Antecipa os efeitos da penhora 58, 97, 163, 187
- Regra exceptiva 88	
- Regra geral 84, 87, 89	- Bem já gravado com hipoteca cenvencional 233
- Regra pragmática 87, 92	
- Remoção do bem 79	- Causa de fraude à execução 153, 192
- Uma reforma ideal 77	- Cooperação judicial 208
- Técnicas à efetividade 97	- Compatibilidade 96
- Tópica 84	- Condenação genérica 124
Extinção	- Condenação ilíquida 185
- do ônus real 27	- Contraditório diferido 129, 213, 215
- da hipoteca judiciária 297	

ÍNDICE DE MATÉRIAS

página

- Crédito hipotecário............104, 131, 260
- Credor indica o bem...................129, 209
- Critério cronológico do
  registro anterior..........129, 134, 137, 195
- Cumulativa..94
- Decisão condenatória....................67, 122
- Decisão interlocutória...........43, 122, 172
- Depósito recursal..................................184
- Despesas correm por conta
  do vencido....................................206, 267
- Devedor insolvente..............221, 222, 223
- Dever de informar sua constituição..128
- De ofício.........................66, 123, 127, 133,
  174, 199, 203
- Dilapidação do patrimônio
  do devedor..187
- Direito de excussão.............................166
- Direito de preferência................104, 129,
  134, 137
- Direito de sequela................................138
- Disputa entre constrições
  distintas...............129, 135, 137, 142, 195
- Disputa entre credores trabalhistas...134
- Distinção conceitual............................128
- Distribuição do tempo
  do processo........................49, 50, 51, 58
- Dois escritórios de advocacia............229
- Duas defesas da hipoteca judiciária..159
- Duas varas do trabalho......................225
- De imóvel..19
- De outros bens....................................251
- Efeito anexo imediato....46, 123, 124, 171
- Embargos de terceiro..................152, 167
- Excesso de...94
- Execução provisória...........................125
- Extinção...297
- É necessária declaração do juiz?........126
- Falência.............................100, 104, 259
- Fase de conhecimento..........................75
- Fase de conhecimento x fase de
  execução..97, 195
- Função econômica...............................56
- Imóvel de valor superior......................94
- Independe de demonstração de
  urgência..126
- Independe de requisitos
  cautelares.....................................69, 237
- Inovações do CPC de 2015.................126,
  128, 130

página

- Instrução normativa nº 39/2016
  do TST...96, 119
- Já é ato de execução.............................76
- Juízo cientifica a parte contrária........129
- Julgamento antecipado parcial
  do mérito..43, 122
- Juntada da matrícula..........................133
- Mediante apresentação de cópia
  da sentença................................126, 127
- Mesmo quando a obrigação é
  ilíquida..124
- Mesmo quando interposto
  recurso.........................46, 66, 125, 126
- Modalidade de constrição
  patrimonial.....................................39, 75
- Modalidade de hipoteca legal..............40
- Não caracteriza decisão surpresa......218
- Não há presunção da ocorrência de
  dano..130
- Não requer prévia liquidação............124
- Não requer urgência..........................126
- Natureza condenatória da
  sentença..44, 48
- No processo civil..................................69
- Ônus da prova quanto a danos..........130
- Oportunidade para o réu
  impugnar.....................................129, 219
- Penhora posterior..............................129
- Perigo de dano...................................127
- Poder-dever do juiz...........................204
- Prejuízos causados ao réu.................130
- Prevenção à fraude à execução.........179
- Prévia pesquisa dos bens do
  vencido...133
- Princípio da congruência..................152
- Princípio da proporcionalidade..........93
- Prioridade no pagamento...129, 135, 140
- Prova da ocorrência de dano.............130
- Quando há execução provisória........125
- Rateio..................................221, 222, 223
- Recurso com efeito
  suspensivo......................125, 126, 183
- Recusa do registrador.......................208
- Registro na matrícula do imóvel.......132
- Remição da...................................27, 167
- Responsabilidade objetiva
  por danos....................................130, 263
- Sentença *citra petita*........................152
- Sentença ilíquida.........................124, 185

| página |

- Técnica jurídica de acesso facilitado 67, 68, 69
- Teoria da causa madura 152
- Tutela provisória 43, 69, 127, 237
- Único imóvel 94
- Valor da causa para a quantificação 124
- Várias constrições sobre o mesmo bem 129, 137, 142, 195
- Vínculo de direito real sobre o imóvel 175, 176

I
Igualdade
- O dogma da 77
- Não há na execução 83, 92
- - Hipossuficiência 89, 91
Indisponibilidade de bens 179, 244
Interpretação
- Diretriz hermenêutica 84
- Fim social da lei 89
- Sentido literal 142
- Sistemática do instituto 121, 126, 169

J
Julgamento
- Antecipado parcial do mérito 43, 122
Jurisprudência
- Cível 271
- Trabalhista 273
- - Estudo de caso 285
- do TRT2 279
- do TRT4 278

L
Lei
- Das XII Tábuas 78
- Dos Registros Públicos 22, 132, 145, 164, 192
- De Falências 100
- *Lex Poetelia* 78

M
Males do tempo do processo 49, 58
Maus pagadores 80

N
Norma de sobredireito 50, 85, 95

| página |

O
Ope legis 45
Ordenança de Moulins 19
Ordenações Filipinas 20

P
Portugal 20
Princípio
- Da proporcionalidade 93, 221
- Da proteção 77
- Encargo processual 87
- Inversão de valores 88
- Na execução 82, 83, 84, 85
- - Regra exceptiva 88
- - Relação hierárquica 87
- Relação ontológica 110

Q
Quando por vários meios o credor puder promover a execução (CPC, art. 805) a interpretação correta do preceito 82, 84, 85

R
Recurso
- Interposição não impede o efeito anexo 46
- Recorribilidade excessiva 70
Regulamento nº 737/1850 20
Remição 27, 167

S
Sentença
- Cumprimento provisório 125
- Como fato jurídico 172
- Dispositivo 204
- Efeitos da 41, 47
- Fundamentação 54
- Genérica 124
- Ilíquida 124, 185
- Publicação da 171
- Razoável 72
Simplicidade das formas 110
Súmula
- 25 do STF 78
- 375 do STJ 149, 178
- 560 do STJ 245

	página
- 57 do TRT4	155, 204
- 32 do TRT2	204

T
Tempo do processo 49
- Direito constitucional à tutela jurisdicional 52
- Distribuição igualitária 58
- Duração razoável do processo 77, 180
- Elemento neutro na teoria processual? 51
- Recurso como medida protelatória 52
- Sagrado x profano 52

	página
- Vantagem econômica	52
Terceiro adquirente	33, 64, 139, 149
- Remição	27, 167
Tópica	84
Tutela provisória	43, 56, 69, 127, 237

V
Valor da causa 124
Valorização das sentenças...53, 67, 70, 162
- A sentença como primeiro voto no Colegiado 72
- Reforma somente mediante decisão unânime 73

Esta obra foi composta em fonte Palatino Linotype, corpo 10
e impressa em papel Offset 75g (miolo) e Supremo 250g (capa)
pela Paulinelli Serviços Gráficos, em Belo Horizonte/MG.